普通高校
“文化产业管理”
专业推荐教材

文化品牌学

主编
柏定国

湖南师范大学出版社

图书在版编目（CIP）数据

文化品牌学／柏定国主编．—长沙：湖南师范大学出版社，2010.5
ISBN 978-7-5648-0236-3
Ⅰ．文…　Ⅱ．柏…　Ⅲ．文化—产业—研究　Ⅳ．G114
中国版本图书馆 CIP 数据核字（2010）第 088213 号

文化品牌学

◇主　　编：柏定国

◇责任编辑：谭南冬
◇责任校对：蒋旭东
◇出版发行：湖南师范大学出版社
　　地址／长沙市岳麓山　邮编／410081
　　电话／0731.88853867　88872751　传真／0731.88872636
　　网址／http://press.hunnu.edu.cn
◇经销：湖南省新华书店
◇印刷：长沙化勘印刷有限公司

◇开本：710×1000　1/16
◇印张：24.75
◇字数：405 千字
◇版次：2010 年 6 月第 1 版　2010 年 6 月第 1 次印刷
◇书号：ISBN 978-7-5648-0236-3
◇定价：49.50 元

目 录

第一章 绪论

【导读】 一个文化大国，往往更多地体现在本民族对整个世界的记忆和叙述之中。在漫长的历史长河中，中国集聚了一个文化大国的充分的理由：第一，经济上的持续繁荣和发展为文化大国的诞生提供了物质基础；第二，封建经济的运行机制深刻地影响了中国文化的发展模式和表现形态；第三，品类齐全的表现形式、兼容并蓄的价值选择、同化一切异质的内在逻辑，是中国文化蔚为大观的成功之道；第四，中国文化的核心和精髓，是一种人类的普适性价值。中国不仅是一个文化资源大国，也是文化人才大国和文化创意大国。随着国家的大力扶植和社会资本准入制度操作性的增强，近年来文化产业发展迅猛，发展文化产业已经成为我国经济战略发展的重要组成部分。面对日趋激烈的市场竞争和经济全球化的需要，实施品牌战略，充分重视自主品牌的培育和保护，增强企业的核心竞争力，推动中国气派的文化品牌快速、健康地成长，已经成为中国文化产业乃至中国社会全方位可持续发展的当务之急。

【学习目标】 了解中国文化的衍生背景，以及中国发展文化产业的必要性和广阔前景。

【关键词】 文化大国　文化产业　文化品牌

在中国内地，品牌（名牌）研究与实践始于20世纪90年代中期，研究重点集中在品牌竞争分析、品牌定位、品牌资产研究等理论探索与实践方面。

2005年是中国品牌发展史上具有标杆意义的一年。10月8日至11日举行的中国共产党十六届五中全会，审议通过了《中共中央关于制定国民经济和社会发展第十一个五年计划的建议》，提出“十一五”时期要“形成一批拥有自主知识产权和知名品牌、国际竞争力较强的优秀企业”。可见，面对日趋激烈的市场竞争和经济全球化的需要，实施品牌战略，充分重视自主品牌的培育和保护，增强企业的核心竞争力，已经成为国家的重大战略决策。春节期间中央电视台《焦点访谈》推出5集特别节目“品牌中国”，标志着媒体也开始对品牌加以特别关注。学术界对品牌的研究在原有的基础上进一步细化和深入，“城市品牌”、“国家品牌”、“文化品牌”等概念成为本年度学术关键词。尤其是“文化品牌”依托文化产业的快速发展以及一系列抢人眼球的文化事件，迅速成为曝光度极高的词语之一。

第一节　中国是一个有文化的大国

说中国是一个有文化的大国，是因为长期的国家统一、政权巩固、社会安定、疆域辽阔为本土文化的繁荣发达创造了必要的前提。在此前提下，那些曾经给中国人造成现实痛苦的、相对短暂的混乱时期，却也为异质文化间的交流提供了可能。一个文化大国，往往更多地体现在本民族对整个世界的记忆和叙述之中。

一、经济上的持续繁荣和发展为文化大国的诞生提供了物质基础

迄今为止，对创生中国文化影响最为深远的时期应当是漫长的地主制经济时期，即战国以后，直到鸦片战争为止的两千多年，以土地私有制度为基础，形成了几个盛衰起伏的自然阶段：秦汉到三国时期、两晋南北朝时期、隋唐五代时期、两宋时期、辽金元时期、明至鸦片战争时期。期间，无论是粮食生产、农业和手工商品生产、市场一体化，还是财政制度、租佃制度、雇工制度等方面的发展变化，中国均大大超越了同时期的其他国家。

譬如宋代，自宋太祖赵匡胤“多积金，市田宅以遗子孙”，到宋太宗“令两制议政丰之术以闻”、宋神宗“政事之先，理财为急”，这样重视经济的思想一直贯穿于宋朝始终，成为保证经济发展的一个很重要的前提。官员

们积极研究理财求富之道，努力理顺国家与经济活动者之间的利益分配关系，顺应商品经济的规律，使商业兴旺，商贸和手工业发展迅猛，创立了世界上最早的纸币（交子）银行，办理贷款和异地付款业务，是当时最先进的经济管理体制。从手工业看，比如“糖冰”（冰糖）的生产技术、“单筒井”的开凿、宋瓷的精良等，无不反映了技术的成熟和创新。而商业和手工业的兴起，解放了大量受制于土地的农民，他们开始大量开采金、银、铜、铁、煤等矿藏，并在全国各地创建了世界史上最早的造船厂、造纸厂、印刷厂、织布厂、火器厂等制造和加工厂，是当时世界上的手工业之霸主。从商业看，宋代市镇逐渐由行政中心向工商业中心转型，商品经济发达，住宅区与商业区的界限逐渐消失，都市规模空前扩大，如开封和杭州的人口都达到了100万。直到元朝后期，中国以外最大的城市巴格达的人口也只有30～50万，杭州无疑是当时世界上最大的城市。由于从事工商业的人口逐步增多，产量加大，投入资本大幅度扩充，因此构成国家财政收入主体的也已不单独只是农业了，工商业所占比重已经超过了农业。在其商业运作中还出现了铜板印刷的广告，这比西方资本主义的广告要早三百多年；更有意思的是，宋朝还出现了近似现代报纸的“小报”和史上最早的商标，这在某种程度上标志着宋朝商业化体系的逐步完善和品牌意识的成熟。宋代强盛的经济浪潮，在创造了空前的财富与繁荣的同时，也成就了中国文化高度的创造力。

再如清代，是中国封建经济发展的高峰。清代与前代一样，以农立国，土地的垦辟有很大成就。康熙二十四年（1685）耕地约600万顷，嘉庆十七年（1812）增加到近800万顷，鸦片战争前夕估计在800～850万顷之间。人口也从顺治年间的一亿多，增加到鸦片战争前夕的四亿一千多万。鸦片战争前，农业人口约占全国人口的90%，非农业人口约占全国人口的10%。其中，手艺工匠、矿工、航运工人等占30%，地主绅衿占25%，商人和小贩接近15%，各级吏役兵弁占10%，盐灶人户占10%，其他为从事牧畜业的游民和下层求食者。至鸦片战争前夕，全国的城镇人口约为人口总数的6%。与明代官营手工业占统治地位不同，清代顺治二年（1645），清政府废除了匠籍制度，解除了手工业者的劳役负担，使手工业者、商人、作坊主、自耕农、佃户、雇工等获得了更多的人身自由，手工业获得了空前的发展。除两京外，还形成了某些手工业的重要产区，如苏杭的纺织业、芜湖的浆染业、铅山的造纸业、景德镇的制瓷业等等。全国各大城市和市镇中差不多都存在着磨坊、油坊、机房、纸坊、酱坊、铜作、漆作、铁作等大大小小的手工业作坊。乡村中，手艺人走乡串户，成为向偏远地区传播先进技术和文化的重要途径。当时中国出产的棉布、丝绸、茶叶、食糖、瓷器、铁器、白铜、锌和船舶，在国外所到之处，都是抢手货。鸦片战争前夕，英国需要购买中国的手工业品，无以抵偿，就运来鸦片和白银以平衡贸易。尤其是数量庞大的市场的形成，建立起了一个覆盖全国的物流网络，把东北、塞外、西北、西南、沿海以及周边地区同内地紧密联系起来。清代前期，在集市和市镇空前增长的基础上，城市也有显著的发展。特别是沿江、沿海交通枢纽型城市，如广州、上海、天津，重庆、汉口最为突出；还有由于生产发展而形成的城市，如南京、苏州、杭州、广东的佛山镇、江西的景德镇、山东的博山镇等，这些农村集市、市镇和城市由四通八达的商路联结起来，组成了一个覆盖全国的市场网络，使粮食、棉花、棉布、竹本、盐、铁器、茶、丝绸等流通中的商品数量达到了空前的高度，从而推动市场一体化向广度和深度发展。在这个市场网络中活动的商人群体也空前庞大，形成了晋商、徽商、陕西商、宁波商、山东商、广东商、福建商、洞庭商、江右商和龙游商等十大商帮，商人会馆遍布全国。如此等等，方始成就清代社会文化的空前发展。

图 1－1　清明上河图

因此，有一种观点非常值得商榷，即笼统地认为清代处于封建社会的下降阶段，是腐朽、停滞和衰退的阶段，没有生命力可言。近年来，通过各个方面的实证研究，大量的成果证明实际情况完全相反。无论是生产力，还是生产关系，清代前期都有不同程度的发展和变化，此时中国的社会经济发展到了它的高峰，甚至是一个前所未有的高峰。当然，从更广阔的范围看，这个“高峰”又是落后的。落后于以地主制为基础的生产与交换的经济，落后于近、现代社会，落后于资本主义。中国文化也在这个矛盾统一体中面临前所未有的机遇和煎熬。

二、封建经济的运行机制深刻地影响了中国文化的发展模式和表现形态

地主制经济是中国封建社会的基本经济制度。任何一种经济制度的根本问题，都是要优化资源配置，以产生良好的经济效益。如何配置资源就成为经济运行的基本内涵，而文化的发展模式和表现形态也与此紧密相关。中国封建社会的国家政权，是封建专制政权，包括赋税在内的财政收入，是皇室、贵族、官吏和军队等整个政权机构借以维持生存的源泉。封建政权通过政策、法令和制度等行政手段，以征调赋税和其他财政收入，国家干预就成为经济运行和资源配置的机制，即通常所说的“看得见的手”。地主制经济是地主将土地分租与农民以收取地租的经济制度。地主通过地租并通过地租的再投资以干预资源配置，也是支配经济运行的一种机制。包括自耕农和佃农在内的广大农民，除了为封建国家和地主生产租与赋之外，还要从事自给性生产，以满足温饱需求，维持自己的生存，农民自给也成为支配经济运行的一种机制。地主干预和农民自给，可以说是另外两个“看得见的手”。同时，由于商品生产与商品交换也有相当程度的发展，市场也成为配置资源的一种机制，即通常所说的“看不见的手”。国家干预、地主干预、农民自给和市场机制相互依存，相互制约，并互为消长。随着地主制经济的发展，它们在一体化的国家形态之中，对创生中国文化发挥了各自的作用。

国家干预机制，直接催生的与权力相伴的庙堂文化和与日常主流生活规则适应的伦常风俗，是中国传统文化中无论是规模还是影响力都占有优势的部分。包括语言和语言学、汉民族共同语、汉语语言、汉语词汇、汉语语法、文字与修辞等语言文字文化，官制、铨选制、礼制、兵制、刑罚制、爵勋制和赠谥、姓氏制等历代典章制度，儒学、墨学、道家学、阴阳家学、名

辩学、法家学、玄学、佛学、理学等各种思想流派学说，哲学、史学、经学、政治学、经济学、军事学、考古学、医学、天文学、地理学、农学、物理学、化学、算学等各种学术门类和科技及其流播，学校教育制度、取士考试制度、教育思想和理论、书院等教育和学校文化，诗、词、散曲、散文、辞赋、骈文、变文、小说、戏剧、文论、音乐、舞蹈、美术、书法、戏曲、文房四宝等绝大部分文学艺术，岁时节日、红白喜事、游艺娱乐、礼节称谓、占卜禁忌等以汉民族为主流的风俗习惯，神话传说与宇宙主宰、星辰信仰与气象崇拜、土地山川崇拜、鬼魂崇拜与冥神信仰、灵物崇拜与行业神等神话与鬼神文化，及其上述各式各样文化的物化遗存物。

地主干预、农民自给和市场机制，作为国家干预机制的补充形式，衍生的各种民间文化和地下边缘文化，成为中国传统文化中既生鲜活泼又另类别裁的弱势部分。包括汉语方言、少数民族语言文字等部分语言文字文化，曲艺、民间文艺、少数民族文艺等部分文学艺术，丹药方术、草药、工艺技术等部分科技，射击剑术、角抵百戏、拳术气功、击鞠毽子、琴棋闲艺等体育，原始宗教、道教、佛教、喇嘛教、伊斯兰教、基督教以及包括白莲教、罗教、弘阳教、天理教在内的秘密宗教、少数民族宗教等大部分宗教文化，此外，还有衣食住行文化、少数民族风俗习惯、民间珍藏，等等，及其上述各式各样文化的物化遗存物。

大致地说，到唐代中叶以前，封建国家主要采取刚性政策措施干预经济，是国家干预占据主导地位的时代。当时封建国家对农业的干预，直接深入到微观经济领域。譬如，采取“制民之产”的土地政策，通过建立田制，以配置土地资源。土地是农民最基本的生产要素，又是农民最基本的生活保障。封建国家总是采取分配土地的政策，让农民保有一定数量的土地，以保证国家赋役的征调。汉代以后的曹魏屯田、两晋占田，北魏、北齐、北周和隋、唐五朝的均田，都是封建国家在承认土地私有和土地买卖的前提下，建立各种田制，以干预土地资源的配置。其次，采取征调实物与劳力的财政政策，建立赋役制度，以配置劳动力和土地资源。再如汉初，“开关梁，弛山泽之禁，是以富商大贾周流天下，交易之物莫不通”①，商品生产与商品流通呈现蓬勃发展的生机。汉武帝为了增加财政收入，通过禁榷制度，大力发

① 《史记·货殖列传》。

展官工商业，将工商业发展纳入国家垄断的轨道，以国家的名义有效地干预劳动者与生产资料的结合。微观经济领域中充满了没有人身自由的劳动者。在当时的生产力条件下，国家参与了封建生产关系的决定，雇佣劳动难以发展。在此宏观环境中，文化的创生和发展也表现得尤其庙堂化，以致形成中国传统文化讲究“经国大业”责任，提倡“经夫妇、成孝敬、厚人伦、美教化”之功用的基本格局，从而将文化附庸政治合理化。说教的倾向一直是中国传统文化无可非议的主流倾向。

唐代中叶至明清时期，随着社会经济的发展，国家干预松懈，地主、农民和市场支配经济运行的作用得到长足发展，从此“授田之法尽废”。国家既不干预土地分配，又不限制私人占有土地，有力地推动了土地私有制的发展。庶民地主、中小地主趁机崛起，逐渐成为地主制经济发展的主流，地主家庭成为土地财产营运的主体。地主不但通过地租，还通过地租的再投资干预经济。许多原来由封建政府经管的公共事业，如土地垦辟、农田水利、河道桥路、储粮救荒等等，由于疆土日辟，人口日多，遂大量由政府行为转化为地主的个人行为，通过地主的再投资解决。如此，社会经济和商品生产不断发展，市场不断扩大，增加了对商业资本和高利贷资本的需求，不但农民和手工业者的生产借贷增多，就是商人也需要借资营运。利润一般都是投资的风险报酬。地主遂向商业和高利贷挹注资金。土地占有、商业资本、高利贷资本是封建社会中统治者瓜分农民和手工业者剩余产品的三种经济形态。以前，封建国家有限田、均田、禁榷、土贡、官工业、抑商等制度和政策；官僚地主在占有土地上具有种种封建特权，赐田、请射、投献盛行；而土地商品化的程度也比较低，出卖土地甚至要“先尽亲邻”。土地、商业资本、高利贷资本三者的相互转移遂受到许多限制。但是，一旦上述这些限制逐渐松解直至基本解除，地主投资商业和高利贷、商人和高利贷者投资地产势必放量增多。资本的这种自由流动和互相支持，把最稳妥的生息形式和最大化的生息形式融为一体，使地主、商人和高利贷者三位一体的结合日益成为社会财富分配的基本结构和社会积累的主要方向。同时，在地主制经济下，包括自耕农和佃农在内的广大农民，通常是种粮以食，织布以衣，实行“男耕女织”，以满足基本生活需求，维持家庭的温饱。农民人数众多，他们这种自给性生产所支配的劳动力和土地资源，在整个农业生产中占有巨大的份额。农民这种基于人类生存本能所形成的自给机制，推动了社会物质资料的生产和再生产，保证了人口的繁衍、封建经济的运行和封建社会的发展。

这种由国家、地主和农民多种主体参与的模式，使有限的资源获得比较合理的配置，实现了总需求与总供给的大体平衡，从而维持了社会经济的正常运转，并得到发展。同时，多种资源配置主体也是经济利益相互对立的主体，他们共同参与资源配置，有利于现实经济制度所决定的利益分配格局获得相对协调的发展，而不失之于畸轻畸重，并推动资源效益优化。反映到文化创生和发展上，则表现为以一种更加贴近世俗生活、更讲究实用性、更重视当下合理的价值取向，自觉地成为与庙堂文化互为对出和补充的文化形态，即各种民间文化和地下边缘文化。由此，我们甚至可以大致归纳出一条规律：文化的休闲，其实是文化说教的补充；同时，文化的休闲，正是社会资源配置效益不断优化的结果。

三、品类齐全的表现形式、兼容并蓄的价值选择、同化一切异质的内在逻辑，是中国文化蔚为大观的成功之道

先说中国文化的表现形式，最大的特点是品类齐全。任何一种文化类型的产生，都离不开特定的自然条件和社会历史条件，以及特定自然地理环境下的物质生产方式和社会组织结构。从地理环境看，中国处于一种半封闭状态的大陆性地域，从东到西，海洋、平原、丘陵、山地、高原、戈壁多种地形地貌次第展开；从南到北，热带、亚热带、温带多种气候带并存，其间有多条大江河和多个淡水湖泊润泽大地。从物质生产方式看，如上所述，中国文化植根于农业社会的基础之上，地主制经济在中国有几千年的历史，获得了极其充分的发展，达到了当时人类的最高点。从社会组织结构看，宗法制度在中国漫长的历史中成为维系社会秩序的重要纽带，专制制度在中国延续两千年。这些条件，直接或间接地为各种类型的文化提供了充分发展的条件。

再说中国文化的价值选择，最大的特点当属基于实用和有利的兼容并蓄。中国文化当然不是单纯的汉民族文化或黄河流域的文化，而是汉民族文化与中国境内各民族文化，例如历史上的匈奴、鲜卑、羯、氐、羌、契丹、辽、金等民族的文化，及不同地域的文化，如楚文化、吴文化、巴蜀文化、西域文化等，形成具有丰富内涵的中华各民族文化，并都融会于中国文化的

血脉之中。没有这种融合，也就没有中国文化的丰富多彩和博大精深。当然，各地域、各民族文化的融合，也包含有“同化”的意义。

所谓同化，是指外域文化进入中国后，大都逐步中国化，融入中国文化而成为其一部分。在这方面，最有代表性的例子莫过于佛教文化的传入和中国化。佛教首先流传于尼泊尔、印度、巴基斯坦一带，并不是中国本土的文化，在公元1世纪的两汉之际开始传入中国，经过魏晋、隋唐几百年，佛教高僧的东渡、佛教经典的翻译、中土僧人的西行求法，都不能使佛教文化完全征服中国的士大夫。佛教传播的结果，一部分变为中国式的佛教（如禅宗），一部分整合到了宋明理学之中，成为中国文化的一部分。

中国文化的同化力，是在历史中形成的，因此它不是简单的、偶然的文化现象，而是一种文化生命力的表现。具有如此强大的文化生命力的民族，在世界历史上都是少见的。在人类历史上，多次出现过因为异族入侵而导致文化中断的悲剧，如印度文化因雅利安人入侵而雅利安化，埃及文化因亚历山大大帝的入侵而希腊化、恺撒的占领而罗马化、阿拉伯人移入而伊斯兰化，希腊、罗马文化因日耳曼蛮族入侵而沉睡千年。但是在中国，此类情形从未发生。唯有中国文化一种，历经数千年，持续至今而未曾中辍，表现出无与伦比的可持续发展力。

这种强健的生命延续力的成因是多方面的。东亚大陆特殊的地理环境提供了相对隔绝的状态，是其缘由之一。而中国文化长期以来以明显的先进性多次“同化”以武力入主中原的北方游牧民族，反复演出“征服者被征服”的戏剧，也是一个重要原因。更加重要的是，中国文化的强大生命力还表现在它具有历久弥坚的凝聚力。这种凝聚力具体表现为文化心理的自我认同感和超地域、超国界的文化群体归属感。

四、中国文化的核心和精髓，是一种人类的普适性价值

中华民族在悠久的发展历史中，积淀和形成了自己独特而伟大的民族性格和民族精神。中华文化的基本精神，表现了自强不息、厚德载物、居安思危、乐天知足、崇尚礼仪等特征。中华文化的核心和精髓，就在于“和合”二字。

“和”、“合”二字均见于甲骨文和金文。和合，就词义本身而言，

“和”，指和谐、和平、祥和；“合”是结合、合作、融合。“和合”是实现“和谐”的途径，“和谐”是“和合”的理想实现，也是人类古往今来孜孜以求的自然、社会、人际、身心、文明中诸多元素之间的理想关系状态。

中国传统文化中“贵”和“持中”的和谐意识，表现于两个方面：一是“天人合一”，指人与自然关系的和谐；二是“中庸”，指人际关系，即人与人、人与社会关系的和谐。“天人合一”旨在承认人与自然的统一性，反对将它们割裂开来。“中庸”则强调对待事物关系要把握一个度，以避免对立和冲突。提倡“贵和”、“持中”的和谐意识，有利于处理现代社会各种矛盾，以保持社会的稳定。

图 1-2 北京奥运会开幕式画卷

在中国，以广泛深厚的和合文化为基础的追求社会和谐的思想源远流长。老子提出“万物负阴而抱阳，冲气以为和”[①]，认为道蕴涵阴阳两个相反方面，万物都包含着阴阳，阴阳相互作用而构成“和”。这是宇宙万物的本质以及天地万物生存的基础。《论语·学而》：“礼之用，和为贵。”把“和”作为处事、行礼的最高境界。其他人如墨子、管子、荀子等先秦诸子

① 《老子》第四十二章。

也多有关于“和”或“和合”的论述。“和合”概念在先秦时期基本形成。随着“和合”概念的形成，中国的原创文化也经过“百家争鸣”，逐渐“和合”形成儒、道两大显学，并且在两汉之际“和合”地接纳了由印度原创的崇尚“因缘和合”、“圆融无碍”的佛教文化。“因缘和合”论成为佛教的重要理论，在历史上也产生了重要影响。从此，“和合”概念被中国传统文化的儒道佛所通用，并成为其概括本身宗旨的核心概念，同时也被其他文化流派的思想家普遍接受并广泛运用。

在美学上，和谐化诗意关联的“天人合一”思想，深刻浸渍了中国古代的审美境界论，使得古代中国人特别强调人生境界与审美境界的合一。其次，“和合”文化中和谐化辩证法的普遍运用，使得中国美学智慧特别注意以对应性、相融性、辩证性、和谐性来理解和处理一系列审美范畴的展开与构架。有人指出，纵观中国古代美学基本特征（如强调真善统一、情理统一、人与自然的统一、有限与无限的统一、认知与直觉的统一等）和中国古代审美理想（如儒家对“和”、道家对“妙”、佛禅对“圆”的追求），无不是“和合”文化在审美层面的诗性展开和逻辑延伸。这表明，中国诗性智慧和审美意识与“和合”文化有着一种特殊的亲和性和关联性。“和合”文化，是中国古代诗性智慧之根。“以和为贵”、“亲仁善邻”、“协和万邦”是中华民族与世界各国人民友好相处的传统道德基础。从中国先秦时期老子主张大国理应谦下（“大者宜为下”、“大国者下流”），到西汉董仲舒主张“洽四国”、唐代高祖李渊主张对周边邻国行“宏仁恕之道”，等等，和睦相处，消弭战祸，“化干戈为玉帛”始终是中华民族的美好愿望和实践目标。

第二节 中国文化产业市场体量巨大

文化资源是发展文化产业的基础。中国不仅是一个文化资源大国，也是文化人才大国和文化创意大国，历史上曾经是、现在依然是为世界各国人民提供文化产品和服务最多的文化产业大国之一。尽管中国文化和文化产业还面临种种“走出去”的问题，但是，中国是一个文化产业大国，中国文化产业市场体量巨大，这类基本的判断是不容置疑的。

一、改革开放30年的发展历程，在文化产业观念层面上，达到了一个全民认同的高度与自觉

从党的十四大建设社会主义市场经济体制目标的确立，到党的十六大积极发展文化事业和文化产业观点的提出，特别是党的十七大有关“深化文化体制改革、大力发展文化产业”、“提高国家文化软实力”、“文化产业占国民经济比重明显提高”以及“大力发展文化产业，实施重大文化产业项目带动战略，加快文化产业基地和区域性特色文化产业群建设，培育文化产业骨干企业和战略投资者，繁荣文化市场，增强国际竞争力”等重要观点的论述，不仅标志着我国文化产业完成了由启蒙到认同、由行业到社会的观念性革命，而且为深入学习实践科学发展观，推动社会主义文化大发展大繁荣积累了实践经验，并提供了解放思想、与时俱进的内在动力。

从东部经济发达地区到中、西部经济相对欠发达地区，在发展文化产业的观念上和实践中，一系列至关重要的观点得到了人们的反复强调和肯定：在文化产品的功能性上，必须坚持社会效益和经济效益相统一的原则；在文化产品的评价标准上，努力坚持观众满意、市场认可的原则；在文化资源的开发上，必须充分发挥市场配置资源的基础性作用；在推动经济社会发展上，必须充分认识到，作为文化与经济相互交融的集中体现，文化产业因其所具有的科技含量高、资源消耗低、环境污染少等特点，正在和必将成为国民经济新的增长点。

二、在国家文化产业政策的积极引导和文化体制改革的大力推动下，文化产业已经由探索、起步、培育的初级阶段，开始步入快速发展的新时期

就近观察2008年，文化体制改革的铿锵足音令人振奋：公共文化服务水平不断提高，农村公共文化服务网络进一步完善；出版集团、影视制作集团等文化骨干企业不断壮大实力、提高竞争力；更多优质文化产品和服务项目走向国际市场。

尤其值得一提的是：各地加大文化资源向农村的倾斜，合理配置公共文

化资源，逐步增加为农村服务的资源总量；实施农村文化重点工程建设，改善、提升农村公共文化基础设施条件和服务水准——“十一五”时期文化发展规划纲要描绘的农村文化发展蓝图，正在逐步实现。据统计，目前全国共有县以上公共图书馆2799个，文化馆、群艺馆3217个，博物馆1722个，文化站37384个，社区、村文化室137665个，“十五”期间，我国基本实现了县县有图书馆、文化馆的目标；广播电视村村通工程基本实现已通电行政村和50户以上自然村的村村通，解决了近亿农民收听收看广播电视难的问题；截至2008年9月底，全国成立数字电影院线126条、流动数字电影放映队1万余个，全国农村共放映电影500余万场，观众超过10亿人次；农家书屋工程启动以来，已建成农家书屋2万个；全国文化信息资源共享工程建设基层服务点超过61.4万个，辐射人群上亿，资源总量达69TB①；送书下乡工程为国家级扶贫开发重点县和乡镇配送图书787万册；流动舞台车配送工程为基层文化机构配备流动舞台车700多辆，到农村开展灵活、多样、方便的文化服务。

三、社会主义初级阶段的基本国情决定了我国文化产业的发展还有很多障碍需要跨越，还有许多难题需要破解

社会主义初级阶段人民群众日益增长的物质文化需求同落后的社会生产力之间这一社会矛盾尚未解决，文化发展的整体水平不能很好地满足人民群众日益增长的精神文化需求，文化推动经济社会发展的积极作用没有充分发挥，文化产业的发展实践难以为软实力建设提供必要的产业支撑。

文化体制改革仍滞后于文化产业的发展，体制惯性等诸多原因使国有文化单位的改革严重滞后，民营文化企业的国民待遇问题，盘活存量扩大增量的方式问题，市场主体的强化和自新问题，金融危机中的政府行为效度问题，以及经济、政治、文化、社会四位一体的发展战略问题，依然在严重地考验我们政府的执政能力。

由于市场分割、行政准入壁垒一时还难以消除等现实原因，壮大文化市场主体，全面提升文化产业的整体实力和竞争力，在一定时期内，仍是一种

---

① TB为计算机的存储单位，1TB＝1024GB。

美好的期待。政府亟须加快职能转变的改革，按照科学发展观的要求，积极建设服务政府、责任政府、法治政府和廉洁政府，对于文化市场体系建设和文化产业的发展，方能起到四两拨千斤的作用。

文化产业的理论研究，还难以为文化产业的发展实践提供及时有力的支撑。一些打着文化产业研究幌子的机构和个人，在“利益”的驱动下，对文化产业发展的现实问题缺乏深入的学理分析和实证研究，却讲述着大而无用的空头理论，制定了一些缺乏可操作性和针对性的文化产业发展规划，甚至还有不少冠以著名国际文化产业专家头衔的“洋学者”，也混迹于国内的各种论坛，从事项目淘金或项目掮客的工作。文化产业学术界正面临着学术话语空洞和学术操守失范的双重危机。

四、大波迭起的世界性经济危机，为负重疾行的我国文化产业设下了一个大大的不确定性

对于好不容易迎来快速发展局面的我国文化产业而言，世界经济危机首先不是一个利好信息。不论从文化产品的创作和生产，还是从文化企业的竞争力的角度来看，我们都缺乏宏观和微观层面上的实绩支撑。然而从 1929 年和 1997 年两次世界金融危机引发的经济危机等历史经验来看，危机对文化产业的影响有一个先抑后扬、先损后益的过程。如果世界经济危机持续蔓延，2009 年中国文化产业可能受到相对明显的冲击。此后，在危机的影响下，人们的生活方式、精神需求的变化将带来文化产业的内生性增长，各种反危机力量的介入也将会为文化产业的发展迎来新的机遇。有基于调查的研究表明，在世界经济危机的大背景下，人们的某些文化消费欲望萎缩，部分机构对前景表示担心与焦虑，若没有很好的引导机制，或可演变成集体性消极心理，影响文化的生产与消费。譬如，近期内的广告投放总量将会明显减少，对很多行业与机构可能带来较大压力。同时，虽然金融危机的发展具有很多不确定性，但对中国文化产业来说，总体上仍将是机遇大于挑战。这基于以下原因：首先，中国经济仍会相对高速增长，这保证了我国文化市场还会继续扩大，公民文化消费能力还会增强；其次，从逻辑上说，发展文化产业符合国家应对经济危机的方针政策，特别是中央“扩内需、保增长、调结构、惠民生”的原则。随着人们认识的深化，文化产业在国家应对金融

危机的整体战略中的地位可能提升，得到的支持力度可能更大。

五、经过风云动荡的国际经济形势洗礼后，中国文化产业将借助某些国际文化贸易平台建设，"走出去"的步伐将进一步加快

从2008年年中贝塔斯曼由"现行"变为"先烈"、黯然撤离中国，到雄踞新媒体霸主地位的分众传媒年底被新浪并购，文化产业的战场变数莫测。在经过2008年风云动荡的国际经济形势洗礼后，2009年将有更多文化创意企业获得融资渠道及上市机会，中国文化企业海外并购将不再是梦想。此外，文化走出去工程将继续受到重视，政府将制定相应出口退税政策，文化出口企业获得奖励在2009年将初见成效。世界范围内的金融危机，使国外的实体经济和文化产业都受到了一定的影响。面对遭受金融危机重创的某些外国企业，中国文化企业也许将有不错的抄底机会，给中国企业进行海外并购提供了可能，加之中国政府的扶持政策，中国文化产业实际得到了很多机会。

尤其是随着世博会的日益临近，上海作为中国文化产业走出去的平台的意义将进一步得以凸显。近年来，上海的现代服务业一直呈现快速增长的态势，服务贸易进出口也持续高速增长。在服务贸易快速增长的过程中，大批文化创意产业园区蓬勃发展，影视媒体、广告宣传和动漫游戏等产业的发展在全国居于领先地位。文化产业作为国家服务贸易重点发展的产业之一，也备受各级政府部门的关注和支持。为了加快我国文化产业的发展，鼓励和支持国内文化企业走向世界，在国家有关部委支持下，上海国际文化服务贸易平台应运而生。上海国际文化服务贸易平台坐落于上海外高桥保税区内的东方国际文化贸易中心。平台将结合上海浦东新区综合配套改革试点，充分利用上海外高桥保税区优惠政策和"境内关外"的功能优势，服务于国家文化发展大战略，服务于全国文化产业、企业与项目"走出去"需要，通过文化服务贸易资源整合公共服务链建设，重点拓展中华文化走出去的渠道；打造文化产品国际贸易的基地；构建国际文化交流的载体；形成文化产品展示交易中心；建设文化产品公共服务平台。目前平台已与近20家企业达成了战略合作意向或签订了合作协议。如与上海时空之旅文化发展有限公司签

署战略合作框架协议，努力推动“ERA”这台演艺精品尽快实现世界巡演的计划；与沪港澳文化交流协会达成战略合作意向，双方将共同合作推动沪、港、澳三地的文化贸易与文化交流；与上海社科院创意产业研究中心达成战略合作意向，利用双方各自优势，推动文化贸易研究和项目合作，扩大平台知名度；与美国富顿集团达成长期战略合作意向，利用其在美国纽约的中国文化产品展销中心为国内文化企业和产品“走出去”提供便捷通道和窗口。

第三节　中国文化产业发展需要品牌支撑

随着国家的大力扶植和社会资本准入制度操作性的增强，近年来文化产业发展迅猛。党的十六大报告提出，“发展文化产业是市场经济条件下繁荣社会主义文化、满足人民群众精神文化需求的重要途径”，要“完善文化产业政策，支持文化产业发展，增强中国文化产业的整体实力和竞争力”。十六届五中全会也指出：“要深化文化体制改革，积极发展文化事业和文化产业，创造更多更好适应人民群众需求的优秀文化产品。”这些信号表明：发展文化产业已经成为我国经济战略发展的重要组成部分。

为了规范文化产业发展数据的统计，2004 年国家统计局印发了新的《文化及相关产业分类》（国统字〔2004〕24 号），对文化及相关产业重新进行了分类。但是迄今为止，国家统计局发布的数据仍然是使用《国民经济行业分类》（GB/T 4754—2002）划分标准下的统计数据。下面我们以 2003 年的相关数据作为样本进行分析，可以基本反映出中国文化产业发展的概貌和走势。

2003 年我国城乡居民家庭的文化消费支出总额为 4013 亿元。这是我国城乡居民家庭已经完成的文化消费支出，基本上可以视为 2003 年我国城乡居民家庭已经实现了的文化消费需求。国家统计局 2004 年 8 月份曾经根据新制定的我国文化产业分类标准发布过一份《2003 年我国文化产业发展简况》，该份材料显示，2003 年，我国文化及相关产业有从业人员 1274 万人，实现增加值 3577 亿元。文化及相关产业从业人员占全部从业人员（7.44 亿人）的 1.7%、城镇从业人员（2.56 亿人）的 5.0%。文化及相关产业增加值占 GDP（11.69 万亿元）的 3.1%。

根据马斯洛的人类需求五层次理论，居民家庭的文化消费需求属于较高层次的需求，所以，文化消费需求与经济发展和人民生活水平密切相关。随着人民收入和生活水平的日益提高，人民群众的文化消费需求会越来越旺盛。

1998—2003 年我国城镇居民家庭的恩格尔系数从 44.48 下降到 37.12，6 年间下降了 7.36 个百分点。1998—2003 年我国城镇居民家庭人均可支配收入上升了 1.85 倍；2003 年比 1978 年增长了 4.146 倍。按照这个速度，到 2010 年城镇居民家庭人均可支配收入可以达到 17000 元（2003 年价格）。到 2010 年我国城镇居民家庭人均文化消费支出将达到大约 910 ~ 1130 元（2003 年价格）。按照 2010 年全国大陆地区总人口为 13.5 亿，其中 50% 为城镇人口计算，到 2010 年城镇居民家庭文化消费支出总额将达到大约 6140 亿 ~7600 亿元（2003 年价格）。1998—2003 年我国农村居民家庭的恩格尔系数从 53.4 下降到 45.6，6 年间下降了 7.8 个百分点。可以预计，到 2010 年我国农村居民家庭的恩格尔系数还会下降 8 ~ 10 个百分点。1998—2003 年 6 年之内我国农村居民家庭人均纯收入上升了 0.95 倍；2003 年比 1978 年增长了 4.507 倍。按照这个速度，到 2010 年农村居民家庭人均纯收入可以达到 5250 元（2003 年价格）。我们使用无截距项回归分析结果显示，到 2010 年我国农村居民家庭人均文教娱乐消费支出将达到大约 376 ~ 950 元（2003 年价格）。按照 2010 年全国大陆地区总人口为 13.5 亿，其中 50% 为农村人口计算，到 2010 年农村居民家庭文化消费支出总额将达到大约 2530 亿 ~6420 亿元（2003 年价格）。

由此可以预见，到 2010 年我国城乡居民家庭文化消费支出总额将达到大约 8670 ~ 14020 亿元（2003 年价格）。

可见，由于城乡居民家庭收入持续增长，文化产业发展的市场空间也会越来越大。但是，我们必须清醒地认识到，人民的文化需要创造的市场空间，并不等于我国文化产业发展的必然水平。这里有一个世界文化市场一体化的问题。如果我们能够生产足够多的文化产品，拥有足够多的文化品牌，特别是具有影响世界文化市场的文化品牌，那么我们的文化产业总量将大于国内城乡居民实际的文化需求空间；反之，我们自己的文化市场份额都将被世界其他文化产业大国占领。并且，这还不是单纯的市场竞争的问题，更严重的是还关系到国家文化安全和民族文化传统的承继问题。

目前，我国文化产业的发展状况其实相当困难，矛盾极其尖锐。其中，自主文化品牌缺失是最关键的问题，它直接制约了我国文化产业的健康、快速发展。我国人民家喻户晓的花木兰故事已经被迪斯尼搬上了银幕，《孙子兵法》《西游记》《天仙配》《成吉思汗》《杨家将》《三国演义》等中国文化资源也都相继被外国文化公司盯上，将很快被重新演绎并贴上他们的品牌标签。与此同时，中国每年对文化的消费需求远远大于其生产能力，中国每年进口大量的电影、电视剧、动画片等文化产品及其衍生产品。中国的文化产业存在严重的贸易逆差，粗略估算进口和出口的比例是10∶1，甚至更大。由此可见，文化产业在中国还是不成熟的产业，是一个“弱势板块”，中国文化品牌的发展还处于起步阶段，尚需要培育、发展。

中国的文化贸易是近些年来新提的一个概念，文化产品和文化服务走出去、走上国际市场才刚刚起步。造成文化贸易的严重逆差，有几个重要的原因：

第一，观念的滞后。中国传统上文化是文化，生意是生意，很少想到要把文化做成生意的，这跟世界上很多国家有很大差距。美国文化贸易的发达，与其没有观念上的束缚有直接的关系。

第二，缺乏能够吸引人的、能够占领国际市场的文化产品，尤其是文化品牌。中国有悠久的文化传统和丰富的文化资源，但是这并不等于能够自然而然地转化为文化贸易产品，并不意味中国必然拥有大量的、被世界广为接受的文化品牌。从文化资源到文化产品，还有很长的路要走。

第三，缺乏能够在文化贸易市场上进行推广、公关的中介机构。这个主体不能尽快成长起来，将长期制约中国文化产业的发展。

第四，国家法律、政策的鼓励措施和环境还有待提高。在这方面，一些国外的成功经验可以借鉴。政府要明晰自己的位置，要在自己的领域里发现问题、解决问题，创造一个适合中国文化产业化、品牌化，鼓励中华文化走出去的环境。

实际上，推动有中国气派的文化品牌快速、健康地成长，已经成为中国文化产业乃至中国社会全方位可持续发展的当务之急！

第四节　中国文化品牌概观

为了尽可能直观地了解中国文化品牌发展的现状，本节只集中对2008年度中国文化品牌的焦点事件和问题作简略叙事。

一、文化旅游业悲喜交集

对文化旅游业来说，2008年是充满不确定性因素的一年，既有冰冻雨雪、地震等自然灾害，又有泰国社会动荡、全球金融海啸等政治经济事件的影响，还有美国游、台湾游相继开放，以及北京成功举办奥运会的机遇。

2008年春节前，我国南方部分地区发生大范围低温雨雪冰冻灾害，导致交通、电力系统危机，大型机场被迫关闭，铁路、公路营运全线瘫痪，17个省区市全部或部分停止了旅游接待和旅游组团，其中湖南旅游业受灾最为严重，张家界、南岳、凤凰古城等重点旅游区相继关闭。旅游上下游单位受损严重，并一度影响了游客春节出游的信心，灾害冰雪天气让旅游业深切感受到了“刺骨的寒意”。3月底，平时已经进入旅游旺季的西藏地区，却因拉萨打砸抢烧事件造成旅游业活动的戛然中止。时至今日，西藏旅游都未能恢复以往同期的生机，这对西藏旅游业未来走势的负面影响无法估量。5月中旬，正值四川旅游旺季之际，突如其来的汶川大地震造成了旅游系统损失逾500亿元，大部分旅游景点基础设施遭到严重损毁（包括世界文化遗产都江堰－青城山景区、绵阳猿王洞、千佛山等）。同时，地震还不可避免地影响到了周边旅游，其他省份的山景旅游如丽江等也出现了退团和取消预订的情况，使一些旅行社的直接经济损失逾千万元。

最为严重的，莫过于由美国次贷危机引发的席卷全球的金融海啸对文化旅游的影响。有旅游业内人士称，这场金融海啸对旅游的冲击已超过2003年的“非典”。不难推理，此次危机必将对“伤痕累累”的旅游业的恢复和发展带来不利影响，对入境游市场更是严重的打击。同时，也将对旅游企业投资、国内旅游消费带来极其负面的影响。

值得庆幸的是，美国游、台湾游相继开放，为旅游业注入新鲜血液；北京奥运，更是机遇大于挑战。奥运旅游产品对旅游市场形成强大的吸引力和推动力，奥运场馆旅游成为2008 年“十一”黄金周北京旅游市场最为重要的热点，进而拉动了北京及其他奥运项目举办城市的旅游热潮。国庆期间，一些旅行社为满足市民赴京观赏奥运场馆的热情和需要，采取了包机游北京等措施，使得“十一”黄金周期间北京游人数同比翻了近2倍。

图1－3 华尔街

二、电影业繁荣兴旺

2008 年，随着电影市场改革的不断深入，中国电影市场活力进一步被激发，不断成熟的放映档期前后连贯，配合重大宣传主题的国产影片放映热潮此起彼伏，国产大片艺术进一步成熟，各类影片及制作日趋个性化和多元化，使2008 年的中国电影市场呈现出繁荣、可持续发展的可喜局面。据广电总局电影局日前初步统计，2008 年，国产故事片超过400 部。国内电影市场票房总收入（不含农村市场）预计为42.15 亿元人民币，比2007 年增长8.88 亿元，增幅为26.69%。其中，国产影片票房收入25.63 亿元，比2007 年增长7.62 亿元，增幅达42.31%，占票房总收入的61%，在国内市场所占份额连续6年超过进口影片。

从《一个人的奥林匹克》到《超强台风》，主流影片影响力大幅提高。为迎接北京奥运会，中国电影人以极大热情拍摄的《一个人的奥林匹克》《买买提的2008》《破冰》《筑梦2008》等优秀影片，全部在奥运前后进入主流院线，引起观众的极大兴趣。《一个人的奥林匹克》成功走向国际电影市场，《买买提的2008》获得国际电影节奖项，《筑梦2008》更是得到国际奥委会主席罗格的高度评价。另一部反映灾难面前中华民族伟大凝聚力的影片《超强台风》在主流院线的票房就达到2000万元。为纪念改革开放30周年而推出的影片《愚公移山》《农民工》《永远是春天》及纪录片《中国1978》等都受到观众好评。

《梅兰芳》《非诚勿扰》带动新一拨的娱乐消费高潮。从2008年11月下旬起，二十多部贺岁影片提前登陆全国各大影院，其中，陈凯歌、冯小刚分别执导的《梅兰芳》《非诚勿扰》尤为引人关注。再现中国京剧大师梅兰芳艺术生涯的大片《梅兰芳》上映后，观众趋之若鹜，对影片"东方风韵、全球视点，中国特质、人类关怀"的艺术追求给予了充分肯定和很高评价，并认为影片的成功反映出国产大片的创作开始走向成熟、理性。仍在热映的《梅兰芳》票房早已突破亿元。《非诚勿扰》因贴近生活、幽默温馨，引起观众普遍好评，创下了放映6天票房过亿元的新纪录。国产年底贺岁片，带动了新的一拨电影消费高潮的出现，也使岁末电影成为社会、媒体关注的热点；国产大片在经过多年探索和思考之后，艺术质量进一步提高，可谓"既叫好又叫座"。

从《赤壁（上）》到《十全九美》《叶问》，风格多元的国产影片首次压倒性超过外国电影。形成多类型、多品种、多样化的电影产品结构，是电影产业可持续发展的基本要求，一直是中国电影工作者探索、努力的方向。2008年，国产影片以形式、风格、个性的多样性而各显风采、各具魅力。《赤壁（上）》《长江七号》《大灌篮》《功夫之王》《画皮》等8部国产影片都创造了票房过亿元的成绩，其中《赤壁（上）》票房达3.1亿元。中小成本影片活跃了电影市场，500万元成本的影片《十全九美》创造了5000多万元的票房。《爱情左右》《叶问》《桃花运》《保持通话》等诸多中小成本影片口碑、票房获双赢，和国产大片一起，有力支撑了电影市场，创造了市场的繁荣与活跃，使国产影片第一次以压倒性绝对优势，超过了外国电影，特别是美国电影在中国市场的份额。

图 1-4 电影《桃花运》海报

城市影院建设、农村电影放映大发展。在电影市场建设方面，2008 年，全国新建电影院 118 家，新增银幕 570 块，创造了日均增加 1.7 块银幕的新纪录。截至 12 月，全国城市主流院线共有影院 1545 家、银幕 4097 块，比 2002 年有效银幕数翻了两番。随着数字技术的发展，我国数字银幕增加到 800 块，位居世界第二。2008 年，农村电影放映工程进一步得到实施。我国自主研发的适用于农村市场的 0.8K 放映设备，满足了广大农村市场的需求；农村数字院线发展迅速，到 2008 年底已建成数字院线 150 多条，数字放映点覆盖全国 30 个省区市的 1500 多个县，15000 多个乡，27 万多个行政村。2008 年，农村共放映影片约 715 万场次，农民观众达 16 多亿人次。

我国 2008 年电影市场繁荣、兴旺的景象充分证明，电影产业化道路是中国电影发展的必由之路。不断翻新的一系列数字，预示着中国电影正在走上又好又快、可持续发展的健康轨道。

三、网游业出口突破 1 亿美元

长久以来，中国在国际文化传播中的弱势地位一直是国人的心结。好莱坞的电影、日本的动漫、欧洲的歌剧甚至韩国的电视剧，一波一波冲击着中国的文化市场。而中国虽然拥有巨大的对外贸易顺差，却长期在国际文化贸易中“赤字”高悬。实际上，世界的大国不仅仅是经济、军事和政治的大国，也应当是文化的大国。而文化大国的重要标志就是其文化出口的能力。美国的视听产品已经成为仅次于航空航天的主要换汇产品，居于出口贸易的第二位；英国 2002 年文化产业出口达到 175 亿美元，2003 年成为仅次于金融业的第二大产业；日本文化产业的规模比电子业和汽车业还要大，日本动漫在中国影响深远。这些国家文化产业规模之大，对于中国这个有着五千年文明史的国家，提出了巨大的挑战。如何利用本国丰富的文化资源，向世界传播中国文化，是一个重要的课题。

可喜的是，中国的网络游戏企业作为市场化程度最高、2007 年以来出口速度增长最快的文化企业，已经在利用市场机制、发展文化产业、加大文化出口等方面做出了成功的尝试。艾瑞咨询最新研究报告显示，中国网游出口额在 2008 年超过 1 亿美元，国际业务的增长速度超过国内业务，平均增幅达 100%。优质的中国网络游戏企业已经成为中国文化出口的新势力。

文化消费作为柔性需求，消费随意性较强。金融危机发生以来，欧美各国的文化产业如影视传媒、艺术品市场、博物馆、剧院演出等相对高端、花费较多的文化产业都受到冲击。而中国文化出口的新军网络游戏企业却趁机扬起风帆，拉响了“文化远征”之船的汽笛。金融风暴到来之际，网络游戏却是“避风港”。互联网使得游戏业和消费者之间几乎是面对面、极度扁平的销售渠道，杜绝了渠道层层压账、应收账款巨大等问题，最大限度地减小了风险。在这样的背景下，游戏企业对于海外拓展前景预期的乐观也就显得并不突兀了。中国最大的网络游戏出口企业完美时空（PWRD. US）在 2008 年前三季度的海外销售额达到 1900 万美元以上，比去年同期增长了约两倍。目前，完美时空旗下共有《热舞派对》《赤壁》《诛仙》《完美世界》（国际版）和《武林外传》5 款网游，出口到日本、越南、韩国、马来西亚、菲律宾、巴西、俄罗斯等国家。除完美时空外，金山、游戏蜗牛等几家重视海外市场的内地企业亦未因金融海啸减低对海外的投入力度。目前，有十余家内地网络游戏企业正同时进军海外市场。

中国网络游戏出口到海外，最难做到的是兼顾坚持民族风格与弥合文化背景差异。一方面，民族的才是世界的，大量运用中国元素，必然能够提高网游出口的吸引力和新鲜感；而另一方面，如果单纯强调中国文化背景，则很难令西方文化理解，因此也难以迅速融合到其文化氛围内。以完美时空的产品线为例，完美时空开发的网游《完美世界》，其故事背景虽然是中国古代神话传说盘古开天辟地，但创作团队却有意地突出水神“共工”一怒撞破不周山天柱造成洪水泛滥，巧妙地与西方文化中的“诺亚方舟”联系起来，为《完美世界》国际版出口海外市场做好了铺垫。完美时空的成功再一次昭示了一个道理：只有传承了传统文化的产品才能走向世界。

图 1－5 《完美世界》(国际版)

四、互联网业在舆论监督中爆发

2008 年中国互联网的主轴在新年伊始的头几天，似乎已经准确得到预测。《人民日报》1 月 4 日第 5 版发表了文章《2007，倾听中国网民》，文章认为“这一年发出声音的一亿多网民，终将被载入史册”。文章得出一个结论：“网民已成为推动社会主义民主政治建设的有生力量。”这个论断，在

2008 年的中国互联网得到了应验。从年头开始的“零税收”，一直到年底的“天价香烟”曝光，以网络为载体的舆论监督，特别是对特殊利益团体的监督，成效非凡。

“零税收”被曝光于 2008 年 3 月，网友“老痘”发帖《公务员的工资条：月收入 5900，一分钱税都不交》，披露公务员税收黑洞。此事掀开了 2008 年互联网“监督”的序幕。同在 3 月，网上多个论坛出现一个题为《南昌“2·13 刺警案”完全相反两个版本》的帖子，欲为“酒吧刺警案”翻案。网络为不同声音的呈现提供了可能。4 月 10 日，凯迪等论坛开始流传一篇帖子《广西师范大学六位校级领导接见一位美女秘书》，引发了网友及舆论对大学本科教育评估的广泛质疑。“汶川大地震”发生之后，网络成为组织救灾的平台，同时发挥了监督救灾物资流向的重要作用。成都当地的网友自发组织了一个名为“抓鬼团”的活动，针对救灾帐篷挪为他用进行了跟踪调查并试图寻找帐篷来源。到年中，网络监督已呈四面开花之势。6 月 11 日，一湖南记者在其网易博客上发表的《湖南耒阳市高考舞弊》帖文，使至少 4 人被刑拘、2 人行政记大过。下半年，网络的监督达到高峰。7 月 6 日某网络论坛发帖《江苏徐州：区委书记演绎荒唐“一夫二妻”制》，揭发“全国最荒淫无耻的区委书记和全国最牛的黑恶势力”，最后江苏省徐州市泉山区区委书记董锋因涉嫌“严重犯罪”被正式逮捕。舆论认为是网络举报扳倒了董锋，“是一场网络反腐的胜利”。网络监督 2008 年引起媒体最为广泛关注的，莫过于孙春龙的博客上书一事。《瞭望东方周刊》记者孙春龙在其博客上发表的举报信——《致山西省代省长王君的一封信》，指出娄烦事故中真实的死亡人数，结果引起国家领导人重视，温家宝总理批示要求对事故进行核查。9 月间，网络上一个名为《亲历 1291 次列车绑死民工事件》的帖子披露的事件也引起众人侧目。一名男子在乘坐 1291 次列车时，被列车长和列车员用胶布捆住了身体后死亡。经历现场的网友写下了经过并发布到网上。10 月间，深圳一名中年男子在酒楼内借着向 11 岁女生问路之机，将其强行拖进洗手间内欲行猥亵。有人将酒楼内的监视录像发布上网，网友开动“人肉搜索”，该男子的嚣张言论随即传遍网络，“怪叔叔”一词从此亦有了特别含义。11 月 26 日，网友“魑魅魍魉 2009”在天涯“贴图专区”发布了一个题为《晒晒咱们公务员的福利》的帖子，公费旅游文件的意外曝光使年底的监督大戏愈发精彩。11 月间，网上还掀起一股曝光官员副职数量的热潮。网友发帖揭发铁岭市竟有9个副市长、20个政府副秘书长；亦有网友发现，河南省新乡市有11个副市长、16个副秘书长、6个调研员。后来有网友提议寻找“最多副市长城市”。2008年最后一个月发生的“天价香烟”，为年度监督大戏拉开帷幕。南京江宁区房产局局长周久耕的公务员身份与其消费能力，引起网友的广泛兴趣。有论者认为，从事件中，“看到一种新兴的监督力量——网民：他们最无所顾忌，他们最没有利益纠葛。最重要的是，他们那么快捷、有效而且廉价”。2008年的一系列事件表明，每一个网民，都像是一个摄像头在紧盯着特殊利益团体。这也让特殊阶层中的人，无时无刻不得不掂量行为及可能发生的后果。这种监督机制的形成，让人对2009年的中国互联网充满期待。

支撑这一切现象的，是以国内网民的快速成长及其公民意识的快速增强为特征的网络爆发的基本事实。2009年1月13日，中国互联网络信息中心（CNNIC）在京发布的《第23次中国互联网络发展状况统计报告》显示，截至2008年底，我国互联网普及率以22.6%的比例首次超过21.9%的全球平均水平。同时，我国网民数达到2.98亿，宽带网民数达到2.7亿，国家CN域名数达到1357.2万，三项指标继续稳居世界排名第一。2008年中国的网络新闻得到快速发展，网络新闻的使用率较2007提升了近5个百分点，网络新闻用户达到23400万人，互联网已经成为一个不可忽视的舆论宣传阵地。作为用户自创内容的重要应用，博客自诞生以来，一直保持快速的增长势头，截至2008年底，中国博客作者已经达到16200万人。

在互联网络用户三大序列、七大群体中，推动本业态爆发贡献最大的是位列重度用户序列的网络依赖群、中度用户序列的基础应用群和轻度用户序列的自我展示群。网络依赖群占网民总规模的近11%，他们在各种网络应用上的群体特征值都高于总体平均水平，他们使用的网络应用最多，每周上网时间也最长，他们是互联网的最忠实的用户。基础应用群在网民总体中所占比重达到21.5%，是最大的一个群体。此群体在搜索引擎、电子邮件、即时通信等互联网基础应用上的比例远高于总体水平，而在其他应用上的使用率却明显偏低。自我展示群占总体的12.6%。此群体中的用户100%拥有博客，而在其他应用上他们的使用率明显低于总体。此群体平均使用5.3个应用，每周上网12.27个小时。

五、艺术品市场大事迭起

文化部文化市场发展中心艺术品评估委员会发布“2008 年中国艺术品市场十大事件”，艺术品界赈灾义拍等十大事件入选。以此为切点，我们可以管窥中国文化艺术品市场不平凡的2008 年。

1. 艺术品界赈灾义拍激情汹涌，短暂时间筹集善款近两亿元。面对突如其来的汶川“5·12”大地震，中国艺术品界迅速行动起来，在灾难发生后的很短时间内，就筹集善款近两亿元。这一刻，人类的慈悲情怀成为照耀我们前进的精神灯塔，成为“一方有难，八方支持”的精神动力；拍卖公司及时和精心的组织，艺术家慷慨义捐，藏家和企业机构的积极参与，将细小的涓流汇集成了滔滔奔腾的长江水，载着我们的爱心，奔向四川盆地；中国艺术品界表现出从未有过的强大和坚定，其博大的爱心和强烈的社会责任感，赢得了全社会的普遍赞誉和崇高敬意。而那些筹集来的善款，将化作一缕缕温暖的阳光，去抚慰那无数的受伤心灵，送去我们社会主义大家庭情同手足的兄弟情谊！

2. 全国博物馆等文博单位全部免费开放，实现和保障了人民群众的基本文化权益。2008 年 1 月 23 日，中宣部、财政部、文化部、国家文物局联合下发《关于全国博物馆、纪念馆免费开放的通知》。通知规定，全国各级文化文物部门归口管理的公共博物馆、纪念馆、全国爱国主义教育示范基地将全部实行免费开放。从 2008 年起，我们每一个人，可以随时拉起自己孩子和老人的手，去这些公共场所，去穿越中华民族五千年的悠悠岁月，去感受我们身为炎黄儿女的那份尊严和荣光！为此，我们不再需要为门票花费一分钱。

3. “中国画卷”惊艳 2008 年奥运开幕式，向世界展现了中华民族的非凡历史。2008 年 8 月 8 日晚 8 时，举世瞩目的第 29 届奥林匹克运动会开幕式在北京国家体育馆隆重举行。具有两千多年历史的奥林匹克运动与五千多年传承的灿烂中华文化交相辉映，共同谱写了人类文明气势恢宏的新篇章。夜幕下，一幅长 20 米、宽 11 米的“中国画卷”展现在全世界面前，表现了中国历史文化的起源和发展，成为有史以来奥运会中最惊心动魄的场面之一。这幅灿烂无比的画卷，必将成为人类历史中的一个星座，见证着中华民族正在经历着的伟大的复兴历程。

4．圆明园兽首铜像被拍卖再创民族情感，社会各界呼吁尽快建立文物回归机制。2008 年 10 月，国际拍卖业巨头佳士得公司宣布：2009 年 2 月 23 ~25 日将在巴黎举办的“伊夫·圣罗兰与皮埃尔·贝杰珍藏”专场拍卖会上拍卖圆明园十二生肖兽首中的鼠首和兔首铜像。这两件拍品估价均为 800 ~ 1000 万欧元，总价高达 2 亿元人民币。消息传出，国内舆论哗然。这两件拍品是去世的法国时装大师伊夫·圣罗兰的私人收藏品。中国方面表示，这两件铜像是 1860 年英法联军自北京圆明园偷掠的，因此反对拍卖。事实上，流失海外的中国天珍奇宝难计其数，而怎样理清这些文物的法律性质，在国际公约框架下进行国际合约追索，通过建立和完善流失文物的“回归机制”，积极、灵活和有尊严地促进这些流失海外文物回归祖国，已经刻不容缓。

图 1－6　圆明园兽首铜像拍卖

5．汶川大地震破坏文物的程度前所未有，仅四川被毁文化遗产实物上万件。2008 年 6 月 11 日，文化部通报了“5·12”四川大地震非物质文化遗产损失状况。受灾最严重的四川省，有上万件珍贵的非物质文化遗产实物被毁，上千份珍贵音像资料被破坏，4 个非物质文化遗产专题博物馆、11 个民俗博物馆严重受损，绵竹年画传习所受到严重损毁。国家文物局的报告更详尽地指出："5·12"四川汶川大地震对中国众多珍贵的文化遗产造成了前所未有的破坏，共有169处全国重点文物保护单位（其中2处已列入世界遗产名录）、250处省级保护单位受到不同程度损害，共有2766件馆藏文物受损，其中珍贵文物292件。众所周知，文物是中华民族的历史文明载体，文物一旦被毁，就永远不能再生，残酷而不可抗拒的天灾使伟大的文明古国遭受重创，人类的文明史也将因此而蒙难。

6. 当代前卫艺术在金融海啸中节节败退，重新"洗牌"能否成为人们明天的期待？2008年10月初，香港苏富比"现代及当代亚洲艺术"夜场拍卖会，展出47件中国当代艺术品，成交率59.6%，成交额达1.17亿港币，不足估价的一半，许多一线艺术家的作品全部流拍。国内包括华辰、嘉德等在内的大拍卖公司均纷纷停止拍卖中国当代前卫艺术品。在全球金融海啸的袭击下，"中国当代前卫艺术"市场将出现数十个犹如雷曼兄弟股价无量下跌的个案。有人指责市场的过度炒作也是导致当代前卫艺术品价格无量下跌的元凶之一。通过重新洗牌，规范市场运作的机制，保护艺术家在更好的环境下去创作，已经成为人们期待美好明天的理由。

7. 文化部高度关注现当代艺术文化，实施"中国现当代艺术推广项目"。2008年4月，文化部成立了中国现当代艺术推广工作委员会，并设立中国现当代艺术推广专项资金，由文化部文化市场司实施的"2008中国现当代艺术推广项目"，其中包括"中国现当代艺术国际推广项目"、"中国现当代艺术重点推广展览"及"中国现当代艺术研究和培训项目"，2008年资金使用计900万元，受到了社会的广泛关注。此项目是政府关注中国现当代艺术文化而采取的一项重要举措。它关乎的是中国的文化基础建设，关乎的是中国的时代精神，关乎的是中国的主流优秀艺术。而文化部门借助政府有限资金的支持，并以积极的姿态切实推广代表中国民族传统文化和现当代人文精神的主流艺术作品和艺术家，仿佛是春天的播种，使人们更加期待秋天的收获。

8. 中国申请世界级"非遗"代表作名录，宣纸和徽墨制造技艺入选。2008年12月，有关部门在刚刚结束的"人类非物质文化遗产代表作名录"申报相关工作后向媒体透露：2009年，中国方面总共向联合国教科文组织提交了35项申请，其中"文房四宝"中的宣纸和徽墨制造技艺入选。这一消息立即备受海内外媒体的高度关注。此前宣布的三批90项"人类口头和非物质遗产代表作"已经并入"人类非物质文化遗产代表作名录"，中国已经有昆曲、古琴、新疆维吾尔木卡姆和蒙古族长调名列其中。这一举措，不仅表明了中国人对中华民族历史文化的珍视和爱护，以及捍卫本民族文化尊严的坚定态度，更现实的意义在于，它能够警示和排除某些国家对中国传统文化的侵袭和干扰。

9. 国家将启动涉台文物保护工程，中央财政支持的工程涉及内地十余个省份。在 2008 年 3 月北京召开的“两会”上，作为全国政协委员的国家文物局局长单霁翔先生，提交了建议国家启动涉台文物保护工程的提案，立即获得了全社会的广泛支持。经过实地调查，国家文物局共登记了涉台文物 1354 处，其中超过一千处文物在福建、北京、重庆、广东、浙江、江苏等省份（直辖市）。大陆将启动由中央财政支持的涉及十余个省份的涉台文物保护工程，并表示特别欢迎广大台湾同胞参与、支持。涉台文物是指与台湾亲情、血缘、情感等方面联系密切的文物，它们在历史、科学、艺术等方面都具有重要价值。启动涉台文物保护工程再次表明，两岸乡情割不断，有太多的文物证明台湾与祖国大陆不可分割。

10. “齐白石版权案”敲响警钟，提高著作权保护意识刻不容缓。数以百计的齐白石后人集体状告全国 24 家出版社及公司索要版权费案，在 2008 年 7 月，部分案件有了结果：一审判决其中 5 家侵权单位共赔偿 138 万余元。其他案件还在进一步审理中。“齐白石版权纠纷案”再次提醒我们，无论面对名人还是普通人，加强著作权保护、提高著作权保护意识，已经到了刻不容缓的时候。同时也表明，我国对于著作权的法律保护已经取得了阶段性的成果。

六、电视业在挑战中前行

与往年相比，2008 年的中国电视出现了许多不同的特点：电视新闻一反自 2003 年起不温不火的局面，在汶川大地震和奥运会赛事的直播报道中凸现出新的活力和强大的影响力；体育节目因为奥运会的成功举办而大行其道；电视剧市场总体表现不温不火，亮点不足；综艺娱乐节目播出和收视比重显著下降，进入盘整期；手机电视、车载电视以及网络视频等新媒体则借着奥运会的东风，好好地红火了一把。同时，由美国次贷危机引发的金融危机已经波及世界大部分国家，在全球经济恶化的大背景之下，仍然以广告收入为主要经济来源的中国电视业，最终也难以独善其身，金融危机对中国电视业的影响将在未来的一两年中逐渐显现出来。

1. 危机报道展现了电视媒体的品格和公信力。2008 年年初多年罕见的雪灾、拉萨 3·14 打砸抢烧事件、奥运火炬在国外传递遭到破坏、全国多个省区出现手足口病疫情、胶济铁路火车相撞事件、四川汶川特大地震灾害、问题奶粉等诸多突发事件的发生，使中国的传媒尤其是电视媒体，面临自 SARS 以来最严峻的考验。在危机面前，众多国内电视媒体打破了以往突发事件的报道模式，不仅报道信息及时、准确，还积极为灾区捐赠善款，展现出中国电视媒体应有的品格、公信力和社会责任感，也反映出我国政务公开和信息发布制度正在走向健全。据 CSM 全国测量仪数据显示，在汶川地震后一个月，央视和省级卫视的新闻类节目播出比重从 4 月份的 8.12% 上升到 24.75%，收视比重也从 4 月份的 8.05% 达到了 30.21%，观众对新闻类节目的关注程度远远超过了地震之前。而且在地震之后的一个月里，央视综合频道以 10.72% 的市场份额居第一位，比第二位的央视八套电视剧频道高出 6.42%，比同年 4 月份高 2.21%。就收视市场份额上升的幅度而言，央视新闻频道、四川卫视、东方卫视等表现最为突出：央视新闻频道从 4 月份的第 19 名上升到震后的第 5 名，份额上升幅度为 162%；四川卫视从第 10 名上升到第 4 名，份额上升幅度为 93.3%。

2. 奥运报道打造电视媒体的华丽盛宴。中央电视台以奥运频道为核心，调动了 7 个开路频道和 2 个付费频道全面报道奥运赛事。央视的奥运报道重点突出现场和中国元素，在播出赛事的同时，利用大量的 ENG 和综合单边制作系统密切跟踪重点运动员和现场发生的焦点事件，并通过增强时效、新闻故事化等手段，最大限度地满足了观众的需求。有数据显示，央视在奥运会比赛期间，累计播出比赛及与比赛相关内容时间超过 2796 小时，全台平均收视份额达到 52.19%，国内收视率比雅典奥运会提升 10 个百分点。8 月 8 日晚的奥运会开幕式，除了央视多个频道之外，全国 30 余个省级卫视和一些地面频道也同步转播了这一盛况，开幕式播出的电视信号几乎覆盖了整个中国。四个多小时的开幕式直播共吸引了全国 8.42 亿观众，创下国内有收视调查以来的最高收视纪录。CTR① 提供的数据显示，在 7 月和 8 月，互

① CTR 市场研究公司是中国最大的市场资讯及研究分析服务提供商，其研究服务涵盖品牌营销和媒介受众，研究领域跨越媒介与受众研究、品牌与传播策略、产品与消费市场分析、渠道与服务管理等。

联网的用户数量并没有出现跳升，但电视受众的数量却出现了一个跳升，这说明在以体育和奥运为主题的社会历史文化大背景之下，电视媒体目前还是最强势的媒介。

3. 综艺娱乐节目进入盘整期。自2007年9月20日国家广电总局发出《广电总局进一步加强群众参与的选拔类广播电视活动和节目的管理通知》以来，一些群众参与的选拔类活动和节目在环节设计、评委选择、选手表现、表演内容等方面存在的低俗问题成为一种禁忌，电视综艺节目和频道严重受挫。此后，各大电视台纷纷调整节目播出和编排策略，改变娱乐节目形态和减少比重，推出各具特色、与奥运相关的体育竞技娱乐节目或者奥运综艺节目。如《奥运向前冲》《加油2008》《喝彩！北京奥运》《龙的传人》《步步为赢》等都是这一时期出现在电视屏幕上的奥运综艺类电视节目。加上2008年上半年雪灾和地震灾害相继发生，各大电视台纷纷暂停娱乐节目，转而紧急制作赈灾晚会。如湖南卫视将《快乐大本营》《舞动奇迹》《越策越开心》《我最达人》四档综艺节目全部撤播；安徽卫视将四档王牌综艺节目《飓风行动》《超级大赢家》《周日我最大》《相约花戏楼》全部取消。据CSM媒介研究的调查显示，2008年上半年电视综艺类节目在各级电视频道的播出和收视都有不同程度的下降，整体播出量从2006—2007年的6%下降至4%；观众收看比重下降幅度略小，从2007年的8.4%下降至7.7%。奥运之后，诸多综艺类电视节目重新返潮，但是声势远没有2007年同期浩大。中国电视娱乐节目进入盘整期。

4. 电视剧市场不温不火。2008年初，多个省级卫视提出了电视剧“大剧年”、“独播年”等口号，但从收视来看，电视剧市场没有延续前几年电视剧大热的场面，总体表现不温不火，亮点不足。在前3个月，《闯关东》和《金婚》引发电视剧收视一股短暂的热潮，并在各地省级卫视全天候反复播放。虽然取得了很好的收视表现，但是这种“高消耗”的播出方式也折射出电视剧产业资源竞争激烈的现实。5月后，地震报道和奥运报道期间电视剧播出被调整，电视台普遍把重点都放到了播报地震新闻、制作抗震救灾节目上。如东方卫视推出“聚焦汶川大地震特别报道”，所有节目都为该特别报道节目让道；重庆卫视停播所有娱乐节目，将频道暂改为重庆市抗震救灾专业频道，只播出抗震救灾消息。在北京奥运会比赛期间，央视及各省级卫视又纷纷调整自身的节目布局，把大部分的精力都放在直播或者转播奥运会赛事上，电视剧的播放多被放到非黄金时段如凌晨等，电视剧的收视明显下降。奥运会之后，湖南卫视的自制剧《丑女无敌》第一季于9月28日开始在该台播出，根据央视索福瑞媒介调查公司的数据显示，28日、29日两日平均收视份额6.35%，在4～23岁年轻观众中的份额高达11.58%，同时段排名第一，观众累计规模约6500万。自此之后，没有再出现如《奋斗》《新结婚时代》等引起全国强烈反响和热评的电视剧，与2007年优秀电视剧一部接一部不断涌现的局面形成反差。

5. 奥运会助力互联网与新媒体发展。网络电视、手机电视、户外新媒体（如车载电视、楼宇电视等）借着奥运会的东风，得以迅速发展起来。CSM媒介研究对北京、上海、广州三个城市新媒体受众所做的调查显示，互联网和车载电视作为奥运史上首次授权直播的新媒体，在奥运赛事的转播上，分别得到了28.8%和16.9%的受众市场份额，并且超过了广播在奥运赛事转播上的到达率。另外，网络视频在本次奥运会的转播中可谓大显身手，21%的受众通过以央视网为核心的九大网络视频转播平台收看了奥运会，且人均每天收视时间长达140分钟，对传统电视起到了很好的补充作用，也带动了网络视频产业的发展。手机电视在奥运期间也发挥了能够随时随地方便收看体育赛事的优势，虽然用户数量较电视、网络、广播等传播方式还相差很多，但是手机电视用户的使用时长并不短，平均每天的收看时间为82分钟。以上这些数字充分证明，网络电视以及其他新媒体的应用也越来越被人们所接受及选择。多元化收视方式的出现，将会打开中国传媒产业发展新的一页。

6. 金融危机影响下的电视广告经营承受压力。由美国次贷危机引发的金融危机，已经波及了全球大多数国家，也影响到了中国的实体经济。中国作为一个外贸依存度高达60%的开放大国，这场金融危机的影响直接表现为出口增长放缓。这一点目前已在中国经济运行中有所体现。2008年前3个季度，我国出口总额同比增长22.3%，增幅比去年同期回落4.8个百分点。我国对第二大贸易伙伴美国出口1891亿美元，同比增长11.2%，比去年同期回落4.6个百分点。受外部需求减弱、人民币升值等因素影响，2008年以来我国纺织、服装等劳动密集型行业出口增速明显放缓，长三角、珠三角地区不少外向型中小企业面临困境。中国企业的整体经济效益处于不断下滑的态势，广告主和广告商的投入将更加谨慎。同时，随着互联网和新媒体的迅猛发展，广告商也把目光更多地投向了网络和新兴媒体。相较于高昂的电视广告费用，互联网和新媒体目前的收费要便宜得多。传媒中国网通过对网络发布的数据整合表明，近几年网络媒体一直保持着正增长态势，基本速度都在40%以上，已经远远超过电视媒体，电视媒体的增长速度则出现了下滑趋势。在目前的形势下，业界人士普遍认为，2009 年中国的电视广告市场将保持平稳的状态，不会出现较大增幅，也不会出现交易额的大幅下滑。但是，金融危机对我国电视广告收入的影响，在未来几年内将逐渐显现出来。

7. 电视购物大行其道。《中国电视购物发展报告（2008—2009）》提出，2007 年中国电视购物产业规模已经突破了 100 亿人民币，相关的电视购物节目年播出量也已经达到近 10 万小时。由物流、信息流和资金流三部分组成的电视购物产业链条已初具规模，并将在日后的发展中不断完善。据国家统计局的数据显示，2001 年以来中国社会消费品零售市场每年以超过10% 的速度增长，2005 年中国社会消费品零售总额 67177 亿元。有关专家测算，如果中国社会消费品零售市场继续以年均 10% 的速度增长，到 2010年中国社会消费品总额将达 92655 亿元，中国电视购物销售按照欧美国家目前占其社会商品销售额 5% 的平均水平测算，销售额将超过 463. 3 亿元，发展空间巨大，电视购物必将成为未来几年我国各电视媒体激烈争夺的阵地之一。“快乐购物有限责任公司”（简称“快乐购”）是湖南广电旗下一家以电视、网络、型录等多媒体通路为销售平台的现代媒体零售企业。2006 年 3 月 17 日正式运营，当年即创造 3. 23 亿的销售业绩，2007 年全年实现销售 11 个亿，一举成为业内的佼佼者（2007 年好易购销售额为 4 亿元，东方 CJ 销售额为 8 亿元，央视购物销售额为 0. 4 亿元）。2008 年 1 ~ 7 月继续保持高速增长，完成销售额 10 亿。目前，电视购物存在的最大问题是信誉度不高。CSM 媒介研究的调查显示，在被调查的观众中，有 43. 26% 的观众认为电视购物的可信度为中等，此外对电视购物持“不怎么可信”态度的观众比重达到了 39%，只有 17. 65% 的被调查者认为电视购物的可信度较高。中国的电视购物现在首先要做的就是树立好自身良好的品牌信誉和售后服务，不夸大事实，使消费者的信赖度提升，这样才能走上更好的发展之路。

8. 城市台处境艰难。我国现有 666 个城市电视台，拥有 2000 余个城市频道。城市频道是我国电视业不可或缺的有生力量，在宣传国家政策、传播科学知识、引导社会舆论、丰富百姓生活等方面发挥着重要作用。但随着数字卫星电视和有线数字电视的快速发展，受众可选择的节目数量成倍增加。如南京的观众通过数字电视一共可以收看到127套电视节目，杭州的数字电视付费之后可收看到119个电视频道，深圳的数字付费电视频道也多达92个。城市台的频道完全淹没于其中，市场份额呈逐渐下降趋势。许多城市台广告经营处境艰难，奋力争夺观众的遥控器正成为城市台紧张和敏感的呐喊。除少数经济发达地区城市台年收入可达亿元以上外，绝大多数城市台的年收入都在亿元以下，部分经济不发达地区的城市台年收入甚至难以上千万。据全国城市电视台广告协会的资料统计，2005年全国城市电视台广告收入超过3000万的为35个，超过5000万的为10个，超过亿元的11个。全国城市电视台多数广告规模仅维持在1000~2000万元。以目前湖南、湖北、江西等几个中部省份的中等城市电视台为例，一般晚上黄金时间30秒的刊例价格是2500~4000元，操作价格一般在1.0~1.5折，即300~400元；白天专题平均价格为每分钟30~50元；稍大一点的广告单，价格最低已降到0.2折。在资源有限、规模有限、市场份额有限的情况下，城市电视台面对数字化浪潮处境尴尬。

七、报业加速调整

在过去一年里，中国报业的报道在主动服务大局、服务中心工作方面有了新的突破和进展，报业老总们对国内外大事的思考与过去相比也有了明显进步。更重要的是，报纸越来越注重承担社会责任，在大事和难事面前变得更加主动，在释疑解惑方面所发挥的作用越来越突出。雪灾、地震、奥运、房价、金融危机……大事、喜事、难事不断呈现，这在为新闻媒体提供大量新闻话题的同时，也让中国媒体的传播力、反应力和生存能力经受了一次次重大考验。2008年中国报业在这些重大突发事件和公共事件报道中，以超强的努力去弥补平面媒体时效性的不足，尽力在每一个环节提高时效；特别注重视觉化，在重大事件、公共事件和突发事件中，更加注重利用图片、版面以及其他形象的手段来烘托和强化传媒效果；特别注重表达，利用分析、解释、言论来表达观点、意见和判断。诸如2008年所遇到的超大型事件，过程复杂、线索复杂、层次复杂、场面复杂，传播报道不是电视单一的视觉化和网络单一的快速化就能解决的，报纸通过描述、解释、分析，给人以全景和层次感，为读者提供深阅读，这与网络提供的浅阅读和快速阅读的差异越来越清晰。

报纸涨价是一个战略性问题，需要慎重考虑各方面的因素。作为报纸成本中最大的一部分，新闻纸价的上涨无疑会给报纸带来巨大的成本压力。新闻纸的价格由2007年底的4700元/吨，到2008年年初上调至4900元/吨，此后一路飙升，最高时达到6300元/吨，为近十年来的最高点。于是，随着新闻纸涨价之风的劲刮，随着《南方都市报》在全国纸质媒体中率先提价，不少报社也纷纷做出提高定价的决策。尽管目前受金融危机的影响，新闻纸价格有所回落，个别报纸也将调高的零售价格又降了回去，但几乎贯穿一年的纸价上涨以及由此引发的报价提升，成为中国报业在2008年热门的话题。对很多报社来说，决定是否提价确实是一个非常痛苦的抉择，而提价之后，面对新闻纸价的回落、发行销量的萎缩，一些报纸决定将已经提高的零售价格再降回来，也同样是一个很费脑筋的选择。在同质化和同类报纸当中，价格是一个非常重要的因素。是否涨价，首先必须考虑竞争对手的动向。其次必须提高报纸的品质，避免内容的同质化，给读者提供独有的东西。有更好的产品，才能有更好的价格，才不用担心读者会流失到网络上。如果报纸涨价达到靠发行即可有利润的幅度，那么报纸势必在质量上要有很大的提高，否则就是自杀。

面对用工成本提升、新闻纸价飞涨、金融危机袭击等一系列经营形势的恶化，中国报业受到前所未有的影响，经济形势也不容乐观。据中国出版科学研究所发布的《2008年中国传媒创新报告》显示，2008年1~7月份的报业广告增幅高达26%，但进入第三季度以后，中国报业广告增幅急剧下滑近8个百分点。很显然，正是金融危机等因素放大了报业自身存在的不足，使报业自身的问题变得显性化，变得更加突出；经济上的困境突出或加剧了报业本身存在的毛病。从新闻纸价上涨来看，业界首先是缺乏思想准备。其实，不光是纸张，报业所有的成本都在逐年上涨，这是一种趋势，但报业包括行业主管部门和行业协会在这方面的思想准备不够，对整个市场也缺乏前瞻性的研究。此外，应对举措不力，很多报社没有消化这些成本涨价因素的有力措施。在市场经济中，原料成本的涨跌本来是很平常的，但报业以往过度相信广告的营收能力，而没认识到纸张成本有可能会高到无法消化和承受。此外，管理水平粗放、很少讲究成本等问题也在这些不利因素的影响下逐渐暴露出来。因此，怎样提高管理水平、增强成本意识、降低生产成本、盘活新闻资源是目前报业必须思考的问题。过去很多报社只关注总收入和净利润，但对收入结构、支出结构的关注度不高，经济波动期的到来使得报社必须调整支出结构，改善财物关系，加强资产管理，实现精细化运作。

2008 年是加速报业调整的一年，报业的定位、理念、内容结构、处理方式都在依据这个时代的变化加速调整。主要有四个因素使报业加速进入新一轮的调整周期：一是技术革命使新媒体在整个传媒市场中所占的份额大量增加，成为主要媒体形态之一；二是读者需求发生变化，人们的移动需求增加，对报纸的释疑解惑、提供“怎么办”的需求增加；三是 2008 年为电视直播年，这样一个直播时代也促使报纸必须对内容结构进行调整；四是经济的巨幅波动使报纸的自身运营发生变化，要求报纸必须调整支出结构和惯常的运作方式。譬如，纸价上涨迫使报业必须重新调整产品营销模式，尤其是依靠广告补贴发行的做法已经在现实中濒临破产。在广告方面，2008 年是中国报业广告的小年，严重歉收。面临这样一个空前严酷的寒冬，报业的生存已经到了必须重新定位的时候，报纸之间的竞争不再那么重要，而更重要的是寻找报纸的活路。在这种情况下，报业更需要理性指导，需要引导行业的智慧与思想，深化改革的愿望更加迫切。

2008 年，新闻出版总署基本确定了今后 3 年新闻出版改革的时间表和路线图。具体到报刊业改革方面，即报刊业改革将分三步走，依次是国有企事业单位主办的报刊社改革、行业协会等社会团体主办的报刊社改革、部委所属报刊社改革，力争 3 年建立起新体制的基本框架，重塑市场主体，培育战略投资者。此外，跨地区范围内的“圈地运动”也在 2008 年取得了突破性的进展。5 月 12 日，新闻出版总署正式行文批准《铁岭日报》更名为《辽沈晚报·铁岭版》。这是我国首次批准一家地市级党报纳入到省级报系，也是全国第一家省级报纸与地市级报纸跨地域进行资源整合、严格按照新闻出版法规合作出版和经营地方版的成功范例，标志着我国省级报业集团跨地区整合地市报资源，由分散粗放型的传统格局向规模集约型现代格局的转变迈出了实质性步伐。报业打破地域分割、更大范围资源重组的改革步伐在逐步加快，省级报纸与地市级报纸的“博弈”已经正式拉开大幕。

八、动漫业脚步匆匆

自 2006 年我国颁发《关于推动我国动漫产业发展的若干意见》以来，一些地方政府把发展动漫产业当成发展当地经济的一个新的增长点，动漫产业迅速发展。目前，我国大约有 30 多个动漫产业园区、18 个国家级动漫产业基地、5400 多家动漫企业、5300 多个动漫教学机构。450 多所大专院校开设了动画专业，学生数量达到近 50 万。2008 年全国省级和中央电视台播放的国产动画片达到 186 部，时长全年增长率超过 20%。国产动画片已经占到了我国电视台放映动画片的半壁江山。2008 年我国原创动画片产量超过 13 万分钟，原创动画片的制作质量得到显著提高，动画片播出体系不断完善，播出宣传平台不断扩大，购片价格有了小幅度的调整与提高；原创动漫企业更注重了营销传播与宣传，剧本创作、动画制作、产品开发等产业链各环节相比过去，更具有了协调性、计划性与针对性，动漫周边衍生产品的开发能力显著加强；国内玩具业从加工贸易型逐渐转型，更加侧重与国内外原创动漫类企业合作，更注重拥有自主的知识产权。从国家到地方，各类文化专项进一步扶持与推动行业发展，文化类企业优先安排上市，已经出现了一批如湖南宏梦卡通（拟上市）、湖南拓维信息（已上市）、广东奥飞动漫（已过会）、广东原创动力等具备上市基础与条件的企业。

国家的扶持与百姓对文化的需求是推动我国动漫产业迅速发展的重要原因。从《奥运福娃漫游记》到《淘气包马小跳》，从绘本作品《我的路 MY WAY》到原创漫画四大名著系列，近年来，我国动漫产业的发展显示出巨大的活力。《奥运福娃漫游记》作为奥运期间家喻户晓的动画片，播出后取得了巨大的反响，收视率在央视少儿频道名列前茅。许多观众反映，这部动画片制作精良，形象优美，情景生动，不仅对普及奥运知识、弘扬奥运精神很有意义，从动画艺术的角度来讲也令人惊喜。由长篇儿童小说《淘气包马小跳》系列改编的动画片也成绩喜人。漫画领域也成果丰硕，近几年我国出现了不少达到国际水平的漫画家。例如，寂地的绘本作品《我的路 MY WAY》单行本一推出就在北京、上海、成都等城市热卖，其全国销量成绩直追台湾著名绘本作家几米的绘本作品，面世半年就加印多次。原创写实漫画四大名著也显示出了我国漫画界的实力，目前已经在欧洲、日本、韩国等国际漫画市场出版销售。此外，杭州、广州、北京等地举办的动漫节也已经在国际上有了一定的声誉。

2009 年的春节期间，一只在中国土生土长的“小羊”风头正劲，引发了电影界、电视界、文学界、玩具界、音像界等各路专家的集体关注。据报道，国产原创动画电影《喜羊羊与灰太狼之牛气冲天》首映日票房就达 800 万元，首周末一举突破 3000 万元，不仅刷新了国产动画电影的票房纪录，也远远超过了去年的《功夫熊猫》。一部国产动画影片取得如此骄人的成绩，让中国动漫界人士深感扬眉吐气。而电影的“前身”、电视动画片《喜羊羊与灰太狼》，在北京、上海、广州等大城市的最高收视率达到了 17.3%，大大超过同时段播出的境外动画片，让人看到了国产动漫市场的希望。

图 1－7 国产动画电影《喜羊羊与灰太狼》海报

在我国动漫产业的发展中，一些问题和不足也显现出来。我国动漫产业的发展与旺盛的市场需求还不相适应，在原创能力、人才培养、技术开发、产业链整合、知识产权保护等方面还需进一步提高。

第一，动漫题材低幼化，内容缺少原创性。我国动漫产业的主要消费群体还仅仅是少年儿童，大部分动漫制作和播出企业并没有抓住国际上动漫产业成人化的趋势所带来的产业机遇，而把成人排除在目标消费者之外，这从根本上就犯了一个很大的错误，也极大地制约了本土动漫产业的发展。

第二，动漫人才数量不足，质量不高。据统计，目前我国的动漫产业人才不到1万人，只及韩国的1/3，职业漫画人仅有100多人，这对具有13亿人口的泱泱大国来说，显得极不相称。而堪称全球动画业最成功典范的美国迪斯尼公司，员工就有12万。在日本，仅职业漫画家就有3000多人，其他插画家、自由漫画家数以万计。我国影视、游戏动漫人才总需求量分别达到15万人和10万人左右，而现在中国拥有的动漫人才，还不及这一缺口的1/10。最近几年，我国有不少大学都设立了动画专业，开办了涉及动漫专业的院系，一些学校还相继开设了手机动画、Flash动画制作等新兴课目。应该说，这些对中国动漫人才的培养是有利的，但由于一些学校的动画专业历史比较短，在师资、教材、教学体系上也不够完备，培养出来的人才和实际工作中需要的人才还有一段距离，而且很多动画院系和培训机构更多地重视绘画和电脑技能的培训，而相对忽视人文底蕴、艺术修养的培养。

第三，动漫产业链不够完整。取自我国传统文化题材的美国动画电影《功夫熊猫》的巨大成功，让我国动漫界看到了我们的差距。与美国、日本等动漫大国相比，原创性不足、产业链不完整、知识产权的保护工作不到位是我国动漫产业目前最大的不足。在产业政策方面没有一个清晰的概念，往往学到的只是大投入、大场面，真正能够融入我国文化内涵的、有原创能力的精品还不多。同时，我们至今也没能形成一个完整的有价值的产业链条，即便有人注意做原创了，市场开发也跟不上来；我国的动漫产业、动画制作与市场开发完全是脱节的。这是造成我国与美国、日本等动漫大国存在差距的重要原因。未来中国动漫产业的真正发展途径是占领国际市场。作为动漫帝国的美国，动漫已成为其六大支柱产业之一；新兴的动漫大国韩国，它的动漫产业也成为第三大支柱产业。2005年比较发达的动漫国家的收入都超过了1000亿美元。国外政府对动漫产业的支持归纳起来：第一是资本方面，政府直接拨款，设立产业基金；第二是为企业贷款提供担保，为企业提供长期的低息贷款；第三是政府为企业减少税收；第四是政府间接支持动漫企业。数据显示，2004 年我国动漫及相关产业年产值 117 亿元，2005 年为 180 亿元，2008 年达到 600 亿元，一直保持着 40% ~50% 的年增长率。但是，中国接近 90% 的动漫市场正被国外动漫产品侵占，对比国际动漫产业的发展水平，我国动漫产业还刚刚起步。民族动漫应当设法发挥自己的优势，聚合创意、制作、运营、播出、衍生等环节，形成一个完整的产业链。在欧美、日韩等国，动漫有一条非常清晰的产业链条，即先有漫画，再有动画，把漫画动起来，才有了单机版的游戏，然后接着有了网络和网络游戏。网络游戏发展到一个成熟阶段，就到了电子竞技，也包括新兴的视频游戏，这个发展链条在中国却非常不清晰。经过一定时期的发展，随着国家政策的逐步到位，地方政府也要分析自己的优势在哪里，积极推动整个动漫产业从无序到有序，最后形成一个产业链的协调发展；高校应该主动承担起重任，培养出综合素质高、优秀的动漫人才来从事这个产业，从而有助于把动漫产品提高到一个新层次。动漫产业自身则要与传统产业、知名产业，尤其是钢铁产业、汽车产业等合作，并积极与政府各部门联手，积极解决资金、投入、市场等问题，把动漫产业推向更好的发展经营阶段。

第四，动漫基地建设重复，发展趋同。随着动漫产业千亿产值的前景诱惑以及国家一系列扶持动漫产业发展的优惠政策出台，动漫产业成为了一个巨大的“香饽饽”，动漫产业日益成为投资热点。据不完全统计，目前全国有二十几个省市将动漫产业作为新兴产业予以大力扶持，北京、上海、杭州、大连、深圳、广州、重庆等地相继出台了优惠政策，建立了动漫产业基地。但目前动漫基地有一个非常不好的趋势，有的动漫基地成了变相的房地产开发项目。这种蔓延趋势必须得到遏制。实际上，动漫是一个“烧钱”的行业，而很多人在并不了解其产业内涵和规律的情况下，盲目跟风。一些企业家看到国外成功动漫企业获得了巨额利润就盲目入行，造成大多数中小企业同质化严重，竞争激烈；一些地方政府为了赶时髦或者出政绩，在基地建设前，缺乏科学论证和长远规划，仅凭热情，也不管自身具不具备资源和市场，就大办产业基地，且基地建设规模越大越好，投资越多越好，使得各地发展特色不明显，发展模式不清晰，重复建设严重。

第五，动漫产业知识产权保护不足。知识产权是动漫产业链开发的核心价值。企业要积极进行动漫创意作品著作权登记及商标注册，保护自己的合法权利。我国动漫业普遍缺失知识产权意识，存在现行法律法规对制假售假者打击力度不够、保护知识产权的法律不健全等一系列问题，导致侵权和盗版行为屡见不鲜，有些地方还出现不少屡禁不止的现象，极大地伤害了动漫企业的原创精神，阻碍了动漫产业的商业化进程。毫不夸张地说，盗版问题，不仅长期困扰着动漫企业，更是整个动漫行业健康发展面临的严峻挑战。以湖南三辰卡通集团开发的“蓝猫”品牌系列产品为例：随着卡通片的热播，盗版蓝猫 VCD 有 16 种之多。不仅如此，服装、书包、文具、复读机等也均有假冒蓝猫产品的现象。有人统计，每售出一件正版蓝猫产品的同时，就会有上百件侵权蓝猫的产品售出。

第六，值得特别重视的是，全球金融海啸引发的全球性经济危机对我国的动漫加工类企业给予了致命性的打击。如深圳彩菱动画、深圳环球数码、四川精锐动画等老牌动画加工企业的订单呈直线下滑，有些企业出现了大幅裁员和过渡性裁员现象；原创类动漫企业也不同程度地调整了原制片计划、产品开发计划等，如已通过证券会审核的广东奥飞动漫股份有限公司，推迟了原拟定的上市计划。原创型动漫类图书的销售呈现下滑趋势；国内制造业出现大萧条，大量的出口型玩具礼品冲击着本土设计生产销售的动漫周边产品。

虽然存在问题，但我国动漫产业的前景仍然很好。一是我国有庞大的人口资源；二是国家的相关政策支持，对境外动画片的限播，在一定层面上有效地保护了我国文化，给我国的动漫产业提供了一个喘息和发展的机会。在经济危机发生负面影响的同时，正在转型或已经转型的玩具礼品企业更加注重与国内原创动漫企业联姻合作，为原创动漫企业的衍生产品开发开辟了绿色通道，国内部分机构投资者或基金也将创意文化类企业列入创业投资的重点，再加上国家陆续出台的一系列利好政策，这在一定程度上解决了动漫类企业融资难的瓶颈。有诸如此类的国家政策的扶持，动漫产业在今后数年内仍然可以保持数量和产值的快速增长，国产精品会不断推出，中国动漫产业会有一个好的未来。

中国文化品牌发展过程中亮点颇多，但同时也存在许多问题。概括地说，中国文化品牌的主要问题有如下 5 个：

第一，文化消费总量过低。尽管从我国文化消费的宏观态势来看，随着消费领域不断扩展、消费结构升级优化、消费热点变换更迭的喜人态势，新兴文化消费形式不断涌现，新的文化产业空间之门次第打开，从而必将引发城市居民文化消费从形式到内容的深刻变革。但是，如果从横向比较的意义上说，特别是将目前消费的总体水平和经济普查后调高的人均 GDP 相比，我国目前文化消费相对比重下降、总量过低的状况还是比较突出，增长速度也远不能令人满意。就文化消费的基本面而言，多年来所预测的巨大的、带有结构升级特征的增长还没有出现，消费热点还仅仅是局部的现象。我们认为，造成这种反差的主要原因，首先是我国基本消费群体文化消费能力严重不足，文化消费主体素质不高，从而抑制了文化消费需求的快速增长。其次是缺乏优质的、真正适销对路的文化品牌，即文化品牌有效供给不足。最后是基于“一刀切”式的休假制度的消费机制存在弊端，造成人为的消费季节，严重地制约了娱乐性文化消费资源效益的最大化发挥。

第二，文化品牌“有牌无市”，市场适应性不强。长期以来，我国文化体制改革试点与文化市场开放的步骤不协调、市场开放不足使改革后的文化机构缺乏伸展的空间，无法在规范的市场环境中迅速成熟，因而令改革的效果打了折扣。根据国家统计局的数字，我国文化产业领域公有资本与非公有资本已经形成平分天下的局面，国有控股的文化企业在数量上已经不占优势，投资主体多元化的局面已经基本形成。从监管角度看，必须考虑市场主体间的“公平竞争”和“反垄断”问题了。如果已经“企业化”了的国有文化机构仍然要求特殊的产业政策保护，甚至攫取市场垄断利益，将对整个产业的发展产生不利影响。

第三，区域文化品牌同质竞争严重。目前，全国许多省市都完成了“十一五”文化产业发展规划，尽管都力图在盘点地方文化资源基础上制定发展战略，但是发展思路单一，业态布局雷同，区域文化品牌在地性①模糊。例如，一些地方出现了盲目发展动漫游戏产业的趋势，超出了自身的技术和人力资源条件，结果使大量的跟进企业陷入经营困境；湖南卫视“超级女声”、“快乐女声”的成功运作，引发了各省级电视台“选秀”栏目走向泛滥；“云南映象”之后，各地于是也不惜成本地斥巨资“映象”一把。甚至连最有条件做到特色鲜明的区域文化产业博览会，其同质化程度都到了

① 与“全球性”相对。是指特定区域环境中对象物的特征及其表现。

令人无法容忍的地步。就文化地理学的观点来说，环境的特征将影响文化的发展，文化的特质也将形塑不同的地景样貌，然而，伴随工业革命，标准化、批量化的生产思维与工作模式则不断地在破坏这样的丰富性与多元化，甚至还让原本自成一格的生活步调与发展模式不断朝向单一价值靠拢，以区域文化品牌在地性为生命的区域文化产业在全球化浪潮中深陷同质化泥潭不能自拔。能否实事求是、因地制宜地制定彰显在地性的区域发展战略，脚踏实地打造各自的文化品牌，已经成为区域文化产业可持续发展的关键。

第四，文化品牌发展政策支撑乏力。尽管我国经济发展状况良好，财政收入增长速度较快，文化产业的供给和需求之间又存在“战略性短缺”，于是各方面发展文化产业的热情空前高涨。但是，由于全国统一市场还没有形成，行业、区域壁垒所导致的条块分割问题依然严重，发展环境依然不顺。为了追求发展的短期利益而重新启动传统体制和机制的情况，以及因改革滞后、政策供给不足而拖发展后腿的情况依然严重。比如说，在政府部门的支持下，各种“产业基地”、“产业园区”不断涌现；从中央到地方，各种文化节庆活动不断举办，动辄就投入大笔资金，开展大规模的招商引资活动，以行政命令指挥企业上阵，令一些企业疲于奔命。热闹过后，企业却发现，一些亟须解决的问题仍然存在，产业的发展环境并无改善，于是继续向政府要政策、要资源。而政府也发现，在财政资金支持下营造出来的发展氛围，还需要财政资金的后续投入才能维系。企业与政府之间的这种持续博弈的过程抑制了市场机制的形成。

第五，文化品牌理论研究落后。文化品牌的创新与维护须借助于现代科技的推动，并以知识产权的开发和利用为基础，是一个特别依赖于人力资源的现代知识产业，但是我国文化产业研究机构对文化品牌的相关研究极为落后，学科建设和人才培养机制远远落后于现实需要。文化产业相关理论的多学科交叉和综合的特点，以及理论联系实际的独特品格，迄今为止尚未在我国形成。本应是主角的经济学家们由于研究文化产业机会成本过高而无暇顾及，文化学家则局限于文本研究的学科传统而难以进行规范的产业分析，传媒学家对于文化产业的核心领域的研究比较专业，但是仍然有视野狭窄的问题。而有关部门举办的一些与“文化产业”有关的论坛，大多具有浓重的“造势”与“作秀”的色彩；大量以“文化产业”为名的研究机构，实际研究能力却极为有限；发表的“专著”和“论文”，篇幅浩大而内容贫乏无创新；一些高校开设的与文化产业相关的专业，在师资力量、教材准备、学科建设方面都明显不足，所培养的人才质量可想而知。在对文化产业理论和文化品牌创新研究的巨大需求与建设性成果的有限供给之间，依然存在巨大的落差。

此外，我们基于对东部、中部、西部区域文化产业发展状况的抽样调研，以及部分省市上规模文化企业及其品牌的个案分析，发现我国区域文化产业普遍存在产业化程度和市场化水平不高的问题，主要表现为有资源优势没产业优势、有品牌优势没效益优势、有人才优势没管理优势、有个别优势没整体优势。有资源优势没产业优势，是指以文化资源见称的区域，其大部分产业资源基本滞留在行政、事业单位，没有被激活，没有释放出产业能量；有品牌优势没效益优势，是指大部分区域都有自己的文化拳头产品，而且影响颇大，但由于体制的原因，未能充分开拓市场并获得最佳市场回报；有人才优势没管理优势，是指某些区域原有的文化事业单位中具有创新务实精神的人才，由于缺乏激励、培育和人才价值评估等机制，很难被留住并发挥其作用；有个别优势没整体优势，是指各区域丰富的存量文化资源产权不清、条块分离、画地为牢，未能在现有市场条件下实现自由重组，更无法变存量为增量。

【思考题】

1. 为什么说中国是一个文化大国？
2. 为什么说文化品牌是发展文化产业的重要支撑？
3. 当前我国文化品牌存在的主要问题是什么？

【延展阅读】欧阳友权，柏定国主编. 中国文化品牌报告. 北京：中国市场出版社.

自2006年以来，中南大学中国文化产业品牌研究中心立足“敢于承担，创新求异，厚积薄发”的品牌精神，每年发布一个《中国文化品牌报告》，深入研究上一年度涌现的杰出文化品牌案例。此系列报告是掌握我国文化品牌发展状况的权威资料。

第二章 文化品牌学概论

【导读】随着信息时代和创意经济的到来，文化产业在国民生产总值中所占比重越来越大，许多发达国家已经把文化产业作为支柱产业对待。在全球范围内，文化产业的竞争不断走向深入，文化品牌成为这些竞争中的焦点。一个国家文化软实力的强弱，直接体现为国家文化品牌在世界文化市场中的影响力和认可度。以美国为代表的世界强国对其他国家的影响和控制的方式，逐渐转型为文化品牌的强势扩张。中国的崛起，不可避免地面对这场没有硝烟的战争，而且由于历史和政治的多种因素影响，中国已经深度卷入这场源于思想和价值观的较量。因此，研究文化品牌学的任务就是以营造中国文化影响力为立足点，努力提升中国文化品牌的整体实力和国际地位，为更好更快地发展文化产业服务。

【学习目标】了解文化品牌建设的现状，理解发展文化品牌的战略意义，掌握文化品牌学研究的目标和任务。

【关键词】文化消费　文化品牌　学科特点与任务

我们已经陷入一个文化不断被“凝结”的时代。

让·鲍德里亚在《消费社会》一书的开篇写道：“今天，在我们的周围，存在着一种由不断增长的物、服务和物质财富所构成的惊人的消费和丰富现象，它构成了人类自然环境中的一种根本变化。恰当地说，富裕的人们不再像过去那样受到人的包围、而是受到物的包围……我们生活在物的时代：我是说，我们根据它们的节奏和不断替代的现实而生活着，在以往所有的文明中，能够在一代一代人之后存下来的是物，是经久不衰的工具或建筑物，而今天，看到物的产生、完善和消亡的却是我们自己。”① 这个看似被物所包围、并以物的大规模消费为特征的社会，其实质是人们被“凝结”的文化所包围，及由此改变的人们看待这个世界和自身的基本态度。

譬如建筑、瓷器、家具、服装或工具，由于对其功用的依赖以及远大于供应能力的需求现实，极大地敏锐了人们对物的观感和分辨力，使人们能够清晰地概括出分属汉、唐、宋、元、明、清各代的风格特征。作为物的存在，以及外在于物的人的辨析，这一切都是显而易见的。而今天，由于供给大于需求，物的异质明显减小，差别不断湮灭，核心功能几乎趋同，物的功用已经不再为人们所关注，作为表象的风格特征自然地被彻底遗忘了。取而代之者，唯有各种附着其上的符号——所谓“凝结”的文化。如今，某人要去买一台彩电，其首先关注的会是什么呢？是彩电传递信息、娱乐生活的核心功能？抑或是长虹、海尔、康佳、创维、索尼、飞利浦之类的品牌符号？绝大多数人在乎的是后者，是“凝结”的文化，而不再是物本身。

既然如此，作为企业或其产品如何树立自身的特色以区别于竞争对手？文化产品或服务如何以自己鲜明的个性吸引消费者？我们在这里将引出一条成功之路：树立独特品牌，以品牌影响力推动产品和服务消费。

第一节 品牌的含义

我们首先厘清一下与品牌相关的一些概念。

一、“品牌”的含义

“品牌”是市场的衍生物，是市场经济自觉的一种表征。《辞海》（1979年版）中无“品牌”词条，但对“品”和“牌”均有详解。其中，收录“品”有12条义项：“标准”、“物品”、“品种”、“品质”、“等级”、“品评”、“官吏品级”、“众”、“法式”、“吹弄乐器”、“乐器构件”、“姓氏”等等；“牌”有8条义项：“揭示或标志所用的板”、“产品的名号”、“用作

① 让·鲍德里亚. 消费社会. 刘成富，全志钢，译. 南京：南京大学出版社，2001：1－2.

凭证的小木板或金属板”、“古时兵器盾的俗称”、“娱乐用品、赌具”、“丧礼所设的木主”、“词曲的调名”、“清代一种下行公文”等等。

自20世纪50年代美国的大卫·奥格威第一次提出“品牌”概念以来，围绕“品牌”的争议可谓众说纷纭、林林总总。譬如，奥美广告的创始人大卫·奥格威对“品牌”的定义是：品牌是一种错综复杂的象征，它是品牌的属性、名称、包装、价格、历史、声誉、广告风格的无形组合。“品牌”同时也因消费者对其使用的印象及自身的经验而有所界定。市场营销专家菲利普·科特勒这样解释“品牌”：品牌就是一个名称、标记、符号或设计及其组合，用以识别某个消费者或某群消费者的产品或服务，并使之与竞争对手的产品或服务相区别。联合利华的董事长 Michael Perry 认为：品牌是消费者对一个产品的感受，它代表消费者在其生活中对产品与服务的感受而滋生的信任、相关性与意义的总和。美国学者 Alexander L. Biel 认为：品牌资产是一种超越生产、商品及所有有形资产以外的价值……品牌带来的好处是可以预期未来的进账远超过推出具有竞争力的其他品牌所需的扩充成本。基于以上代表性的观点，余明阳在《品牌学教程》中将其归纳为综合说、符号说、关系说和资源说四种类型①。

品牌概念在中国的流传，与市场经济实践的不断深入密切相关。在本书中，简而言之，品牌是一种文化的“凝结”。品牌是文化化的、无形的资产，其载体是所有能够与同质化的产品或服务相区分的名称、符号、设计及其组合所形成的影响力，是消费者自愿溢价的凭证。品牌是社会消费环境的产物，是消费者的心理塑造的结晶，但产权却属于产品的生产企业或服务的提供组织者，与消费者的购买行为相脱离。

另外，有几个与“品牌”相关的概念要注意理解清楚，如“牌子”、“商标”、“注册商标”、“驰名商标”以及“名牌”等等。“牌子”是品牌的俗称，也称为商品或服务的脸谱，其基本含义与品牌相类。“商标”，英文为“trade mark”，是商品的标记。这种标记不是显示商品名称型号、性能、产地，而是一种归属标记，是生产或销售它的企业的标记。当人们熟知商标后，就能以商标分辨产品或服务由哪个企业提供。商标由一些文字、图案或符号组合，用户或顾客可以通过这些特定标记加以识别。商标在国家工商管

---

① 余明阳，杨芳平. 品牌学教程. 上海：复旦大学出版社，2005：1-5.

理部门注册并获准使用后，就成为“注册商标”。商标的注册企业便拥有所注册商标的专用权、专刊权、著作权，其商标受到法律保护。注册商标具有排他性，不同企业的商标不能相同，一般来说同行业经营范围内商标必须是独家拥有。驰名商标是众多商标中的优秀者。在我国，驰名商标是由国家的主管机构经过一定的法律程序认定的。一般而言，驰名商标，首先作为商品或服务的标志能够代表良好的质量，其次有较高的知名度、美誉度和忠诚度。“名牌”，简单地说，就是知名品牌，或在市场竞争中的强势品牌。“知名”的内涵是知名度高，美誉度高，信任度高，追随度高，除此之外还在反应度、认识度、美丽度、传播度、忠诚度等方面也有上佳表现。名牌应是这几者在一定程度上的统一。有观点认为名牌就是知名度高，这绝对是片面的。“知道”与“赞美”并不是一回事，“众所周知”并不等于“众口称赞”。也有观点认为名牌就是美誉度高，这也存在片面性，美誉度高的品牌若知名度不高，也不能实现其经济目标。另外“众口所赞”并不等于“人人购买”，因此，美誉度还应和知名度、追随度、信任度、认知度、畅销度、美丽度、满意度等相结合、相统一，才能造就名牌。

二、品牌意识的确立

所谓品牌意识，就是指一个企业对品牌和品牌建设的基本理念。品牌意识是一个企业的品牌价值观、品牌资源观、品牌权益观、品牌竞争观、品牌发展观、品牌战略观和品牌建设观的综合反映。林恩·阿普绍①认为，当一个企业非常清楚地知道自己的企业、产品和所提供的服务在市场上、在消费者中间的影响力，以及这种影响力所造成的认知度、忠诚度和联想度，并能够采取适当的战略将品牌融入消费者和潜在消费者的生活过程时，企业也就在一定的意义上培育了自己的品牌意识。

在现代经济中，品牌是一种战略性资产和核心竞争力的重要源泉，品牌意识是一个企业对品牌和品牌建设的基本理念，是企业对其产品自觉维护并

---

① 林恩·阿普绍：美国旧金山 Ketchum Advertising 公司的执行副总裁和首席运营经理。他曾为许多公司进行过营销和广告方面的咨询，作为在品牌策略、战略营销和互联交流领域里的著名专家，他在许多杂志上发表过文章，包括《广告时代》（*Advertising Age*）、《品牌周刊》（*Brand Week*）、《营销与媒介决策》（*Marketing & Media Decisions*）以及《营销见闻》（*Marketing News*）等。

创成名牌的意识。品牌意识为企业制定品牌战略、铸就强势品牌提供了坚实的理性基础，成为现代竞争经济中引领企业制胜的战略性意识。有人曾问国内一些知名企业的老总企业经营的目标是什么，答案是：品牌的市场占有率。这表明许多知名企业的老总已认识到了品牌的重要性。特别是当前国际市场生产力已经处于过剩状态，所有开放市场经济国家都不同程度地进入了买方市场，市场竞争的环境、手段与过去相比都发生了很大的变化。在这种新情况下，企业取胜的主要手段已不再单纯以产品本身来竞争，还包括品牌的竞争。可以说，未来国际市场竞争的主要形式将是品牌的竞争，品牌战略的优劣将成为企业在市场竞争中出奇制胜的法宝。

从经营理念的角度而言，企业的品牌意识至少应包括以下三个方面的内容：

1. 品牌使用意识

也就是企业对品牌效用与价值、使用品牌的重要性的认知和认同。毋庸置疑，品牌对企业经营确实具有重要作用，然而这种作用的发挥是建立在企业对品牌的具体使用基础之上的，即在经营活动中积极创立和使用品牌，唯有如此，品牌才能成为企业或其产品的代表或象征，并使品牌的其他作用得以发挥。"愚笨的商人卖产品，聪明的商人卖牌子。"这句话正形象地说明了积极正确地创立和使用品牌的重要性。

企业在激烈的市场竞争中靠什么来生存？靠的是自己的产品。产品靠什么来进入市场？靠的就是品牌。只有品牌搞上去了，产品的销路才会好，企业才能站住脚，才会在消费者的心里留下良好的印象，最终树立起企业良好的品牌形象。企业领导人在作重大决策时，要考虑到品牌，要看到品牌也和有形资产一样是公司的宝贵财富。企业在制定发展战略时，一定要把设计、注册商标，拥有自己的品牌当作一件大事来抓。商品未出，商标先行，世界上一些著名的企业无一不是重视商标注册的。英荷联合利华公司就拥有在各国注册的商标证 7 万多件，美国在华注册商标 2 万件，日本是 11500 件，德国是 6100 件。目前尚无商标的企业应立即注册自己的商标，已有商标的企业也要注意扩大注册国别、增加注册类别的问题。只有拥有了属于自己的品牌，企业在竞争中才不会落败。

2. 品牌保护意识

品牌保护意识就是指企业对保护品牌重要意义的认知和理解。品牌的创立是发挥品牌效用的基础，但更需要对品牌的有效保护以便为品牌发挥效用提供保障。如果产品质量低劣、企业信誉低下，或是品牌任由他人假冒，则品牌信誉很难建立，因为品牌发挥其应有效用的前提正在于其拥有较高的知名度和良好的公众评价。要培育一个品牌不容易，要保护一个品牌也不容易。企业要积极打击侵权、假冒行为，这是培育品牌不可缺少的一项重要工作，也是维护企业良好品牌形象的重要工作。

图 2-1　大型动画电视剧《蓝猫淘气三千问》塑造了中国第一个动漫品牌“蓝猫”

譬如，联合国世界知识产权组织（WIPO）在其年度报告的“经济发展中的知识产权”部分重点报道了知识产权在中国商业中的优势，其中提到了两家中国公司，其中一家为联想集团，另一家为三辰卡通集团。在报告中，该组织肯定了三辰卡通公司通过衍生版权和商标授权战略，把“蓝猫卡通”发展成为中国有史以来的一大文化产业。但是，随着三辰公司的不断发展壮大，品牌保护这个问题变得越来越严峻了。“蓝猫”卡通品牌的盗版 VCD、DVD 光盘的假冒署名出版社就达二十几家之多，中国音像协会的专家估计，盗版“蓝猫”音像制品占市场的90%以上。也就是说，正版“蓝猫”VCD销售额近1亿元，而因盗版造成的损失达9亿元。2005年各类盗版“蓝猫”产品的销售额估计超过50亿元人民币。福建版权局福州市分局查到两家侵权“蓝猫”厂商，查获“百变蓝猫”鞋6000双、“蓝猫宝贝”鞋2000双、包装袋1万个。类似的案例还有很多，“蓝猫”是中国被侵权最严重的品牌之一。三辰公司知道品牌在如今的商业竞争中已经是一个至关重要的问题，在动画产业则显得格外的重要。如何保证品牌的利益和价值，是整个品牌产业生存发展的原动力，而这与品牌保护息息相关。所以他们把品牌保护也作为企业发展的重要战略，不惜投入大量的人力、物力和财力。

3. 品牌发展意识

品牌发展意识是指企业牢固树立发展品牌、增加品牌深度、不断创新品牌的思想，以不断提高品牌的市场形象和品牌竞争力，使品牌的内在价值得到充分的发挥。品牌创立固然重要，但如果没有产品、技术方面的创新，没有有效的品牌推广策略，要么品牌效用得不到延伸而止步不前，要么就是品牌被遗弃而如“昙花一现”。国内不少曾一度辉煌而如今却踪影难觅的品牌的发展史已经明白无误地昭示了“要么创新，要么死亡”的道理。

同时，要更多地取得产品“通行证”来强化品牌。企业领导应重视各种国际通行的质量体系认证，如ISO9000质量体系认证，此外还要注意ISO14000环保认证及各种专业性、地区性的产品认证。这是企业产品进入国际、国内市场的通行证，也是企业在激烈的市场竞争中制胜的有力武器。

可以说，品牌意识为企业制定品牌战略、铸就强势品牌提供了坚实的理性基础，成为现代竞争经济中引领企业制胜的战略性意识。

第二节　文化品牌的含义

从消费者的角度讲，文化品牌首先是一种文化产品的品质象征，包括了产品的质量和服务。一般而言，有品牌的物件，必然比没有品牌的要好。因为如果出了问题，消费者可以找到相关部门进行善后处理，从而使个人免受损失。其次，文化品牌是技术的保证。有品牌的企业一定掌握了最先进的技术，有品牌的产品一定具备着一流的技术保障。第三，文化品牌是时尚、品位和情调的集合体。作为文化品牌产品，一定代表着文化风尚，或者具备着某种特殊的情趣，选择品牌就是选择优雅的生活。第四，文化品牌也可以成为身份、地位和生活方式的象征。社会在发展，各阶层的人们都需要适当的文化身份来自我标示，文化品牌与其他品牌一样，也可以代表消费者的社会地位、经济基础和生活方式。第五，文化品牌还是一种体验，一种对生活、对情绪、对感觉、对思想、对某种心理状态乃至对某种生活的体验过程。

从文化企业的角度讲，文化品牌就是市场、市场份额，是产品或企业的知名度、美誉度，是市场竞争力之所在。品牌是文化企业必争之地，是市场竞争的最高境界。因此，一个冯小刚，其他公司愿意开价上亿元吸引他跳槽。所以，文化品牌并不是一种单一的视觉的标识，更不能简单地理解为“著名产品的牌子”，文化品牌其实是一种情感经历的过程，它是文化企业、产品、服务在视觉、情感、理念和价值观等方面的综合形象，是通过文化企业或产品、服务与顾客的互动、沟通来实现的，是消费者与产品和服务相关的全部体验。

一、文化品牌的界定

文化品牌，是文化产业品牌化的结果。作为品牌的一个类型，文化品牌是相关文化、艺术、娱乐、休闲、新闻、出版、传播等行业的品牌。文化品牌主要涵盖了文化艺术、新闻出版、广播影视、网络传播、休闲娱乐、文化旅游、会展收藏、体育健身等八个主要领域及其他衍生领域。

基于品牌的普遍意义，文化品牌与普通商业品牌具有同质性，即具有普通商业品牌所具备的一切要素。但作为支撑文化产业的文化品牌，它还具备自己独特的个性：

首先，它的出发点和普通的商业品牌不同。普通商业品牌注重如何发掘和构建品牌的文化内蕴，而文化品牌则要进一步实现文化创新，并设法使创新文化与原生文化融合，以推动文化产品、文化项目的完美发展。

其次，文化品牌不仅具有商业属性，更具有意识形态属性，因此它的管理难度更大。一般而言，意识形态往往在发展上带有一定的滞后性和规定性，当社会已经前行，而文化完全可能还在按照它既有的惯性运作一段时间。如何在运作中协调这两者的步伐，使之与时代、社会同步，最大可能地满足消费者的文化需求，是文化品牌运营管理过程中的最大难题。这也是文化体制改革总体上滞后于经济体制改革的主要原因。

第三，文化品牌的缘起与普通商业品牌也有所区别。普通商业品牌往往是从追求利益的最大化出发，为了实现这种目的，需要为消费者提供更优良的服务，从而构建品牌乃至品牌文化。文化品牌的发生则有两种途径，一种和普通商业品牌的途径相一致，另外一种是先有了一个文化概念，然后再将之品牌化、产业化、市场化。这个文化概念的内核，有可能来自以艺术创作、学术研究、对外交流等为主线的文化活动，也就是在学术研究、艺术创作以及对外交流中创造出文化产品，衍生出文化品牌；或者来自于文化名人、名校、名社、名院的影响力；或者是民族文化、地域文化、特色文化等文化资源的历史传承，等等。因此，文化品牌更多地源自一种丰厚的文化底蕴，是这种文化的张扬与发展。

第四，文化品牌更注重创意，是创造与梦想的产物。它比普通商业品牌更加注重性格与个性色彩，强调感情的投入，同时激发出更多的联想与想象，借助于人们的想象力，创造出一个与现实世界焕然不同的、如梦如幻的世界。这也就是迪斯尼、梦工厂、哈利·波特之所以让人们如醉如痴的原因，也是他们最终获得成功的保障。

所有品牌都有一个原生文化背景在支撑着；一切品牌体验，也都离不开文化体验。因而在品牌的运营中，无不把文化放在首位。一个文化品牌的创立与发掘，其实质更是文化内蕴的创意与赋形，其核心则在于文化的定位。

就一个文化品牌的创立而言，可以经由两个路径：其一，是对原有文化的发掘，从历史的、民族的、民间的、现有的各种人文奇观中发掘出具有深厚文化内涵与底蕴的文化品牌。如陕西西安曲江新区的“大唐芙蓉园”，就是发掘西安盛唐历史文化遗产，加之声、光、电等现代科技的综合演绎，构成一幅瑰丽的“盛唐文化奇观”。在对原有的文化进行发掘的过程中，必须注意不能背离文化背景的精神，不能忽略文化品牌的地域特征。同时，要认真区分所发掘的对象，把握对象的文化个性，并根据原有文化的内涵予以创造性地发挥。其二，则是创立一个前所未有的、全新的、富有现代气息和风尚的文化品牌。创意是一个文化品牌成功所必需的，创意是梦想，是基于现实的梦想。“蓝猫卡通”、“大红陶瓷”就是创意得以成功的典型范例。

二、文化品牌的构成要素

一个完整的品牌不是单单只有一个名称，它是许多信息的集合体，其中有品牌名称、标识与图标、标记、标志字、标志包装、广告曲等直接对消费者构成感觉冲击的外在的、具象的显性要素，也有品牌承诺、品牌个性、品牌体验等不可以被直接感觉的隐性要素。结合文化品牌的具体特点，我们将其主要构成要素概括为产品（服务）、标识、品牌定位、品牌关联或品牌联想、品牌个性、品牌附加的企业文化、品牌洋溢的情感等 7 个方面。

1. 文化产品（或服务）

文化产品（或服务）是文化品牌所依附的“实体”，没有了产品和服务，就谈不上品牌。任何一个文化品牌都是和特定的产品或服务联系在一起的。产品或服务是文化品牌价值的最集中、最直接的体现，也是文化品牌内涵最集中、最直接的彰显。一个著名文化品牌下的产品或服务，首先应当是品质一流、无懈可击的。作为文化品牌组成的基本要素，产品还包含了产品的功能、性能、包装、价格和质量等内容。

2. 品牌标识（CIS 形象识别系统）

品牌标识（CIS 形象识别系统）包括品牌的名称以及包括标识、图标、标记、标志字、标志色、标志包装、广告在内的品牌的视、听觉形象识别体系。好的产品名称是形成品牌的重要条件，一个好的名称可以给人带来好的联想，甚至折射出名称下所包含的历史、文化含义。因此，品牌的名称是很讲究的，不但要有独特性，还要立意隽秀，意境深邃广大，令人回味无穷。好的、醒目的品牌标识，可以让人从中联想起更丰富、深刻的寓意，世界上大多数杰出的商标在进行图形设计时都是巧夺匠心、鬼斧神工的。

凤凰卫视是中国电视媒体中较早具备完整包装识别系统的频道，自启播之始，它的频道形象设计就十分抢眼，具有很高的识别度。譬如：①突出中国文化传统。这是与凤凰卫视的身份定位紧密切合的。凤凰卫视的台标突破了以往红、蓝、绿三原色为主的束缚，大胆地运用金色，色彩鲜明富丽。台标由一对金凤凰旋转飞舞成圆形，中国风味浓厚，与它的身份定位和宣传呼语“开创新视野，创造新文化”相契合。②强调整体感，寓变于同。凤凰卫视将标准色金色用于节目片头、片尾和滚动插播的节目预告中，在强调整体感的同时又不乏变化，灵活而精致。③节目命名，也注重一致性。最著名的就是早晚两趟时事资讯快车——《凤凰早班车》和《时事直通车》。另外，凤凰卫视在一些大型的户外活动和时事直播活动中，也以强调工作人员着装的同一性来突出频道形象的整体感。

图 2-2　凤凰卫视台标矢量图

3. 品牌定位

品牌定位是一个品牌所要努力的方向、它的承诺、它的文化价值的集中体现。品牌定位往往以主题词的形式表现出来。好的形象主题陈述以简洁的一句话告诉受众产品是用来做什么的，企业是做什么的，它可提供什么益处，以及它与竞争者的区别，为什么它比其他竞争者更好。

譬如，凤凰卫视的“补缺”定位。建台初期，凤凰卫视没有系统的全方位的新闻节目，而以时事资讯为主，这是因为“凤凰”的力量规模尚不足以支持。在这种条件下，他们抓住了香港即将回归祖国的历史性机遇，借助香港有利的地理条件和文化背景，将内地不易传播或不可能大规模传播的各类新闻信息予以足够的重视并给予相当有规模、有分量的报道和传达。以此为开端，凤凰陆续向内地输送了不少“补缺”的信息、事件和故事：《世界银行年会特别报道》《戴安娜葬礼转播》《垄上行——江泽民主席在江淮》《克林顿访华》《东航 586 航班安全着陆》《中国今天说不》《莫斯科目击北京申奥》《美国 9 · 11 恐怖袭击事件独家直播》等等。这些节目的影响超过了内地许多电视台，在观众中形成了轰动效应，于是就有“一有重大新闻事件发生，锁定凤凰卫视”之说，并且出现了大学生凑钱到酒店开房间收看凤凰卫视直播节目的趣闻。由于当时内地电视台普遍缺乏直播节目的能力或意识，凤凰卫视立刻以直播为契机“夺取眼球”，将直播的盘子越做越大，越做越勇，“补缺”的角色越来越占有先机和主动权。能出色完成直播这一艰难任务的正是“疯了”的凤凰卫视人，为电视“发疯”也是凤凰卫视给自己树立的良好品牌。经过几年的发展，凤凰卫视“补缺”的定位特征不断清晰与稳固，目前已形成了早中晚整点滚动播出常态新闻节目以及新闻专题和时事评论节目体系，由启播时以娱乐为主发展成资讯与娱乐并重的格局。

对于品牌而言，消费者导向是其真正的第一价值导向，品牌定位最重要的是如何将品牌由产品导向、竞争导向回归到消费者导向。

4. 品牌关联（品牌联想）

品牌关联或品牌联想是指通过品牌的标识、产品、服务等所能引起的一切关联想象。如企业文化、企业历史、创始人致富故事、经营理念、企业的社会形象、公益活动、产品的知名度、产品质量、服务等等。一个品牌的关联想象越丰富，这个品牌的内涵也就越丰厚，越为世人所瞩目，越有价值。但是，关联想象是与品牌认知度相联系的，一个品牌的知名度再高，如果缺乏认知度的话，它所能引起的联想与想象也是有限的。同时，有研究表明，品牌关联现象也代表着一种生活方式，即具有相同教育背景的同年龄段人群，当他们的消费能力接近时，他们的生活方式也比较接近，因此他们的消费品牌也比较接近，也就是说，每一个特定消费者群，都有他们独特的生活方式。

利用品牌关联效应，我们可以更好地做好文化产品和服务的品类组合，通过研究一个消费群对文化品牌的集中喜爱程度，我们可以进行文化产品和服务的品类组合优化。比如针对年轻的 OFFICE LADY，我们在影视中心、网络信息港的某部分空间内，集中安排一些类似仙踪林、KOSMO 这样的休闲餐厅，以及“意粉屋”这样的浪漫餐厅，在其附近是一个幽雅的健身或纤体的会所，或者分布着 ESPRIT、CK、MANGO、JESSICA 这样的品牌。通过这样的品类组合，我们可倾尽全力地去营造一个主题消费氛围，这样的氛围适合一定的消费群体，方便他们迅速找到适合自己的品牌。其次，利用品牌关联效应可以有效地满足消费者的实际需求，如同刚才所说，能使消费者方便而迅速地找到自己所喜欢的产品或服务，选择到适合自己的生活方式，实现有效满足。其三，利用品牌关联效应可以实现联动营销，提升销售业绩。主动地联合相应的品牌，进行联动营销，可以推动消费者群体更多地采买这些具有关联效应的品牌。

5. 品牌个性

品牌个性是指在同类企业、同类产品中，品牌所表现出的独特个性。这种个性一方面使得品牌能够在众多的同类品牌中卓尔不群，如同是IT界生产、经营电子计算机的著名品牌——戴尔与苹果、康柏，另一方面，又可以使品牌彰显出自己的经营理念与风格，表现出自己与其他品牌所具备的不同风范、经营理念、处事风格。

文化品牌个性的塑造不以企业和企划人的意志而转移，也不单与品牌的定位有关，产品的属性、服务特征、包装设计、广告风格、视觉符号、使用者、公共关系、品牌的历史、企业的领导者等诸多因素，对品牌个性的树立都有着很重要的意义。因此，塑造文化品牌的个性，企业要系统化、规范化，就要遵守以下六条原则进行：①精确品牌定位，锁定沟通人群。品牌个性并不像品牌的标识那样直观，可以看得见摸得着，品牌的个性是一种感觉，而这种感觉也会变化，存在于消费者的心灵深处，会直接影响消费者对品牌的直接感官，甚至购买决策，因此，塑造品牌个性也要考虑目标消费者的未来期望，才能实现长时间与消费者的共鸣。②以品牌的核心价值为轴心。品牌的核心价值是塑造品牌个性的内在动力，而品牌个性是品牌价值的集中表现，两者是相互统一的。塑造品牌个性就一定要围绕着品牌的核心价值进行，同样地，如果要想提升品牌价值，那么也必须有鲜明的品牌个性的支持，以便进一步丰富品牌的内涵，更好地经营品牌。③设计出品牌的人格化形象。品牌个性是品牌的人性化表现，是品牌人格化后所显示出的独特性，一个品牌如果没有人性化的含义和象征，那么这个品牌就失去了它的个性。因为无论是品牌产品还是其他品牌服务都是为人服务，而人是有感情的。因此，要想使品牌占领目标消费者的心，就必须使冰冷的商品拥有人情味及生命力，这就要让品牌人格化。④建立和深化与消费者的情感关系。消费者总喜欢选择符合自己个性的品牌，因此，对于消费群体而言，创建具有与其个性相近的品牌是一种有效的营销策略。品牌的个性跟消费者的个性越接近就越能与消费者建立情感；情感越深厚，消费者对品牌就越忠诚。⑤简约而不简单。品牌个性一定要简约，不能太复杂，太复杂就让消费者难琢磨、难识别、难记住，更难以与消费者进行情感对接。⑥加强品牌个性的投资及管理。品牌个性的塑造，需要不断地进行投资，随着消费人群的更新及变化，品牌个性也要做出相应的变化，需要不断地进行维护和管理，使之深入到消费者的内心，从情感上成为其消费的理由。同时，加强品牌个性的投资，也是不断地为品牌做加法的过程，最终将累积丰厚的品牌资产，实现企业的持续性发展。比如派克钢笔，它本来定位为高档商务用笔，品牌个性十分突出，是成功人士的象征，后来它进入了大众市场，放弃了原有的品牌特质，使品牌价值遭受了重大损失。什么原因呢？因为品牌是部分人的专利品，它的品牌个性吻合了这些人，如果没有了个性，那么他们就会拒绝。当普通人都使用派克笔的时候，成功的那种尊贵感觉就不复存在了。可见，加强品牌个性的投资及管理十分重要，它是长期的投资过程，应该引起企业家们的高度重视。

6. 企业文化

一个品牌的树立与保持，是品牌运营企业的核心理念与行为方式的延伸。企业文化是一个企业的经营风格的表现，代表了品牌运营者特定的人文修养、精神境界和美学品位，品牌所包含的文化价值是这种特定的人文修养、精神境界和美学品位得到社会认可并被社会所接受而得以广为传播的结果。

电视媒体品牌的一个重要特点就是：主持人、现场记者既是电视产品的制造者，又是电视产品的传播者，同时还是电视产品的一部分，是品牌形象的主要体现者。电视品牌的形象由人与节目共同组成，它的“1+1”模式在内容上与企业品牌形象的“1+1”模式（企业产品品牌+企业领导人）有本质区别。简而言之，电视人是电视品牌形象的主要内容之一，也是品牌内涵的诠释者。如凤凰卫视致力打造品牌的“以人为本”的文化内涵，并突出体现在其集聚多领域人才、人才培养多元化这两方面，从而与凤凰卫视开放、多元的频道文化形象相吻合，由此形成了人与台的交融。

7. 品牌情感

品牌洋溢的情感可以从两方面来理解：一方面，是品牌运营者、产品生产者在品牌运营和产品的生产过程中所倾注的感情，这种感情使得品牌在外在表现上更富于人性色彩，并使得品牌不间断地延续、光大，从而积淀了更多的文化内涵；另一方面。是消费者对品牌所倾注的感情，消费者在使用品牌产品的过程中，由于对某一种产品的喜好，对其样式、品质、服务的满意，进而影响到对该品牌所有产品的喜爱，形成自己的消费习惯，并热烈地喜欢上该品牌。在这其中，发生了许多品牌运营者与消费者之间的感人故事，这些故事不断地附加在品牌之上，使得品牌可以脱离于具体产品而存在。这是品牌得以不断延续并发展的基石。

为了使品牌洋溢情感，首先要充分了解目标消费者可能期望品牌传达什么价值观和情感。在提炼情感价值的时候不能闭门造车，可以通过组织深度访谈、座谈会等方式有效地激发消费者畅谈态度、信仰、性格、理想、价值观、对产品和品牌的看法、对竞争对手的评价等。在分析、归纳、整理这些信息的基础上，洞察消费者的内心世界，了解他们的渴望、审美偏好、价值观和未被满足的需求，提炼出品牌可能的情感取向。然后进行筛选，留下适合由本企业的产品类别传达的情感价值。在提炼、整理、归纳品牌情感价值的时候要注意几个准则：一是感染力。品牌洋溢的情感应该具有强大的感染力，能震撼消费者的内心深处，才能更容易地拉近品牌与目标顾客之间的距离。二是排他性。品牌洋溢的情感应该具有高度的差异化，与竞争品牌形成差别。缺乏个性的品牌情感不能为消费者带来增值价值，更不能引发消费者内心世界的共鸣。三是统一性。品牌洋溢的情感应该与企业文化一脉相承，这样才能保证企业贯彻始终地支持这个品牌价值。而受到企业文化约束的员工行为中就能够自然而然地体现品牌的价值，从而赢得消费者的认可和信任。

一个品牌的形成，是一个漫长的情感体验的过程，是一个不断积淀与叠加的过程，其中所包含的因素多得难以尽述。但所有的优秀品牌，一般都脱离不了以上这七种元素，这也是最值得研究者与品牌运营者所重点关注的元素。

三、文化品牌的特征

文化品牌既是文化的“凝结”，也是文化的产业化和文化产业品牌化的结果。因此，文化品牌既有一般产业品牌的特征，更因为文化作为一种特殊元素的介入而具有不同于一般产业品牌的特征。归纳文化品牌的特征，首先应当基于对文化特征的基本认识。

首先，文化具有人本性。人类的文化是人与一般动物的比较和差别。这个比较和差别的概括就形成了人类的本性——人的“文化性”。因为人性是建立在与一般动物的对立上的，所以它会以一般动物相反的本性特征表现出来；又因为人类文化的成因与人类自身的历史实践活动有关，因而在人的“文化性”中必不可免地具有了人与周围世界关系的性质，如科学、理性、进步和发展之类的内容，并以此与一般动物相区别。在人类与一般动物的关系和人类与一般实践活动的关系这两种关系中，前者是主要的，它以本质要求、以原则的形式对人类的实践进行了规范，使那些对人类能够产生危害的活动和行为被排除在了人类文化的范畴之外。如侵略战争、杀伤性武器的研制、毒品、诈骗、赌博等，虽然有的也应用了人类科学的成就，但它不是文化的，而是反文化的。可见，人类的“文化性”是人类的根本属性；是作为人，并能区别于一般动物的野蛮、落后、愚昧、凶残的根本标志。这种特征完全限定在了人的自身上，限定在了人类适应世界、改造世界的能力和文明、进步的程度上，限定在了人类征服自然、战胜自然的技能素质上。因此，所谓的物质财富只能作为人类文化的结果或载体而存在。而精神财富，也只能以文化的形式或手段来使用，它们是不能自立为文化的。

其次，文化具有导向性。人类的文化，人类的文化史，是在其自身的文化活动与一般的实践活动的关系中实现的。这个关系具体地表现为文化活动的导引和导向。由于人类文化的发生，才使人类原本作为动物本能驱动的谋生活动有了目的、有了方向、有了效率。人类的“文化性”起源于人类的选择性，而人类的选择的能力又产生于人类大脑的发育、产生于人类思维的发展，是人类思想发展的外化。人类的文化，不仅导引着人类的一般实践，而且也导引着人类的认识，使认识具有了目的和方向，因此更有利于人类的发展。

第三，文化具有进取性和向上性。人类从自身的利益出发，为防止文化的失败或迷失方向，因而把目的和方向进行了规范，即进取和向上。这当然是人的大脑的分析、分辨、认识能力的表现。而认识能力的实现是要受文化的实践制约的，是实践的活动全面制约着它的主观随意性。通过实践的检验，人们认识到什么是好的、什么是坏的，什么该做、什么不该做；认识到该做的是好的、是对人类有利的，不该做的是坏的、是对人类有害的。因此，他们选择好的、有利的，摈弃坏的、有害的、落后的。在文化与其历史的关系中，文化明显地表现出了它的进取性、向上性。

第四，文化具有革命性和批判性。人类社会的发展、朝代的更替，进而人类的进步都是由文化导引的，文化的革命性是人类历史前进的推动力。在人类社会发展的关键时期，都是由文化导引着人们起来革命，推翻反动的统治阶级以及腐朽的国家机器。这一重任，一般是由当时的先进阶级或先进的势力来完成的。在现实生活中，新的文化诉求代替旧的文化诉求、新的文化形式代替旧的文化形式，人类在各方面的文化都是以批判和破除旧的、主张和推广新的来实现前进的。这是人类对周围世界选择性地展开和张扬。不过，这种进步一般是由社会上先进分子组成的进步力量率领广大民众完成的。因此，文化的革命性，是人类文化最具主动的本性，是推动社会发展的动力，是主流的力量，是人类文化的主体关系。而批判性是文化在人类生活中除旧布新、不断前进的动力来源。

第五，文化具有能动性。文化的能动性，是文化的主体性的延伸和发挥，在人类一般性实践活动向文化活动的转变中，文化起着扳道夫的作用。茶叶、饮食、服装、用具、建筑等事物之所以能被文化所同化，都是文化的能动的力量所致。正是文化的能动性将人类一般的实践活动提升到文化的轨道上，人类实践才得以快速地进行和发展。文化的能动性所反映的是人类文化与人类一般认识和一般实践的关系。这个关系的本质就是推动、带动、拉动、导引等等，这些又是其能动性的形态。

第六，文化具有选择性。文化的发展，是本质内容丰富的过程，而内容的存在，都必须是在其具体的形式中。在这里，形式成为了内容存在的条件。人类文化，实际上是一个由本质内容向形式转变的过程。譬如企业文化，企业当事人为提升企业的动力，他们选择“价值驱动”、“价值观念”、“最高目标”等文化形式，并因为这些文化形式的贯彻而推动企业员工积极性的提升。再如一般产品文化，为提升企业的核心竞争力，企业当事人一方面要选择好适销对路的产品，同时又根据市场不断变动的原理，把该产品定位在一个不断变化、创新的产品链上，即“链”性产品，并以强有力的售后服务来保障。另外，在产品的规模形式（生产能力）、技术形式（装备设备）、质量控制形式等方面进行文化提升。由此，该企业的核心竞争力就提高起来。遵循文化传承的规律，企业之间经验的借鉴是经常的，甚至借用其他企业的文化形式也是本企业的文化要求。但值得一提的是，我们在引进外来文化形式的时候，要特别注意对被引进文化形式原有的成长环境的考量。

如果缺乏相配套的成长环境，却硬性地引进或移植文化形式，恐怕是不够妥当的。尤其是制度文化形式的引进和移植，问题尤为突出。所以，文化的选择性是文化的理性，也是文化完成的过程。

第七，文化具有技术性。文化的技术性，是文化的选择性的实践，是对形式之间关系的整合。当社会或企业的全局或局部产生了新的文化诉求，紧要的是对文化形式的选择。不过，在现实中新发生的文化诉求，一般都是个别的、特殊的、有别于其他的。因而，一般都不会有现成的形式等待着人们去选用，人们只得向现实、向企业、向实践、向书本、向别的企业的经验去学习。可惜的是，学来的东西往往不一定完全适用。这就好像捡别人穿过的衣服，很少有完全合自己身的。这就必须经过改动或者是改造。文化的技术性所表示的，一方面是对所选形式改造、整合或创造；另一方面就是科学地对待全部的文化要求，辩证地对待和处理这些要求，使其分出轻、重、缓、急来，即“扬弃”。一般说来，凡是有文化发生的地方，文化的技术实施都是不可避免的。

基于以上的文化特征考量，我们对文化品牌的特征给予如下归纳：

1. 易识别特征

基于文化品牌的名称、标识系统等外在结构因素，以及文化品牌个性、情感联想等内在结构因素，文化品牌明显地区别于其他。企业或生产者通过整体规划和设计所获得的文化品牌造型符号，具有特殊的个性和强烈的视（听）觉冲击力，能够帮助目标消费者来区别本产品（服务）和他者。此外，品牌传递的隐喻式感情也能够彰显一个品牌的功能和传达该品牌的内部信息，从而帮助消费者从情感信息上加以区分。

另外，人们在消费文化的时候，有一种对“异”文化的天然的趋近性，他们总是乐此不疲地到处猎奇。德国波恩大学东方语言学系中文专业主任顾彬教授在北京大学讲《关于“异”的研究》专题时说：“异”可以表示自己所不了解的一切，与“异”相对的乃是自己；“异”也表示用自己的价值标准去衡量自己所不了解的人、事、地点等。“异”是一种态度，一种陌生感。而正是这种陌生感，促使人们去接触对象，设法用各种最便捷、最有效的方式去识别对象。文化品牌正可以是消解因为“异”而产生的焦虑的结果。

同时，正是这个易识别特征，要求文化品牌比一般的文化产品和服务具有更强的责任意识和敢于承担的勇气与能力。消费者选择品牌，很大程度上就是基于品牌“敢于承担”而来的消费保障。品牌的承诺和保证是在品牌经营中建立起来的。对消费者来说，在购买或使用某种品牌的产品时，品牌已经向他提供了质量承诺和信誉保证。消费者的选择显示了对品牌的信赖。品牌必须提供足够的价值利益以满足消费者的需求与欲望，从而博得他们的忠诚与好感。

2. 强溢价特征

文化品牌因其具有的优质性能及卓越的服务，成为一种文化企业的外化形象，并成为这些企业利用外部资源的契约主体，而且它在市场上的覆盖面广、占有率高，从而给企业带来巨大的经济利益。同时，因其自身具有的知名度、美誉度等社会因素，它又可以独立于产品和服务而存在，进而聚集成为一种可以买卖的无形资产价值，并可能因此成为企业比有形资产更重要的价值。

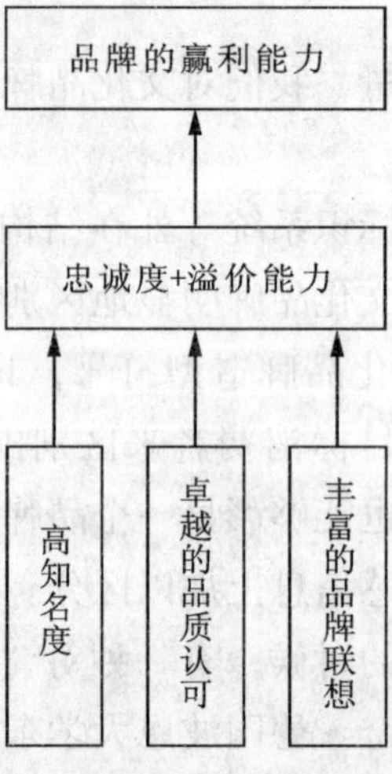

图 2－3　品牌溢价提升品牌的赢利能力

其中，包含了一个基本假设。消费者在买商品时总是以达到自己利益的最大化为目的。而所谓利益最大化，就是在商品给自己带来一定效用时，所耗费的成本最小。或者是在一定花费的基础上，商品带来的效用最大。然而，消费者在购买商品时，自己对某种商品品质的资讯了解不多，相反卖方对该商品品质的了解更加充分，正是这种资讯不对称的现象使得一部分消费者愿意为那些拥有好的信誉的品牌付出更多的代价，以减少不确定性带来的损失。这样拥有好的品牌的厂商便能获得较好的品牌溢价，并且为了保持或者提高其品牌溢价能力，他们会加强产品的品质管制，建立长期的信誉，提高自己品牌的价值。在选择购买好的品牌和一般品牌的过程中，似乎存在着这样一个评价标准：购买好的品牌所多支付的品牌溢价应该小于等于购买一般或没有牌子的同种商品所可能带来的损失，只有这样消费者才会购买好的品牌。

3. 领导性特征

品牌和普通产品不同，它不只是靠广告和包装来打动消费者，它在消费者心中无可替代的地位是由其高质量、高价值、高信誉决定的。品牌是企业的核心要素，是企业向目标市场传输信息的主要媒介。它具有的气质代表了与众不同、高人一等的经营理念，一旦应和了目标市场的消费诉求，它就具有非常重要的地位，可以开风气之先，引领市场潮流，影响消费群体的价值观。这种能力是普通产品所难以企及的。

也就是说，文化品牌对消费者、政府、合作者及其他社会公众能够产生一种亲和力、吸引力及认同感。消费者会慕名而来，购买使用品牌产品，也会由此及彼，爱屋及乌，选购企业的其他产品，享受企业的其他服务；政府会因品牌企业或产品而给予支持、爱护，促使文化品牌的实力得到加强；合作者看到品牌的效应，也会加强合作，与之建立起良好的关系；而社会其他人，也会较关心品牌、谈论品牌、推荐品牌，给品牌创造更佳的成长环境。

文化企业或产品成为品牌，拥有了较高的知名度和忠诚度，特别是较高的美誉度、追随度后，会在消费者心目中树立起极高的威望，消费者会表现出对品牌的极度忠诚。人们会认为此品牌产品或企业信誉好，购买或使用这种产品让人放心，更是一种享受。这样企业或产品就会像磁石一样吸引消费者，消费者会在这种吸引力下形成品牌忠诚，反复购买、重复使用，并对其不断宣传，而其他一般产品的使用者也会在品牌的磁场力下开始使用此产品，并可能同样成为此品牌的忠实消费者，这样品牌实力进一步巩固，形成了品牌的良性循环。

20 世纪 90 年代以来，一方面，国际电视领域倡导全球化，以美国为主导的西方依靠自身实力向全世界扩张，1997 年这些国际“传媒恐龙”在亚太版图以香港和新加坡为据点无一缺席，于是人们开始担心，本土文化即将消亡。就在这时候，“凤凰”看到了华语电视的商机：另一方面，华语市场被跨国集团视为最具潜力的市场。该市场以中国大陆、港澳台为核心，辐射到东南亚、欧洲、美洲及世界各个角落的华人圈。“凤凰”正是针对这一趋势，立足华语市场，定下目标，拉近海峡两岸的距离，拉近全球华人间的距离，并且提出“有太阳的地方就有华人，有华人的地方就有‘凤凰’”的口号。“凤凰”从单一频道电视台成长为拥有5个频道，覆盖亚太、欧美多个国家的华语电视平台，在国际电视传媒以英文为通行证的情况，打开了一片华语的新天空。根据《2001年IMI消费行为生活形态年鉴》在北京、上海、广州、重庆、武汉、西安、沈阳7城市的调查显示，被调查的地区均可接收到凤凰卫视的节目。另据盖洛普拇（GALLUP）的调查，中国有36%的受访者认识凤凰品牌。央视调查咨询中心进行的观众满意度的调查报告显示，2001年第二季度，凤凰卫视在中国大陆拥有4200多万收视户，合16000万观众。在45个接受调查的大陆电视频道和港澳台地区频道中，凤凰卫视居于十大最高观众忠诚度频道的第二位；在十大最高观众满意度频道中居第三位；在十大最高观众规模频道中名列第五；在十大最高观众期待度频道中升至第五；在十大栏目最强竞争力频道中位居第四；在十大最高人气指数频道中名列第三。

4. 专有性特征

文化品牌是用以识别生产或销售者的文化产品或服务的，属于知识产权范畴。知识产权是知识产权人对知识产品特别是智力成果享有的专有权利。知识产权是社会发展到一定的阶段后，在法律上作为一种财产权出现的，是人类文明和社会生产力发展的结果。知识产权作为一种私权，除了具有时间性、地域性的特征外，还具有专有性的特征。知识产权的专有性是由知识产权的私权性质所决定的。它有时也被称为知识产权的独占性、排他性或垄断性，是指知识产权专为权利人所享有，非经法律特别规定或者权利人同意，任何人不得占有、使用和处分。知识产品的商品属性和社会属性决定了它总是要进入市场流通的，而知识产品本身没有形体，占有它不是具体的控制，而是认识和利用，故而容易脱离所有人的占有而被不同的主体同时占有和利用；加之知识产品的传播又十分容易，知识产品所有人很难进行直接控制，因而不能用传统有形财产保护制度保护，而必须采取特殊的法律制度。这种特殊的法律制度表现为知识产权保护制度。知识产权的专有性具体表现为：第一，权利人依法可以独占其知识产权。这体现了知识产权分享的专有性，即知识产权人对其知识产权享有独占权利。第二，知识产权的使用必须置于知识产权人的控制之下，任何人未经其许可或者法律特别规定不得行使其知识产权，否则将构成侵犯知识产权的行为。第三，每一项知识产品只能授予一项所有权，对同一项知识产品不允许同时存在两项以上的不相容的权利，以确保知识产权的权利主体具有唯一性。这体现了知识产权授予的专有性。

因此，文化企业可以通过法律、申请专利、在有关国家或有关部门登记注册等手段保护自己的品牌权益，并以良好的产品质量和在长期经营活动中形成的信誉取得社会的公认。这些都说明，品牌是企业独特劳动的结晶，是专有的。也就是说，文化品牌拥有者经过法律程序的认定，享有文化品牌的专有权，有权禁止其他文化企业或个人仿冒、伪造本品牌。这一点即文化品牌的排他性。

5. 两效益特征

文化品牌，既是文化产业经济效益层面的品牌，也是文化产业社会效益层面的品牌，是讲求“两效益”的品牌。

文化品牌的经济效益是指一个文化企业通过组织生产、销售品牌化的文化产品或提供文化服务所获得的一定的利润回报，具体反映在经济指标和统计数字上。文化品牌的社会效益则指品牌化的文化产品和文化服务对社会所产生的效应，主要表现在公众反映和社会评价体系上。诚然，在市场经济条件下，任何商品进入流通和消费领域，都存在两个效益问题。我们为什么特别强调文化品牌的两效益特征呢？首先因为其他商品所满足的是人们生理层次的需要，而文化产品和文化服务既具有商品的属性、经济的属性，又具有精神的属性、意识形态的属性，满足的是人们心理上的需求，不可避免地给人们的思想、意识、观念、心理、行为带来影响。其次，各国文化的相互冲击必然要反映到文化产业中来。早在 1980 年，联合国教科文组织大会就对文化产业的作用有两种不同观点：一种认为文化产业带来希望，大众传播媒体是文化对话的工具和手段，而文化对话是和平的基础；另一种则强调文化产业可能带来副作用，可能会对原生文化和生活态度造成破坏。例如，美国好莱坞大片，韩国、日本网络游戏软件在我国文化市场上占据相当大的份额，它们所宣扬的文化精神、道德观念、社会价值观对人们特别是青少年产生了潜移默化的影响。在这场没有硝烟的竞争中，我们只能因势利导，积极出台相关政策扶持我国自己的文化品牌，而不应该丧失发展机遇，处于被动挨打的境地。在这种形势下，我们要在充分认识发展文化产业的战略意义的同时，认清文化产业的两面性，在世界文化多样化面前，趋利避害，扬长避短，按照党的十六大关于“大力发展先进文化，支持健康有益文化，努力改造落后文化，坚决抵制腐朽文化”的要求，保持发扬中华民族文化的特色，借鉴汲取人类文明的成果，坚持文化创新精神，不断提高我国文化产业的整体实力和竞争力，铸造中国文化品牌对世界文化消费的影响力。

当然，没有文化消费市场就没有文化品牌，只有通过文化市场的具体运作，实现了文化品牌的经济价值，其社会效益才能得到体现。因此，两个效益应该统一在文化品牌这个载体中，应该实现在文化消费市场的经营中。要使文化品牌取得两个效益的统一，文化企业必须既遵循艺术生产规律，又遵循市场经济规律。不顾及文化消费的特殊性，不考察文化消费者的细分特征，不研究消费者心理诉求的实现条件，为品牌而品牌、为领导而品牌的行为，是不可能铸造真正的文化品牌的。所以，衡量一个文化品牌成功与否的重要标志就是看它有没有市场感召力，是不是消费者接受的、好的文化产品和文化服务。

6. 创意性特征

文化品牌是创意的结晶。

创意是当今世界发达国家推动经济文化发展的重要力量。1998 年，英国创意产业特别工作组首次把创意作为一种国家产业政策和战略理念，将创意界定为“源自个人创意、技巧及才华，通过知识产权的开发和运用，具有创造财富和就业潜力的行业”。据此，英国将广告、建筑、艺术和文物交易、工艺品、设计、时装设计、电影、互动休闲软件、音乐、表演艺术、出版、软件、电视广播等行业确认为创意产业，文化遗产与旅游产业、体育产业也被列为重要的相关创意产业。在我们看来，创意作为一种文化产业行为，它赋予了在文化产业发展中成长起来的文化品牌多层含义：第一，文化品牌源于创造者的才能和创意；第二，这种创意的实现和发展依赖知识产权的保护、开发和运用；第三，通过市场的大规模运营，具有优秀创意的文化品牌可以创造大量财富；第四，推动文化品牌不断创意提升，具有帮助和增进就业的潜力。

文化品牌的创意性特征，使拥有大量优秀文化品牌的文化产业发展到新阶段，并因此使文化产业成为一种国家发展战略。今天，西方发达国家就把发展文化产业当作转换和提升产业结构的战略步骤。他们注意到创意行为对优化现有产业结构的重要作用，因而把文化产业与更广泛的制造业部门联系起来，致力于发挥创新、信息、知识与文化在全球经济中的核心作用。美国、欧盟各国以及澳大利亚、日本、韩国、加拿大、新西兰、新加坡乃至马来西亚等国，都把创意行为作为调整国家产业结构的战略步骤，形成了全球文化产业蓬勃发展的总体态势。

当前，我国经济发展将进入一个产业结构总体调整转换的新阶段。面对这一现实，中央作出了建设创新型国家的重大战略部署，把科技进步和创新作为经济社会发展的首要推动力量，把提高自主创新能力作为调整经济结构、转变增长方式、提高国家竞争力的中心环节，把建设创新型国家作为面向未来的重大战略。所有这些，为我国文化品牌的发展指明了方向。

四、文化品牌的名牌效应

文化品牌是知名或强势的文化产品、服务的象征，因其名牌效应而具有强大的市场感召力、资本扩张力、资源整合力和突出的溢价功能，是文化企业走向成功的法宝。研究文化品牌，正是为了帮助文化企业创立名牌，利用名牌，充分认识到名牌的作用，形成名牌意识。文化品牌的巨大作用充分体现在它的名牌效应上，并以此为基点，带领着产品、企业、社会不断进步和创新。

1. 集聚效应

当文化企业和其产品成了品牌，文化品牌的拥有者不仅可获得较高的利益回报，而且还可以利用品牌资本使企业不断发展壮大。文化品牌企业或产品在进行资源整合时，会获得更多、更直接的社会认可，大量的社会资本、人才、管理资源甚至政策都会倾向于成为名牌的文化品牌企业或产品。为了获得最大利益，文化品牌企业或产品会设法稳固自己的实力，通过加强与供应商、后续企业的关系，通过资本营运集聚社会资源，从而使企业更进一步扩大，形成规模，产生规模效益。这样文化品牌企业聚合了人、财、物等资源，就能形成并很好地发挥名牌的集聚效应。从 1998 年开始，世界工厂业出现了大幅度的发展，网络经济冲击全球，一夜间众多门户网站及相关企业浮出水面，但企业的成长需要资本的投入，各网站如何能吸引风险投资呢？

这一方面要看网站的发展前景，更重要的是网站的知名度、网民的认同。当时搜狐这样的较好的、知名的门户网站较多地吸引了风险投资，使其资本实力得到增强，这就是名牌对社会资源的集聚。虽然从2000年开始网络经济出现大幅度的滑坡，搜狐也经历着同样的痛苦，但成名时集聚的大量的资金足以使它渡过这一难关，走向成功了。

2. 惯例效应

文化品牌企业或产品作为同行业中的佼佼者，会因其产品和服务以往良好的口碑而形成一种消费惯例，文化企业及产品会因此受到一种正面的经济效应的影响。所谓文化消费惯例，在这里是指消费者在面对浩如烟海的文化产品和服务并作出选择时，有意或无意地遵循或建立的某种未经言明而又约定俗成的规范。惯例可以来自环境的影响，也可以是消费者基于已有经验的创造。尤其在进入新世纪以来，随着世界文化产业的大发展，文化产品和服务呈现出爆炸性增长态势。当新的文化产品和服务潮水般涌来，过往的经验无法对新的文化消费有效地发挥作用时，文化消费惯例往往成为选择消费对象、认可和接纳文化价值观的暂时性标准。如前所述，这种文化品牌的名气、声誉会对消费者、政府、合作者，乃至其他社会公众产生一种亲和力、吸引力及认同感。面对宽松的选择环境和海量的选择对象，消费者会慕名而来，购买使用文化品牌所属产品，也会由此及彼，爱屋及乌，选购文化品牌企业的其他产品，享受企业的其他服务；政府会因文化品牌企业或产品而给予支持、爱护，促使文化品牌的实力得到加强；合作者看到这种名牌效应，也会加强合作，建立起良好的关系……由此推及社会其他公众，也会较关心文化品牌、谈论文化品牌、推荐文化品牌，从而形成更加有利于文化品牌成长的环境。

想想我们平时去书店，面对琳琅满目的图书是如何作出选择的；看电视，面对50个以上的频道是如何作出选择的；打开搜索软件进行无目的搜索，首先键入的词条是如何确定的……是惯例！正是基于文化品牌消费而形成的惯例效应，影响了我们后续的文化消费行为。

3. 链式拓展效应

当文化品牌发展到一定阶段后，它积累、聚合的各类社会资源及营销力量、管理经验，就会在本产业链条或临近产业链条上发动品牌拓展，通过不断衍生出新的产品、新的服务，形成品牌集群。新拓展的文化产品和服务，在原有文化品牌的惯例效应影响下，不断开拓市场，占有市场，最后形成新的文化品牌。蓝猫品牌的产权属于三辰卡通集团有限公司，是中国卡通业第一个“中国驰名商标”、中国最具影响力的原创卡通品牌，也是中国卡通产业化最为成功的品牌。在中国，至少有 1020 家电视台播出蓝猫品牌的系列卡通节目，平均每天有 5000 万儿童在观看这些节目。在这个强大的品牌惯例影响下，三辰公司用文化品牌整合产业，已经开发出了横跨图书、音像、文具、玩具、服装、鞋袜、钟表、童车、食品、饮料、保健品、日用品、电子用品等十几个行业的系列衍生产品 6600 多个品种，组建了 13 家相关公司专业形象授权产品生产公司，发展了 3000 家各类“蓝猫”产品专卖店，形成了目前国内最大的卡通产品营销网络，形成了一个“上游开发、中游扩展、下游延伸”的产业链条。同时，三辰公司也成功地打造出一条以卡通形象为龙头、跨行业的“艺术形象——品牌商标——生产供应——整合营销”的“产业生态链”，成长为集影视传媒、工业制造、商业零售特征为一体的复合型大企业。

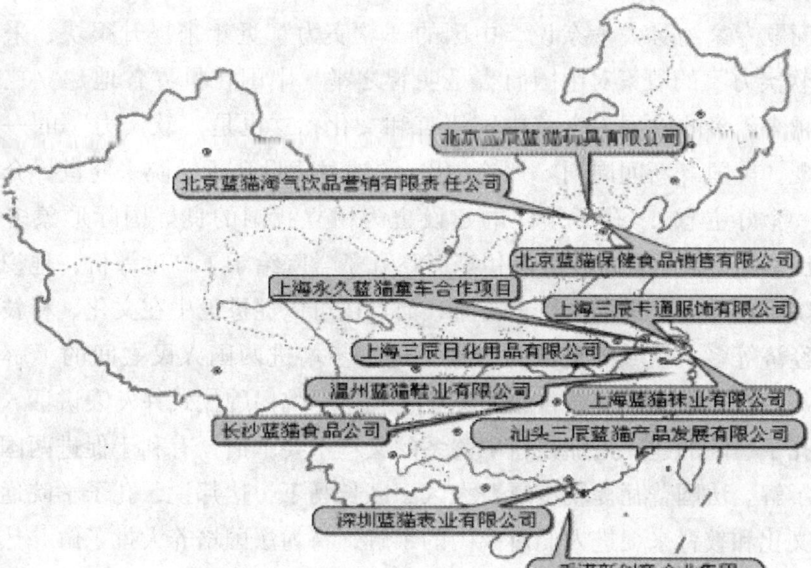

图 2－4　三辰卡通“蓝猫”品牌拓展路标

4. 形象代言效应

一个拥有广泛的知名度、美誉度和忠诚度的文化品牌，可以传播所属企业的名声，宣传所在地区的形象，甚至输出国家的文化价值观，成为国家文化产业“走出去”的形象代言。这种效应在经济、社会生活中表现尤为突出，越是有名的文化品牌，越是形象佳、美誉度高的文化品牌对文化企业、所属地区甚至国家的形象代言效果越明显。

例如，在信息时代的今天，世界各国之间的政治、经济联系日益密切、频繁，文化交往不断增多，各国对文化传播越来越重视，语言作为文化载体的作用越来越凸显出来，向国外推广本国语言已成为文化传播的重要手段。许多国家甚至已经把通过推广语言传播文化列入了国家战略，变成了一项重要的政府行为。2002 年，中国开始酝酿在海外设立语言推广机构。从 2004 年开始，在借鉴德国歌德学院、法国法语联盟、西班牙塞万提斯学院等机构推广本民族语言经验的基础上，我国在海外设立的以教授汉语和传播中国文化为宗旨的非营利性公益机构“孔子学院”诞生了。在短短两年左右的时间里，全球新增一百多所孔子学院，覆盖了五十多个国家和地区。伴随着孔子学院建设的步伐，中国国家软实力的影响随之扩大。美国哈佛大学教授、国际问题专家约瑟夫·奈说，中国的“软实力”近年来提升很快，采取提升“软实力”的政策对中国而言是明智之举。中国在世界各地建立孔子学院，越来越多的外国人学习中国语言和文化，这也是“软实力”的一种具体体现。美国《新闻周刊》评论指出，“通过建设孔子学院来向世界介绍中国是一个好主意”。孔子学院的建设也为树立我国的良好国际形象多有贡献。巴基斯坦总统穆沙拉夫对伊斯兰堡孔子学院给予了高度评价，他说，孔子学院不仅可以促进巴中教育交流，而且还可以促进巴中在文化、科技、艺术和经济等多个领域的交流与合作，进一步增进两国人民之间的了解和友谊。新西兰总理克拉克亲自参加奥克兰孔子学院揭牌仪式并发表讲话，称奥克兰孔子学院的建立是加强新中关系的又一重要举措，有利于促进两国人民相互了解。法国普瓦提埃市夏普大区副区长马丁·达邦说，孔子学院通过语言、文化和教育来促进人们对中国的了解，将为法国培养大批了解并热爱中国的优秀汉语人才；美国芝加哥市市长戴利说，中国经济发展强劲，已成为世界上最有影响力的国家之一，美国人民应该更加关注、了解中国的语言和文化，他还呼吁“联邦政府也能像中国政府这样来支持我们的中小学外语教育”。孔子学院已成为体现中国“软实力”的最亮品牌，孔子学院已经成为当代中国“走出去”的符号。

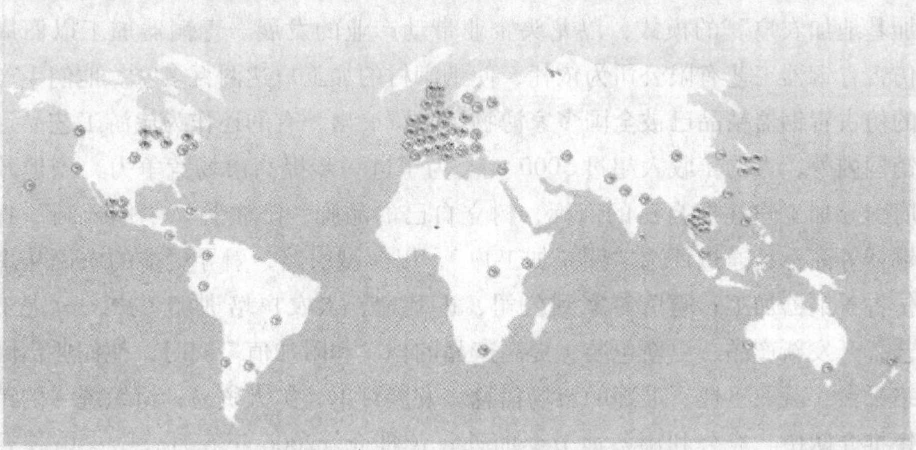

图 2－5　世界孔子学院分布图①

5. 带动效应

文化品牌的带动效应是指名牌产品对文化企业发展的拉动，文化品牌对城市经济、地区经济甚至国家经济的带动作用。文化品牌的带动效应也可称作为龙头效应，名牌产品或企业像龙头一样带动着其他文化企业、地区经济的发展。一个文化品牌企业有了名牌产品，就可能优化企业内部资源，使资源得到充分利用，发挥最大的效用，同时积蓄力量，积累经验，不失时机地衍生、创造出更多的名牌来，使文化企业不断成长壮大。

文化企业之间有两种基本关系：一种是竞争，另一种是合作。文化品牌企业与同行业企业进行竞争，兼并收购了一些竞争对手，使自己壮大，同时也能使一些对手在相互竞争中不断强大、发展起来。文化品牌企业的带动效应除了上述表现之外，最重要的是对相关企业、行业的带动。一个品牌企业很容易成为本产业在特定区域内的支柱企业，并有效带动相关企业、相关行业的飞速发展，从而对城市经济、地区经济、国家经济产生拉动作用。

四十多年前，河南省伊川县葛寨乡烟涧村中一位艺人经过潜心研究，用

① 截至 2008 年 10 月，已经启动建设了 292 所孔子学院（课堂），分布在 78 个国家和地区。各地孔子学院充分利用自身优势，开展丰富多彩的教学和文化活动，逐步形成了各具特色的办学模式，成为各国学习汉语言文化、了解当代中国的重要场所，受到当地社会各界的热烈欢迎。

传统工艺复制成功了仿古青铜器。后来村里大多数人都学会了制作仿古青铜器的技术。今天走进烟涧村，街道两旁立满了写有“青铜器”字样的灯箱招牌，“青铜器之乡”已成为葛寨对外宣传的一张名片。这个村采取“公司加基地加农户”的模式，以龙头企业带动产业的发展。青铜器加工以商周仿古青铜器工艺有限公司为依托，使烟涧村的加工户达两百多家。他们生产的仿古青铜器精品已被全国多家博物馆收藏展出，有的还作为旅游工艺品远销国内外，人均年收入超过 5000 元。为了进一步提高市场竞争力，当地政府引导加工户注册自己的商标，树立自己的品牌，已注册了“烟云涧”青铜器等商标；通过评选“明星加工户”，以典型引路，引导更多的农民从事仿古青铜器加工；聘请专家到公司、进基地、入农户培训加工户，改进工艺，开发新产品，更新包装，提高产品的档次和附加值。同时，他们凭借网络平台，获取迅捷、准确的市场信息，发展订单，扩大贸易；组织统一的销售推介队伍，充分利用各地节会向外宣传推介。2006 年 6 月，中央电视台二套、七套曾以《青铜秘案》为题对烟涧村的青铜器加工作了专题报道，在社会上引起了强烈的反响。目前，葛寨乡凭借烟涧村的影响力，紧紧抓住市、县要把青铜器打造成旅游产品的机遇，趁势建起了一个商周青铜器博物馆和工业园区。

6. 改善环境效应

文化企业作为文化经济圈中的“生命体”，从小到大，由弱到强，不仅在与同类进行着存亡或消长的竞争，同时也在适应着企业内部与周边的诸多种环境。作为文化市场中独立的企业主体，文化品牌在适应周边生存与发展环境的同时，也在影响和改善着环境。文化品牌，作为文化企业灵魂、价值观的凝聚，不仅在公众认知上起着价值观念引导的作用，在企业经营上也起着积极的促进作用。哲学中讲到，精神来源于物质。当具有物质属性的文化品牌以独具魅力的形象活跃于文化市场时，就在为文化企业这一独立的个体改善或是缔造着生存与发展的环境。

文化品牌，可以帮助文化企业赢得政府的支持。政府是推动文化产业发展的“有形之手”，其影响力总是在市场内外巡航。因此，政府的价值取向稍稍偏颇一点，都可能影响企业的发展方向。对于一些处于发展初期和中期的文化企业来说，维护好与政府的关系显得困难而又必要。银行贷款、产业引导基金分配、市场准入等等，都是由政府掌控或影响的、文化企业发展过程中的须臾难离的重要因素。拥有文化品牌的企业，可以凭借手中品牌构筑与政府之间君子之交的桥梁，为文化企业赢得相对宽松的发展环境，让文化企业实现文化资本与金融资本的快速流转。面对政府与金融部门，文化企业不仅要充分展示自有文化品牌广泛的影响力，而且要更充分地展现文化企业承担社会义务的能力。因为，从根本上讲，文化企业是社会的一个独立经济体，在融于环境的过程中还应努力改善环境，为社会公义做出力所能及的贡献，在敢于担当的形象塑造中成就企业自身的发展。

文化品牌还可以净化行业环境。任何行业的企业之间都可能出现恶性竞争、相互诋毁、价格竞争等现象。文化产业也不例外。文化品牌可以帮助文化企业摆脱街头混战的尴尬局面，以高尚的形象为行业树立典范，为企业本身也为整个行业开拓一片清澈之地。因为，商场既有混战则必有胜者。作为市场领导的文化品牌的出现会带动业内同仁向着更高的目标前进，慢慢清新整个行业的环境。之后，行业内更多品牌的建立和崛起将会使行业的环境变得更加清澈。因此，文化品牌的成长不仅是在为企业自身树立形象，还能够为整个行业的发展营造良好的环境，在良好的市场生态圈内才能如鱼得水地茁壮成长。

文化品牌为文化企业的发展铺就高成长环境。所谓文化品牌环境，是指文化企业既有品牌在社会中已形成的影响力以及在顾客心目中印入的企业文化和企业精神。不同文化区域的消费者拥有不同的文化价值观、行为方式、宗教信仰以及道德规范。文化品牌在市场拓展的过程中，成为与消费者进行观念上交流和沟通的载体。当文化品牌在大众群体中已经奠定了价值认同的基础，文化企业产品链条的延伸或是企业的扩张也会备受惠泽，消费者的爱屋及乌意识将会把已有的文化品牌印象和认同赋予新的产品或品牌当中。

当亚马逊收购卓越网之后，卓越网就被渗透了国际品牌的高度和内涵。亚马逊是世界财富500强公司之一，总部位于美国华盛顿州的西雅图。它创立于1995年7月，目前已成为全球商品品种最多的网上零售商。亚马逊致力于成为全球最大的以客户为中心的公司，以使人们能在网上找到与发掘任何他们想购买的商品，并力图提供最低的价格。亚马逊及其他销售商为客户提供数百万种独特的全新、翻新以及二手商品，如健康及个人护理用品、珠宝和钟表、美食、体育及运动用品、服饰、图书、音乐、DVD、电子和办公用品、婴幼儿用品及家居园艺用品等。亚马逊一直希望将网络铺进中国，通过收购卓越网成为大股东后完成了在中国的布局。中国的传媒业也因此极其简单地与全球市场接轨了，文化品牌的独特效应加上资本手段将看上去复杂的东西一下子简单化了。

7. 等级化效应

塑造文化企业形象的捷径是文化品牌。文化商品比一般商品更容易脱离实体产品属性而成为心理或情感的衍生品，文化消费者更多表现出来的是对文化品牌内涵价值观或情感的共鸣。也就是说，文化品牌可以与消费者在精神高度上达成共识；文化品牌内涵可以触动消费者内心最柔弱的地带。价值观与情感的认同促成了消费者的购买行为，文化品牌对消费者精神层次的满足将会培养一批忠诚的顾客。在价值观与情感的渗透过程中，文化市场按照不同消费者的特征从横向和纵向两个向度划出不同的群体级别。

所谓文化消费者横向等级化，是按照消费者的消费层次和经济能力进行划分的一种方式。大部分文化企业在产品定位之初就对消费者进行了初步的划分——高端、中端、低端（如中高端的都市白领、中端的工薪阶层、中低端的农村市场，等等）。如果针对中低端的农村市场去用阳春白雪的论调打造一个文化品牌，目标顾客一定会因为陌生的话语体式而失语；如果针对高端的都市白领或是金领阶层用下里巴人的沟通方式去打招呼，就定会招致他们的鄙夷。文化品牌的形象塑造即是如此，每一个消费层次的人群都会有其群体性的沟通语言，如果出现文化品牌内涵与横向划分的消费群体沟通错位，就会导致品牌经营的失败。市场中，相对成功的文化品牌无论是“贵族式”的极度奢华还是“布衣式”的平民交流，都让文化企业各得其所，在群体文化范围内进行着品牌的耕耘和收获。因此，从这个角度来看，在文化市场中不可能有让所有消费者满意的文化品牌。

所谓文化消费者纵向等级化，是指通过深入挖掘单个文化产品的内涵，达到与消费者内心沟通的目的。中国传统文化派系百花齐放，儒释道等多种文化相互渗透、影响。区域文化也迥然有别，东北的二人转与安徽的黄梅戏完全属于两种不同的欣赏视角。国内市场，文化企业若想占据品牌一席，就需要建立自身的“品牌根据地”。细分市场，精准定位，实现与目标顾客的文化认同、价值观念的吻合，才不会造成文化品牌形象宣传的浪费。鉴于中华文化的博大精深，文化消费者的纵向等级化层次并不明晰，文化企业可以根据自身的地域、历史、产品特征等进行不同“文化点”的挖掘和消费者情感的沟通。

文化消费者的等级化可以让文化品牌变得清朗明晰。乞丐不会知道杰尼亚品牌的服装；反之，能够身着杰尼亚服装的消费者肯定不会沿街乞讨。品牌在有意地划分着消费者的阶层，同时消费阶层的划分也让品牌变得清晰起来。提起品牌，想到的就是与品牌相对应的群体，之后联想的便是群体的特征。文化品牌的内涵来源于目标群体的群体价值观，同时又在引导或加深着群体价值观的认同与发展，扩大着文化品牌所描绘的群体范围。中国移动“动感地带”品牌是年轻“拇指群体”的代名词，是“80 后”的代名词，街舞、音乐、周杰伦、个性张扬、自我意识等成为了群体的描述，而这一群体也在中国移动的品牌渲染之下不断扩大，心灵沟通甚为默契。

文化消费者横向等级划分与纵向等级划分的交叉点就是文化企业品牌的爆发点，爆发点的选择关乎企业品牌的成败；反之，文化品牌自身的发展也在不断深化消费阶层的群体特征。因此，文化企业在品牌建设之初或是建设过程中，品牌方向的选择应慎之又慎。

五、文化品牌的分类

在不同场合、语境中，人们往往依据不同的标准将文化品牌进行归类。执行什么样的分类标准，就会得到相应的文化品牌类型。了解文化品牌的类属区划，有助于文化品牌建设和创新的规划。下面择要概述按行业分类、按属性分类和按影响范围分类三种分类标准。

1. 按行业分类

按文化产业所包含的行业进行分类，不同行业有不同的文化品牌，有多少个文化产业行业，就有多少种文化品牌。这是最常见的文化品牌分类标准。中国文化产业品牌研究中心每年发布一个《中国文化品牌报告》，采用的就是这种分类标准。

2004 年，国家统计局发布《文化及相关产业分类》，其中将“文化及相关产业”界定为：为社会公众提供文化、娱乐产品和服务的活动，以及与这些活动有关联的活动的集合。据此概念界定，文化及相关产业的范围包括提供文化产品（如图书、音像制品等）、文化传播服务（如广播电视、文艺表演、博物馆等）和文化休闲娱乐（如游览景区服务、室内娱乐活动、休闲健身娱乐活动等）的活动，它构成文化产业的主体；同时，还包括与文化产品、文化传播服务、文化休闲娱乐活动有直接关联的用品、设备的生产和销售活动以及相关文化产品（如工艺品等）的生产和销售活动，它构成文化产业的补充。为反映党中央关于文化建设和文化体制改革的要求，还可组合出文化产业核心层、文化产业外围层和相关文化产业层。

因此，若按照这一分类标准，文化品牌大致可以划分为“三层次九品牌”，即：

文化产业核心层，共有四类品牌：（一）新闻服务品牌；（二）出版发行和版权服务品牌；（三）广播、电视、电影服务品牌；（四）文化艺术服务品牌。

文化产业外围层，共有三类品牌：（五）网络文化服务品牌；（六）文化休闲娱乐服务品牌；（七）其他文化服务品牌。

相关文化产业层，共有两类品牌：（八）文化用品、设备及相关文化产品的生产品牌；（九）文化用品、设备及相关文化产品的销售品牌。

2. 按属性分类

从属性角度来看，文化品牌可以分为文化产品（服务）品牌、文化企业品牌、文化组织品牌和文化区域品牌。

文化产品（服务）品牌是以文化产品（服务）闻名为特征的。例如蓝猫、喜羊羊等文化品牌在中国几乎尽人皆知，但对其制造商三辰卡通集团有限公司、广东原创动力有限公司则知之者不多。

文化企业品牌是以文化企业闻名为特征的。例如美国在线时代华纳、迪斯尼、维亚康姆、新闻集团等世界著名文化企业便是如此。

文化组织品牌是通常被认为是文化事业属性的、非企业性组织的文化品牌。例如凤凰卫视、北京大学等，因为它们与一般文化企业有所差异，所以可以看作是特殊品牌。

文化区域品牌是以所在区域而闻名的文化品牌。例如好莱坞电影、百老汇演艺、晋商等区域特色明显的文化品牌。

研究这一分类标准，对于文化企业确立品牌发展之路很有意义，尤其是在进行文化品牌设计、命名等方面意义重大。

3. 按影响范围分类

按照文化品牌被认知的广度和影响地域的大小，可以划分为本地文化品牌、国家文化品牌、国际文化品牌三类。

本地文化品牌是被特定区域公众所认知，其影响力和辐射力也只是限于这一地区的品牌。像一些地方媒体当属此类。这些文化品牌在当地及相近地区拥有相当大影响力，知名度高且美誉度极好，但一旦离开这一区域，其知名度和美誉度接近于零，品牌影响力存在一个明显的边界。本地文化品牌既是现实的，也是危险的，因为文化市场的真正壁垒在人心理而非地域边界。在全球化文化、资讯、创意大爆发的今天，本地文化品牌根本无险可守，其唯一出路只有趁势做大做强。

国家文化品牌是指被本国公众广泛认知的文化品牌，一般有较大规模和良好的政府公关环境，因与政府机构沟通顺畅而颇得政策支持，亦常常被当作本国文化产业“走出去”的排头兵，是国家“软实力”的重要组成部分。由于需要传播本国传统文化、阐释国家民族基本价值观，国家文化品牌往往在本国文化市场具有垄断地位，其发展环境大大优于本地文化品牌。但是，还是因为全球化文化、资讯、创意大爆发大背景的影响，国家文化品牌如果不思进取，受损的将不仅仅是所属文化企业，民族国家的形象和“软实力”都将遭遇其他强势文化品牌的压制。因此，国家文化品牌可能是大品牌，但不一定是强势品牌。

国际文化品牌是被世界公众广泛认知的品牌，像好莱坞、迪斯尼、卢浮宫等都属于此类。一般而言，国际文化品牌都是当今强势的文化品牌，基本上被发达国家所垄断。这些文化品牌在给所属国家赢得滚滚财源的同时，也大大地增强了国家的国际影响力。强势的国际文化品牌以其强大的渗透力，正在不断地改变着世界文化版图；因其文化创新能力的不断受抑制，弱势国家和地区正在沦为国际文化品牌的单纯消费市场。

除以上三种主要分类标准外，我们还可以按市场地位将文化品牌分为领导型品牌、挑战型品牌、模仿型品牌和补缺型品牌；按文化品牌的生命周期分为新生期品牌、成长期品牌、旺盛期品牌和衰退期品牌；按文化品牌价值和消费层次分为大众品牌和精英品牌；按文化品牌的形成方式分为原创品牌、外来品牌和组合品牌；按文化品牌的主营业务分为生产型品牌、销售型品牌和传播型品牌，等等。

第三节 文化品牌的意义

2004 年 6 月，温家宝总理在青岛视察时指出：“拥有名牌的多少，是一个国家经济实力的象征。名牌就是质量，就是效益，就是竞争力，就是生命力。希望全国有更多的名牌走向世界，加快培育更多世界级企业和世界级品牌。”温总理是站在国家战略的高度来认识品牌的意义的。而美国品牌价值协会主席莱利·莱特以营销大师的身份，从操作的层面认识品牌的意义，认为：“未来的营销是品牌的战争——品牌互争长短的竞争。商界和投资者将认清品牌才是公司最宝贵的资产，拥有市场比拥有工厂更重要。拥有市场的唯一办法，就是拥有占市场主导地位的品牌。”如此之类的言论，为我们认识和概括文化品牌的意义提供了借鉴。

一、文化品牌对国家文化战略的意义

2009 年 7 月，国务院常务会议通过了《文化产业振兴规划》，这是继纺织、轻工等规划之后的第十一大产业振兴规划。自党的十六大以来，党中央、国务院高度重视发展文化产业，把文化产业作为市场经济条件下繁荣发展社会主义文化的重要载体，作为满足人民群众多样化、多层次、多方面精神文化需求的重要途径，作为推动经济结构调整、转变经济发展方式的重要着力点。当前，国家针对应对国际金融危机的新形势和文化领域改革发展的迫切需要，出台了《文化产业振兴规划》，标志着国家已经把发展文化产业提升为一项国家战略。

《文化产业振兴规划》提出，中国发展和振兴文化产业的总体目标是：到 2011 年末，文化产业的规模不断扩大，占国内生产总值比重有较大提升，整体实力和竞争力明显增强，推动经济社会发展的功能和作用得到较好的发挥。具体讲就是要在现有基础上实现五个“进一步”，即：文化市场主体进一步完善，文化企业经营管理水平明显提高；文化产业结构进一步优化，重点行业和项目对文化的拉动作用明显增强；文化创新能力进一步提升，文化产业发展活力明显增强；现代文化市场体系进一步完善，市场在文化资源配

置中的基础性作用得到更好的发挥；文化产品和服务出口进一步扩大，对外文化贸易逆差明显缩小。其实，说一千道一万，归纳起来，核心就是一句话：对内满足不断增长的文化需求，对外大力提高中国文化（产业）的影响力。而要又好又快地实现这些目标，关键在于推动和实施国家文化品牌战略。

首先，建设国家文化品牌是深化文化体制改革的必然要求。近年来，我们从战略上思考、从整体上谋划文化体制的改革和发展，把改革与发展有机结合起来，以改革促发展，围绕发展推进改革，取得了明显成效。当前，文化体制改革不断深化，深层次的矛盾和问题日益凸显，要求我们加大力度，加快进度，推动改革和发展。建设国家文化品牌为深化文化体制改革指明了方向。

第二，建设国家文化品牌是适应当前文化产业发展的迫切需要。伴随着文化体制改革的深化，以公有制为主体、多种所有制共同发展的文化产业格局初步形成，文化产业规模逐步壮大，总体实力和国际影响力不断增强。但是，我国文化产业发展还处于起步阶段，总量规模较小，市场体系不完善，运用高新技术推动产业发展的能力不强，对外文化贸易逆差仍然较大。要做大做强文化产业，关键就是要科学规划，做好布局，增强产业发展的科学性，减少盲目性，倾力打造一个认知度、美誉度和和谐度均处于高位值的，整体的“中国品牌”。换句话说，就是要把 Made in China 打造成为中国的世界最大品牌。只有这样，中国文化产业才有真正的发展空间。因为，文化产业绝对不只是“文化”的“产业”，它事关中国整体形象的建构，是将中国文化品牌化的产业——在中国做文化品牌，因此而更加光荣，更加艰巨。

第三，建设国家文化品牌是积极应对国际金融危机的需要。2008 年以来发生的国际金融危机，给我国经济的发展带来了冲击，同时也给文化发展带来较大影响。文化产业的特性决定了文化领域在这次金融危机中宏观上是危中有机，从某些方面讲是机大于危。就是说，金融危机给文化产业的发展带来了新的机遇和条件，为文化产业创新体制机制、优化产业结构、逆势快速发展带来了契机。同时，建设国家文化品牌，加快文化产业振兴，也将会极大地拉动相关产业的发展，为“保增长、扩内需、调结构、促改革、惠民生”做出贡献。

二、文化品牌对文化企业的意义

文化品牌是文化生产者或经营者在其提供产品或服务上使用的一种区别标志。企业做产品，产品有产品的价值；做品牌，品牌也有品牌的价值。产品可以贩卖，品牌也能贩卖，消费者买一个产品，获得的是产品的利益，而如果消费者买的是有品牌价值的东西，就会获得品牌价值的利益。产品满足的是消费者利益的需要性；而品牌满足虽然也有需求性，但更多的是欲望性。欲望就是心灵满足，消费者为了自己心灵的满足也会掏钱消费，这种满足就是品牌带给消费者的。因此，对文化企业而言，文化品牌代表了一种潜在的竞争力与额外获利能力，是文化企业通过行销和广告在市场和消费者心目中所建立的产品形象和性格，是产品内在质量和外在特征的综合反映。它一方面有利于文化企业推销自己的产品和服务，另一方面，也有利于消费者选择消费对象。伴随着我国经济的快速发展和国际贸易地位的显著提升，中国文化形象必须得到应有的加强，以支持所有文化的或非文化的 Made in China（中国制造）品牌走向世界。因此，在相当程度上说，创建文化品牌并以其为旗帜，是从根本上改变我国企业在国际市场上产品强势、品牌弱势这一状况的重要途径。这需要我们对文化品牌有足够的认知、对文化品牌战略有周密的思考，需要我国文化企业的品牌建设水平有极大的提高。

发展中国字号的文化品牌，有利于我国全行业所有企业提高品牌意识，实施有效品牌战略以塑造自有品牌。这既是文化企业做大做强的重要课题，也是对民族国家和平崛起的一份应有的责任和担当。

1. 文化品牌是文化企业竞争力的核心

品牌带来了观念、管理、技术、人才队伍的建设以及个性化的消费观，是品牌识别体系（名称、标志、口号、象征图形、标准色、标准字、产品外形及包装）的个性定义，是向消费者诉求长期性的主要特征与价值，迎合顾客目标群体的设计开发、生产整合、营销传播活动才能转化消费群的品牌印象，而改善机能与提升健康诉求是设计方向的热点，演绎认同感更是企业的生命所在。随着市场经济的逐步建立及对外开放的不断深入，国内市场与国际市场已融为一体，市场已无国界，竞争将日趋越烈。消费品牌成为人们心向往之的选择，品牌就成为企业产品生命力和竞争力的核心因素。从一定意义上讲，市场的竞争就是品牌的竞争，谁拥有名牌谁就拥有市场，谁就掌握了市场竞争的主动权。一个好的品牌，能给人以美的享受，使人过目不忘，从而能促进产品的销售，给品牌制造者者带来竞争优势。

品牌意味着市场. 也意味着利润。文化品牌是文化企业征战市场的最重要武器。它带给了企业一种期望和理想，宣示了企业的前进方向和崇高使命，以及实现企业目标的基本路径，从而对企业的发展有着长期而深刻的影响和指导作用。对于一个文化企业而言，最重要的是拥有市场而不是生产车间。而拥有市场的关键，就是主导市场细分、实现消费者心理诉求的成功品牌。企业在推销商品时，离不开介绍商品特征、生产制造技术、售后服务等。消费者接受信息后，留下记忆最多的是商品的品牌。企业宣传品牌远比介绍企业的生产制造技术等更为方便。企业有一个好的品牌，通过广告等形式宣传，有利于提高企业的知名度、信誉度，取得消费者的认可，有利于产品的推销。企业还可借助企业原有成功品牌的信誉，进行品牌的延伸。

2. 文化品牌这种无形资产，既凝结了企业的过去，也预示着企业的未来

文化品牌是企业凝聚力、创造力、信誉度和经济实力的综合体现，也是企业综合发展水平的重要标志，具有巨大的无形价值，能给企业带来无穷的荣誉和财富。所谓文化品牌战略，就是指文化企业通过创立市场良好品牌形象，提升产品和服务的公众认知度和美誉度，并凭借不断提升的认知度和美誉度来开拓市场，进而扩大和巩固市场占有率，取得丰厚回报，培养忠诚品牌消费者的一种战略选择。在具体实施文化品牌战略时，既可以选择单一品牌结构形式，即所有的产品和服务都共用一个品牌名称、一种核心定位、一套品牌形象（CIS），如凤凰卫视；也可以选择多元品牌战略结构形式，就是每一个产品（或产品群）都使用不同的品牌名称、不同的定位、不同的品牌形象（CIS），如鲁伯特·默多克的新闻集团，已经覆盖了所有的媒体领域。在英国，40% 的报纸都由他控股，6 张发行量最大的报纸其中包括《泰晤士报》《每日电讯》《镜报》《卫报》等日总发行量达到 2500 万份；在澳大利亚，新闻集团也控制了 2/3 的报纸。在美国，它拥有 20 世纪福克斯电影公司、福克斯网络和 35 家电视台，占全美电视台总数的 40%；在拉美，新闻集团与 3 家电视台合作，通过卫星播送 150 套节目；在欧洲，新闻集团有天空电视台；在印度，有 EETV；在中国，3500 万个家庭可以通过卫

星收看到默多克的电视节目。现在，新闻集团可以用 7 种语言，通过 40 多个频道向亚洲 53 个国家和地区提供娱乐和信息节目。

文化企业可以根据自身的产品特点、资源状况、发展战略等选择某一品牌结构战略，或结合使用多个品牌结构战略。文化品牌战略的实施过程，就是文化企业思想和价值观的建设过程。相对而言，实行单一文化品牌战略，能够在较短的时间内形成品牌效应，推广费用节省。宣传焦点集中，也有利于带动新品入市。在文化产业发展初期，尤其是发展本地文化品牌，或者规模较小的民营文化企业制定文化品牌战略，更适合选择单一文化品牌战略形式。

在品牌观念普遍增强的情况下，品牌成为企业的制胜法宝，是企业拓展市场、树立形象的重要利器。消费者把品牌产品买回家，就意味着开始享受与产品有关的一切，包括从心理感受到售后服务的满足感，甚至企业主办的活动也为其所关注。可以说，成绩骄人的产品都是经过精心设计的商业系统，其范围从最初的原材料选择一直延伸到最终的用户服务，消费者购买的不仅仅是产品本身，更是一个完整的体系。所以当产品成为一个完整商业系统而非局部环节，品牌设计的重要性就体现出来了，并上升到了企业发展的战略层面。品牌是经营与管理的统一，品牌战略是企业为了生存和发展而围绕品牌进行的带有宏观性、全局性和方向性的谋划方略。品牌战略可以把企业的市场战略与内部管理高度地统一起来，是企业整体发展战略的重要内容，具有鲜明的功利性、对抗性和针对性，保证了企业文化建设的目的性。

3. 文化品牌形象是文化企业物质外壳与精神内涵的完美结合

一个好的文化品牌，必定蕴藏着丰富的市场信息，例如产品的属性、利益、价值观、思想观念、个性和用户偏好，等等。价值观和思想观念是文化品牌形象（CIS）的灵魂，是品牌生命力的最重要保证。文化品牌战略的实施能够紧密联系企业管理实际，是建设企业文化最快捷有效的突破口，优秀的品牌都会在产品和服务中凝聚价值观和思想观念。随着社会经济的不断进步，文化品牌的精神内涵对消费者的吸引作用越来越大。给文化品牌注入高品位的精神内涵，不仅能引起消费者的美好联想，而且能够激发消费者心底的情感，使其品牌在消费者心目中留下永恒的印象。

新品入市，品牌先行。品牌名称的好坏，对视觉传达、消费心理和品牌联想影响很大。鲜明的品牌个性和精神内涵是品牌号召力的寄托，它让消费者明确、清晰地识别并记住品牌的利益点与个性，是驱动消费者认同、喜欢乃至爱上一个品牌的主要力量。如可口可乐就是挖掘了根深蒂固的美国精神内涵，为了取悦年轻人，它不惜背叛正式英语，大量使用各种俏皮话、涂鸦文化和变形字体。在进入中国市场时，它重新设计了名称，按发音加上饮料的特性译为“可口又快乐”，这样经典的中文名称“可口可乐”就产生了。

形象对于企业品牌尤其重要。锁定消费群进行品牌消费设计便于树立自己的品牌形象。人们对品牌的认识是一个从感性到理性的转化过程，是一个综合的概念。它不仅指产品形象及文化形象，也是品牌标识系统形象和品牌在消费者中表现出来的信誉度。品牌的文化定位应体现企业经营特点，符合企业的发展战略，适应目标顾客对企业和产品的诉求点。品牌文化确定后，企业的一切工作都应围绕品牌文化展开，宣传品牌文化，提高品牌认知。可见，品牌标定下的商品既是物质产品，又是精神产品，这些品牌中都蕴涵着深刻的文化，消费者购买这些品牌的产品时，已不再是单纯地购买产品，还有品牌文化带来的心理、精神上的满足。

社会发展到今天，品牌建设与品牌管理问题已成为现代企业发展的关键。一流的企业卖标准，二流的企业卖服务，三流的企业卖产品。这里，一流与三流的根本区别，在于其企业战略定位是否基于某种适当的品牌意识。当文化品牌成为一个文化企业的立身之本时，说明这个企业懂得了向公众传递信任的重要性。这是文化企业走向成熟最重要的标志。因此设计、塑造良好的品牌就显得尤为重要。从产品和服务到品牌的跨越，成为许多文化企业发展的战略选择。

三、文化品牌对文化市场营销的意义

品牌是细分的消费者心理需求与产品概念对接的结果。企业所塑造的产品品牌应该是该产品对应的消费者的情感价值的具体体现。李宇春的“粉丝”叫“玉米”，是李宇春这个“产品”的最忠诚的消费者。因为李宇春所表现出来的气质、习惯、行为等品牌元素符合“玉米”的情感需要，即李宇春所对应的细分消费者群的情感需要。这个情感价值甚至不是李宇春自己的需要。所以品牌就是满足产品对应的消费者的情感价值的东西，而不是企业产品的商标、自身的包装或者产品概念等。认识这一点很重要，它告诉我们品牌不是自己做出来的，而是消费者认同的。

有一个案例值得我们认真研究。在 2007 年的世界品牌排行榜中，Google 成为世界上最有价值的品牌，其股票市场总值达到了 1250 亿美元，比通用汽车以及福特总和的 4 倍还多。Google 凭借什么成就了自己的辉煌呢？是巨大的广告投入吗？有意思的是，2006 年 Google 在市场营销上只投入了 500 万美元，而通用和福特单单在美国就投入了 64 亿美元做营销！又是什么使得 Google 股票市场总值达到 1250 亿美元？按照通常的想法是：他们提供了更好的产品，因为 Google 设计的搜索引擎更棒，而人们通常信奉“在商场上，只有更好的产品或者服务才会获胜”的说法。但是，值得思考的是，如果是更好的产品会赢得市场，那么营销在整个流程中扮演的角色及发挥的功能是什么？

答案是什么呢？如果 Google 是第一个搜索引擎品牌，它就可能因为是市场领先者而抵御成百上千试图引入新品牌或服务以夺取它的领先者地位的竞争对手。也就是说，如果你是第一的品牌并且成为市场的领先者，你就有更好的产品。如果你不是第一、没有成为市场的领先者，你就没有更好的产品。可惜的是，在该品类中，Google 并非第一个品牌，但却成为了市场的领导者。第一个搜索引擎是 Alta Vista。但是“搜索”只是 Alta Vista 提供的系列产品之一，除此之外，它还有邮件、通讯录、论坛吧、对比购物等服务，并且还在主页上放了很多广告。Alta Vista 还花费 10 亿多美元收购了一家提供 portal 服务的公司，这是一个叫做 Shopping. com 的比较购物网站，以及财经网站 Raging Bull。实质上，将 Alta Vista 视为 portal 更合适。后来几经转手，Alta Vista 落到了雅虎手中。雅虎立刻恢复了 Alta Vista 最初作为搜索引擎的构想。但是为时已晚，因为 Google 来了。第二个搜索引擎是 GoTo. com，正是它发明了“每次点击付费”的模式。随之，一切就变得贪婪起来，GoTo. com 决定将它的搜索服务与 MSN. com、Netscape 以及 AOL 联营。联营服务相比要盈利得多，所以 GoTo. com 继续专注于它的联营服务。第三个搜索引擎才是 Google。不同的是，作为后来者的 Google，在建立品牌与开展商业之间做出抉择时，它选择首先专注于品牌，然后才是开展商业。

对于文化品牌的热衷者来说，本案例给予我们强大信心的是：在市场营销法则中，不是“第一”总比“更好”好，这不是来自于坚持着这条法则的品牌所进行的研究，而是来自于领先品牌如 Google 这样的、并非市场上的第一个品牌，但是后来仍然成为市场领导者的事实。多数的市场营销人员就这样让机会从指缝中溜走。因为他们并没有认识到领导者法则的细微差别。仅仅做第一是不够的，你必须使品牌专注，否则它就会失去领导力。Alta Vista 和 GoTo. com 就是前车之鉴。

国内文化企业品牌营销意识的崛起和体系的发展是2006年以后的事情，随着企业发展不断壮大、市场竞争白热化后，经历了质量营销、服务营销、产品营销、概念营销等阶段后，才开始形成体系，并成为企业参与市场竞争的主要手段。对于现阶段国内企业的品牌营销操作水平和整体能力，很难用一句话来概括。一方面，企业在短期内迅速接受品牌化经营的理念并能够有效实施起来，是非常不容易的；另一方面，企业的操作水平和能力还有待于进一步提高和增强，特别是在中国市场逐渐成为全球市场一部分的大背景下，企业进行品牌营销的能力和水平有待于进一步提升。因此，今后几年，我国企业品牌营销能力的提升就显得至关重要。

但值得特别注意的是，我们的文化市场营销实践中，的确存在诸如品牌定位不清晰、品牌建设易空心化、长期发展缺乏规划等问题，由此构成了目前国内文化企业的品牌营销短腿，并会对文化企业品牌建设和品牌营销造成负面影响。

第一，有品牌意识，无定位。我国文化企业大多是由事业组织改制而来，基本上还没有形成一个完善的文化品牌概念和系统性工程。在这种背景下，文化企业的品牌建设就形成了先天性缺陷：文化品牌定位不清晰。具体症状就是许多文化企业都知道品牌的重要性，甚至不惜重金进行广告宣传，传播品牌，打造名牌工程，但是自身的品牌定位缺乏，到底是针对哪一领域、哪一层次消费群、哪一个忠诚用户群，都不清楚。

第二，有品牌外衣，无内涵。许多文化企业品牌建设多年，但却往往浮于表面上的形象宣传和塑造，起英文名，花巨资打造新标识，投入巨资传播品牌，提升知名度和影响力，但是往往忽视了存在于文化企业内部的综合实力的打造和提升，从而使许多文化企业的品牌成了一个美丽的空壳，内部没有得到来自于产品工艺和质量、企业服务和思想内核、价值观等诸多因素的支撑。最终造成企业的品牌与市场表现差距较大，品牌只能支撑企业一时的市场表现，无法成为企业参与市场的核心竞争力，也就是我们通常所说的“认知度广、美誉度差”。

第三，品牌营销有功效，但过分夸大。近年来，随着一些文化企业走向国际市场，一些存在于国际营销界的新思想和新观念也在文化营销领域不断得到复制和实施。其中，品牌营销就是一种新的市场营销手段。借助文化品牌的力量，一些企业就能够在产品、渠道等高度同质化的市场竞争中脱颖而出，在价格体系、市场份额、持续竞争力等方面则水涨船高。但是，仍然存在一大批文化企业，盲目地将竞争力押宝品牌，认为只要品牌有影响力，就可以在市场竞争中占据优势，从而忽视了对供应商、经销商等产业链的打造和完善，为品牌营销的全面发力埋下隐患。例如一些演艺经纪公司对旗下艺员的知名度的炒作，手段可谓无所不用其极。其实，知名度有美名，也有臭名。后者不仅不能给演艺公司带来品牌美誉，反而会让公司和艺员蒙羞。

四、文化品牌对区域文化产业发展的意义

大芬油画村是深圳市龙岗区布吉街道下辖的一个居民小组，占地面积4平方公里，原住居民358人，在20世纪80年代末，这里还只是一个以种田为主、人均年收入不足200元的偏僻贫困的小自然村。然而近十年来全村靠发展（美术）文化产业，奇迹般崛起，并迅速致富。这个名不见经传的深圳二线关外的小村落，如今因一幅幅漂洋过海的油画而名声大噪。根据最新统计的数字，截至2005年12月，大芬油画村共有油画及各类艺术品经营门店622家，其中从事油画生产和销售的有470家，从事国画、书法创作和销售的有53家，从事画框、颜料等相关配套产品经营的有63家，从事工艺、雕刻、刺绣、装饰及书画培训的共有36家。现已形成黄江油画广场、茂业书画广场、集艺源油画城和大芬卢浮宫4个相对集中的展销中心。另外，以油画及画杠加工为主体的产业工厂有8家，分别分布在龙岗区的坪山、坪地及布吉的坂田、雪象等地。以大芬村为中心，在深圳市从事油画生产的画师、画工及学员最少在8000人以上。这里已经形成了家庭作坊、油画工厂、画廊并举，油画加工、收购、出口一体化的全国最大的油画产业基地和交易平台，并成为国家级的文化产业示范基地。大芬油画主要销往欧美、中东、非洲等海外市场，2005年大芬村全年的油画销售额达到2.79亿元人民币，占到美国油画市场的56%。大芬村当之无愧为“中国油画第一村”，真可谓是小村庄大市场，小油画大产业！

图 2－6　深圳大芬油画村的一个生产车间

传统的油画创作方式通常是个人创作，画家从来是作为最有特色的个体存在于社会，他属于国家，但难以归属于某个城市或乡村，即便是出过几位名画家的地方也难以称之为画乡。而大分村之所以成为中国最大的油画产地或“画乡”，不在于它里面生活着多少优秀的画家，而在于它彻底改变了传统油画的创作方式，将个人的创作变成了流水线式的集体创作，把单一的艺术品的生产变成了大规模的批量生产。大芬从一开始走的就是产业化、市场化道路，定位于大众市场，大批量生产“以商业口味制造艺术”的行画，走低价路线，薄利多销，广泛占领市场份额。一幅以往个人需要十多天才能完成的油画在大芬的某个小画厂，一天就能生产出 50 多幅。他们采用流水线的方式，将油画的制作过程分成几道工序来完成，每位画师只临摹一个部分或一个题材。整个大芬村每天都会有 2 万多件这类绘画作品经香港源源不断地运往海外。这些复制品每幅售价在几十元左右，贵的也有上千元，而由境外经销商一转手就能卖到七八千元，甚至更高，利润空间十分巨大。“行画”让大芬村富裕，提供了近万人的就业机会，是大芬成为“中国油画第一村”的基石。

大芬村云集了 8000 多名画工、画师和画商，从事油画及各类艺术品经营的门店有622家，画廊300多家，油画个人工作室、油画作坊700多间，形成了以大芬村为中心、覆盖周边地区的油画产业带。分散性的生产方式，产业性的企业化运作，形成了“画家＋企业”的文化产业群体。在市场的主导下，画家、代理商和经纪人分工明确，职责到位，构成大芬油画市场的主体，从事油画创作与生产的龙头企业和专门负责承接订单以及市场营销的经销代理商，形成了产供销一体化的完整产业链条，也造就了大芬成为全国最大的油画生产基地和交易平台。继2004年成为“文化产业示范基地”后，2005年4月，大芬村被广东省知识产权局、深圳市知识产权局确定为“广东省版权兴业示范基地”。11月，又被深圳市文化体制改革和发展办公室授予“深圳市文化产业示范基地”称号。

在大芬，主业兴旺，带动副业，催生了高度关联的多元化产业形态。直接服务于油画业生产的画笔、颜料、画框、画布、宣纸等绘画材料店、装裱店日益兴盛，由油画衍生的国画、版画、漆画、雕刻、刺绣等相关产业应运而生。拉动绘画业发展的艺术教育直接介入，各类美术培训班渐成气候。许多画坊老板将自己从前培训过的画师送到自己开办的学校做培训教师，并将学校开辟为新的油画加工地，以完成大额的订单。比如集艺源油画公司在全国各地大大小小的培训班就有500多个。培训学校也吸引了许多优秀的原创画家加入到大芬油画的产业队伍中来，以培养和培训不同层次的艺术人才，使大芬油画产业的发展具备“造血”功能。同时大芬的旅游文化开始“升温”，一栋栋外表由巨型油画装饰的楼房，营造出浓郁的欧洲风情，徘徊在油画商业街组成的幽长小巷中，欣赏着一幅幅散发着古典气息的西洋油画，常有时空倒错之感，仿佛置身于法国的巴比松、美国纽约的苏荷。再加上龙岗区内大鹏城、鹤湖新居等旅游点，2005年大芬油画村被纳入深圳旅游的重要景点。大芬已经形成了集生产、交易、培训、旅游等为一体的文化产业圈。

然而，2008年以来，在全球性金融危机的大背景下，昔日风光无限的大芬村正在面临着最严峻的考验，对大芬模式的反省声音也随之四起。从2008年下半年开始，各个公司接到的订单数量急剧下降，大芬村一下子处于半失业状态。集艺源是大芬村颇有代表性的企业，在2008年秋交会上，包括集艺源在内的大芬村参展企业遭遇到滑铁卢。集艺源投入50万元，原本期望很高，结果却一张单也没签到。这是大芬村从未遇到过的情况。以前在广交会上最好的时候能签到4000～5000万元的大单，少的时候也有两三千万。进入2009年，相比以往的人头攒动，眼下的大芬村显得很冷清。

业内在反思，形成大芬村今日困局的原因，除了全球性金融危机的大环境，其模式本身是否也有需要反省之处？十几年来，外界对大芬村的印象是，一个靠卖廉价行画而发达的村子。“行画”的意思是已经有了市场行情的商品画，以临摹世界名画为主，是欧美文化消费品之一。越来越多竞争者的入市，在小小的大芬村拉开了一场价格战。以前卖20元的行画作品，后来可能不到10元就可随便买到。版权侵犯问题在大芬村也是绕不过去的坎。近年来大芬油画村个别画家的原创作品常常遭到别人剽窃，而一些画工在临摹油画的过程中，也会侵犯画家甚至世界名画的知识产权。对于版权纠纷，侥幸逃过只是一时之计。而对于一个区域、一个产业来说，侵权问题绝不只是增加道德成本，而是关乎区域产业经济的生死存亡。大芬村需要原创作品，更需要原创品牌。无论是政府，还是画廊和拍卖公司，现在都在强调这一点。为了扶持原创，政府在大芬村盖起了画家村，以低廉价格租给前来驻扎的原创画家们。每年还会组织原创画家集体出行采风，并在国内举办巡回展览，经费由政府提供。

从这个案例我们可以看到：

（1）各个经营者是区域文化品牌的直接受益者，文化品牌价值的提升无疑会给他们带来直接的经济收益，这是文化品牌价值的直接和微观表现。所以在建设的过程中积极行动起来更是其义不容辞的责任。

（2）区域文化品牌形象是区域内文化产业经营者形象的综合体。因此经营者的行为直接影响到区域文化品牌的形象。各个经营者应努力保证产品的质量，良好的产品质量是区域品牌得以立足的基础。文化企业在经营过程中应树立长远思想，互相协作。

（3）当区域文化品牌初具影响力之后，应做好自身品牌的创建工作，也就是文化品牌的原创性建构工作。区域文化品牌是同类文化企业行为的综合体现。一个区域所拥有的名优文化产品和服务是区域文化品牌的组成部分，一个企业品牌所代表的就不单是企业产品本身，它同时代表了一个企业、一个行业，最重要的是它代表了一个区域，成为区域经济水平和形象的一部分。

（4）一个区域拥有的知名文化产品和服务、品牌文化企业越多，越有利于区域文化产业认知度和美誉度的提升，同时也有利于人们信任该区域的文化产品和服务，从而扩大该区域文化产业的市场占有率。

第四节　作为一门学科的文化品牌学

文化品牌学，广义上属于品牌学范畴，它是研究文化品牌的结构及其运动的基本规律的一门学科。也是一门边缘性特征明显的、诸多学科交叉而成的新兴交叉学科。同时，文化品牌学还是一门方法论科学，它着重研究文化品牌创建及传播管理、运营的基本原理，为文化产业的品牌建设提供方法论工具与指导。总体来说，文化品牌学是一门更加偏重应用的学科，它来源于文化产业实践，在借鉴一般品牌学的理论和方法的基础上，从文化产业实践中吸取灵感并为有效地经营文化品牌提供理论依据。

一、文化品牌学的学科特点

文化品牌学是随着经济全球化、全球产业结构升级、文化产业呈爆发式增长以及当代传播技术的发展而来的新兴品牌学研究领域。目前，文化产业的学科归属和学术地位依然处于未定阶段，其中原因众多，最主要的一点恐怕是因为文化产业的研究尚处于起步阶段。作为文化产业科学体系中的一个分支的文化品牌学，其研究同样处于起步阶段。可以说，在目前整个世界范围内，文化品牌学都是一个新兴的研究领域。与其他学科相比，文化品牌学研究有其自身的特点。

1. 文化品牌学研究具有很强的跨学科性。

文化品牌学涉及多个学科体系，是一门交叉性极强的新型学科。文化品牌学不仅要研究作为整体的文化品牌的结构和发展规律，也要涉及对各门类文化品牌发展规律的探讨；同时，文化品牌学的诞生其本身就是品牌学与文化产业学相结合的产物，这也是正在发展中的事物。因此，文化品牌学具有明显的新兴交叉学科的特征。文化品牌学的研究涉及管理科学（营销学）、人文艺术科学（设计学）、传播科学、行为科学、法学、经济科学、心理科学、社会科学、哲学、文化学、人类学等学科领域的知识和技术，并且，这些专业领域的知识和技术在文化品牌学的研究中不是简单的叠加，而是互相渗透、融合，共同作用于文化品牌学理论和实践案例之中。文化品牌学研究的这一特点，一方面给研究和学习造成了相当的困扰，一方面也意味着它具有更加广阔的理论拓展空间。

2. 文化品牌学具有极强的应用性。

当今世界，文化不再高悬于经济基础之上，而是与一国、一区域经济、政治相交融，不可分割。有人认为文化是国家"软实力"的一部分，这个说法是有问题的。文化如果单纯地存在，它更多地只是一种存量资源。文化必须与经济、政治等其他社会活力形态相结合，才可能转化成为"软实力"。文化品牌无疑是基于经济的、文化的凝结，是国家"软实力"的重要体现。世界各国尤其是发达国家，纷纷把文化产业纳入国家战略，使其成为提升国家竞争力所必不可少的因素。在这种背景下，文化品牌势必与国际间的文化交流与贸易，以及国家战略、经济利益、文化政策等关系十分紧密。因此，研究文化品牌学，必须从文化产业的实践出发，探讨文化品牌领域的各种实践性问题，从而指导和服务于文化品牌建设，解决文化品牌建设中的具体技术问题。

二、文化品牌学的基本任务

文化品牌学具有很强的实践性，我们关注和研究文化品牌的现状、问题、规律、方法的目的，就是要以文化产业大发展为现实背景，以中国文化贸易为参照点，以提升中国文化产品和服务的国际地位为基本手段，努力营造中国文化的影响力，为打造一个认知度、美誉度、和谐度均处于高位值的、整体的"中国品牌"做出贡献。这是我们学习和研究文化品牌学最根本的任务。为了达成此目标，在文化品牌学研究和学习中要做到以下几点：

1. 了解和掌握当代世界文化产业发展的特点和规律。

随着信息时代和创意经济的到来，文化产业在国民生产总值中所占比重越来越大，许多发达国家已经把文化产业作为支柱产业对待。在全球范围内，文化产业的竞争不断走向深入，文化品牌成为这些竞争中的焦点。一个国家文化软实力的强弱，直接体现为国家文化品牌在世界文化市场中的影响力和认可度。以美国为代表的世界强国对其他国家的影响和控制的方式，逐渐转型为以文化品牌为代表的文化产业的强势扩张。中国的崛起，不可避免地要面对这场没有硝烟的战争，而且由于历史和政治的多种因素影响，中国已经深度转入这场源于思想和价值观的较量。更好更快地发展文化产业，切实推动文化品牌“走出去”，是作为世界上最大的发展中国家的中国和平崛起战略中的重要组成部分。

2. 了解和学习当代国际文化贸易的特点和规律。

对于人而言，文化无处不在；文化是人的后天性胎记。文化与身份认同、民族凝聚力、向心力等方面息息相关。因此，国际间文化贸易所承载的，远远超出了非文化贸易的那种单纯的经济内涵。经济学家麦奎恩指出：“对文化经济感兴趣的经济学家通常首先是出于对文化的兴趣，但如果他们随后的研究只是单纯地把经济学原理用于文化经济，结果往往是像在用经济学家的一条腿试图跳出专业的狐步舞一样可笑。”① 这话提醒我们要重视国际文化贸易不同于一般商品的国际贸易的特点。

文化消费是一种明显的偏好性消费。人们选择消费这种文化产品而不是那种文化产品，是因为消费者往往倾向于那些自己对其文化内涵、价值观等比较熟悉的产品。同时，文化贸易中还普遍存在一种“文化折扣”现象。消费者如果对文化产品所蕴含的价值观、信仰、历史场景、社会制度以及文化产品所表现的风格比较陌生，这种文化产品的吸引力会大大降低。诸如此类的学习和研究，将有助于我们在文化品牌建构和传播过程中的策略选择。

3. 学习运用适当的理论和工具解决文化品牌建设过程中的具体问题。

要特别注意在了解、掌握文化品牌特点的基础上，适当选择和运用经济学、传播学、文化学、国际文化贸易的理论方法，解释并最终解决文化品牌建设过程中存在的种种具体问题。比如，Google 何以成为世界第一品牌的？为什么赵本山的小品能够风靡全中国，却在北美剧场里遭遇冷落？等等。

4. 根据文化品牌国际传播的特点和规律，分析中国文化品牌开拓国际市场的方法和策略。

一方面，中国文化产业当前的整体实力较弱，以至于“有市场无产业，有产业无品牌”现象长期存在，表现为国际文化贸易中严重的贸易逆差；另一方面，中国和平崛起需要大量的中国气派的文化品牌来充实国家软实

---

① 李怀亮. 国际文化贸易概论. 北京：高等教育出版社，2006：18.

力，这势必造成中国文化产业领域的紧迫感和强大的现实压力。因此，致力研究文化品牌国际传播的特点和规律，及时提出中国文化品牌开拓国际市场的方法和策略，实在是我们研究文化品牌学最现实的任务。

【思考题】

1. 为什么说文化品牌建设是发展文化产业的重要途径？

2. 文化品牌具有怎样的特点和意义？

3. 为什么说文化品牌学是一门交叉性学科？

【延展阅读】

1. 中宣部文化体制改革和发展办公室，文化部对外联络局编. 国际文化发展报告. 北京：商务印书馆，2005.

该书分为八个部分，对当今世界各国的文化产业现状、各文化产业门类的特点，以及文化政策等方面进行了系统的介绍。适宜作为了解各国文化产业现状时的基础性阅读。

2. 联合国教科文组织. 世界文化报告2000. 北京：北京大学出版社，2002.

该书系统地讲述了文化的多样性、冲突和多元共存，记录了当今世界针对文化多样性引发的争论，分析了各国的文化政策和文化遗产保护的重要意义，讲述了对文化产业进行评估的方法。

第三章 文化品牌的生成

【导读】文化产业的核心价值，在于文化创意的生成。与普通品牌一样，文化品牌应当是一个文化的产业链，是一个全方位展示企业、产品和文化经营战略的系统工程；更重要的是它必须拥有独树一帜的品牌文化核心理念及其人文精神，并贯穿于它的所有运作过程中。而这根支撑品牌文化核心理念并贯穿整个产业链的顶梁柱就是文化创意。要打造文化品牌并拥有夯实的品牌资产，就必须从构建消费者品牌知识，即品牌认知和塑造品牌形象入手，使品牌具有较高的认知度和良好的形象。文化品牌的生成以文化创意为先导，在兼顾消费者心理机制的前提下，也要经由一系列的“品牌意识、品牌策划、品牌定位、品质控制、品牌传播、品牌保护”等运作流程，在文化品牌生成的具体环节上，必须依次经历文化品牌调研、文化品牌定位、文化品牌的命名和文化品牌 CIS 设计四步。

【学习目标】学习和研究文化品牌的生成问题，就是要明白文化品牌既是创意的结晶、生产的结晶，也是消费的结晶这个道理。

【关键词】文化创意　消费者心理　品牌生成技术

品牌文化和文化品牌，一字不差、组合不同，意义却相距甚远。所谓“品牌的文化”，它是一种“原始”资源，这种资源不经转化，再丰厚，其优势也有限；而“文化的品牌”则是一个极富文化内涵和意境的特殊品牌概念，是文化的经济价值与精神价值的双重凝聚，是集人文理念塑造与文化经营运作之大成的品牌，有着无形资产的丰富含金量。它是将丰厚的文化资源加以全方位科学整合，并进而核聚成巨大能量，最终转化成为无以抗拒的强大品牌冲击效应。文化品牌体现了一种文化精神的影响力和文化企业的核心竞争力，中国文化产业发展需要走品牌化建设之路。打造文化品牌是一个系统工程，根据著名品牌诞生的经验分析，一般创立品牌的过程大都要经历“品牌意识、品牌策划、品牌定位、品质控制、品牌传播、品牌保护”等运作流程。文化品牌的生成也不例外，但它以文化创意为先锋，进而辐射整个运作系统。

第一节　文化品牌生成与文化创意

“资本和技术主宰一切的时代已经过去，创意的时代已经来临。”在知识经济时代，创意是市场竞争的第一利器，“智本”正在成为市场经营中的第一资本和最有效的资源，在任何时候我们的目标都是以正合、以奇胜。创意是决定一个企业生死存亡的重要因素，是使文化产业活起来的灵魂。

“文化”是一种生活形态，“产业”是一种生产行销模式，而“创意”正是两者的连接点。文化是创意的基础与平台，是文化产业价值链的上游，文化提供创意所需素材，而创意是激发想象创造的能力或力量。因而文化产业的核心价值，在于文化创意的生成，而其发展关键在于具有国际竞争力的创造性与文化特殊性。与普通品牌一样，文化品牌应当是一个文化的产业链，是一个全方位展示企业①、产品和文化经营战略的系统工程；更重要的是它必须拥有独树一帜的品牌文化核心理念及其人文精神，并贯穿于它的所有运作过程中。而这根支撑品牌文化核心理念并贯穿整个产业链的顶梁柱就是文化创意。

一、文化创意是好生意

一杯茶，放在纸杯中、放在瓷杯中、放到山林乡间，都是一杯茶，但滋

① 这里所说的企业，也等同于公司，以至任何需要文化品牌建设的其他事业部门，包括国家等等。为方便述说，作者在此统一用企业代称。

味大不相同。日本观光客要到清香斋喝茶，是要喝它从环境到茶具所呈现出来的独特中国美学。这就是文化创意，价格都打不败的特色。

1. 什么是创意产业

创意产业概念是20世纪90年代中后期英国提出的，以1997年英国首相布莱尔成立“创意产业特别工作小组”为标志。英国创意产业概念有比较完整的内涵和外延，指“那些从个人的创造力、技能和天分中获取发展动力的企业，以及那些通过对知识产权的开发可创造潜在财富和就业机会的活动。它通常包括广告、建筑艺术、艺术和古董市场、手工艺品、时尚设计、电影与录像、交互式互动软件、音乐、表演艺术、出版业、软件及计算机服务、电视和广播等等”，具体涉及的13个产业门类，皆为当时英国的产业强项或具有较大潜力的产业门类，到2000年上述产业门类的增加值已占英国GDP的7.9%，就业人数居各产业之首，增加值贡献度为仅次于金融服务业的第二大产业。① 随后，创意产业概念在新加坡、香港、台湾等地得到应用，但应用的目的和侧重点有所变化。

综合地看，发达国家提出的创意产业可以视同为具有自主知识产权的创意性内容密集型产业，它有以下三方面含义：

（1）创意产业来自创造力和智力财产，因此又称作智力财产产业。

（2）创意产业来自技术、经济和文化的交融，因此创意产业又称为内容密集型产业。

（3）创意产业为创意人群发展创造力提供了根本的文化环境，因此又往往与文化产业概念交叉使用。

在发达国家，随着工业化的发展和后工业化社会的进步，包括在教育和研发、文化、金融等众多领域的创意人群在人口中所占的比重正在增加。这些人喜欢到什么地方工作就成为城市和区域发展所要考虑的首要问题。过去，人们在一个地方工作，花大量时间在上下班路上，频繁更换工作只为了上班地点离家近一些，只有在度假时到另一个地方旅游和休闲。现在工作节奏快，工作之余需要就近休闲，甚至“上班是一种享受，工作就是度假”。发达国家的上班族中的很多人认为，在什么地方工作（工作地点）比为哪个公司工作（公司老板）更能显示人的高贵。从这个意义上说，城市和区

① 王如忠，缪勇. 创意产业与上海未来发展. 文汇报，2004-09-06.

域的行为主体就不仅是企业，而且是企业中的人。经济活动的区位就是人所喜爱的区位，企业的战略和城市、区域的战略也就是人的战略。

美国卡耐基梅隆大学的教授们在 2002 年就用美国有创造力的人在区位选择方面的证据，说明过去是公司区位吸引了人，现在是有创造力的人吸引公司，公司将会搬到有创造力的人乐意居住的地方。他们的研究表明，在美国有创造力的人喜欢住在对技术（technology）、人的才能（talent）和宽松愉悦的环境（tolerance）三因素（即所谓“3T”）排名很高的城市。

为此，城市要从高效率城市向具有创造力的城市提升，而宜人的快乐的环境，即时尚的文化生活环境就是创意城市的必需。如此看来，文化产业就自然地和创意产业交融在一起。也就是说在 3T 因素的第三个 T（宽松愉悦的环境）就离不开创意的文化产业。在这种情况下，文化产业作为创意人群发展创造力的需求就往往成为创意产业的代名词。但是需要说明的是，不能把创意产业等同于文化产业，只是创意产业的内涵和文化产业的内涵有交叉的部分。

2. 文化创意是全球看好的好生意

文化是人类精神的传承，是社会活动的反映和表现，决定着人的价值观和生活模式。当今世界，文化创意已不再仅仅停留在精神层面，而是有着巨大经济效益的直接现实，文化的经济功能正在逐步被认同和推动。到了知识经济的时代，特别是人均 GDP 超过 3000 美元之后，进入了教育广泛普及、信息大量流通、资金相对充裕、企业高度重视创新和开发的时代，有三大环节终于组成了产业化的“链条”：其中第一个环节当属大量提供改善人类生存的创意理念，其核心是设计；第二个是产业化开发的策略和运作，其核心是生产；第三个是可持续的后续开发和营销，其核心是推广。

这根产业化的链条把教育、研究、开发、生产、销售、消费等领域有机地组合起来，把人的创意与产品制造和文化生产直接衔接起来，形成一个不断增值的创意产业链条，在循环往复的发展中，迸发出巨大的经济能量。创意产业之父约翰·霍金斯在《创意经济》一书中明确指出，全世界创意经济每天创造产值 220 亿美元，并以 5% 的速度递增，在一些国家增长的速度更快，美国达 14%，英国为 12%。综观全球，各国的文化创意产业以各有特色的取向、领域和方式迅速发展，吸引了全世界的眼球，形成了一股巨大的文化创意经济浪潮，席卷世界。

同时，由于产业化的创意活动，不仅仅在于物质财富的积累，而且创造了大量可以传承的文化符号，包括音乐、造型、构思、文本、表演等，所以它又具有文化积累的长远意义，为后人的创意开发提供了重要的基础。世界银行的《文化与持续发展：行动主题》中也提出："文化为发展提供新的经济机会，并能加强社会资本和社会凝聚力。"在很多国家，文化经济化的新形式和新概念不断出现，文化创意产业，这个源自英国而风靡全球的新名词，很大程度上意味着"经济增长、财富积累和扩大就业"，并得到很多国家特别是经济发达国家和地区的重视，成为现代产业发展中的一个亮点。

根据联合国教科文组织统计，全球文化货品的交易在1991年之后大幅成长。以其中占相当大比例的印刷、音乐、视觉艺术等的交易为例，1980—1998年之间就成长近4倍，达3879亿美元。

在美国，从1996年开始，文化货品已经是最大宗的输出品，超越了其他传统产业。

在丹麦，政府成立了30亿丹麦币的投资基金，参与投资创意产业或产品的开发。

在英国，到2000年文化创意产业的相关从业人员约195万人，占国民生产毛额的7.9%，是英国产值第二大的产业。在伦敦，800万的人口中，有50万人从事创意产业工作，创造出达210亿英镑的产值。英国古老的文学作品，可以搬上舞台变成歌剧、变成出版物，可以变成舞台设计、服装设计的素材，还可以衍生出源源不绝的附属商品。

进入21世纪，文化不再是锁在博物馆里的历史，创意不再是表现自我的创作，它们可以被融入、被呈现、被操作，是各行各业都可以运用来让自己更有价值、更有特色的元素。

毋庸置疑，我们已经步入一个新意浓郁的文化创意经济时代。

3. 文化+创意=财富

文化创意为何能成为全球都看好的好生意？

约翰·霍金斯提出的"创意经济就是好点子变成好生意"是最易理解的阐释。

创意是创新，准确地说，创意乃一切创新活动得以展开的前提和基础，如果将创新理解为更广泛的包括技术和物质的所有层面的创造和更新，那么创意更能表达出人的思维价值性，它是比宽泛意义上的创新更深一层的思想创新或理念创新。而文化产业的意义上的文化创意是指，以文化生产和文化服务为专门对象的思维创新和观念创新活动，文化创意指以文化产品、文化服务、文化活动的创新为指向的创意行为，即为了满足人们的精神需求，对各种文化产品和文化服务及文化活动进行改进与更新时所想到的好主意、好点子都是文化创意。

（1）文化创意——文化产业勃兴的点睛之笔

文化产业是“文化”、“创意”、“产业”的高度融合，换言之，是通过对“文化”的创造性开发而实现其“产业”的经济功能。这是文化创意产业与资本密集型或劳动密集型的传统产业的明显区别。我们可以将文化产业的内部组织划分为核心和附加两个部分：核心部分即独特的文化创意的产生，具有对知识、创新的高度依赖；附加部分可能需要较多的资金和劳力支持，是将创意产品化的过程——以某种载体的形式将无形创意有形化、实体化，使之成为可供消费的产品，从而实现其产业价值。也就是说，没有知识密集型的核心创意，附加部分的资本、劳动力等难以获得高附加值。

文化创意产业对经济发展具有巨大的催发和拉动作用。好的策划和创意，可以大幅度提高企业知名度，增加产品附加值，扩大市场占有率，并使许多传统产业和传统产品焕发新的生机。高附加值是文化创意产业的重要特征之一，这种高附加值也为文化创意产业带来了强劲的经济势能。毋庸置疑，文化创意是文化产业的先导和孵化器，也是发展文化产业的动力。

在当今世界，文化已成为人类社会发展的重要动力和支配性因素，“文化力”成为综合国力的一个重要组成部分，文化创意正是为了使文化力的打造活动变得更加活力充沛。“文化经济”是知识经济的必然发展趋势，“文化力”是一种最具活力的经济生产力。文化经济包括经济“文化化”和文化“经济化”两种含义。前者意味着精神、科技等智力因素日益注入物质生产力中，文化附加值日益成为经济活动和商品价值的重要组成；后者则意味着文化本身被当作商品生产和交换的对象，具有市场条件下经济运作的全部特征，这也就是文化产业表现形态的生产力。

（2）文化创意——在工业社会也可诗意栖居

文化产业是观念形态的产业化，除了一些外围行业与制造业或一般文化服务业外，文化产业生产的是精神性的意识形态产品，它在获取丰厚经济效益的同时，还要提升人的人文素质，影响人的思想道德水平，塑造丰富而健康的心灵，获取更大的社会效益，这一内容生产的本质决定了创意在文化产业中的核心地位。在这根产业链条上，文化产业维护社会稳定、推动社会进步的社会功能也充分体现出来。简单来说，文化创意产业的社会功能包括以下几个方面：

首先，文化产业的发展为人们提供了更多休闲、娱乐产品，满足了人们不断发展的文化需求。文化创意产品是文化与创意的融合，也是文化与科技的对接，并在这种融合与对接中呈现出与古老文化样式不同的新特色。它以文字、影像、声音等通俗化的形式加以表现，在内容上更多侧重于大众化的情感表现。这样，文化创意产品便打破了在传统文化中泾渭分明的“雅”、“俗”界限，使得其产品真正能够“雅俗共赏”，从而更多地满足人们对于文化、休闲、娱乐的内在需求。

其次，文化产业的发展为教育的普及和提高提供了更为广阔的途径，推动了教育创新，普及了科技知识。文化创意产品不仅仅是娱乐的，在通俗化、大众化的形式之中，很多文化创意产品也蕴涵了大量科技、教育内容，人们在消费这些文化创意产品的过程中，往往也能学习到很多原本不曾了解的各种知识。

再次，文化产业的快速发展，还促进了卫生、体育等各项社会事业的发展。如奥运会标和吉祥物的设计、体育彩票的发行，都能给体育事业带来巨额资金支持。

总之，文化创意产业的发展推动了社会进步，促进了人的全面发展。文化创意产业的快速发展，满足了人民群众更高层次的消费需求，提高了人民群众的生活水平和质量。

这就是“文化 + 创意 = 财富”的真正含义，科技给我们的生活和工作带来种种便利，文化将让我们找到心灵的栖息地，并学会诗意地生存，懂得欣赏更多的美好，合理调节多元化的社会活动。而只有当文化真正走进了人们的生活，走进了人们的心灵，培育出强大的精神品格，融化于一言一行之中，它才会转变为更大的生产力、经济力、科技力、创新力。

我国发展文化产业需要从创意开始，以形成核心竞争力、实现文化企业的可持续发展为目的。文化创意的涵盖面极为细微而广阔，既指文化公益事业活动，也指文化产业经营，同时包括其他产业生产经营中提升文化附加值在内的各种创意活动，它们共同推动着当代社会文化、经济、政治等的协调发展和进步。

二、文化品牌的建构性分析

文化品牌，是文化产业品牌化的结果，是文化的经济价值与精神价值的双重凝聚，有着无形资产的丰富含金量。它有着与普通商业品牌不同的属性，也有着自己独有的建构氛围。①

1. 文化品牌的个性

正如柏定国、欧阳友权在《2006：中国文化品牌报告》中所指出的，作为支撑文化产业的文化品牌，除与普通商业品牌具有同质性外，还具备自己独特的个性：

首先，它和普通的商业品牌不同。普通商业品牌注重如何发掘和构建品牌的文化内蕴，而文化品牌则要进一步实现文化创新，并设法使创新文化与原生文化融合，以推动文化产品、文化项目的完善与发展。

其次，文化品牌不仅具有商业属性，更具有意识形态属性，因而其管理难度更大。一般而言，意识形态在发展上往往带有一定的滞后性和限定性，当社会已经前行，而文化完全可能还在按照它既有的惯性运作一段时间。如何在运作中协调这两者的步伐，使之与时代、社会同步，最大可能地满足消费者的文化需求，是文化品牌运营管理过程中的最大难题。这也是我国文化体制改革总体上滞后于经济体制改革的主要原因。

第三，文化品牌的缘起与普通商业品牌也有所区别。普通商业品牌往往是从追求利益的最大化出发，为了实现这种目的，需要为消费者提供更优良的服务，从而构建品牌乃至品牌文化。文化品牌的发生则有两种途径，一种和普通商业品牌的途径相一致，另外一种是先有了一个文化概念，然后再将之产业化、市场化、品牌化。

这个文化概念的内核，或来自于艺术创作、学术交流等为主线的文化活动，或来自文化名人、名校、名社乃至历史文化名胜的影响力，或来自民族

---

① 柏定国，欧阳友权．中国文化产业需要文化品牌支撑．中国文化品牌网，网址：http://www.whpp.cc/Article_Show.asp? ArticleID = 344，查阅时间：2008.7.18.21：45；花建．文化 + 创意 = 财富．上海教育，2007（22）；颜廷武．品牌文化的生成与建构．山东师范大学硕士学位论文．

文化、地域文化、特色文化等文化资源的历史传承，等等。文化品牌更多地源自一种丰厚的文化底蕴，是这种文化的张扬与发展。

第四，文化品牌更注重创意，是创造与梦想的产物。它比普通商业品牌更加注重性格与个性色彩，强调感情的投入，同时激发出更多的联想与想象，借助于人们的想象力，创造出一个与现实世界焕然不同的、如梦如幻的世界。这也就是迪斯尼、梦工厂、哈利·波特之所以让人们如醉如痴的原因，也是他们最终获得成功的保障。

2. 文化品牌的奇异建构

与一般的制造业和服务业不同，文化产业也有独特的动力结构。它的核心资源是奇妙组合的“三驾马车”：一是创意型的人才，二是产业化的模式，三是创业型的环境。

诚如英国学者佛罗里达在《创意精英》中指出的，人的因素是第一位的。创意产业的动力，首先是一种有趣的人才组合，是在一种自由创造的空气中，由科技与艺术、创新与管理、艺术家和工程师、创意精英和能工巧匠形成的丰富组合。它不仅有专业化的分工，而且有文与理、设计与复制、创意与营销等的交融，这就极大地刺激了知识阶层，让他们在不同学科的碰撞中产生创意和创造。在这样的企业文化和创意氛围里，创意人士不再仅仅是为薪水和奖金工作，而更多地出于一种创造的冲动、学习的渴望，被一种自我实现的理想驱使。“创意与市场在这里对接，才华和财富在这里转换”。

创意产业的起点，当然是人的文化与创意，但是文化和创意本身不能够直接变成财富，它必须经过一个产业化的过程，包括确定目标→建立流程→配置资源→成本核算→执行操作。也就是说，它必须是一个精明的投入产出过程，能把各种价值单元组合起来，获得最大的商业回报。同时，为了尽快获得规模化的优势，它还需要大量商业投资，使暂时弱小的创意苗，获得丰富的营养液，开放出灿烂的产业之花。

这种看似灵活的企业文化其实并不闲散，其中深藏着将创意产业化的巨大的压力，以期能以更大的差异性、更低的成本和更高的市场价格，把产品在国内或者国外市场上推销出去。所以光有创意人才还不够，还需要一套管理体系，否则“出工不出力，神仙干着急”。必须有一种新型的企业组织和企业文化才能把他们的智慧激发出来。它要求企业管理的重点，从标准化管理转向非标准化管理，从质量和成本管理转向知识和创意的管理。美国学者大卫·席伦曾经概括了微软公司如何管理创意的六个要素：雇佣会思考的聪明人；把重心放在开发新产品和寻找解决问题的新方法上；让最有创意的工作小组获得最多的投资，拿到最多的薪酬；创造热爱学习的企业风气；把拼命竞争作为公司的座右铭；让公司有一种家的感觉。

创意型人才、产业化模式和创业型环境，这“三驾马车”是文化品牌得以真正建构起来的前提和环境，也是文化品牌生成后在文化企业整体上的体现。正是这组奇妙组合的核心资源，得以让文化创意在文化产业上盘活，并形成文化品牌的原动力。

3. 文化品牌的创立途径

所有品牌都有一个原生文化背景在支撑着；一切品牌体验，也都离不开文化体验，因而在品牌的运营中，无不把文化放在首位。一个文化品牌的创立与发掘，其实质更是文化内蕴的创意与赋形，其核心则在于文化的定位。

就一个文化品牌的创立而言，可以经由两条路径：其一，是对原有文化的发掘，从历史的、民族的、民间的、现有的各种人文奇观中发掘出具有深厚文化内涵与底蕴的文化品牌。如陕西西安曲江新区的“大唐芙蓉园”，就是发掘西安盛唐历史文化遗产，加之声、光、电等现代科技的综合演绎，构成一幅瑰丽的“盛唐文化奇观”。需要注意的是，在对原有的文化进行发掘的过程中，不能背离文化背景的精神，不能忽略文化品牌的地域特征。同时，要认真区分所发掘的对象，把握对象的文化个性，并根据原有文化的内涵予以创造性地发挥。其二，则是创立一个前所未有的、全新的、富有现代气息和风尚的文化品牌。创意是一个文化品牌成功所必需的，创意是梦想，是基于现实的梦想。“超级女声”、“云南映象”、“蓝猫卡通”、“大红陶瓷”就是创意得以成功的典型范例。

文化产业是极富有个性化特征的产业，产品的独特性、差异性、丰富性是文化产业的突出特色。无论是电视节目、故事影片、各类电视剧，还是旅游景观、平面媒体出版、互联网络的栏目设计以及各种图书期刊等，都需要突出其品牌特性。因此，打造知名品牌建设就成为文化产业追求的目标。

文化品牌的价值主要体现为：①文化品牌体现企业的核心竞争力。②文化品牌代表着文化企业乃至民族形象。③文化品牌反映综合实力。④文化品牌的无形资产有着巨大的增值效应。

图 3－1　位于西安市曲江区的大唐芙蓉园一角

三、文化品牌创意方法论

如果说物质产品越符合人们的某种使用需要，该产品就越具有市场前景，那么文化产品越能满足人们的精神需要也就越受欢迎并能产生心灵上的广泛影响。人们对文化的需求难以穷尽，随着物质生活水平的提高，人们的精神娱乐需求会日趋多样化，如何利用有限的文化资源最大限度地满足人们日益增长的文化需求，创意自然首当其冲。

文化生产的创意不仅体现在产品设计方面的灵感和创造力上，更重要的是对本民族文化资源利用的巧思新意，以文化创意来激发全民族的文化创造力。因此，文化创意要贯穿于文化产业发展的全过程，包括文化项目的开发、文化活动的构想、文化产品的设计，也包括文化内容或文化服务的创新，以及文化生产活动或生产经营方式的创新，它们统统都可称为文化创意。成功的文化产业一定是创意领先、高效运作的。那么文化创意究竟从何而来呢？有没有规律可依循呢？

1. 文化创意方法“纷论”

创意是如何产生的？是与生俱来，还是后天练就？是无心偶得，还是勤奋所赐？关于创意的产生有许多理论和学术，其中影响较大的有以下五种：①魔岛理论：认为创意和“魔岛”（珊瑚岛）一样，在人类的潜意识中，要经历无数次的孕育、努力和培养，才能最终获得，必须通过后天努力和积累才能得到，它否认天生灵感的理论；②天才理论：创意是靠天才而获得的；③迁移理论：认为创意产生的成因是一种迁移，即用观察此事物的办法去观察彼事物，通过视角的迁移，人们可以很简单地创造出众多新鲜的、交叉的、融合的、异化的、裂变的、创新的事物来；④变通理论：创意有时候只是“概念的一扭”，只要换一种方式去理解，换一个角度去观察，换一个环境去应用，一个新的创意就产生了；⑤元素组合理论：在自然界，元素通过组合可以形成各种各样的新的物质，创意也可产生于元素组合，即可以通过研究各种元素的组合而获取新的创意。

由此看来，认为后天练就较之先天生成的更占多数，这里不置可否，毕竟人人都希望创意能在自己脑际产生。于是乎更多的关于创意产生或者称之为思维训练法的也纷至沓来，如：

（1）脑力激荡法（头脑风暴法）：这是最为人们所熟悉的创意思维策略。强调集体思考的方法，着重互相激发思考，鼓励参加者于指定时间内，构想出大量的意念，并从中引发新颖的构思；还有由此衍生出来的“三三两两讨论法”或是“六六讨论法”。

（2）心智图法：刺激思维及帮助整合思想与信息的思考方法，也可说是一种观念图像化的思考策略。此法主要采用图志式的概念，以线条、图形、符号、颜色、文字、数字等各样方式，将意念和信息快速地以上述各种方式摘要下来，成为一幅心智图。

（3）曼陀罗法：一种有助扩散性思维的思考策略，利用一幅九宫格图，将主题写在中央，然后把由主题所引发的各种想法或联想写在其余的八个圈内。此法也可配合“分合法”从多方面进行思考。

（4）逆向思考法：是可获得创造性构想的一种思考方法。此技法可分为七类，此处不一一赘述。

（5）分合法：主要是将原不相同亦无关联的元素加以整合，产生新的意念或面貌，利用模拟与隐喻的作用，协助思考者分析问题以产生各种不同的观点。

（6）属性列举法：强调使用者在创造的过程中观察和分析事物或问题

的特性或属性，然后针对每项特性提出改良或改变的构想。由此还衍生出“希望点列举法”、“优（缺）点列举法”，以及因果联想、强烈联想、离奇联想、质疑联想和审美联想等多种方法，真可谓无时无处不可创意。

创意是一个复杂的过程，任何一种训练方法都只能部分地接近它。正如创意大师詹姆斯·韦伯·扬所说，创意的生产过程“和福特轿车的生产过程颇为相像……也是在一个流水线上进行的”。

2. 文化创意也可“生产”①

对于创意的产生，詹姆斯·韦伯·扬认为是有规律可循的。他说，要了解的、最有价值的东西，并不是在哪儿可以找到一个具体的创意，而是如何用所有的创意赖以产生的方法去训练思维，以及如何掌握作为创意之源的所有原理。

首先，依据帕累托理论的说法，善于思索、一直全神贯注于全新组合的可能性的人是具备创意能力的人②。也就说，我们大部分人都具有一定的创意天赋。

其次，学习创意的产生这门艺术也不例外，需要掌握的重要内容，第一当属原理，其次当属方法。知识的具体细节并不是最重要的，这是因为它们都由罗伯特·哈钦斯博士所称的很快就会过时的事实构成，原理与方法则是重中之重。在文化产业方面，文化的真正底蕴和产业化的运作流程，才是我们孵化文化创意、进而构建文化品牌时首先应该了然于心的。

而这里有两点值得注意：其一，一个创意就是一个新的组合；其二，只有具备认清事实之间的关系的才能，方可提高创造新的组合的能力。

最后，进入实战阶段——创意产生的整个过程或方法：

（1）积聚原材料。

这是一个简单而明白的事实，但却被多数人忽略。一条创意源自关于产品的具体知识，和那些掌握了生活、事件的综合知识的人们的新组合。这些原材料既包括解决当前问题所需的具体材料，在文化产业方面主要指与产品相关的消费者和投放市场的资料，真正全力以赴而非浅尝辄止地了解你的传

---

① ［美］詹姆斯·韦伯·扬．创意．李旭大，译．北京：中国海关出版社，2004.

② 按照帕累托的说法，全世界的人可以被分为两大种：第一种是靠善于思索生活的人，第二种是靠股息生活的人。

播对象才能获得；同时也包括可让你的综合知识终生不断丰富的材料。创意思维的材料犹如一个万花筒，万花筒内的材料数量越多，组成的图案就越多。与万花筒原理一样，掌握的原始资料越多，就越容易产生创意。

（2）头脑的消化过程。

这一部分很难用具体的术语来表达，因为它完全在你的头脑内进行。你要做的，就是把你已收集的不同材料汲取一些，用你思维的触角去完完全全地感触它们。要带着一个宏观的思路去梳理、理解和掌握它们，并通过不同的角度进行分析，觉察出它的寓意；然后尝试去寻求事物之间的关联，研究它们的内在关系配合如何。

詹姆斯·韦伯·扬特别提醒，在经历这一部分的过程时，将会发生两件事情。第一件事情，尝试性的或部分的创意将出现在你的头脑中。把这些创意写在纸上。别在意它们看起来多么荒唐或不完整，你要做的就是把它们写下来。第二件要发生的事情，就是你慢慢会对把你的“拼图”费力地拼在一起感到厌烦，这里请不要放弃，坚持做下去。如果你能真正做到锲而不舍，坚持不懈地把你的拼图拼好，那么整个过程的第二个阶段也便可以顺利结束，你就为步入第三阶段做好了准备。

（3）孵化阶段。

在这个阶段，你让意识思维之外的东西去做综合体的工作，你根本不需要任何直接的努力。你可以把手头的事情放下来，让自己的头脑暂时不再去考虑它。也就是说，你要尽可能彻底地把要解决的问题置之度外。选取自己最喜欢的娱乐方式，如打球、听音乐、唱歌、看电影等，总之将精力转向任何能使自己身心轻松的节目，完全顺乎自然地放松。不要以为这是一个毫无意义的过程，实质上，这个过程是转向刺激潜意识的创作过程。转向自己所喜欢的轻松方式，这些方式均是可以刺激自己的想象力及情绪的极佳的方式。

在第一个阶段，你已经积聚了食品。在第二个阶段，你已经把它们咀嚼好了。现在，你正经历着消化过程。别管它，只需刺激一下胃液的分泌。

（4）创意的实际产生阶段。

假如在上述四个阶段中确已尽到责任，几乎可以肯定会经历第五个阶段——创意出现。创意往往会在策划人费尽心思、苦苦思索，经过一段停止思索的休息与放松之后出现。

（5）为了能够更好地应用到实际中去，对创意进行最后的补充和雕琢。

创意必须符合具体条件或实际要求，才可以发挥作用。为了让大多数创意能够符合具体条件或实际要求，你需要十分耐心地对冥发的创意进行细致的修改、补充、锤炼、提高，这是将创意带到现实世界必须要做的工作，否则，好的创意就会夭折。一个创意的初期冥发，肯定不会很完善，所以要充分运用商务策划的专业知识去予以完善。这时，应当公开你的创意，并乐意让它接受智者的批评。一个好的创意具有自我拓展的素质。好的创意会激发其他看到它的人去补充它，达到锦上添花的效果，创意具有的那种已被你忽略的可能性，必将显露出来。

五个阶段，阐释起来很简单，但做起来并不容易，有很多需要我们终生去积累的材料，包括我们的阅历和体验等等，这些点点滴滴的综合材料成为我们创意生产库中的活水源头。概括地说，创意除要遵从以上五个程序外，同时还要把握五个要点：一是努力挣脱思维定式的束缚；二是紧紧抓住思维对象的特点；三是尽量多角度去思考问题；四是防止两个思考角度完全重合；五是努力克服思维惰性的影响，不断鼓励自己去努力。

3. “水与火”的锻造

有句格言说：“上帝的杰作，一半是火焰，一半是海水。”创意产业既是文化的追求，又绝不是纯艺术，而要依附商业化的社会。这就要求从业人员仿佛穿梭于火焰与海水之间，把文化创意转化成为商业运作，又在商业盈利的基础上，追求更高的文化品位。这就是创意产业人士必须修炼的“内功”，也是一个城市发展文化产业最适合的环境。

文化产业必须结合创造、生产与商品化等方式，去运用无形的文化内容。在文化品牌创意上，要把握好“文”与“商”的互动。只有从真正的文化建设出发，从中国自己的本土道路出发，才会实现民族文化复兴的希望。

第二节　文化品牌生成的心理基础

品牌资产是企业一系列经营活动所赋予品牌的联想及由此而产生的种种利益。随着市场竞争和消费者需求的不断复杂化，品牌的涵义越来越丰富，它已不仅仅是一种符号结构、一项产权，而是一种综合的象征，在具有形象、个性、生命的同时，品牌是企业、产品与消费者之间关系的载体，是企业、产品、社会的文化形态的综合反映和体现。在产品趋于同质化的今天，品牌开始取代产品本身的使用功能，成为消费者购买的理由与保证，成为企业所能拥有的最持久的资产，其附加值及应变性和稳定性将对企业长期利润产生深远的影响。品牌的重要性已经为越来越多的企业所认同，创造品牌、积累品牌资产，并以品牌资产为主要营销工具攻占市场在竞争中取胜已经成为企业营销实践的首要目标。

品牌之所以被视为一项资产，与品牌在消费者购买行为中所起的作用相关。品牌资产产生于消费者的品牌选择，而消费者在进行品牌的选择和购买时往往是根据自己所拥有的品牌知识来确定的。因此，要打造文化品牌并拥有夯实的品牌资产，就必须从构建消费者品牌知识，即品牌认知和塑造品牌形象入手，使品牌具有较高的认知度和良好的形象。

一、文化品牌的资产要素及其效应

1. 品牌资产的内涵

基于不同目的和个人背景，人们赋予了品牌资产不同的含义并采用了不同的评估模型和方法。随着世界经济环境的急剧变化、企业竞争手段的日益丰富和人们认识水平的不断深化，品牌资产的概念在不断更新。总体看来，主要经历了两个发展阶段：一是基于企业的品牌资产概念阶段，二是基于消费者的品牌资产概念阶段。

基于企业的品牌资产概念是从营销和财务两个角度出发提出的。从财务角度出发提出的品牌资产概念是为了方便计算企业的无形资产，以便提交财务报表和提供依据，这里不做赘述。从营销角度提出品牌资产概念，目的是帮助企业提高销售量和利润率。这种概念认为，品牌资产是一系列关于品牌顾客、渠道成员和母公司的联想和行为，予以品牌产品强劲的、差异化的竞争优势；品牌资产是品牌形象的净价值，是“一系列跟品牌名字或符号相联系的资产（和负债），它能增加或减少提供给公司及公司顾客的产品或服务的价值”（Aaker）；品牌资产是品牌赋予产品和企业的增值，也是品牌未来在市场上的影响力，它取决于品牌忠诚度（brand loyalty）、品牌知名度

(brand awareness)、品牌认知度(brand perception)、品牌联想(brand association)、品质认知度(perceived quality)和其他资产。这种概念是营销理论从产品导向发展到营销导向的必然产物,但其局限是否认了消费者作为独立客观主体的存在,故企业在建立品牌资产时,无法脱离从自身出发的路径依赖,而忽略消费者的主观感受,试图将自己的品牌形象强加给后者。另外,企业一味追求品牌延伸的行为常导致品牌价值稀释和品牌形象混乱。

而与此相反而生的是基于消费者的品牌资产概念。Keller 指出,品牌资产是品牌知识(consumer brand knowledge)的效应,这种效应发生在消费者对品牌营销活动的反应中。若消费者发现品牌产品之后,对产品本身、产品的价格和宣传都产生好感,则品牌资产是良性的。从信息经济学的角度看,基于消费者的品牌资产是品牌作为信号的价值,它证明了产品的可靠性(Erdem and Swait, 1998)。A. Lemon 和 Katherine N. 认为,有品牌的产品比没有品牌的产品具有更高价值,品牌资产是消费者对品牌的这种溢价能力的主观判断,品牌价值取决于消费者,并具有个体差异。决定品牌资产的因素包括消费者对品牌的知名度、对公司伦理和企业公民身份的看法。他们强调,由于品牌资产价值因人而异,企业提高品牌资产的努力是徒劳的。企业应该重视建立顾客资产(customer equity)(公司顾客的终身价值总和),企业的品牌建设应该密切围绕细分顾客群,通过尽量充分的市场细分,贴切地满足目标市场群的需求,长时间留住顾客。虽然较之上者,这种概念更重视消费者的反应,但消费者的反应被当成决定品牌资产的唯一因素,容易陷入不可知论的误区。

综上,我们可以看出,所谓品牌资产就是消费者关于品牌的知识,是有关品牌的所有营销活动给消费者造成的心理事实。品牌资产应是企业与消费者共同创造、最终在消费者头脑中形成的、依附于消费者的、对企业及其产品的整体理性认识和情感印象。理性认识帮助消费者判断企业营销网络和产品质量的可靠性,情感印象促使消费者产生偏好,两者相互作用才能使文化品牌长生不衰。

品牌资产表现为品牌自身的成长与扩张能力,品牌资产的大小取决于该能力的大小,这种能力在企业与消费者互动获得双赢的张力中形成。企业通过与消费者互动建立品牌资产,引导消费者参与、激发消费者情感投入的能力越强,其品牌资产的价值就越大,品牌的溢价能力越强。互动的过程由企业首先发动，继而消费者通过各种行为和物质载体进行反馈，企业再对消费者发送的信息进行筛选，然后通过整合营销传播向消费者发出新的信号，在此循环往复的动态过程中，品牌形象得以产生和丰富，品牌资产实现增值。

2. 品牌资产要素及其效应机制

品牌资产就如产品的生命与灵魂，是一个品牌个性之所在。在消费者为导向的经济时代，消费者在这个互动过程中处于中心地位。建立品牌资产，必须在企业所拥有的经营能力之上，从构建消费者品牌知识入手，使品牌具有较高的认知度，具有强烈的、积极的、独特的品牌形象。综合多家观点，我们认为品牌资产由黄合水先生所说的品牌意识、品牌联想和品牌态度及其他内容构成。它们又是如何发挥作用的呢？我们逐一论之。

（1）品牌意识及其效应

品牌意识指在消费者意识中品牌图式激活的情况，与记忆中品牌中心点或痕迹的强度有关联，能反映在不同条件下消费者识别品牌的能力。品牌意识是一种无形的速记方式，主要功能是减少人们在选择商品时所花费的比较以及分析货品的时间。

首先，品牌意识是品牌联想形成的基础。广告对消费者的影响首先是通过提高品牌意识，然后增加了解等多个层次最后到达购买行为，一个成熟的品牌往往与广泛的管理物相互联想，如产品属性、产品给消费者带来的利益、产品介绍人、生产地等等，这些联想的建立如果没有一定的品牌意识，的确不可思议。

其次，品牌意识会影响消费者的品牌态度。较为熟悉的东西，即使没有更多的了解，人们也较为喜欢。从逻辑上来分析，如果一个品牌能够被广泛再认，人们会认为必定有某种原因，如公司进行广泛的宣传、公司已有很长的历史、广泛分布、品牌是成功的等，因而喜欢它。

再次，品牌意识影响消费者的品牌选择、品牌购买。这种影响是透过以下几个方面实现的：①提高该品牌作为被考虑的品牌的可能性；②影响选择被考虑品牌中的哪一个的决定；③通过影响品牌联想的形成和强度来影响消费者的决策；④消费者指出哪些品牌是流行品牌的线索；⑤提高了消费者接受较高价格的可能性。

值得注意的是，在品牌意识影响品牌购买的同时，品牌购买会反过来增强品牌意识。这种相互影响形成一种良性的循环，而这种循环在不影响品牌态度的情况下，就构成消费者对品牌的行为忠诚。

(2) 品牌态度及其效应

品牌态度是品牌名字与产品评价之间的联想，是在间接（如广告、人际传播）或直接（购买、使用）经验的基础上建立起来的。在消费者建立了这种联想之后，当他们面临着品牌选择决策之时，这种联想可能成为消费者决策形成的重要依据。

在学界，虽然态度与行为一致与否并未达成共识，但认为态度与行为一致的仍占绝大多数。作为品牌资产的三要素之一，其作用在于它能够直接影响消费者的选择和品牌购买。

消费者对品牌的态度影响着他们的品牌选择，品牌购买后的感觉也会反过来影响品牌态度。当购买后感觉不好，消费者可能会矫正以前的产品评价或态度，在重新面临品牌选择时放弃该品牌。反之，产品评价会提高，原来的联想会得到强化，在下一次很可能重复购买，形成对品牌的态度忠诚。对于每一个企业来说，赢得新顾客的代价很大，而保持已有的顾客费用则不会很大，尤其是在现有的顾客对某一品牌满意时。品牌的现有顾客会对新顾客进行正面推荐，降低了品牌在竞争中的易损性，给企业带来了效益。

(3) 品牌联想及其效应

品牌名字与关联物的联想简称品牌联想，具体指顾客在需要购买某一产品时，能否联想其某一具体品牌的特性和它所带来的利益。这是顾客购买的基础和品牌忠诚度的反映及其潜在价值，经常建立在与该名字有关的特定联想基础上。例如罗纳德·迈克唐纳的联想可与麦当劳品牌联系在一起，阿司匹林可与心脏病预防联系在一起。其效应主要体现在三个方面：

首先，品牌联想会强化品牌意识，因为在长时记忆中，被激活的弱势品牌会进一步自动地激活强势品牌。因此，在现实生活中，弱势品牌的出现，也容易让人联想到强势品牌，如由非常可乐联想到可口可乐。这样强势品牌的品牌意识也会在弱势品牌的传播中得到加强。

其次品牌联想影响品牌态度（或主观质量）的形成。在营销学文献中，主观质量是指消费者对产品的整体或抽象评价，其实质也就是消费者对品牌的认知、联想。

更为重要的是，关联物与品牌名字的联想直接影响消费者的品牌选择、品牌购买。Aaker 指出："有许多品牌联想包含属性或顾客利益，这些都是购买和使用品牌的具体理由。"

（4）品牌资产的其他内容

这里指品牌的其他所有资产，例如专利、商标、关系渠道等。品牌资产如果能够阻止竞争者损害顾客的忠诚，那么它们将会是最有价值的资产。可采取几种形式，例如商标可以保护品牌资产使之免受那些相似的品牌名字标识物包装的侵害，专利可以防止其他竞争品牌的直接竞争。

通过上述机制，品牌资产可以促进母产品的销售，提高品牌的市场占有率。同样，也会促进延伸产品的销售。除此之外，品牌资产作为消费者已有的知识背景，会影响品牌的传播效果。

二、文化品牌消费者的心理特性

消费者的品牌消费从其实质来说就是一种文化消费。所谓文化消费，简单地讲就是文化生活，它是指人们为了满足精神生活的需要，采取不同的方式消耗文化和劳务的过程。文化消费与其他消费一样，是社会文化生产过程的一个重要环节。随着生产力的发展和社会的进步、生产和交换规模的日益增大，人们的消费呈现为家庭乃至社会欲求，并迅速增加了文化含量。消费者的消费品位不断提高，消费由单一趋向多样化、由单纯物质消耗演变为物质享受。同时，消费者越来越注重精神层面的需求。①

1. 基于品牌敏感的消费者细分

品牌对消费者购买决策的影响归根到底是通过消费者的心理发挥作用的。新经济时代的到来不仅使消费热点出现巨大的变化，消费趋势也异常超乎想象，并且使消费主体也发生了根本的变化，主要呈现出年轻化、技术化、富裕化和理想化的特征。从消费者心理的角度看，消费者行为主要是理性功能因素和情感因素综合作用的结果，根据消费者的不同利益偏好心理，

---

① 白战风．消费心理分析——38 黄金法则与实务．北京：中国经济出版社，2006；沙吉丹牧，马翔．消费者的品牌消费心理模式分析．吉林广播大学学报，2008（1）；周辉，张欣．品牌资产与新时代的消费心理．管理科学文摘，2004（12）．

可以将品牌敏感①型消费者分为以下五类：

（1）务实型品牌敏感者

功能性利益是这类消费者选择品牌的主要驱动利益，更确切地说，是品牌对质量和服务的保证使得这类消费者注重产品的品牌。研究表明，多数消费者对品牌和质量之间的正向关系已达成共识，即品牌是质量的载体，一个好的品牌是产品质量的保障。此外，一个好的品牌还代表着有优质的售前、售中和售后服务与之相匹配。品牌对于他们而言，是其与厂商之间签订的一项隐性协议，是商家对产品和服务的承诺，在潜意识里他们把品牌视为一种可以降低功能性风险的契约。他们通常不会盲目地追求高端品牌，但也绝不会考虑毫无知名度的品牌。

（2）成就体验型品牌敏感者

这类消费者购买名牌产品更多的是为了向周围的人炫耀自己的自我形象、身份或是地位。不能说这类消费者不够理性，只能说他们对效用的定义不同，这类消费者更注重产品的象征性效用。按照马斯洛的需求层次理论，人除了基本的生理、安全和社会需要，还有追求自我尊重和自我实现的需要。人在满足情感生活需要的同时，还需要得到社会的认可。这种满足感的获得有多种途径，向别人展示自己的经济实力则是一种。一般而言，品牌知晓度与产品的价格是成正比的，知晓度越高的品牌，价格也就越高，没有雄厚的经济条件作后盾，根本没有能力问津名牌产品。所以，这类消费者特别注重商品的价格和威望，而且在衣食住行各个方面都很讲究品牌。

（3）情感诉求型品牌敏感者

这类消费者注重品牌的内涵，文化和精神的因素影响着他们对产品和服务的感性认同。他们需要的不仅仅是物质属性的满足，更是情感的寄托，这也是品牌竞争已超越品牌标识与名称的竞争而表现为品牌所蕴涵的价值之争的主要原因。这类消费者选择品牌产品是为了体验蕴涵在品牌之中的文化，如星巴克的小资情调和咖啡文化、迪斯尼的互动文化等。

---

① “品牌敏感是指品牌在消费者购买决策过程中起关键作用的程度。Odin 运用品牌敏感的概念将真正的品牌忠诚与惰性的重复购买行为区分开来，但关于品牌敏感的研究没有实质性的进展。……传达了两个信息：第一，品牌对消费者的购买决策有影响；第二，品牌对消费者购买决策的影响上升到一定程度时才能称之为品牌敏感。” 参见张旭梅. 基于消费心理的品牌敏感者细分及品牌倾向研究. 消费经济，2007（1）.

（4）个性彰显型品牌敏感者

这类消费者把品牌消费看成是彰显个性的一种途径和手段，他们追求符合其独特风格的个性符号，以此向周围的人展现自我形象。他们是“个性解放”的领导者，追求与众不同，喜欢标新立异。其个人消费品从服装、饰品到其他用品都会尽量选择与别人不同，以此来表现自己的个性。

（5）被动型品牌敏感消费者

这类消费者没有品牌意识或品牌意识比较薄弱，不会对品牌产品有明显偏好，因此本身对品牌并无特别要求。然而随着社会的进步和物质生活水平的提高，品牌的内涵已逐渐脱离产品有形的物质特性而变得更为丰富，越来越多的消费者把品牌视为一种生活方式、一种体验和特定的表现自我个性的工具。因此，尽管被动型消费者对品牌的认识不是如此，却迫于群体规范的压力不得不向品牌妥协，以此来获得群体的认同和归属感。所以这类消费者的品牌决策会受到相关群体的影响。

消费者的消费心理是因人而异的，有些心理是健康的，如求质动机；有些心理则是带有感情色彩的，如炫耀动机。消费者对同一产品的利益需求可能并不是单一的，其利益背后的潜在购物动机可能只是单纯的一种，也可能是几种，所以在对品牌敏感消费者进行分类时，不排除一个消费者同时属于两个甚至多个类别的情况。此外，每个消费者的心理不是持久不变的，会受到多种因素的影响和制约，所以不能被固定在某一类别。

2. 品牌消费者的心理特色

从消费者的角度看，消费者之所以愿意购买某种品牌的产品，是因为这种品牌的产品能满足其某种需求偏好，这种需求偏好反映了消费者潜在的利益诉求。任何消费者的购买行为总是在一定的购买动机的作用下产生的，而购买动机又是产生于某种尚未得到满足的需求。这种需求既包括生理方面的需求，又包括心理方面的需求。随着生活水平和需求层次的不断提高，心理方面的需求较之生理方面的需要对购买动机及其购买行为所起的作用更加重要。消费者的需求观念已不再停留于仅仅获得更多的物质产品以及获得产品本身；相反，消费者购买商品越来越多是出于对商品象征意义的考虑，也就是说，现在的消费者在消费商品时更加注重通过消费获得个性的满足，精神的愉悦、舒适以及优越感。

（1）求新心理。人们对新鲜事物总抱有一种好奇和新鲜感，消费者在选购商品时，尤其重视商品的款式和眼下流行的式样，即追求流行时髦的商品，追逐潮流。由于人们这种求新心理仅仅只是追求一种新鲜和潮流的感觉，所以新产品往往比较畅销。

(2) 好奇心理。这类消费者在通常情况下都比较年轻，大多数是在校的学生，由于他们年轻而且热情奔放，有很强的好奇心，很容易被新鲜奇特的事物所吸引，非常注重所购商品的与众不同。他们崇尚个性化的独特风格，喜欢标新立异，但并不注重商品的实际用途和价值。

(3) 求名心理。这类消费者通常是高收入者及赶时髦者居多，他们对商品品牌往往非常敏感，特别注重商品的威望和象征意义，讲究商品要名贵，牌子要响亮，以此来显示自己地位的特殊，或炫耀自己能力非凡。其动机的核心是“显名”和“炫耀”。新一代的消费者有强烈的品牌意识，求名心理一般说来最多表现在人们对轿车、服饰、烟酒等品牌的追求上。

(4) 习惯心理。在购买行为中往往是凭借自己的习惯不加选择地购买商品，主要体现在日常用品的购买中。

(5) 同步心理。受社会因素和心理因素的影响，消费者在购买和使用商品时往往希望与周围的相关群体保持同步，所以大众化的商品更容易产生同步购买心理。此类消费群体大多数都抱着这样一种心理：“你有我也要有。”这样就使得一些商品在新生阶段非常畅销，一旦达到普及就会马上衰退下来。

(6) 求美心理。即对美的产品的追求，强调商品的艺术美。其动机的核心是讲究“装饰”和“漂亮”，由于它的可爱和美观使人们想把它占为己有，即使是消费者本身并不需要的商品。这是一种长盛不衰的购买心理，因为人们对美的追求是无止境和永恒的。

三、文化品牌的购买行为心理分析

消费者对品牌的购买行为是品牌价值的最终体现。消费者只有完成了对品牌的购买行为，商品才能从生产者转移到消费者手里，消费者支付了购买该品牌的费用才使得生产者的价值得以回归。现代市场的品牌生产、销售与购买过程十分复杂，并形成了一条紧密关联的价值链，消费者只有完成了购买行为，才能保证整个价值链的正常运转。

有文章说消费者的购买行为是效用（即商品的使用价值）、质量、价格、品牌、服务5要素在不同权重下综合作用的结果。这是比较全面的理解，但稍显泛化。影响消费者购买决策的因素很多，如环境因素、商品的价格、消费者个人及心理因素等。其中消费者的心理因素，因为不能直接看到，又被称作黑箱。消费者的购买决策受到四个主要心理因素的影响：动机、感觉与知觉、学习、信念与态度。①

1. 基于需要的购买动机

动机是推动一个人进行各种活动的驱策力。动机是行为的直接原因，它促使一个人采取某种行为，规定行为的方向。购买动机是推动购买活动的内驱力，行为产生于动机，动机产生于需要。心理学理论关于行为模式告诉我们，购买行为的基本模式为：

需要→ 动机→ 行为

不过，研究消费者的动机却并非易事，这是因为：第一，消费者的动机多种多样，有些甚至连消费者本人也未必清楚，按弗洛伊德的理论，认为造成人类行为的真正心理力量大部分是无意识的；第二，不能肯定有某种动机就一定有某种行为或某种选择，事实上，同样的动机有可能引出多种购买行为。因此，单以简单的动机调查来估计消费者行为很不够，需要有系统的动机理论对消费者的行为作出解释。

心理学家曾提出许多关于人类行为动机的理论，其中，在解释消费者行为方面用得最多的是马斯洛的“需要层次理论”。这一理论的基本要点是，人类的需要依强度的不同可从下到上排列成五个层次：生存需要、安全需要、社会需要、受尊重需要、自我实现需要。人们总是从低向高，首先致力于满足最重要的需要，只有当最重要的需要得到相对满足后，次一级的需要才会起主导作用，成为支配人们行为的动机。

根据这一理论，企业经营者首先要了解消费者未满足的需要是什么，然后才能推知其行为动机，再对症地针对其购买动机设计产品，制定营销组合策略。企业还可以在促使消费者认识自己的需要及将一般意义上的需要转变为迫切的行为动机的过程中发挥作用，笔者称之为消费者购买动机具有可诱

① 马谋超．品牌科学化研究．北京：中国市场出版社，2005；白战风．消费心理分析——38黄金法则与实务．北京：中国经济出版社，2006；左洪亮．对影响消费者购买行为的心理因素的研究．商业研究，2005（10）；杨汉东．论消费者购买行为心理要素组合策略．商场现代化，2005（10）；黄雪梅，沈金福．破解消费者购买行为的心理密码．江苏商论，2006（9）．

导性。引发或决定消费者需要的因素很多，社会、文化、经济环境因素，商品、广告等刺激因素和消费者个人因素都可能诱发或引起消费者需要，并使其中部分需要转化为采取行动的强烈动机。因此，它们也是企业分析消费者需要的基本线索。

2. 感觉与知觉过程

消费者有了购买动机后，就要采取行动，但怎样行动，还受其对客观事物感觉、知觉的影响。两个具有同样动机并处于同样情景中的消费者，因其感觉和知觉的不同可能做出不同的选择。

感觉和知觉属于感性认识。消费者每日受到各种外界环境，包括商品形体、声响、气味、广告等的刺激，这些刺激通过人的眼、耳、鼻等感官，形成感觉。随着感觉的深入，来自感官的各种信息经过大脑的分析加工，形成对外界刺激的整体印象，就是知觉。简言之，感觉是人的感观对客观对象个别属性的反映。而知觉是人脑对作用于感觉器官的客观事物的整体反映，是对各种感觉刺激进行选择、组织和解释，使之成为一个有意义的和连贯的现实映象的过程。这个过程可以用下图来说明。

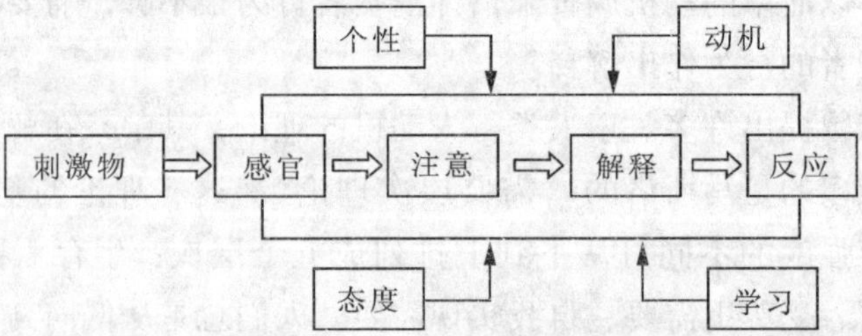

图 3－2　来自感应的各种信息

外界刺激作用于人的各种感觉器官，一个人每日面临成千上万的外界刺激，但基于下述两个机制，使人筛选掉了大部分的外界刺激：一是感觉器官的感受性有一定限度，如人的视觉只能感受到电磁波中的一小段可见光谱，人的听觉也只能感受到一定频率范围内的声波；二是在能引起感觉的刺激范围内，人只是有选择地注意其中的一小部分，而忽略其余，即注意具有选择性。解释的过程包含把注意范围内的感觉信息组织成有意义的印象，然后与过去的经验比较，从中得出结论。而这个解释过程与注意过程一样都受到一个人个性、动机、态度等众多因素的影响，因此表现出明显的主观性，又称为解释的选择性。知觉过程的最终产物是形成某种反应，这反应可能是记住某种信息，改变对某种商品的态度，也可能是立即采取购买行动。

在知觉过程中，最重要的是了解知觉的选择性，它解释了为什么不同顾客对同一外部刺激会有不同的反应。知觉的选择性发生在人脑对感觉信息进行加工的过程中，一是注意的选择性，即人们倾向于注意那些与其当时需要有关的、与众不同或反复出现的刺激物；二是解释的选择性，即人们倾向于根据自己以往的经验或成见对信息进行解释；三是记忆的选择性，即人们倾向于记住那些证实了他的态度、信念，或正是他需要的信息，而忘掉其他信息。正是这三种选择性使人们的知觉过程表现出明显的主观性——因为每个人已有的知识、态度、动机、愿望和个性不同，他们对同样的外界刺激，经过知觉过程的加工筛选，会得出不同的整体印象。这就是企业在科学的制定营销策略时应注意的地方。

3. 学习的心理过程

人们的行为有些是出自本能，但多数行为，包括购买行为却是通过后天的学习得来的。学习是一种由经验引起的个人行为相对持久变化的心理过程，是消费者通过使用、练习或观察等实践，逐步获得和积累经验，并根据经验调整购买行为的过程。

学习是驱策力、刺激物、提示物、反应和强化相互作用的结果。如某位消费者有着追求自我实现的强烈内驱力，这时他可能通过广告、书刊或亲眼所见，感到某产品是一种能满足其需要的物品，该产品就扮演了刺激物的角色。当驱策力被引向刺激物时，驱力就变成了购买的动机。但具体何时、何处、怎样买，还取决周围提示物的制约。这些提示物包括亲友的态度、有关广告、介绍文章、展销会或关于该产品降价销售的消息等。购买之后，通过使用，如果感到满意（即反应），他就会经常使用该产品，使其对该品牌的产品的反应得到强化。以后，如果遇到同样的情况，他还会做出相同的反应，甚至举一反三，在购买其他商品时也购买同一种牌子或同一家企业生产的，即将他的反应类推到相似的刺激物上。

显然，企业经营者应创造相应条件，帮助消费者完成学习过程。如根据消费者的驱策力设计产品品牌形象；提供足够的提示刺激物促使消费者购买等。

4. 基于品牌形象的信念与态度

消费者在购买和使用商品的过程中形成了信念和态度，这些信念和态度又反过来影响其未来的购买行为。

信念是人们对事物所持的一种描述性的想法。信念在人们头脑中构成了某产品或品牌的形象，它可能建立在事实、知识或经验上，也可能是一种成见，但一般不会直接影响消费者的购买选择。

态度则指人们已形成对某人、某物或某种观念的倾向性，即赞成或否定的评价。态度直接制约消费者的购买行为，因此已被用作预测消费者购买顾问的重要指标。对态度可作以下简单归纳：①态度不是与生俱来，而是通过后天学习得来的，但先天需要对态度可能产生一定影响；②态度有明确的对象，如某人、某物、某种商品、某个品牌或商品的某个属性；③态度有方向和强度之分，方向即喜欢、不喜欢或是反对，强度指喜欢或不喜欢的程度；④态度一旦形成，将持续相当长的时间，虽可能变化，但变化较困难，且短期内较少大的变化。

因此，消费者一旦形成对某种商品或品牌的态度，以后就倾向于根据态度作出重复的购买决策，而不再费心去对不同商品进行比较、分析、判断。对企业来说，消费者对其产品持肯定态度，就会成为其产品的忠实购买者；若持否定态度，则也很难改变。一般来说，企业最好改变自己的产品以迎合消费者已有的态度，而不是试图改变消费者的态度，因为前者比后者付出的代价大约还要小些。

综上所述，消费者的购买行为是社会、文化、个人、心理等众多因素综合作用的结果。其中很大部分是企业无法控制的，但了解它们能帮助企业把握消费者的需求，识别出可能对本企业产品和服务感兴趣的潜在顾客。也有一些因素是企业经营者能够通过适当的营销策略加以影响的，了解它们可指导企业制定有效的营销策略。

四、文化品牌忠诚影响分析

Jacoby 和 Chestnut 认为，从长远看，一个品牌的成功，不在于有多少顾客购买过，而在于有多少顾客经常性地购买。对于企业来说，市场份额的争夺，实质是对消费者的争夺。品牌忠诚的形成过程，研究者们认为可以用期望效用理论、满意度理论和刺激-反应的学习理论共同来解释：消费者最初选择购买特定品牌，是一种基于信息检索和决策基础上的尝试。当消费者评价该品牌提供了良好的产品特性、形象、品质和价格，也即购买结果所带来的效用达到或高于消费者的期望值时，导致满意感的产生。这种结果，成为一种正强化，并影响消费者对品牌的态度和下一次的购买决策。当消费者被多次强化后，这种购买特定品牌的行为就形成和持续下来，在较长时段内反复出现，成为品牌忠诚。因此，品牌忠诚可以看作经典“认知→态度→行为”模式的典型代表。研究者也多从认知、态度和行为范畴中选取变量来考察品牌忠诚及影响因素。①

1. 认知与品牌忠诚

对风险的认知是决策研究中很重要的认知变量。品牌忠诚被看作是消费者降低购买成本和风险的一种手段。内在价值是影响顾客忠诚的首要的、决定性的因素，具体包括产品的质量、服务水平、价格。如果企业能做到在竞争激烈的市场上为顾客提供比竞争对手更大的内在价值，就具备了拥有忠诚顾客的先决条件。

品牌忠诚由于导致重复购买，增加了消费者对特定品牌的经验，从而也增加了品牌和产品知识。产品知识的增加，使得消费者有更强的能力对品牌、产品知识进行加工，因而提高决策的效率，降低决策错误的可能性，减少随之而来的风险。产品知识的增加，还可以减少消费者对外部信息的检索，因而也减少了信息检索所需的时间、认知资源等的投入，降低决策成本。另一方面，特定品牌知识的增加，提高品牌转换的成本，于是又促进了对原有品牌的忠诚，并降低价格敏感性。当消费者知觉到购买新产品的风险很高时，会更多地选择所熟悉的产品，即风险降低了多样化选择的倾向，巩固了品牌忠诚。Andrews 和 Manrai 的研究得到类似结果：约 70% 的消费者将未曾购买过的产品剔除出考虑集，这体现了品牌忠诚对消费者选择策略的影响。但是研究者们认为，只有在消费者卷入程度较低的情况下，品牌忠诚才起到上述作用。

2. 态度与品牌忠诚

Chaudhuri 和 Holbrook 研究了信任和品牌忠诚间的关系。信任可以促进消费者对特定品牌的忠诚，而从态度测量的观点看，品牌忠诚也包含着信任

---

① 马谋超．品牌科学化研究．北京：中国市场出版社，2005；白战风．消费心理分析——38 黄金法则与实务．北京：中国经济出版社，2006；周志民，张晓生．消费价值、品牌关系型态与品牌忠诚的关系研究．深圳大学学报（人文社会科学版），2008（3）；李荟，魏微．品牌忠诚与品牌认知：品牌情感的相关性实证分析．消费导刊，2007（3）；周东睿，杨树青．品牌忠诚度的影响因素及其在企业营销战略中的应用．企业科技与发展，2007（18）．

的成分。他们还发现，对品牌的正性情感反应，与品牌忠诚存在着较高的正相关，并且降低消费者对价格的敏感性。这提示市场实践者可以通过建立与消费者间的良好信任关系，来增进品牌忠诚。Bennett 等人研究了公司间的品牌忠诚，认为高度信任导致高度承诺感，而高度承诺感导致高的品牌忠诚。满意度和品牌忠诚的关系也很密切。满意的消费者，更容易产生对特定品牌的忠诚。而当消费者产生抱怨时，如果得到企业恰当的对待，会比那些没有不满意，因而也没有任何抱怨的消费者，获得更高的满意度，品牌忠诚也会增加。这些研究还发现，对品牌的情感反应和消费者当时的心境，影响满意度和品牌忠诚度间的关系。

3. 行为与品牌忠诚

品牌忠诚的行为表现，不仅仅体现在重复购买上。前文提到，Jacoby 等人考察消费者在心理科学进展 2004 年产品缺货情境下的行为意向。有研究者把消费者向他人推荐产品看作是品牌忠诚的一种表现，这与把向他人推荐意向作为满意度行为指标之一颇为一致。品牌忠诚也会导致消费者对于价格差异的敏感性降低，忍受性增强。

消费者个体行为的集合，成为宏观的市场行为。Fader 和 Schmittlein 观察到，市场份额高的品牌，拥有更高的品牌忠诚，表现在：①拥有更多的品牌忠诚者；②品牌忠诚者的购买频次、购买量等指标得分更高。Chaudhuri 和 Holbrook 认为高度的品牌忠诚，导致品牌市场份额的增加。广告和促销等市场营销手段，对于品牌忠诚的形成和维持有很大的作用。

4. 其他

有研究者提出了核心品牌忠诚（hard - core loyalty）和可加强的品牌忠诚（reinforcing loyalty）概念。前者指消费者只购买特定品牌，具有很强的排他性。后者指消费者可能在品牌间转换，但还是以购买少数几个品牌为主。研究者建议企业将这两类忠诚和相应的忠诚者区别对待，以制定实施针对性的营销策略。同样，以重复购买为品牌忠诚度测量时，也不能区分重复购买是真正由于品牌忠诚造成的，还是出于一种习惯性购买。研究发现，在消费者感知到的品牌间差异大，并且高度卷入情境下的重复购买，是品牌忠诚的表现。反之，可以定义为习惯性购买。研究者还提出了品牌敏感性（brand sensitivity）的概念：产品的品牌名（知名品牌、不知名品牌或是非品牌），对消费者产品选择的影响。品牌敏感性高情境下的重复购买，也是品牌忠诚的表现，反之则为习惯性购买。

5. 品牌忠诚的建立与维护

忠诚顾客对企业极具价值，但顾客的忠诚是有条件的、可变的，需要企业采取有力措施去建立和维护。根据影响顾客忠诚程度的因素，对顾客忠诚的建立，应采取以下几方面的措施：

（1）注重提高产品及服务质量。长期稳定的产品质量是建立顾客忠诚的根本措施，高质量的产品本身就是优秀的推销员和维护老顾客、提高顾客忠诚度的有利工具。这里的质量不仅仅是指产品符合各项质量标准，更重要的是企业必须不断地根据顾客的意见和建议，根据顾客需求开发出顾客真正需要的产品。同时，企业还必须努力提高产品的科技含量，这不仅可以更好地满足顾客需要，而且有效阻止竞争对手的进攻，降低顾客的"跳槽率"，建立顾客忠诚。

（2）为顾客提供优质服务。在激烈的市场竞争中，服务与产品质量、价格、交货期等共同构成企业的竞争优势。科技的发展使同类产品在质量、价格方面的差距逐渐缩小，而在服务方面的差距却依然存在。虽然好的服务不能使劣质产品成为优等品，但优质产品却可以因劣质的服务而失去顾客。美国一家咨询公司在调查中发现，企业员工怠慢一名现有顾客，则可能影响40名潜在顾客。服务作为产品的一个重要组成部分，已逐渐成为产品竞争的焦点。

（3）树立良好的企业形象与品牌形象。随着市场经济的发展与完善，广大消费者的品牌意识逐渐增强。面对种类繁多的商品，顾客开始根据品牌来选择自己喜爱和信任的企业所提供的产品和服务，逐渐形成对某一品牌的忠诚。因此，在企业生产经营中必须注重品牌运营，树立良好的企业形象与品牌形象，增强顾客对企业和品牌的忠诚程度。

（4）给顾客提供价格优惠。企业应尽量降低成本，并在此基础上给顾客提供价格优惠。同时，我们还必须认识到，价格优惠不仅仅是降低价格，更重要的是要给顾客提供他们所认同的价值，如增加产品的科技含量、改善产品品质、增加产品功能、为顾客提供灵活的付款方式和资金融通方式等。

五、文化品牌延伸的心理机制

品牌延伸（Brand Extension）是指在已有相当知名度与市场影响力的品

牌基础上，将原品牌运用到新产品或服务以期望减少新产品进入市场风险的一种营销策略。品牌延伸具有能增加新产品的可接受性、减少消费行为的风险性、提高促销性开支使用效率、满足消费者多样性需要等多项功能，因而在广告与品牌营销中得到广泛应用。①

品牌延伸的成功受到多方面因素制约，其中最重要的是消费者对原品牌认知（知识）、态度、情感以及它们之间相互影响的关系。有关研究已成为近年来品牌与营销理论研究的重要内容与前沿性课题。品牌延伸的心理机制是指品牌实现延伸的各心理要素及其机能，以及其相互关系和结构。

1. 品牌延伸的心理机制

根据品牌延伸的理论模型与构成要素，为了更深入地研究品牌延伸机制，目前主要采用的是认知心理学的研究方法，据此深度把握品牌延伸机制及其营销意义。该方法假设某一品牌 A 最初的主产品为 X，随着品牌的使用，品牌 A 逐渐具有了某种意义（meaning）和联想（association）。这些意义与联想可记为（a_1，a_2，…，a_n）。现若将产品 Y 作为品牌 A 的延伸方案，产品 Y 是一个合适的延伸对象吗？认知心理学的研究认为，消费者认识这一问题则要依次做产品 Y 与主产品 X 之间的相似性评价和两者意义和联想的融合性评价。

消费者通过对品牌认知与分析后会得出产品 Y 与品牌 A 之间是否具有融合性的结论。换言之，如果消费者通过上述评价，品牌 A（意义与联想）就可以延伸到产品 Y 上去。这就是所谓“品牌延伸的静态分析”。其心理实质可以用品牌认知与情感理论进行解释。进一步研究认为上述的分析方法是将品牌（消费者概念）与产品的关系视为单向性的，这对解释品牌延伸能改变品牌意义与丰富内涵就显得不够。目前认知心理学对此的研究方法又作了进一步改进。该方法认为，品牌 A 可以影响延伸产品 Y，反过来，延伸产品 Y 也会影响与作用于品牌 A，认知这一问题就得需要从品牌延伸认知心理学的动态角度加以分析。品牌延伸的认知心理学动态分析，其实质就是主体

① 马谋超．品牌科学化研究．北京：中国市场出版社，2005；白战风．消费心理分析——38黄金法则与实务．北京：中国经济出版社，2006；丁家永．品牌延伸心理模型及其消费者分析研究．南京师大学报（社会科学版），2005（3）；雷莉，马谋超．品牌延伸评价中的学习机制．心理科学，2003（2）；金敏．品牌延伸的顾客心理基础分析．当代经济，2005（7）；丁家永．品牌延伸的策略选择及深层次心理机制．商业时代·理论，2005（32）．

心理意义建构的相互作用观。从这一角度来看，品牌延伸产品能改变品牌的意义与联想，丰富品牌的内涵，同时在某些情境下还能改变原品牌意义或原品牌的主产品。这就是说，品牌延伸的作用可能是相互影响的过程，这与当代品牌理论中循环促进、相互适合的观点是一致的。

在一定意义上可以说，品牌延伸的成功机会是由消费者的认知或理解所控制的。但任何事物的发展都是辩证的，在如何使用原品牌与产品延伸的策略上一定要有清醒的认识，不能盲目地运用品牌延伸策略，否则将为品牌带来巨大损失。

2. 品牌延伸的心理机制要素分析

品牌延伸主要是在消费者心里进行和实现的。品牌延伸的心理机能是延伸的心理要素在一定的心理动力驱动下，借助于一定的心理条件所产生的作用和效能。品牌延伸的心理要素，主要有品牌和产品需要、延伸产品及其品牌的感知、品牌及其延伸产品的记忆、品牌延伸产品的认知（联想、想象、思维、判断、推理）、品牌延伸产品的体验和感受、品牌延伸产品的态度等。

（1）对延伸产品和延伸品牌价值的需要，是推动消费者主动去寻找相关信息，主动认知及相关心理活动的心理驱动力量。

（2）感知，是品牌延伸心理要素中接受外在信息刺激并对刺激信息的个别属性和整体进行反应的心理活动。它为品牌延伸的心理活动提供现实的、外在的心理素材，为后继心理活动的进行提供对象和资料并做准备。

（3）记忆，是消费者对特定品牌及其所辖产品和其他品牌及其产品的过去经验的反映。它表现为对品牌、产品及其相关知识、经验的识记，保持和再现。记忆是保障品牌延伸心理活动进行的心理机能之一。通过记忆机能，一方面把感知的信息按一定的秩序存于头脑的某一区域，另一方面把品牌、产品及其相关已有的知识和经验保存在头脑中并在需要时提取出来，为特定品牌知识、经验与延伸品牌产品的认知交接提供条件。记忆相当于品牌延伸心理活动开展所需材料的仓库和运输系统，为心理活动即感性向理性飞跃做好准备。

（4）认知，是把联系起来的品牌和延伸产品的资料及其经验进行联想、想象、判断、推理和思维，找出两者的共性，发现其内在联系，从而决定品牌和品牌延伸产品之间实现交接、融合、认同与否的核心心理机能，它是实现延伸与否的关键机能。

消费者的认知活动是以需要为中心展开的，促使品牌、品牌延伸产品所包含的物质效用、精神价值和社会象征与需要相联系，并对其是否满足主体的需要做出衡量进而产生一定的心理机能。

（5）体验和感受就是品牌的情感机能。它能增强或阻滞感知和认识活动。它推动感知和认知活动的开展，促使品牌延伸的心理活动迅速实现。在感性或偏爱人群中，积极的品牌情感甚至飞跃般推动品牌延伸完成。相反，消极的、厌恶的品牌情感会阻碍、破坏品牌延伸进行，甚至直接使品牌延伸失败。

（6）品牌态度包括对品牌本身的态度和对延伸产品的态度两部分。两者结合就构成消费者的品牌延伸态度。它是消费者对品牌、延伸产品以及品牌延伸在消费活动中体现中的较稳定的心理倾向，常表现为肯定和否定评价。品牌延伸态度的性质及其程度是决定品牌延伸成功与否的关键性的心理机能。

品牌需要是品牌延伸心理活动及其机制的始点，品牌延伸态度是延伸心理活动的直接终点。积极的品牌延伸态度的形成就是品牌延伸心理活动成功的标志。形成积极的品牌延伸态度是品牌延伸及其宣传的直接目的，也是品牌延伸成功的最重要的标志之一。它是促使消费者接受品牌延伸产品的重要因素。品牌延伸态度的形成取决于对品牌及其延伸产品的认识、情感和行为意图。所以品牌延伸的各心理要素及其心理机能是一个相互联系、相互作用的有机整体。

品牌延伸赖以实现的心理要素及其心理机能，按其内在的关系构成一个有机的功能组织，即品牌延伸心理机制，如图所示：

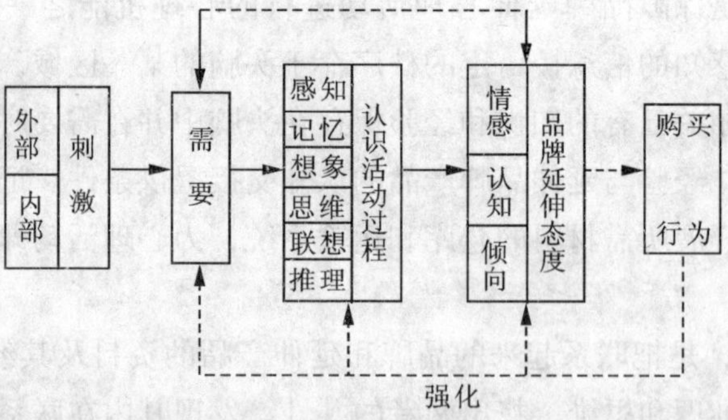

图 3－3　品牌延伸的心理机制

由外在的刺激或内在的因素的唤起，消费者认知某种需要。受需要的驱动，消费者会去寻找能满足需要的产品和品牌。在这种状态下，品牌及其延伸产品进入消费头脑（心智）。由满足需要的驱动，消费者心理要素及其机能对品牌及其延伸产品进行感知反应，同时，激活头脑里储存的有关品牌、产品的相关知识、经验和体验，以帮助认知活动开展。品牌及其延伸产品与消费者已有的经验、知识相联系，经联想、想象、判断、推理和思维等认知活动，逐渐形成对品牌延伸产品及其品牌的新的知识。

这种认知结果与需要相联系，产生对延伸新产品及其品牌的观念上的体验反应，即对品牌及品牌延伸产品产生情感。在认知和情感的影响下，结合需要的满足状态形成对品牌及其延伸产品行为上的倾向或意图。如此，以品牌为核心形成了相应的品牌延伸态度。积极的延伸态度，能促进消费者产生购买延伸产品的行为。如果产品购买感受和购后评价好，既能更好地满足现实需要，又能强化对品牌延伸的态度、认识过程和对品牌及其延伸产品的未来需要。消费者具有品牌延伸成功的心理行为体验，有助于他对品牌延伸和延伸类产品的接受。否定的延伸态度，一般不可能产生购买行为。

综上所述，我们应坚持以消费者为中心的品牌延伸观念，使品牌延伸成为更好地满足消费者需要的手段，为品牌成功延伸奠定良好的心理基础；创造并利用好品牌延伸成功的心理条件，有效地调控延伸心理机制并促使其发挥积极机能，以最有效的方式、最短的时间和最少的投资保证延伸心理活动的成功。

因为消费者的购买行为受到消费者所拥有的品牌知识即品牌认知和品牌形象的影响，所以构建消费者品牌知识的思路就是构建品牌资产的基本思路。也就是说某品牌的认知度越高、品牌形象越鲜明有力，就越容易引起消费者的购买行为，消费者才会不断购买该企业的某个品牌，该品牌的资产才会不断做大。因此，为了构建品牌资产就必须提高消费者的品牌认知，进而在消费者脑海中建立起良好的品牌形象。

第三节　文化品牌的生成技术

文化品牌的生成以文化创意为先导，在兼顾消费者心理机制的前提下，也要经过一系列的“品牌意识、品牌策划、品牌定位、品质控制、品牌传播、品牌保护”等运作流程。在文化品牌生成的具体环节上，必须依次经历文化品牌调研、文化品牌定位、文化品牌的命名和文化品牌 CIS 设计四步。

一、文化品牌调研

我们深知，品牌经营与营销的基础是敏锐的消费者洞察（Acute Consumer Insights）。如果消费洞察的取得是横切面的、是靠消费者口中所告知的、是被调研公司问题设计所导引的、是 20 分钟内完成的、是不痛不痒的、是千篇一律的，那么我们将如何去勾勒那不断在变化中的变化本质与促成消费变化的发酵因素呢？平凡的发现成就平凡的策略；平凡的策略成就平凡的品牌。①

1. 品牌调研的重要性

目前的调研中，约有 80% 以上的市场份额是由跨国公司提供的，跨国公司对调研的重视是国内企业所不能比拟的；为了寻找或验证一个想法，国际大公司习惯进行大规模的市场调研，中国企业在品牌建设中常常不做调研而盲目推产品，更多地倾向于拍脑袋做决定，“发财的点子明明摆在面前，为什么还要投入大量的时间和金钱做调研？”他们总是怀疑为考证一句话而投入大量经费做几百页厚的调研报告是否值得。

在茫茫商海中，品牌调研让企业驶得更稳。品牌战略专家曾朝晖曾提出品牌调研的扣子效应，他说：“为品牌做调研，就好像我们穿衣服系第一粒扣子，如果第一粒系错了，后面的就会跟着错。”为品牌作诊断，为品牌资产作清查，这似乎是企业一个陌生的课题，但要保证企业持续健康的成长，杜绝不期而至的疾病，诊断和调研就非常有必要。随着市场经济的深入发展，企业之间的竞争正日趋激烈，市场调研日益成为企业经营活动中的先导性策略。

---

① 曾朝晖．品牌领跑．当代经理人，2003（3）；曾朝晖．品牌调研扣子理论．日用化学品科学，2006（6）；［美］爱莉西亚·佩里，大卫·威斯诺姆Ⅲ．品牌创立的第一本书．段晓雁，王宇详，译．北京：中国财政经济出版社，2005；马谋超．品牌科学化研究．北京：中国市场出版社，2005.

调研从来都是企业发展的基石，对于保证企业临床发展、适应市场需求，显得愈发重要。尤其在买方占据主导地位的消费主义经济时代，生产者要在市场中获得竞争优势，企业就必须以顾客为中心，以顾客市场为导向；企业必须要放下架子，把产品放在一边，不要再卖你能制造的产品，而是要卖消费者需要的产品；暂时忘掉定价策略，去了解满足顾客需求所需付出的成本；忘掉通路策略，不要认为抓住了经销商就抓住了一切，重要的是考虑如何让消费者更容易买到外面的产品。这些都需要企业进行调研，去获得真实的数据，了解顾客的真实想法。

图 3-4 卖场中的宝洁品牌展示

企业只有坚持市场调研，采用科学的方法，有目的、有系统地收集和分析市场情报资料，在市场的动态变化中注重产品的研究开发，促进企业产品的适销对路和更新换代，才能不断调整品种结构，优化销售渠道，从而在市场上保持旺盛的竞争力。离开了市场调研这一先导性经营策略，企业开发的产品便没有生命力。缺乏市场竞争力，往往使企业的新产品一上市便成为滞销品或淘汰货。因此，市场调研是企业新产品开发的前提条件，是企业开发新产品适销对路的根本保证，也是企业依靠丰富的变化的市场不断开发新产品的重要源泉。宝洁在全世界首创了专门的市场调研部门，发展了许多专门的市场调查研究方法和模型，而且迄今为止它仍是全世界最大的市场调研者。宝洁的多品牌策略正是建立在大量以顾客为导向的精确市场调研基础之上的。

可以说，脱离调研就是脱离市场，脱离调研就是脱离消费者，没有市场调研的品牌建设仿佛是空中楼阁。因为没有调研，所以市场不稳定，这是中国企业的致命伤。

有人曾称：调研是“导航标”，是“明灯”，是“指南针”。调研可以让企业少犯错，在某种意义上，对于企业来说，不犯错误就是胜利，因为有时即使一个小错误，也会让企业遭受灭顶之灾。认为市场调研可有可无，不做调查，不做测试，盲目上市，结果往往是凶多吉少。品牌如果没有调研铺路，就好像在黑暗中航行，急流、险滩和暗礁无处不在，只要一次疏忽，就可以让企业成为“泰坦尼克号”。但是，调研和诊断不是“技术的盒子”，不是一大堆枯燥数据的罗列，而是要倾听市场消费者的心跳。有时，浅层次的调研的结果并不十分真实，这就需要调研人员作进一步的深入探究，以寻找事物的本质。因此对于调研，将不仅是用两条腿去走访市场，更需要用第三只眼去透视市场。套用一句老话：调研从来都不是万能的，但没有调研是万万不能的。

2. 调研服务的主体及分类

（1）调研服务的主体

企业进行营销战略决策，按照国际著名管理咨询公司麦肯锡的观点，涵盖了三个方面：选择价值、提供价值、传播价值。这三个方面的决策，涉及决策需要的数据分析和决策参考依据。国内有些企业的做法是依靠自身在行业中多年经营积累的数据和经验进行判断，也有一些企业取得成功，很大因素上是经验与事实的偶合性。

在消费者偏好和市场日趋变化快的现实情况下，许多成熟的企业和大型企业依靠数据分析和决策依据，采取科学的决策方法进行决策。业务投资领域的首要任务是选择价值，价值的判断和选择大部分是依靠调研取得的。调研分为企业自己完成和委托专业的市场调研公司来完成。以市场为导向的企业经营围绕“价值”进行经营，调研工作是首当其冲的任务，从这一角度来说，调研服务的主题是消费者的“价值”，以及企业在实现客户价值和自身价值中的环境因素和企业因素。

（2）调研的分类

依照调研服务的主体，我们可将调研大致分为三类：

a. 关于企业经营宏观环境方面的调研。企业宏观环境的调研很大部分用于企业的经营战略决策方面。阐述的一个观点是，一个新产品的决策对于企业的经营管理来讲也是一种战略性行为，了解外部环境对于企业经营有非常积极的意义。宏观环境如人口、技术、政策/法律、经济、生态环境和文化方面（营销侧重于消费者的价值观）。这些方面的调研一般以二手资料为主，比较容易获得，比如政府相关网站、行业中的专家等。

b. 行业环境的调研。营销调研重点关注的是分销链成员、竞争产品、替代品。关注分销链成员在于解决产品的流通、渠道成员的利益点、设计产品的通路规划，从而驱动产品推广和品牌传播；关注竞争产品在于了解行业的市场结构和竞争态势，采取市场策略，以期获取资料，争取相对的竞争优势，比如产品份额、产品结构、价格体系、渠道商、传播推广活动等等；关于替代品的威胁，主要关系到产品的生命周期。

从营销的角度来看，调研行业的重点放在行业和竞争产品上面。环境的因素调查主要服务于企业的经营决策，此外还要考虑行业的集中度、行业成功要素研究等方面。企业是否决策投资新产品领域是营销的前提条件。

c. 消费者的调研。对于产品和品牌的定位来讲，消费者是调研的工作重点，这又主要涉及消费者的需求及其程度、需求量大小，以及消费者购买决策因素和过程、购买行为、收入水平与购买力、购买频率、价值观、信息接受习惯和其他利益点等。这直接关系到营销策略和营销规划。

产品有消费者需求才能卖得好；品牌是活在消费者心中的！消费者的需求才是产品和品牌存在、成长的基础，所以产品和品牌的基础必须立足于消费者的需求。其他方面是定位必须要考虑的外在决策因素。

3. 调研方法及流程

调研的方法有很多，如零售稽核法、问卷、座谈、随机访谈，以及购买专业公司二手资料等等。按照营销战略的价值选择、提供价值和传播价值的秩序进行划分，可以规划出一系列的市场调研行为。下面是关于市场细分的一个典型的市场调研流程。

第一步：明确市场研究的目的以及对最终结果的假设采取的活动：研讨本次市场研究将要支持什么决策；对已有消费者资料做初步分析；对竞争对手进行初步分析。

调研的成果：假设的细分市场；细化的工作计划。

第二步：获取对消费者需求、购买决策驱动因素的深刻认识采取的活动：召开定性消费者访谈或座谈会了解其需求、使用行为、满意度等等；进行内部数据分析以期了解服务于不同消费者的内部成本，推算不同消费需求的价值体验。

调研的成果：确定谁是购买的决策者；消费者需求、购买动机的清单；明晰接触点及表现，更进一步的细分市场假设。

第三步：定义目标市场及规划策略采取的活动：实施消费者调研以收集有关其需求、行为、满意度等完整的信息；了解细分市场的大小、机会潜力；构画目标细分市场轮廓用于今后实施定向营销计划。

调研的成果：定型的市场细分及定义；针对该细分市场的定位策略和整合营销策略。

二、文化品牌定位

定位理论首先是由里斯和特劳特于 1969 年在《产业行销杂志》上发表的一篇文章中提出的。1979 年，两位大师合作出版了专著《广告攻心战略——品牌定位》，至此，定位理论变得更加完善。定位理论首先应用于产品定位，产品定位跟品牌定位有较大的区别。产品定位基于产品本身的差异，而品牌定位则在产品实体上增加了价值，增加了无形的东西。由于产品间的差异越来越小，品牌差异就越显得重要了。

1. 品牌定位及其重要性

所谓品牌定位是指为某个品牌确定一个适合的市场地位，给目标消费者一种感觉，以确保在消费者心中占据一个独特的位置。它是确定企业品牌的核心价值及相应的宣传策略的一个业务流程单元，是品牌管理的核心工作。定位之于品牌就像方向盘之于轮船，它决定着品牌传播方向，是任何品牌创建的基础、核心和保障，更是企业营销因素组合的战略起源。企业进行品牌定位，必须以消费者为中心，站在消费者的立场上去考虑他们的需要。而消费者也有不同的类型、不同的偏好，企业的品牌定位也要满足特定细分市场中消费者的特定需要。

品牌定位是品牌传播的基础，它规定品牌传播的方向。品牌定位必须依赖于品牌传播才能实现定位的目的，即在消费者心中占据一个独特的有价值的位置。如果不能及时准确地将企业设计的品牌形象传递给目标消费者并得到认同的话，那该定位就是无效的。唯有有效的品牌传播才能使品牌定位真正生成并望生效。同样，品牌传播更依赖于品牌定位，没有品牌整体形象的预先设计，即品牌定位，品牌传播就难免盲从进而缺乏一致性，使品牌的市场影响大打折扣。从某种意义上讲，定位工作关系到企业的生死存亡，定位本身又具有抗争性和相对性特点，这必然要求企业把握消费心理，研究竞争对手的定位信息和本企业的目标市场需求，提炼品牌定位理念，进行有效的品牌定位信息传播等，从而做到有的放矢，事半功倍。

但同时我们必须看到，品牌定位并不是一劳永逸的，也有其相对性。首先品牌定位是通过与竞争对手的比较来加以界定从而获得“定位效应”的，企业如果在价格、质量、促销、渠道等方面稍有失误，都可能丧失品牌“定位效应”；其次品牌定位随产品生命周期的终结而终结。

2. 品牌定位的实施流程

在产品同质化的今天，要成功打造一个品牌，品牌定位已是举足轻重。品牌定位是技术性较强的策略，离不开科学严密的思维，也很讲究策略和方法。现在比较流行的定位方法主要有：首席定位、比附定位、档次定位、USP 定位、功能利益定位、情感定位、对比定位、市场空当定位、消费群体定位、文化定位、经营理念定位以及自我表现定位等等，这些各类书籍文章陈述较多，不做赘述。

品牌定位是一个系统的、有序的工程，必须按科学流程来细致地开展这项工作。应结合企业的战略目标，从分析企业的优势开始，经过市场细分、目标市场的选择、目标市场中顾客共同价值观的把握、核心理念的提炼、优秀品牌联想的建立、传播方案的制定、品牌的再定位等一系列的环节，通过长期的策划与维护，才能确立起来。综合参考多家观点，品牌定位需从以下八个方面来进行（如图3－5所示）。

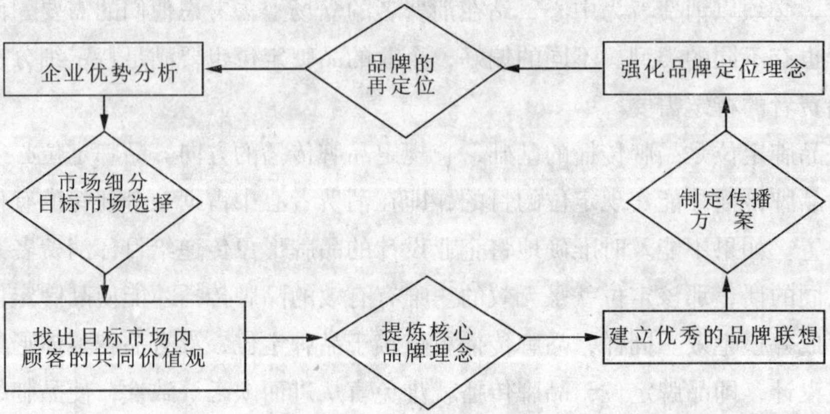

图3－5　品牌实施流程图

（1）企业优势分析

进行企业优势分析是品牌定位的第一步工作。首先，企业优势分析是制定企业战略的基础。品牌定位的逻辑思路应是：企业战略—营销战略—品牌战略—品牌定位。一个清晰、完整的企业战略是品牌定位的前提条件，有了企业总体战略才能有品牌战略的存在。其次，商场如战场，知己知彼，方能百战不殆。企业须经常将其产品、价格、渠道和促销等与其密切相关的竞争对手相比较，通过比较，可以找出其竞争优势和不足之处，从而在消费者心中确立其优势地位。再次，进行企业自身优势分析的目的是挖掘企业自身的显在或潜在优势，并将其有效融合到品牌定位的过程中，从而塑造出个性化的品牌。

（2）市场细分与选择目标市场

一个企业不论它的规模有多大，它所拥有的资源相对于消费需求的多样性和可变性总是有限的，因此它不可能去满足市场上的所有需求，它必须针对某些自己拥有竞争优势的目标市场进行营销，目标市场顾客群是企业资源的重点投入对象。现代营销战略的核心可以描述为STP营销，即市场细分（Segmenting）、选择目标市场（Targeting）和品牌定位（Positioning），这三部曲中市场细分与目标市场选择是进行品牌定位的前提，品牌定位则是结果，离开前两项基础工作，品牌定位将无从谈起。三者的关系可以用图3－6来表示：

细分市场：
根据消费者需求的差异划分细分市场

↓

选择目标市场：
根据细分市场的吸引力选择目标市场

↓

品牌定位：
为目标市场设计品牌的可能形象

图 3－6　品牌市场定位逻辑

市场细分的目的是根据企业自身的实力，确定企业所进入的目标市场，两者存在着先后顺序的联系，同时又相互区别，市场细分是分析的过程，而确定目标市场是决策的过程。应该说，品牌定位后的产品是为特定消费者群量身定做的产物，品牌定位应个性化需求而生，也将在个性化需求中实现其主要价值。

（3）分析目标市场内顾客价值观

“定位不在产品本身，而在消费者心底。”定位的重心在于消费者心理，对消费者心理把握得越准，定位策略就越有效。目标市场确定后，必须能够透过消费者表层、多变的行为和需要，寻找到其内心根深蒂固的价值需要。无论企业定位的技巧多高明，其成功的关键还是迎合消费者的心理，因此，对目标市场的顾客心理需求活动的把握是品牌定位的最重要的环节。在纷繁的消费者心理需求分析中，价值观分析相对更具可行性。价值观是人们对事物一致而稳定的看法，是人和社会精神文化系统中深层的、相对稳定而起主导作用的成分，是人心理活动的中枢系统。通过对消费者价值观的分析就是要发现目标顾客群对事物的判断标准，解读他们的主要需求，为定位提供足够的心理依据。

（4）提炼品牌核心价值

目标市场内顾客价值观存在很大差异。对品牌定位工作而言，重要的是把这些不是很一致和统一的价值观进行提炼，以形成集中、单一和稳定的顾客核心价值，在此基础上，再根据企业的财力、技术能力和销售能力等确立品牌的核心价值。从目标市场顾客的核心价值到品牌核心价值的形成，对于品牌建设具有重要的意义，一个品牌若不具备或没有明确的核心价值，就失去了竞争的基础。核心价值是品牌资产的主体部分，它让消费者明确、清晰地识别并记住品牌的利益点与个性，是驱动消费者认同、喜欢乃至爱上一个品牌的主要力量。核心价值也是品牌的终极追求，是一个品牌营销传播活动的原点，企业的一切营销活动都是对品牌核心价值的体现与演绎，并丰满和强化品牌的核心价值。品牌的核心价值一旦提炼成功，便贯穿品牌建设的始终。提炼品牌的核心价值的目的在于满足消费者精神需求性的东西，使消费具有价值感、社会归属感和满足感，是需求从物质层面向精神层面跃升的主要表现方式。

明确的核心价值需要用凝练的语言来表达，这便成了品牌定位的核心理念。核心理念来源于品牌的核心价值，但又不同于品牌的核心价值，它以品牌的核心价值为基础，是赋予品牌人格化的重要手段，是品牌定位的灵魂。它具有两个特征：与消费者共鸣和推动企业的价值取向。它能持续不断地造成本品牌和竞争品牌的差异化，能不断激励企业员工和合作者。即使非常简单的话，比如“不走寻常路”或“我的地盘我做主”等，也会对认真思考和品味其中含义的人们有所启发。

（5）建立优秀的品牌联想

提炼了品牌核心理念之后，企业要做的工作是把自己的品牌核心理念传达给顾客。由于核心理念过于抽象，想要直接进入消费者的心里，占领消费者的心智较为困难，因此，必须依据品牌的核心理念对品牌进行设计与包装，创造其识别特征，以塑造起品牌形象。品牌定位的一个重要任务就是把品牌理念和品牌识别特征有机地结合起来后主动地与目标受众进行交流。如果说品牌理念是品牌和消费者交流的内核，那么品牌识别就是品牌和消费者交流的语言。这种识别特征有效传达给消费者后就可以形成品牌联想。

（6）有效地传播品牌定位理念

品牌具有核心价值和核心理念，并建立了自己的识别特征，但消费者却不一定知道，企业必须通过一定的方式及时准确地将其“告诉”目标顾客并求得认同。品牌传播包括广告展现、公共关系展现、人员推广展现和促销展现等方式，但无论是采用哪一种展现手段，品牌展现的各种形式应密切配合、协调一致，传达给社会公众的都应是相同的内容，这样才能保证品牌形象的一致性。另外，品牌核心价值和核心理念定位以后，一旦得到市场认同，就应保持其相对稳定性。也许在此期间市场竞争和消费者需求会发生某些变化，企业可以据此做出调整，但不要轻易否定自己的核心价值和核心理念，否则会前功尽弃。

（7）强化定位理念

定位一旦确定，需要坚持不变地向目标顾客反复传播，目的就是让顾客形成特定的心理烙印。在工商管理机构注册只是取得品牌的法律保护地位，在顾客心里完成注册才是真正地占领了细分市场，这就是品牌定位的最终目的。其直接的效果就是，细分市场中的顾客一旦产生购买欲望，第一心理反应就是你的品牌。强化定位理念有两个关键：一是不断重复，二是一致性。企业的营销活动都要体现、演绎出品牌的定位理念，即从原料采购、产品研发、包装设计、电视报纸、电台广告、海报挂旗等广告、促销品、新闻炒作、软文宣传、通路策略、终端生动化、街头促销到售后服务甚至每一次接受媒体采访、与客户沟通等任何与公众、消费者沟通的机会，都要去演绎出品牌的定位理念，从而使消费者在任何一次接触品牌时都能感受到该品牌定位理念的信息，这就意味着每一分的营销广告费都在加深消费者大脑中对品牌定位理念的记忆与认同，都在为品牌做加法。

（8）品牌的再定位

消费者的需求是不断变化的，市场形势也变幻莫测。一个品牌由于最初定位的失误或者即使最初定位是正确的，但随着市场需求的变化，原来的定位也可能无法再适应新的环境，企业需要根据市场情况（环境）的变化不断调整其原来的定位，使品牌永远具有市场活力。任何以不变应万变的静态定位思想都将使品牌失去活力，最终被市场淘汰。品牌重新定位并非品牌更新，它并不意味着品牌经营者马上放弃现在的品牌定位。没有任何一个企业的任何一种品牌仅通过一次过程就能完成正确定位，成功的品牌定位不是一成不变、一劳永逸的，需经历反复过程才能实现。

品牌定位是创建品牌的基础，一个清晰、有效的品牌定位可以准确地向消费者传递商品的信息，告诉消费者购买的理由，使消费者产生购买欲望。要进行准确的品牌定位，企业不仅要对自己的品牌和竞争对手的品牌的当前形象和目标形象均要有透彻的了解，而且要透彻地了解消费者的需求，并持之以恒、前后一致地进行营销宣传。品牌定位不能一劳永逸，要随消费者的需求变化作出调整，以保持品牌形象不被老化。

三、文化品牌命名

人们常说“名不正则言不顺，言不顺则事不成”。自古以来，中国人相信名字不仅是一个记号，它同时暗含着人或事物的生命走向和兴衰指数。中国人历来讲究“名正言顺”，为产品取名实际上是选择适当的词或文字来代表商品，让产品名正言顺。对消费者而言，品牌名称是引起心理活动的刺激信号，它的基本心理功能是帮助消费者识别和记忆商品。品牌名称给消费者的听觉和视觉刺激感受程度和心理上引起的联想差别很大，从而使其对生产企业的认知感和好感度都会有所不同。①

1. 品牌命名的重要性

有专家指出，消费者跨时间获得的品牌的有关的信息在记忆中倾向于围绕品牌名字组织起来。名字是品牌一个很奇怪的识别符号，是产品的第一张名片。目标消费者第一次感受产品的时候，一定是伴随着对产品名称的感受的。产品名字是品牌的终生标记，是品牌资产积累的最鲜明记录者和代表，甚至承载着品牌兴衰的重任。它也是品牌注册商标中最为重要的部分，是一个企业里比其他任何资产总和都值钱的企业资产。

一般来说，消费者首先要通过对产品的直观认识才能熟知你的产品，然后才通过亲身体验去感受产品内在质量，有时甚至不需要去亲身体验产品的内质，而只要消费者感到心理上喜欢就购买了产品。对于品牌，索尼公司的创始人盛田昭夫有一个鲜明的观点：“取一个响亮的名字，以便引起顾客的美好联想，提高产品知名度与竞争力”，形象地说明了品牌名称选用与经营效果之间密切的联系。美国从事社会调查的格洛斯曼公司的研究表明，有36%的品牌名称生硬、枯燥，对销售构成严重伤害；有的品牌名称平平淡淡，对销售没有多大帮助；只有12%的品牌名称令人一见倾心，大大促进销售。由此反映出大多数企业在品牌利用上是失败的。

由于汉字是表意文字，人们往往能从字里行间体会出品牌名称所包容的

---

① 刘世忠．品牌策划与实务．上海：复旦大学出版社，2007；［美］爱莉西亚·佩里，大卫·威斯诺姆Ⅲ．品牌创立的第一本书．段晓雁，王宇详，译．北京：中国财政经济出版社，2005；沈虹．话说品牌命名，再谈品牌命名．广告大观（综合版），2007（11，12）；任丽华．品牌命名的艺术．理论界，2004（3）；吴元平．品牌命名和设计的原则．福建广播电视大学学报，2002（1）．

意义，比如娃哈哈、乐百氏、小护士、永久、康佳等，因而品牌名称作为产品的最直接代言人，是对产品的直接展现。品牌与产品两者呈现一种正相关关系，如同人们习惯于通过包装来理解产品，品牌名称往往以其产品的外在形象的身份能够感染消费者。一个好名称的塑造与启用，不仅解决了企业及产品自身的标识问题，还能发挥出广告宣传的作用。所以诸如蒙牛、海飞丝、太太乐等品牌的塑造给企业带来的收益是多方面的。

2. 品牌命名的原则

给产品起一个好名字，就是给消费者在刚认识这个产品时，创设良好的第一印象，为产品走向市场打下坚实基础。人们多通过产品给消费者带来的不同利益、产品本身的来源渠道或是以产品的文字类型命名。尽管品牌命名没有固定的标准，但我们从全球知名品牌的成功经验和一些品牌失败的教训中可总结出品牌命名的一些基本规则，以便我们实际操作。

（1）易读、易懂、易记、易传原则

在品牌的汪洋大海中，要想使品牌被消费者记住，首要的一点是品牌名称应让消费者容易发音、容易理解、容易记忆、容易传播。品牌名称只有易读、易懂、易记、易传，即“四易”原则，才能高效地发挥它的识别功能和传播功能。如何做到“四易”呢，这就要求策划人员在为品牌取名时做到以下几点：

简洁。名字单纯、简洁明快，易于传播。据调查，两三个字的名称最容易记住，四个字的名称次之，五六个字的记忆效果又在四个字之下，但是，太简洁的一个字，效果也不理想。四个音节的品牌你能记住多少？除了可口可乐等百年品牌，市场上鲜有运作成功的四个字的品牌。索尼·爱立信手机取得了暂时的成功，但是否就说明其很有前途呢？我们并不这样认为。索尼·爱立信不仅名字烦琐，而且组合后非常难以“朗读和流传”，还不如改用“索爱”，其与“所爱”同音，英文也同样简化。同时，给产品命名应尽量考虑到选那些平易、流畅、易读、易写，不会给受众的记忆造成障碍的字、词来为产品命名，而不选用生疏冷僻字、词。

新颖独特。这是指名称要有新鲜感，赶时代潮流，创造新概念。如“喜之郎”、“自由鸟”、“经理人”、“步步高”等。产品名称是产品的属性、形象和信誉的外在表现，同时，也是消费者了解、认识产品的重要窗口和途径，因此，在给产品命名的过程中，一定要考虑其名称是否表达了产品独特的属性、形象和信誉，是否具有与其他产品相区别的个性特征，是否有利于消费者对产品的了解和认识。名称应具备独特的个性，避免与其他品牌名称混淆。如“老人头”、“花花公子”、“三星”、“金龙鱼”等。在产品命名的过程中，产品名称设计雷同是产品实施品牌战略的大忌。因为品牌战略的最终目标是通过品牌竞争力的强化，超越竞争对手，如果品牌的名称设计与竞争对手雷同，将远居在别人之后，很难达到最终超越的目的。

响亮、有气势。这是指品牌名称要易于上口，难发音或音韵不好的字，都不宜作名称。声母为“k，b”，韵母为“ang，ong”等音节的词往往发音较为响亮，并且声调最好有起伏，以达到抑扬顿挫的效果。而且品牌名称要有气魄，起点高，具备冲击力及浓厚的感情色彩，给人以震撼感。如“千里马”、“奔驰”等。

亲和力强。亲和力取决于品牌名称用词的风格、特征、倾向等因素，命名时要使用和目标消费群相同的“语言”。力士和舒肤佳的比较，力士给人的感觉生硬、男性化，但我们知道，一般情况下，在家庭中采购香皂的大多数是家庭主妇，因此力士这一名称和目标消费者的喜好显然是格格不入的；而舒肤佳则不同，这一名词首先给人的感觉是倾向于中性化的用语，它不但更广泛地贴合了目标消费者的偏好，而且，通过强调“舒”和“佳”两大焦点，给人以使用后会全身舒爽的联想，因此其亲和力更强。

（2）暗示功能属性原则

品牌名称还可以暗示产品的某种性能和用途。例如999胃泰、五粮液、高露洁、创可贴等。劲量用于电池，恰当地表达了产品持久强劲的特点；飘柔形象地表现了头发既飘逸，又柔和；背背佳准确地表现产品在人体作用的位置，体现了产品的功能。它们中的一些产品甚至已经成为同类产品的代名词，让后来者难以下手。商务通的命名，使得它几乎成为掌上电脑的代名词。类似的还有“捷达”轿车、“洁银”牙膏、“美尔雅”西服等。

一般与产品属性联系比较紧密的这类产品名，大多实施专业化策略。如果一个产品需要实施多元化战略，则其产品名与产品属性联系越紧，则对其今后发展越不利。

（3）启发品牌联想原则

正如人的名字普遍带有某种寓意一样，品牌名称也应包含与产品或企业相关的寓意，让消费者能从中得到有关企业或产品的愉快联想，进而产生对品牌的认知或偏好。相反，如果品牌命名不当，容易引起人们的反感，甚至引起法律纠纷。经典品牌名称解读中提到的“金利来”品牌名称就如此，其比金狮（广东话念“甘输”）要好许多。

品牌名称作为包容性很强的事物，通过与文化的结合而直接呈为文化性，如白酒品牌中的孔府家、今世缘、小糊涂仙、金六福，饮料领域中的娃哈哈、山村果园，化肥农药产品中的艳阳天、西洋、农大哥等，其他则比如狗不理包子、好孩子童车、爱妻号洗衣机等产品。具有了文化的属性，品牌的内涵就宽广了许多。文化是博大精深、广泛存在的，因此品牌利用中就需要深入挖掘各种文化信息，加以充分选择利用，以占领文化的制高点，在经营领域产生更好的传播效果。

（4）与标志相配原则

品牌标志物是指品牌中无法用语言表达但可被识别的部分。当品牌名称与标识物相得益彰、相映生辉时，品牌的整体效果会更加突出。如今，有些还在牙牙学语的幼儿只要看到麦当劳醒目的黄色“M”时，便会想到要吃汉堡包。

（5）市场通用原则

不同国家或地区的消费者因民族文化、宗教信仰、风俗习惯和语言文字等的差异，对同一品牌名称的认知和联想是截然不同的，因此品牌名称要适应目标市场的文化价值观念。在品牌全球化的趋势下，品牌名称应具有世界性。企业应特别注意目标市场的文化、宗教、风俗习惯及语言文字等特征，以免因品牌名称在消费者中产生不利的联想。比如海尔就可以世界通用。

（6）受法律保护原则

品牌名称受到法律保护是品牌被保护的根本，品牌名称要得到法律保护就必须申请注册。策划人员在命名时就应遵循相关的法律条款。品牌名称的选定首先要考虑该品牌名称是否有侵权行为，策划人员要通过有关部门，查询是否已有相同或相近的品牌被注册，如果有，则必须重新命名。其次，要注意该品牌名称是否在允许注册的范围以内。有的品牌名称虽然不构成侵权行为，但仍无法注册，难以得到法律的有效保护。

四、文化品牌 CIS 设计

企业识别系统 CIS，即 Corporate Identity System 的英文缩写。它是 20 世

纪60年代末70年代初在日本引进CI的基础上发展成的一个系统。

1. CIS及其构成要素

CIS是由企业理念识别（Mind Identity，MI）、企业行为识别（Behavior Identity，BI）和视觉识别（Visual Identity，VI）组成的整体。

（1）企业理念识别（MI）

理念识别系统是由企业的发展战略目标、企业的经营理念等方面组成，是企业形象设计中的最高决策层，也是导入企业形象设计的基础和原动力。这股内蕴的动力影响着企业内部的动态、活力与制度以及组织的管理与教育。

在它的基本要素里，企业的社会使命是它的存在价值。这种社会价值决定了企业的事业活动领域，也在一定意义上制约着企业的价值取向。这一价值或使命的近期、中期和长远目标，正是企业的发展目标（包括事业发展的重大决策）。实现这一目标必须要有相应的经营方针和企业精神做保证，并要制定相应的行为规范。简言之，包含在企业理念识别中的要素有社会使命、事业领域、价值取向、发展目标、经营方针、企业精神、行为规范等。它的操作化可以有信条或座右铭、标语口号、企业歌曲等。

（2）企业行为识别（BI）

行为识别系统，是由企业的发展战略的策划经营目标的确定、管理体制的制定、产品的促销活动等方面组成，是企业是否规范化、标准化的基础条件，也是企业形象设计能否在企业中建立的关键。企业确立自身的企业理念，必须通过对内对外的一系列活动将其贯彻与体现出来。

它规划着企业的一切内外活动。对内有培训（专业技术、礼仪、道德规范等的培训）、组织、管理、开发研究、福利、工作环境等；对外包括市场调研、广告活动、公共关系、公益活动、产品推广等。各项活动的具体规范、管理制度、工作守则、岗位责任和考核指标体系等，都是BI的应用要素。

（3）视觉识别（VI）

视觉识别系统是纯属视觉信息传递的各种形式的统一，是具体化、视觉化的传递形式，即在企业的战略目标和经营理念的支配下，运用视觉传达的方式，宣传企业识别的符号，展示企业形象的设计系统，是企业识别系统中最具传播力与感染力的要素。

它包括基本要素和应用要素两大部分。基本要素是设计统一的企业标识、企业名称、企业造型、象征图案、标准字、标准色、标准印刷体、宣传口号等。应用要素有企业的建筑物外貌、办公环境、办公用品、招牌、产品包装、广告、制服、交通工具和陈列展示等。各种基本要素的统一标准应该应用于企业各种可用的媒体，或者说，应用要素的设计应体现基本要素的各种统一标准。基本要素与应用要素之间的关系，犹如树根和由树根衍生出来的枝和叶。VI 系统的标准化通常包括在 CIS 手册里。

（4）CIS 中 MI、BI、VI 的关系

理念识别（MI）是最高决策层，是导入 CI 的原动力，是企业的精神所在。MI 也是一种符号，当此符号发挥有效功能时，无形中对员工产生潜移默化地教导的作用，使员工能肯定自己在公司工作的意义，进而提高士气。同时理念识别又代表语言上的形象，同样须具备明快感。行为识别（BI）是非视觉化动态的识别方式，对内负责组织管理，对外负责开展各种活动。视觉识别（VI）系静态的识别符号，在整个企业识别中传播力量与感染力量最为具体而直接，项目最多，层面最广，让人一目了然。企业形象是存在于人们心中一种模糊、朦胧的感觉；或是存在于脑中记忆的片断。为了加深印象，需要设计能适当表现、代表这些记忆、感觉的符号，以这种符号为媒介来启发或打开这种感情、记忆。认识的程度愈深，就更加强“信赖感”。

MI、BI、VI 三大要素是有机统一体。理念识别贯穿于企业经营的一切活动过程之中，并在这一过程中得以体现。企业理念既要通过非视觉化的企业行为活动来识别，也要在视觉识别中表现出来。企业理念作为一种价值体系，对企业整体组织行为和员工个体行为起着约束和规范作用，并最终表现为系统的、独特清晰的识别符号系统。视觉识别也要具体可见的外观形象与其内在的抽象理念融会成一体，以传达企业识别的基本精神。三大要素在 CIS 中是一个互为联系的整体，之间相互交融，相互影响，相互促进，形成有机的统一体，共同塑造独特的企业形象，推动企业经营的发展。

2. CIS 设计原则

在设计或建立组织形象识别体系时，应遵循以下基本原则：

（1）长期性原则

CIS 是指一种从全方位推出组织形象的系统战略。一个成功的 CIS 导入会长期影响着这个组织的生存与发展，因此，它不是简单的纯视觉化的外部形象传达，而是关系到组织前途与命运的设计。CIS 设计中的理念系统 MI，

涉及社会学、伦理学、人类学、心理学、哲学、美学、管理学等多种学科知识。它的行为系统 BI，涉及经济学、管理学、管理工程学、管理心理学、人体工程学、行为科学等学科。它的视觉系统 Vl，涉及广告、美学、测量、文学、绘画等专业技术。这就要求既有一定理论功底，又有实践经验的专家精心设计才能顺利完成 ClS 的导入。

当一个 CIS 设计完成，它必须成为组织未来相当长的时间运作行为的全部依据。据美国哈佛大学几位教授对八十多家日本企业的研究发现，企业的理念是企业的灵魂所在，是企业成功的关键。托马斯·丁·彼得斯和小罗伯特·H·沃特曼对美国 43 家优秀企业的调查研究表明：那些经营好的公司，都有一套非常明确的指导信念。实践证明，正确的理念是组织存在和运行的精神支柱，对组织长期发展具有一系列的功能与作用。

（2）同一性原则

同一性是指组织向外界传达的任何信息，都必须突出组织的同一形象，包括组织外显标识的同一性、组织理念系统和行为系统与形象的同一性。这种同一性能形成优势相加的效果，能有效地提高组织的知名度和美誉度。例如，从 1950 年起，欧米茄手表就开始运用新的经营及推销战略。为了塑造欧美茄统一的世界形象，形成世界规模的销售网，它首先与各国的总代理商协议设立欧米茄产品的高级专卖店，由欧米茄总公司统筹规划、设计、整修、建筑统一模式。比如设计、研究、展示欧米茄传统风格的橱窗装饰、金库、装饰架、照明器等，务使销售店的形象与欧米茄总公司的形象完全一致。

（3）个性化原则

CIS 中的 identity 一词本身就含有“个性”、“特性”的意思。在设计和导入 CIS 时，不论是组织的经营宗旨、管理制度、行为规范，还是组织的名称、标记、广告、口号等，都要有自己鲜明个性表现的特色。这时，VI 设计对组织理念的精神内涵的修辞和表达，就更需要有组织特殊的风格。这也是组织理念识别中有关差异性原则的要求。

在发达国家中，企业普遍注重采用高科技手段来提高和完善产品质量，同类产品中的技术差异微乎其微，这样便更以企业形象来占领市场。新型企业形象所包容的独特的企业理念成为对外竞争、对内强化管理的一个战略重点。从日本吸收消化美国经验，同时联系本国实际而创造出全新的企业战略的 CIS 看，日本成功企业十分重视 CIS 中企业理念的内功提炼，无论是从政治理念，还是到文化理念、哲学理念、经营理念以及设计理念等角度，例如以“和”、“同”、“忠”等传统价值观念为核心的企业理念，都集中体现了一个核心，即重视人的作用。美国的 CIS 偏重于制度建设，强调一个“理”字。韩国则在 CI 后加上了使命和任务（Project），形成了自己的 CI 理论体系，即 CIP，并以此作为参与国际大竞争的新武器。CIS 在不同时代与不同环境中光彩夺目，备受众多企业青睐。

3. 中国文化企业应强化 MI 和 BI

目前，中国一些组织或企业最缺的不是标志、标准字之类表层的东西，而是行之有效的组织或企业行为系统 BI 和统领组织或企业行为的理念系统 MI。在一定时期内，应把 MI、BI 作为中国式 CIS 组织形象设计的战略重点。首要的是，要着重培育塑造 MI，建立独特的组织或企业文化。中国 CIS 作为企业文化的凝聚与升华，其运作必然受到中国传统文化深层的影响。这种影响在某种程度上对 CIS 的运作产生消极制约。比如说，中国传统文化的大一统观念导致中国人习惯于盲目从众、盲目从上的思维模式和行为模式，其结果是抹杀组织或企业的个性，使 CIS 沦为一种装饰品。因此组织或企业必须通过加强文化建设，克服千篇一律的所谓宗旨或精神口号，从理念识别上突出个性。

其次，要加强规范管理 BI，提高 CIS 的有效性。要策划、实施 BI，加强对 BI 的管理，以 BI 作为提高市场竞争力、拓展市场的利器。除此之外，加强对 BI 的有效管理，要在很大程度上依赖于有效的培训。通过培训将规范中一些具体的执行细节落实下来，反复演示，反复练习，从学习的规则到自发的行为。当然，只有培训，没有执行与实施，或只执行而没有完备的考核督导制度，都不能算规划完整。在 BI 行为识别规范的执行中，有必要制订一套合理合情的奖惩制度，调动广大员工的积极性，从而使 BI 行为识别规范更加富有成效。

品牌识别是品牌领导模式的核心和最有力的工具，是创建强势品牌的关键，也是企业核心竞争力的重要体现。实施品牌战略，应从成功的 CIS 设计开始。品牌作为企业最大的资产，蕴涵着巨大的市场潜能；在世界经济一体化的历史背景中，培育和壮大更多的民族文化品牌，已经成为我们发展文化产业、增强文化“软实力”、保障国家文化安全的制胜法宝。

第四节　大唐芙蓉园：盛开的创意芙蓉（案例分析）

大唐芙蓉园位于陕西西安市曲江新区，2005 年 4 月 11 日开园，是我国西北地区最大的文化主题公园，也是我国第一个全方位展示盛唐风貌的大型皇家园林式文化主题公园。从 1996 年计划产生时就备受关注。该园总投资逾 13 亿元，占地 1000 亩，水面 300 亩，公园包括紫云楼、仕女馆、御宴宫、芳林苑、凤鸣九天剧院、杏园、陆羽茶社、唐市、曲江流饮等众多景点。其建设创下了多项纪录：拥有全球最大的水幕电影、全球最大的户外香化工程；是中国第一个“五感（视觉、听觉、嗅觉、触觉、味觉）”公园，是全国最大的仿唐皇家建筑群和中国园林及建筑艺术的集大成者。

一、创意背景

曲江新区位于西安市东南，以闻名中外的大雁塔和曲江皇家园林遗址为中心，规划面积 15.88 平方公里。区内历史文化积淀深厚，名胜古迹众多，是自然风光、人文景观、民俗风情及现代都市文化的荟萃之地，旅游资源十分丰富。曲江新区的开发建设，目标是将其建成集旅游、观光、休闲、度假等为一体的国家旅游度假区。

大唐芙蓉园建设其实从 1996 年就开始了。当年，陕西省和西安市落实江泽民同志对西安的题词“以科技、旅游、商贸为先导，把西安建设成社会主义外向型城市”精神，报请国务院批准，在曲江设立了西北唯一的旅游度假区——曲江旅游度假区。为了挖掘、展现西安深厚的历史文化底蕴，促进旅游开发，曲江旅游度假区在唐代曲江遗址上，策划、启动了以周秦汉唐历史文化为题材的大型主题公园，取名为“长安芙蓉园”。但由于多种原因，未能建成。2002 年，曲江管委会决定重新启动“长安芙蓉园”，对项目的定位和文化主题进行了重新审定。经过八个多月的调研论证，2003 年 4 月，项目建设全面展开，定位为中国第一个全方位展示盛唐风貌的大型皇家园林式文化主题公园，并改名为“大唐芙蓉园”。西安市委书记袁纯清在给大唐芙蓉园的批示中指出：从建园立意上，要有做百年工程的历史感，既能眼下赢利，又能传诸后世，成为当代人对后代的文化贡献，一定要一丝不苟，宁肯慢点，也要好点。

图 3－7　大唐芙蓉园醒目的招牌

二、主要创意元素

大唐芙蓉园在建设中既强调园林与建筑的水乳相融，又考虑到旅游功能与文化传承，设计建造了独特的园林景观体系。同时，聘请西北大学周秦汉唐研究所十几位教授组成历史文化策划团队，深入、系统地挖掘整理唐文化，策划唐文化的具体表现方式。几个月后，唐史专家们针对大唐芙蓉园建设中需要解决的实际问题，形成了近 50 万字的专题策划报告，使大唐芙蓉园的文化内涵极大地丰富化、细节化了。大唐芙蓉园承袭曲江由秦汉时的自然山水苑囿到隋唐时的写意山水园林这一发展脉络，定位为文化山水园林。按照文化山水园林的规划理念，由世界级园林大师秋山宽担纲设计、中外建筑园林大师共同铸造的 12 处园林景观，曲水萦环，青林重复，使芙蓉园花团锦簇，流光溢彩，可谓“一步与国际接轨，缔造国内一流”。主要园林景观包括曲江流饮、银桥飞瀑、桃花坞、茱萸台、川上人家、荷港观鱼、柳岸春晓、水上码头、迎宾水景、蒹葭亭等。

全园景观共划分为12个景观区域，分别演绎12个文化主题：

（1）大门特色文化：创演盛世气概，梦回盛唐帝国。用宏大气势，震慑游客。东、西、南、北四个大门做到一门一主题，一门一特色，一门一景观。

（2）外交文化：展现当时大唐与世界各国空前的文化交流，日韩遣唐使的友好往来，及民间“商贾云集、内外通融”的商业文化氛围，将“四方珍奇，皆所积集”的繁荣景象展现在游客面前，让游客切身感受唐帝国的开明盛世之况。

（3）茶文化：三篇陆羽经，七度卢仝茶，临窗会友，细味禅茶，笑看曲江波，淡然超脱间。从世界茶文化的发展史看，无论是日本茶道、中国茶道，其起源都在唐朝。“茶道”从唐代提出后才开始了传播与发展，陆羽茶社展现的正是唐代茶道文化。

（4）仕途文化：以“杏园”为载体，将知识入景，寓学于景。通过雁塔题名、大宴杏园等历史活动展示科举文化，反映“倡学”的唐代社会风尚和“学而优则仕”的唐代理想价值取向。

（5）女性文化：以仕女馆和望春楼为主要展示场所，典藏精神风貌，彰显时代风采，展现开放社会里自由女性的精神风貌和空前的地位、前卫的风尚和自由的情爱。

（6）宗教文化：通过地雕、艺术造型、实物和故事演绎等，展示儒、释、道三教在唐代的发展和融合，反映宗教文化对中华文化的巨大影响。

（7）诗歌文化：唐诗是中华文化的璀璨明珠，芙蓉园不仅在建筑、园林意境中表现唐诗，在楹联、题额、碑刻上表现朗读文化，而且塑造了“诗魂”、“诗峡”和“诗表”艺术群雕，通过栩栩如生的艺术形象，使游客感受可以触摸到的唐诗文化。

（8）歌舞文化：以“凤鸣九天剧院”中的主题演出——《梦回大唐》为标志，随后在全园各处景点演出，以展示唐代歌舞气象雄浑、大气昂扬的灿烂景象。

（9）帝王文化：以“紫云楼”为主要展示场所，通过展示唐代帝王风采及宫廷文化，体现盛唐气象的变换万千与帝王文化的辉煌灿烂的完美结合，使大气磅礴的时代精神与傲视古今的历史风骨得到全面展现。

(10) 民间文化：以“唐市”为主要表现场所，真实演绎唐长安的市井生活和民间习俗。以古长安城贸易交易、商业活动的东市和西市为缩影，反映唐代“商贾云集、内外通融”的商业文化氛围。

(11) 科技文化：通过妙趣横生、寓教于乐的娱乐设施展现唐代先进的科学技术。

(12) 饮食（酒）文化主题：以“御宴宫”、“芳林苑”、“曲江流饮”为载体，展示唐代丰富多彩的饮食习俗与文化。

大唐芙蓉园的标志性建筑是紫云楼，高达39米，它再现了皇家的威严、奢华、大气、恢弘，充分体现盛唐气象的变换万千与宫廷风韵的雍容华贵，全面展现傲视古今的历史风骨与大气磅礴的时代精神，给人强烈的艺术震撼力。

三、案例启示

大唐芙蓉园以其高品质的唐风建筑园林、品位一流的综艺节目、新颖的水幕电影和水火奇观，以及成功的品牌营销手段，创造出了一个享誉世界的文化旅游品牌。其创意经验，值得认真总结。

1. 大手笔打造特色品牌

大唐芙蓉园能在开园仅仅一年多的时间里声名远播，扬名海内外，给人的启示是广泛和深刻的。改革开放以来，我国国内旅游发展迅速，覆盖面广，但总的说来仍然处于一种低消费、大众化、低水平的状况。很多的旅游景点在经济利益诱惑下，没有经过科学论证或者是规划不足就一拥而上，造成很多的重复投资和建设，这样就导致两个问题：一是实际与预期的旅游人数及旅游收入产生差距，进而导致经营困境；二是旅游景点的无特色重复建设导致恶性竞争和资源的巨大浪费。大唐芙蓉园的建设克服了这样的弊病。

旅游业必须用特色塑造出形象，用文化树立起品牌，必须要有特色，大唐芙蓉园的发展很好地阐释了这一点。没有大唐的渊源的历史背景，没有曲江的深厚文化积淀，没有西安这个故都的存在，很难想象大唐芙蓉园如何能在这么短的时间内打动人心，名扬天下。正是由于盛唐是每一个华夏儿女的美丽回忆，是中华民族的骄傲时光，所以与很多的旅游景观比起来，大唐芙蓉园的全方位展示盛唐风貌的大型皇家园林式文化主题公园的文化定位在一开始就取得了成功。

2. 高标准构筑精品工程

大唐芙蓉园从细节入手，注重观光式旅游和体验式旅游的结合，很好地体现了以人为本的经营理念。园区刚开始建设时，曲江新区管委会主任段先念先生就提出了“做不精就不做”的指导思想，这样大唐芙蓉园在继承了盛唐文化的大气与脱俗的同时，一开始就以国际化标准、精品意识统筹包装。“上帝存在于细节当中。”大到景观创意、主题设计、园区文化包装、大型活动策划、同名电视连续剧《大唐芙蓉园》的拍摄，小到一个标牌的设立，一次广告创意、每一个接待或演出细节，凡是关联到园区对外形象的，大唐芙蓉园都是精益求精地追求完美。比如他们有一个室外装饰室内化原则，将整个园子当作家居中的“客厅”，景观就是家中摆放的盆花和盆景，园内多用木制品、石材进行装饰，铺地选用石材、艺术砖、木制品等真材实料，绝不用水泥制品。园区的养护、管理也参照星级酒店的标准来进行。

还有就是西安缺水，也缺少水景观，人们对水有特殊的感觉，所以园内有水的地方必须能让游客亲水，让人能下去接近。于是以芙蓉池为中心，将水系扩大，能形成水面的地方都要将水引入，做足水文章。水要有将溢出的感觉，体现“曲江水满花千树”和“水漫芙蓉”的诗情画意。

与一些单纯的观光式旅游不同，大唐芙蓉园是根据我们民族的传统文化建造的，是传承中华民族优秀文化的乐园，是文化、建筑与景观元素的完美表现。“大唐芙蓉园”的主题思想就是唐文化，以建筑和园林景观集中表现盛唐的人文情怀。因此园区既有科举文化、诗歌文化、女性文化、宗教文化的景区，又有可供参与的茶文化、饮食文化、智乐文化和真实演义唐长安的市井生活和民间习俗的民间唐市及众多艺术场馆。大唐芙蓉园里众多艺术场馆、公共空间也是展现陕西地方文化和民间艺术的大舞台。在这里，闻名中外的安塞腰鼓、陕北剪纸、户县农民画原汁原味地展示着具有悠久历史的长安古乐；秦腔戏、眉户戏、信天游和游客共娱共乐。而来自“丝绸之路”的新疆歌舞、和阗鼓乐也让游人感受到扑面而来的西部风情。近 2 万平方米的唐集市，规划有贡品交易一条街。更有陕西乃至西北旅游工艺品的交易中心，使游客在此享受旅游购物的乐趣。

3. 巧妙实施品牌营销

一个旅游项目的开发离不开宣传，而宣传的效果如何又关系到景区以后的形象和发展，所以十分棘手又非常重要。大唐芙蓉园在这个方面有很多东西值得借鉴。他们组成了一个强大的宣传团队，一系列开创性的品牌树立和推广营销活动与园区建设同步进行。由北京华点通公司、北京同路传媒公司、北京芍海传媒公司等国内一流的专业传媒机构组成的品牌营销团队，对芙蓉园进行全国推介，并邀请深圳锦绣中华旅游管理公司参与大唐芙蓉园的管理，共同打造曲江品牌。同时，为了推广宣传大唐芙蓉园耗资千万制作拍摄的三十集历史电视连续剧《大唐芙蓉园》，由台湾著名演员赵文瑄（饰唐明皇）与演员范冰冰（饰杨玉环）分别担任男女主角，最大限度地使用目前国内，乃至港台、韩国的一线明星担任主要角色，形成强大的全明星阵容，博取人气，进一步向世界宣传曲江、宣传西安、宣传大唐。将《梦回大唐》歌舞剧进行全球巡演，由丝绸之路出发，经过欧、美、澳，沿海上丝绸之路返回，并策划到日韩巡演营销，还邀请美国著名营销策划机构——科特勒公司承担大唐芙蓉园海外推广，拓展美欧旅游市场。大唐园林景观、艺术小品、室内装饰、雕塑壁画等竞标方案向社会公开展示，集思广益，既广泛征询社会各界的意见和建议，又很好地宣传了园区自身。

4. 重视品牌维护

旅游项目离不开社会的支持，所以如何维护好自身品牌形象，赢得大众认同，也是要慎重考虑的问题。以服务求发展、以贡献求支持是大唐芙蓉园的做法。他们在宣传、发展自身的同时，一直都在回馈着社会。在社会公益活动中，他们积极参与，用实际行动为社会做出自己的贡献。他们曾经为陕南灾区捐款6200元；中秋佳节到儿童福利院关心孤残儿童；“六一”节，为贫困儿童捐助学习用品、衣物和现金；主动邀请肾病患者游园；“五一”邀请劳动模范参观大唐芙蓉园，指导工作；12月1日为艾滋病人捐款等。这些活动都把芙蓉园良好的品行树立在市民游客面前，把爱心播撒给社会。

大唐芙蓉园也为中国古建筑的继承与发展做出了巨大的贡献，实现了企业发展与社会公益的和谐促进。大唐芙蓉园总建筑面积近10万平方米，亭、台、楼、阁、榭、桥、廊，一应俱全。遵循古建筑应是延年益寿，不是返老还童的原则，建筑材料均采用砖瓦混凝结构与木材结构相结合，既保存了唐代建筑的原貌，又能使古建筑长久不受损害。园内唐式古建筑在建筑规模上全国第一，是世界上最大的唐建筑群，集中了唐时期的所有建筑形式，简直就是一本完整的唐代建筑教科书。张锦秋大师所创造的“新唐风”建筑，以其简约、淡雅的大匠之气，已经成为中国乃至世界上建筑史上的独有风格，它为曲江增光添彩。而且园内的标志性建筑紫云楼也是中国古建筑单体规模最大的建筑。大唐芙蓉园的建设，是中国园林及建筑艺术的集大成者，尤其是盛唐风格的皇家园林曾使这块区域为世界所关注。

【思考题】

1. 你是如何理解“文化创意是好生意”的?

2. 在文化品牌生成过程中消费者的主要贡献是什么?

3. 文化品牌的生成与其所属产品的生产有何关系?

【延展阅读】

1. 何增强，花建. 创意都市——上海创意产业的发展之路. 上海：百家出版社，2007.

该书从经济全球化的视野上，分析了上海创意产业崛起的历史背景，总结了上海创意产业的发展规律和经验。作者在广泛调查研究的基础上，汇集了大量的数据资料，同时点面结合，可读性也较强。

2. [美] 塞缪尔·亨廷顿，劳伦斯·哈里森. 文化的重要作用. 北京：新华出版社，2002.

该书从文化与经济发展、文化与政治发展、文化与性别、文化与美国少数民族、亚洲危机和促进变革等几个方面阐述了文化广泛而深刻的影响，回答了文化价值是如何影响人类进步的问题。

第四章　文化品牌管理

【导读】文化品牌是易碎品，在复杂多变的文化消费情境之中，稍有不慎，其品牌资产就会化为乌有。因此，良好的文化品牌管理是文化企业获得可持续发展的保证，也是文化企业应尽的社会责任。任何文化企业都必须牢牢把握自有文化品牌的专有技术，维护文化品牌的生态环境，巩固和壮大文化品牌领导人才群落，畅通文化品牌市场渠道，并在适当的时候推动文化品牌合理延伸，这是体现文化企业经营理念、烘托企业品牌形象和打动消费者的保证。文化品牌制度的建立应实现以下几个目标：文化品牌战略定位化、文化品牌识别具体化、文化品牌管理规范化、文化品牌保护法制化。文化品牌的管理与维系首先是要确保品牌不受损害，这要求在开展有关文化品牌的每项活动时，必须正确把握文化品牌的现状和发展方向。文化品牌调查是使文化企业知己知彼、进行品牌决策的重要依据。

【学习目标】掌握文化品牌管理的措施；了解文化品牌管理的内涵；学习和运用文化品牌管理的方法和技术。

【关键词】文化品牌管理　文化品牌调查

文化品牌管理就是对文化品牌资产维系、保护和传播，包括保守型管理和积极型管理两种形式。前者包括文化品牌危机管理和常规品牌维护，指在文化企业经营战略中采用非进攻性的、意在加强和巩固文化品牌地位和声誉的一系列手段；后者包括管理创新、形象更新、定位修正，以及内部产品与服务创新、质量管理等方式和手段，是一种积极地开拓市场、加强品牌形象的进攻性战略。

第一节　文化品牌管理的必要性

文化品牌一旦形成，因为消费者的忠诚以及品牌自身的发展定势，会形成相对稳定的安全期。但是，比较而言，文化品牌更是易碎品，在复杂多变的文化消费情境之中，稍有不慎，其品牌资产就会化为乌有。因此，良好的文化品牌管理是文化企业获得可持续发展的保证，也是文化企业应尽的社会责任。

一、文化品牌的脆弱性

世界著名的广告和品牌策划大师大卫·奥格威曾对品牌的内涵与实质做过深刻的描述："品牌是一种错综复杂的象征，它是品牌属性、名称、包装、价格、历史声誉、广告形式的无形总和。品牌同时也因消费者对其使用的印象，以及自身的经验有所界定而有一定的差异性。"① 其实，文化品牌也一样，是因为文化产品与服务提供了文化消费者满意的使用价值；同时，消费者通过耳闻目睹、接触、使用等途径，形成对文化产品与服务的认识、情感和行动，这样就完成了文化品牌的形成和强化过程。因此文化消费者对文化产品与服务的认识、情感与行动决定了文化品牌的生存。从本质上来说文化品牌是属于消费者的，换而言之消费者创造了文化品牌。因为与观念有关，文化品牌就呈现出相当的不稳定性，容易受到竞争者的攻击，容易受到消费时尚的驱赶，更容易受到文化品牌管理团队变化的影响，呈现出极强的脆弱性。

文化品牌资产与其品牌化水平紧密相关。如若管理得当，文化品牌资产容易飙升；如若管理失当，文化品牌资产自然会大幅缩水乃至成为负资产，呈现出脆弱性。隐藏在这一表象背后的逻辑是："品牌资产并不是一组可以

---

① 王海涛. 品牌竞争时代——开放市场下政府与企业的品牌营运. 北京：中国言实出版社，1999：36.

长时间稳定存在的数据，而是在开放的过程中相对浮动的无形资产。”① 作一个浅显的比喻：文化品牌资产仿佛一个不断降温又不断升温的空调房，永远由冷气和热气组成。室内现有温度是过去经营中积累下来的文化品牌资产，显示着已有文化品牌资产的丰足与否。但更为重要地影响文化品牌资产温度的是温差，温差是在当前的经营中正在变化中的文化品牌资产。温差中的一组衡量指标——冷气量和热气量，共同指示着文化品牌资产的未来发展状况。房间内电压足够，能持续地产生冷气，而且房门开启的次数减少，来访者随手关门，总之空调房环境管理良好，那么冷气大于热气，房间温度更适合炎热的夏天，人体感觉舒服，在文化品牌资产中则表现为优良；反之，文化品牌资产自然趋于劣势。

同时，市场是一个包含无数未知因素的巨大魔方，文化品牌随着所提供产品或服务的时间和空间跨度呈几何级数增长，时空中的参变量必将越来越多，潜在的风险也必将越来越大，出现文化品牌危机，表现出文化品牌的脆弱性。文化品牌危机是指由于文化品牌外部环境的突变和文化品牌运营或营销管理的失常，而对文化品牌整体形象产生不良影响，致使文化品牌陷入窘困的状态。其具体原因主要有以下几个方面：文化品牌盲目延伸；文化品牌个性定位不准确；产品销售对象扩大化；过度的广告投入；售后服务质量不断下降；文化品牌有高知名度但美誉度低；过度的价格战；以及缺乏诚信。这样一些在文化品牌的成长过程中产生的文化品牌危机就像普通的感冒病毒一样种类繁多，具有极强的突发性、蔓延性和危害性。因此如果缺失文化品牌的科学、全面管理，文化品牌的生命周期就会短很多。

二、文化品牌的可模仿性

文化品牌是品牌的一种，具有可模仿性。文化品牌建设需要学习、模仿国际文化品牌的战略创建和管理的方法，制定文化品牌长期的计划，或者说确立长远的文化品牌战略，包括提炼与商业策略相符的文化品牌价值体系、发展文化品牌的识别、确定文化品牌的传播策略，在组织管理上，完善现代营销管理建制，组建文化品牌管理制度，上规模的文化品牌要考虑实施文化

① 陈云岗．品牌管理．北京：中国人民大学出版社，2004：11．

品牌经理专管制度，确定文化品牌传播预算与外部合作机制等。

经过一段时间的文化品牌模仿，有的文化品牌会选择适合自已的文化品牌创新之路，寻找符合所在行业特点，符合目前国际、国内生态环境的，应对新技术、新商业策略应用的创新文化品牌解决之道。比如汾酒品牌与中国历史文化结合，变成文化品牌。

从文化品牌模仿到文化品牌创新的跨越，关键在于管理观念的开放和管理者技能的成熟。在文化品牌模仿阶段，我们更多地思考与被模仿文化品牌相比，不足在什么地方，为什么会有这些不足。而在文化品牌创新阶段，更多的考虑是，创新的文化品牌有什么不同，什么是创新的文化品牌的独特之处。

另一方面，文化品牌的可模仿性，增加了文化品牌管理的必要性。如果一个成功的文化品牌被别人粗糙地没有创新地模仿，就会破坏该文化品牌所在的行业和市场，从而过早地凋谢。例如，湖南卫视的“超级女声”的成功，引来了400多家电视台模仿其选秀，从而在很大程度上引发了有关部门对选秀节目“说不”。

三、文化品牌的生命周期

“任何一个系统，无论是呼吸的还是不呼吸的，都有生命周期。有生命的有机体，植物、动物和人类都会出生、长大、衰老和死亡，其实组织也一样。当它们沿着其生命周期的轨迹发生变化的时候，系统遵从的是一种可预知的行为模式。”① 文化品牌也是一个系统，有自身的生命周期，也会在沿着其生命周期成长时，遵循某种可预知的模式。根据生命周期理论，我们可以用年龄、规模、成长速度等因素为划分依据，将文化品牌的生命周期划分为孕育期、成长期、成熟期和衰退期四个阶段。

1. 孕育期

虽然文化品牌与产品是两个不同的概念，但其生命周期也有许多相似之处。文化品牌孕育期，品牌尚处于出笼阶段，此阶段的主要工作是在设计、打造、营销之间进行协调，作好充分的市场调查，以确保文化品牌能够符合

① ［美］伊查克·爱迪斯．企业生命周期．赵睿，译．北京：华夏出版社，2004．

公众的需要，在市场上受欢迎。

如果只考虑文化品牌与其产品伴随的情形，有人认为此时期文化产品的研究开发工作应该尽量地充分，对市场的调查也要尽量细致。只有在确保产品具备了一定的优势之后才可以把它推向市场，否则将难以建立文化品牌。新产品的推出终究带有风险性，所以许多文化品牌为了尽量减少风险，不得不对产品进行周密的市场营销研究。但是，在市场竞争中，时机又是非常宝贵的。因而另一种观点认为，市场的变化异常迅速，容不得过分深入的产品研究。如果开发期过长，等到产品开发出来时，可能已经是落伍产品了。因此，只要具备了基本的条件，就可以把产品推向市场，然后根据消费者的反馈信息再对之进行改造，这样一步步使产品趋于完美，文化品牌也就依此伴随的情形建立起来了。

2. 成长期

从孕育期到成长期之间的阶段，文化品牌需要逐步加大投入来促使其渐渐发育壮大。在这个时候，代表着文化品牌的文化产品在质量上必须得到充分的保证，售后服务更应注意做到尽善尽美，宣传、传播、促销等各种文化品牌造势手段可以组合运用。总之，这个时期的主要目标在于打造声势，为其进入成长期作好准备。这个阶段要求有大量的促销活动，辅之以一定的广告攻势。

作为某种文化品牌载体的文化产品和服务必须具备优良的功能品质，即在这方面有吸引消费者和公众的地方。这是一个文化品牌能够成功的最基本的条件。一件产品和服务，在供消费者免费使用期间，如果消费者发现其无法满足他们的需要，产品将难以在市场上推广成功。同样，一个文化产品如果不能吸引公众的眼球，也很难在市场上引起强烈反响。作为决策者，在刚刚塑造新文化品牌、推出新产品的时候，应该充分了解消费者的需要，然后才能有针对性地实施文化品牌战略。

成长期的文化产品在各方面尚未稳定，因而未能形成文化品牌特征。文化产品在商品化的初期往往技术质量不稳定，功能不完善，开发成本过高而价格昂贵。此期价格可以定得高一些，消费者对于新产品的较高价格，一般是可以接受的。这样的产品虽然相对老产品而言具有独特的新颖感，但毕竟是新来者，消费者了解不多，因此常常是那些喜欢“猎奇”的消费者才会有兴趣。

当产品的销售取得一定成功之后，产品也就有了一定的知名度，文化品牌的轮廓也逐渐清晰起来。大量的新顾客开始购买，市场占有率提高。产品由于逐步实现了规模化，成本降低，销售额上升，利润增长迅速。文化品牌成长期中销售量一般而言是逐步上升的，但也有上升主高峰然后下降的情况，即呈波浪式的前进方式。

"在品牌的成长期，品牌特征基本明朗，消费者对品牌已经有了一定的认知度，口碑也比较好。"① 同时竞争者会越来越多，类似的文化品牌不断涌现，新文化品牌要取得更大的市场份额难度也会越来越大。这一趋势加速了文化品牌的成长，有的文化品牌的初始成长期甚至只有几个月。但是产品开发的费用会越来越高。此时本行业中竞争比较激烈，进入壁垒比较高，这就为文化品牌走向成熟提供了条件。

3. 成熟期

文化品牌成熟期的特征是：作为文化品牌载体的文化产品的销量基本已经达到最大值，市场占有率亦趋稳定，需求很少再增长或增长较为缓慢直至趋于稳定；利润也从最高峰降至一个稳定的水平；市场基本上已经达到饱和状态，潜在消费者少，潜在消费者已经了解或者试用过这种产品。成熟期竞争加剧，产品供大于求，产品已经成熟定型，新产品的开发及产品新用途的开发难度大为增加，产品历经多次改进而日趋稳定。

文化品牌进入成熟期后，其发展方向有三：一是经过短暂的繁荣后进入到老化阶段，这是文化品牌最不愿意看到的；二是文化品牌领导始终保持清醒的头脑，不断对文化品牌内部进行改进，尽可能延长文化品牌的成熟期；三是文化品牌上下始终保持清醒的头脑，积极主动而稳妥地推进内部改革，不但没有使文化品牌进入老化期，而且使文化品牌以此作为新的发展平台，从而进入到新一轮增长稳定期。因此，在这个阶段，如何使繁荣期延长并力争使文化品牌进入到一个新的增长稳定期成为制定文化品牌发展战略的关键，扩张战略就是这一阶段所对应的战略。

文化品牌在这个阶段具有很高的知名度和忠诚度，消费者一旦认可这种文化品牌就很少发生改变。在这个阶段，本行业里进入壁垒很高，因为现有

---

① 陈放．品牌学．http：//www.boraid.com/darticle3/printlist.asp？id＝22916，2008 年 5 月查询。

的文化品牌已经形成了相当强大的影响力，新进入者要在这种情况下建立自己产品的知名度相当困难。显然，成熟期是文化品牌影响力最大的时期。此期的目标是稳定顾客，战胜竞争者，保持市场占有率。因此要加强营业促销和人员促销。成熟期文化品牌的市场地位已经确立，消费者的需求亦趋于稳定。这时期的策略重心，应该是尽量使这个时期文化品牌的影响力维持现有的地位，亦即尽量使成熟期得到延长。

4. 衰退期

月有阴晴圆缺，文化品牌的孕育、成长、成熟和衰退的过程也在顺应自然规律。当一个文化品牌在市场上失宠时，也就意味着该文化品牌已经进入衰退期了。“衰退期的主要特征是规模过大，管理层次幅度增多，组织成本上升，官僚化现象出现，这时一般来讲会出现创新意识减弱，决策效率降低，人才开始外流等问题，直到后期出现人心涣散，无法正常经营而倒闭。”① 这一时期是文化品牌生命周期的最后阶段，文化品牌市场占有率下降，产品竞争力减弱，赢利能力全面下降，危机开始出现。此时文化品牌战略管理的核心是寻求文化品牌的重整和再造，使其获得新生。

衰退期的具体市场表现为：作为文化品牌载体的文化产品和服务的需求下降，产品销量下降甚至出现滞销的现象，市场增长率也下降，利润亦越来越小，一部分竞争者已经处境艰难甚至不得不退出市场。文化品牌影响力逐步降低直至从消费者的心目中消失，消费者的目光被其他的新文化品牌所吸引。

在文化品牌的衰退期，大多数情况下广告一般不会起太大的作用，此时广告主要是为获取后期利润以期在产品退出前实现最大价值 。此时文化品牌应当重新设计广告或是进行新一轮的营销及公关活动。如果效果不明显，就应该考虑推出新的文化产品以塑造新的文化品牌了。有的文化品牌在达到衰退期后，仍然能够在市场中保持一定的市场份额，如果能够不断地调节文化品牌的功能，使它保持竞争性，那么这个品牌有可能还会继续发挥其潜力，在市场上重振雄风，这就是文化品牌的再生。

对旧文化品牌进行追加投资，其目的是为了最大限度地获得旧文化品牌

---

① 陈放. 品牌学 . http：//www. boraid. com/darticle3/printlist. asp？ id = 22916，2008 年 5 月查询。

的价值。在旧文化品牌到了穷途末路之前，最好不要轻易放弃。明智的投资者更注重对已占据了一定市场地位、尚有潜力可挖的旧文化品牌的追加投资，而不是一味专注于新文化品牌。对原有产品进行改进，仍然有可能重新发掘文化品牌的潜力。如我国历史悠久的文化品牌“少林寺”进行市场化后，今天的“少林”焕发出更加灿烂的青春。

在衰退期，摆在决策者面前的主要矛盾往往是：究竟是应该想办法增加文化品牌的附加值，重新给其注入活力呢？还是趁早撤出投资，转向新的文化品牌呢？也就是说是执行文化品牌的收缩转型战略还是文化品牌的再造战略？这是一个非常棘手的问题。撤出投资会有立竿见影的利润上升，但在重新构建新文化品牌的时候，风险也是极大的，在大多数的情况下，新文化品牌是以失败而告终的。文化品牌管理者最好作充分的论证和研究，然后采取相应对策。

文化品牌管理是文化品牌健康发展的需要，在文化品牌日益成为核心竞争力的今天，文化品牌管理的滞后逐渐成为制约文化产品向纵深发展的障碍。文化品牌的脆弱性、可模仿性和文化品牌的生命周期，决定了文化品牌管理的必要性。文化品牌形象力的加强需要及时地总结文化品牌管理的经验，将文化品牌的管理落到实处。文化品牌在不断发展壮大的同时更成为一种资产，文化品牌管理的实质也由此上升为杜绝资产的流失的工作。

第二节　文化品牌管理的核心

任何文化企业都必须牢牢把握自有文化品牌的专有技术，维护文化品牌的生态环境，巩固和壮大文化品牌领导人才群落，畅通文化品牌市场渠道，并在适当的时候推动文化品牌合理延伸，这是体现文化企业经营理念、烘托企业品牌形象和打动消费者的保证。

一、文化品牌的专有技术管理

专有技术作为文化品牌竞争力的构成要素，其作用是不可替代的。一般的技术管理方法不适应文化品牌技术管理，因为这些技术管理方法存在一些问题，比如缺少高层管理关注，组织不适应，技术和组织集成不当，技术部门和商业部门缺少相互理解、沟通和合作，对技术没有给予战略性重视，等等。这些问题会导致文化品牌技术吸收率低、技术实施失败率高等后果，与文化品牌专有技术管理不相适应。

文化品牌专有技术管理应将技术管理与战略管理相融合，把人力资源和组织因素集成到技术管理过程中，技术管理和商业管理同时并进。这是因为文化品牌专有技术管理所涉及的空间和时间范围在不断地扩展。具体地说，文化品牌专有技术管理应关注技术活动的全过程而不只是技术活动的某些阶段；应关注技术开发、组织变动、人力资源的集成而不只是关注技术开发活动；应关注全局性活动，如技术、打造、商业等的变化而不只是局部技术活动；应进行动态管理、强调适应不断变化的环境并及时调整而不只是静态管理。

文化品牌专有技术管理的基本要素包括人才团队、组织架构、运作资金、管理决策、营运机制。

文化品牌专有技术管理的基本框架是：①文化品牌专有技术管理的基本原理——主要包括专有技术管理概念、分类、过程和管理要素等。②文化品牌专有技术管理的技术管理决策——技术管理的战略制定和技术选择。③文化品牌专有技术管理的活动环节管理——研发管理、新文化产品打造管理、营销管理、技术转移管理等。④文化品牌专有技术管理的要素管理——包括技术信息管理、知识产权管理、文化品牌打造能力管理等。⑤文化品牌专有技术管理的灵活性、权变性——文化品牌专有技术管理的动态性和要适应变化的环境，决定了品牌管理要保持灵活性和权变性。⑥技术管理的组织管理——包括组织团队管理和绩效激励管理等。

文化品牌专有技术管理的主要特点有二：一是战略性。文化品牌专有技术管理的全程性和全局性决定了文化品牌专有技术管理的战略性。二是综合性。文化品牌专有技术管理涉及美学、心理学等多学科，市场营销、组织行为、财务会计、人力资源等多专业，需要集成知识、活动、美术和人文等多种素质和能力。

二、文化品牌的生态环境管理

文化品牌生态环境概念的形成源于大自然的启迪。“在自然界的生物圈中，各种生物、微生物与它们赖以生存的环境之间相互影响、相互作用，构成了生物圈的生态的动态平衡。”① 文化品牌生态环境亦是如此，只有影响文化品牌的各种利益相关者之间相互协调、相互发展，才能使文化品牌这个主体健康发展。因此，所谓文化品牌生态环境，就是指存在于某个文化产品或某项服务之中所有相关的参与者或文化品牌之间的复杂关系，由顾客及其他关系利益人团体、文化品牌接触点、售后服务、公司信誉、顾客依赖度、文化品牌的形象代言人，以及其他影响利害关系的因素共同组成。文化品牌生态环境是一个复杂的有机组织，在很多方面表现出自己的影响力，同时还影响着品牌决策，在某个特定的文化品牌生态环境中，相关的文化品牌越来越多，制定文化品牌决策时，所考虑的因素也就越来越多。

文化品牌生态环境由多方面的利益相关者组成，具体来说有以下几个方面：

（1）金融方面，包括股东、投资伙伴、金融分析家等；

（2）公司内部，包括雇员、附属机构、控股公司等；

（3）分销渠道，包括总体代理商、分销商、零售商、批发商、产品目录、销售商、电子商务销售商等；

（4）消费者，包括潜在消费者、现有消费者、竞争文化品牌消费者等；

（5）决策影响者，包括行业影响者、市场分析员、行业协会等；

（6）战略伙伴，包括市场营销合作者、竞争者、联盟伙伴、发展伙伴、广告代理商、主要承销商等。

由于文化品牌生态环境是一个动态的、充满活力的并不断变化的有机组织，只有用一种全新的框架来协调这个有机组织中各成员之间的相互关系，才能保持这个文化品牌生态环境的良性发展。但是在目前，国内很多公司，特别是民营文化品牌眼中看到的文化品牌，只是印在产品包装上的名称和商

---

① 监测品牌生态环境. 管理人网，http：//www. manaren. com/news/1010048638/，2008 年 7 月 5 日查询。

标，他们忽视了文化品牌生态环境建设，忽略以下真相：真正的文化品牌其实是存在于利益相关者的内心和想法中，即使公司拥有文化品牌名称和商标的所有权，文化品牌的真正拥有者却是这些利益相关者。因此在发展文化品牌关系时，必须把每一个利益相关者看作是一个目标市场，针对此目标市场制定特定的目标和信息策略。

文化品牌生态环境中各利益相关者都影响着品牌的发展，如果人为过分地强调某一方面的利益相关者或忽视、否定另一方面的利益相关者，就会破坏文化品牌生态环境，最终导致文化品牌丧失其本身所固有的价值。而有些文化品牌由于选择了不恰当的文化品牌代言人，导致消费者对这个文化品牌产品丧失信心，破坏了文化品牌生态环境。那么如何维护文化品牌生态环境呢？

根据木桶原理，决定木桶盛水量的是木桶中最短的木块，因此文化品牌在建立文化品牌生态环境过程中，重点要考虑那些影响文化品牌生态环境稳定的方面。特别是涉及与竞争对手进行竞争时，不要忘了竞争对手也是文化品牌生态环境中的一员，只有采取常和博弈，双方才能分得合理的或满意的一份，从而达到双赢的局面。因此文化品牌在面对复杂的环境时，只有采取有效的方法，才能维护好文化品牌生态环境。具体来说有以下步骤：

第一，明确自己文化品牌所有利益相关者，然后绘制文化品牌生态环境关系图。在罗列文化品牌所有利益相关者的时候，要广泛征求各方面的意见，如市场部门和销售人员的意见，要拜访批发商、零售商，向他们询问有关竞争对手的产品情况和产品销售前景，同时要拜访最终消费者，调查他们对产品的性能、质量、价格等方面的看法和意见。当然还要询问财务部门的意见和生产部门的意见。在找到利益相关者之后，对各利益相关者进行评价，找出文化品牌生态环境中重要的因素，然后进一步分析和利用。

第二，设置一个文化品牌生态环境负责人，负责调整自己在变动的竞争环境中的反应行为。这个负责人最好是销售经理，因为他了解市场环境的变化和竞争对手的反应，以及这种变化和反应对文化品牌生态环境的影响。由于文化品牌生态环境是一个动态的过程，因此销售经理要密切注视文化品牌环境的变化，时刻更新系统的运作，以使环境的变化朝着良性方面发展。

第三，制定文化品牌战略。由于在文化品牌生态环境中有多个相关文化品牌和多方利益相关者，只有在制定相关策略时，利益相关者才知道你的计划和所追求的目标，他们才能采取适当的方式和办法来支持和帮助你，特别是在文化品牌出现危机的情况下，会想方设法协调各方面的关系，帮助文化品牌渡过难关。

第四，为整个文化品牌生态环境设计一个文化品牌策略沟通系统。必须从三个角度进行设计和管理文化品牌策略沟通系统：①它过去代表什么；②今天对它的要求；③明天对它的期望。忽视第一个方面，会失去过去；忽视第二个方面，会忽视现实；忽视第三个方面，就难建未来。"品牌策略沟通系统既包括自己的市场营销人员和广告公司，还要包括品牌生态环境中其他相关的品牌。"① 只有进行有效的沟通，才能及时发现问题和解决问题。

第五，将文化品牌战略发展到合作伙伴联盟中。在把合作伙伴看作是文化品牌发展过程中的支持者时，合作伙伴就应该知道我们的想法和打算，也只有使合作伙伴清楚我们的设想、计划、远景，他们才会采取相关的措施来帮助自己实现这个策略、计划和远景，从而达到"双赢"。

三、文化品牌的领导人才管理

文化品牌的领导人才管理特指以培育文化品牌组织的文化品牌管理团队为核心，从人才的遴选、培育、使用、考核、补备等方面建构文化品牌管理团队，提升整个组织的文化品牌管理能力，使之有效支持文化品牌发展战略的制度规范。基于文化品牌经营要求的领导人才管理，不仅可以为目标文化品牌源源不断地输送优秀管理人才，更可以此为纽带，全面提升整个组织的文化品牌化运营水平，使文化品牌组织由产品经营阶段上升到文化品牌经营的新阶段。

文化品牌领导人才管理的组织设计包括组织架构、管理职责和汇报关系等基本作业。基于文化品牌成长的领导人才管理组织架构，虽然受到其业务领域、经营模式、发展战略等常规因素的影响，但由于主要需求的转向，组织架构也需要予以有效的响应。在新兴的科技娱乐领域的文化品牌组织中，人力资源流动性大，管理更见功力。在以文化品牌经营为核心的组织中，文化品牌成长的特殊需求自然促成领导人才管理组织架构更多地转向和调节。

① 李亚．民营企业管理概论［M］．北京：机械工业出版社，2006：118.

"在明晰组织架构的基础上，以领导人才部为核心，对不同部门、岗位的领导人才管理职责和汇报关系的明确设置，有助于使领导人才管理突破其部门的藩篱，成为整个组织的基本职责，为文化品牌的经营持续供应优渥的人力资源，保持人力资源的稳定更新。"① 经由适应文化品牌成长的组织设计支持，则可以有效地支持文化品牌的扩张或收缩，不仅使管理决策更加果敢，也保证了决策执行的效力。例如，文化品牌的不断扩张对于领导人才的需求也快速放大，需要人力资源管理组织能够根据文化品牌扩张的需求做出调整；而文化品牌战略的调整和众多边缘业务的剥离，需要人力资源组织在稳妥地推进裁员计划、调整人力资源结构的同时保持整个组织的稳定性，防止士气低落乃至核心管理团队的震荡。

作业流程包括人才选聘、人才培训、人才调用、人才稽核和人力资源职业发展规划等基本环节。

人才选聘是领导人才管理的第一步，需要在分解文化品牌营运对领导人才需求的基础上，对目标人才的基本素质、作业能力、个性风格和职业倾向以及人才的可塑性和成长性予以全面考量，以便选聘到符合文化品牌发展的种子选手，防止由于选聘不当造成人力资源的匮乏。由于组织对领导人才的需要不同，加之基础不同和人才供应结构的制约，不同文化品牌组织的人才选聘模式也明显不同：有的偏好选聘新生，有的偏好选聘熟手，有的喜欢猎头，有的喜欢内部遴选；不一而足。

与人才选聘一样，人才培训同样是为了满足文化品牌经营管理的需要而展开的，应在满足日常化管理需求的同时，充分根据文化品牌经营管理的需求制订培训计划，使整个文化品牌的领导人才素质和结构保持适度超前。检验人才培训是否适应文化品牌经营需求，可以从培训对象、培训方式、培训内容等多个角度进行，如果从接班人培训到一线员工的培训，从入职培训到后续培训，从基本观念培训、通用方法培训到特别技能培训等都符合文化品牌培训要求，文化品牌管理对于领导人才资源的需求自然能够得到满足。

人才的调用和稽核是对人才选聘和人才培训成果的利用和检核，在人才调用和稽核中透露出来的问题可以帮助人力资源部门及时调整人才选聘和培训机构，完善激励和约束机制，使人力资源能够动态适应文化品牌经营的需

① 陈云岗. 品牌管理［M］. 北京：中国人民大学出版社，2004：217.

要。

在技术变革和消费嬗变的过程中，领导人才的管理与文化品牌的经营关系越加紧密，加上文化品牌经营的长期性，通过领导人才的管理建构文化品牌组织的文化品牌经营优势成为越来越多管理者的选择。职业生涯规划和开发就是领导人才管理系统中最为重要的基础保障，其中隐含的基本假设是：文化品牌组织只有最大限度地利用雇员的能力，并为雇员提供发掘个人潜能和建立成功职业的机会，才可能持续拥有一支富有管理经验的、有高度凝聚力和创新意识的执行团队，保证文化品牌经营的可持续性。

通常的领导人才管理法则包括战略性、递进性、开放性、前瞻性、安全性、实效性法则等。

四、文化品牌的市场渠道管理

“品牌的市场营销渠道包括分销层级、分销关系、开发管理、信息管理四个方面的内容。渠道是指从产品制造者到最终消费者之前产品流通过程中各种中间商、分销商、批发商、经销商、代理商、零售商的集合。”① 具有代表性的分销层级，包括直销型、单层分销型、双层分销型、多层分销型和混合分销型等基本类型。进行渠道管理，首先要根据各种影响因素确认或调整分销层级。如常规性产品的市场需求相对明朗，产品生命周期较长，利润相对较低，分销层级相对较多；而创新性的产品市场需求并不明朗，产品生命周期相对较短，需要快速适应市场变化，分销层级相对较少。

确认分销层级后的第二项作业，就是确认或调整分销关系。具有代表性的分销关系，包括开放型、选择型和封闭型三种类型。很显然，以达成交易为目的、不限定分销商数量的分销关系，渠道控制能力最弱；而设定更为严格的分销资格和条件的分销关系，则有一定的渠道控制能力；封闭型的分销关系，由于具有明显的排他性特征而最具渠道控制能力。

开发管理是渠道管理的第三个方面的内容，它必须遵循“多向普选—定向淘汰—目标商洽——关系建立”的程序展开作业。开发管理受到经营压力及其经营期望的影响。定位于低端市场的文化品牌，应该选择擅长渠道批

① 陈云岗．品牌管理［M］．北京：中国人民大学出版社，2004：186.

发的分销商；而定位于高端市场的文化品牌，则应选择那些更擅长终端推进的分销商。又如在极强的经营压力之下，有的文化品牌管理者就会降低合作要求，以使自己的文化品牌更广泛地通过渠道推向市场；反之，如果经营压力适度，文化品牌管理者则更容易坚持自己的合作要求，渐次完善自己的分销网络。

信息管理是分销管理的基本支持条件，具体内容包括分销商的基本商业资料、经营文化品牌状况、主要竞争者表现（如文化品牌角色、贡献比、政策异动）、目标文化品牌的表现、分销合作评价等。有效的分销信息，可以使文化品牌管理者有效降低库存，防止渠道断货，及时建仓和抢仓，防止分销商预算转移，提升分销商满意度，巩固合作关系。

五、文化品牌的扩张边界管理

文化品牌的扩张常常遇到三种疑惑：第一疑惑，是否将文化品牌延伸到其他市场领域，是在同类市场延伸，还是在另一类市场延伸，以及什么时候是延伸的最佳时机；第二疑惑，当文化品牌已被忽视，需要重振名声时该怎样做，能否让文化品牌复兴；第三疑惑，如果文化品牌前景暗淡，是否该放弃这个文化品牌。如此等等，实质上就是文化品牌的扩张边界管理问题。

所谓文化品牌的延伸，简单地说，就是把一个现有的文化品牌名称使用到一个新类别的产品上。这里必须指出，文化品牌延伸并非只借用表面上的文化品牌名称，而是对整个文化品牌资产的策略性使用。“少林寺”这个文化品牌就延伸到了少林功夫表演、少林武术学校、少林伤科药品等不同产品上。文化品牌延伸突破了一般的文化品牌概念，即一个文化品牌等于一个产品，等于一个承诺或顾客利益。一般文化品牌概念实际上把文化品牌当作是一种成分或技术秘诀的代名词，处于严格的指示物的地位，这是有相当局限的。它无法区分一个文化品牌的历史和真实性。现代文化品牌概念的角色已经转换了过来，从原有的标识专有技术、产地或出售地的功能中脱离了出来，通过包装、宣传等沟通方式，被逐渐赋予了特征、形象和知觉，所有这些形式的联合形成了文化品牌识别。

文化品牌是独立的产物，虽然始于某种载体，但不是产品本身，而是产品的意义，是充满意义的词汇。如果把文化品牌仅仅作为一种声明所有权的标记，就会在任何东西上随意地使用。目前仍有许多文化品牌所有者这样做。这是最原始、最简单的文化品牌的使用方式，无规律和无限制的文化品牌延伸、没有边界的文化品牌的扩张，将会导致严重的恶果。

文化品牌管理到一定阶段，就会涉及文化品牌扩张边界管理问题。文化品牌经理一定会被问，是否应该延伸文化品牌，而回答往往是：视情况而定。文化品牌延伸最基本的层次是在同类商品市场中延伸，用同一文化品牌生产不同的商品。另一个层次是文化品牌延伸到另一类产品的市场领域，打破同类市场的界限。最后一层是，能否将文化品牌延伸的更远，到一个完全不同的行业领域里。文化品牌延伸的限制因素是文化品牌价值承诺，文化品牌个性和能否与消费者建立起新的情感纽带，这都是文化品牌边界管理要面对的问题。

文化品牌扩张边界管理要面对的另一问题是文化品牌的复兴或文化品牌的重新定位。当文化品牌扩张到一定程度，开始走下坡路，被人们忽视，或是客户联系已经没那么紧密了，或是竞争使文化品牌原来的定位发生了变化，也就是说文化品牌扩张到了某个边界，这个时候应该采取行动振兴文化品牌。文化品牌复兴就是人们常常提到的文化品牌重新定位、再造，需要在竞争过程中改变原来目标消费群对文化品牌的感受，让消费者喜欢文化品牌的新形象。

消费者评价一个文化品牌，重要的是评价其功能和所代表的形象能满足他们需要的程度。换句话说，文化品牌的成功之处，是因为文化品牌经营者对构成文化品牌的特定资产有一个正确的认识。由于认识到了文化品牌中最受消费者关注的方面，从而维护了其价值，也维持了消费者对该文化品牌的忠诚。纵观成功的文化品牌，他们都有一个共同的特征，就是以一种始终如一的形式将文化品牌的功能与消费者心理上的需要联结起来，通过这种方式将文化品牌的定位（信息）明确地传达给消费者。文化品牌重新定位亦如此，文化品牌复兴就成为公司最重要的商业目标：建立文化品牌管理战略，成功地推出新的文化产品，并巩固现有文化产品的地位。

文化品牌扩张边界管理要涉及文化品牌的重塑，文化品牌塑造的一个基本前提就是文化品牌只存在于消费者的心里。实质上，不是公司拥有文化品牌，而是消费者拥有文化品牌。因此，不仅要通过市场调查了解消费者心理，从而全面了解文化品牌想吸引并留住的客户；更意味着要了解目标消费群更深层的需要。这些更深层的需求：第一是可望领导一种全新的生活潮流，充满刺激和兴奋，同时又尊重个人的感受和生活方式；第二是保持一种纯真的感受——容易被生活中最平凡真挚的事情感动；第三是不喜欢被规则和标准约束，希望跟着感觉和情感走，追求想要的生活方式；第四是保持个体独特性，以吸引他人的注意力并获得他人的尊重；第五是渴望自己能力卓越，同时又具备独特的个性和观念；第六是希望通过自己独特的价值观和人生观给周围的人留下深刻的印象；第七是为自己设立较高的目标，激励自己挑战新的极限，不再拘泥于当前的标准。

文化品牌个性连接了文化品牌和消费者之间的情感纽带，增强了文化品牌的忠诚度。文化品牌的忠诚，是消费者对文化品牌感情的量度，反映出一个消费者转向另一文化品牌的可能程度，尤其是当该文化品牌要么在价格上，要么在产品特性上有变动时，随着对文化品牌忠诚度的增加，基础消费者受到竞争行为的影响程度降低了。对文化品牌的忠诚是与未来利润相联系的，因为对文化品牌的忠诚能直接转变成未来的销售。

文化品牌扩张边界管理最艰难的抉择莫过于文化品牌放弃。文化品牌被丢弃通常是由于以下几个原因：文化品牌状况每况愈下，而且没有恢复的可能和乐观的前景；文化品牌目前不盈利，而且将来也不可能有盈利的希望；文化品牌在日新月异的市场变化中已经明显过时了；同其他文化品牌相比，这个文化品牌越来越没有地位，在未来的市场中很难占有一席之地；文化品牌的客户已经被别人挖走，而且不可能再回来。

文化品牌的管理、维护和复兴都要消耗昂贵的成本。当今世界竞争非常激烈，维持大的文化品牌组织在经济上并不可行，但是任何文化品牌的消失都不是一个快乐的过程。

第三节 文化品牌管理的内容

一、文化品牌的执行标准

对于文化品牌标准应有两个层面的理解：第一是文化品牌的品质管理标准，第二是文化品牌的形象管理标准。如果说文化品牌是产品或服务品质如一的保证，那么文化品牌的品质管理标准就是“保证”的保证。文化品牌所承载的产品或服务的品质是文化品牌消费者保持文化品牌忠诚的基础。

严格的文化品牌品质管理可使消费者对于文化品牌的信任加深。文化品牌品质管理标准的设立，使产品生产和服务遵循一定的依据，而不是盲目的操作。文化品牌品质管理标准是相对恒定的。当产品或服务的品质已然符合消费者需求时，文化品牌品质管理标准会在相当长的一段时间内保持不变，以培养消费者心目中关于文化品牌品质始终如一的印象及文化品牌的忠诚度。当然，文化品牌标准不是一成不变的，因为文化品牌要不断满足人们日益增长的多方需求，否则文化品牌会被淘汰，所以文化品牌标准要与时代一同进步。也就是说，文化品牌标准会越来越高，从而造就高品质的文化品牌，文化品牌的资产才会不断丰富，文化品牌的价值才会不断提升。

文化品牌标准的另一个重要方面是文化品牌形象管理标准。文化品牌形象在消费者心目中的产生，通常由文化品牌自身形象与媒体形象的影响来完成。文化品牌形象管理标准的指向即是文化品牌形象的这两个方面。文化品牌形象管理标准包括：为领导提出新文化品牌的设计建议；负责与专业设计公司进行沟通；选择商标注册的保护类别；关注商标公告，搜寻是否与文化品牌有类似的商标，避免未来竞争；提供新式的包装材料建议；监督商标与包装的制作；做好商标评估工作；检查相关部门商标执行标准，如有问题提出报告，及时解决；协助相关政府部门打击假冒文化品牌等内容。

以土豆为例。肯德基在中国连锁店所用的土豆依赖进口。麦当劳所用的土豆虽然来自中国本土，但对土豆的质量标准在全球都统一：土豆必须是长条形，方便炸薯条；土豆表面光滑，芽眼少；对土豆的淀粉含量也有很高的要求。所有麦当劳食品在送到顾客手中之前，都必须经过40多次的严格质量检查。以面包类为例，细微至一切一割，麦当劳不断研究切面包的技术，绝对一丝不苟。因为切割时面包的厚度和温度都会影响成品的品质。若切割不匀或不够流畅，切面便不可均匀烘焙，酱料便容易渗入面包，溶化纤维结构，大大地破坏美味、松脆的口感。因此，无论在世界上哪个地方购买麦当劳的汉堡包，面包底部的厚度都大致相同。

二、文化品牌包装与推广

文化品牌包装即指文化品牌的外在表现形式。文化品牌的定位决定了文化品牌的目标人群，文化品牌所代表的是不同的产品或服务，因此文化品牌的受众和消费者也不尽相同。

文化品牌的生存和发展便依赖于文化品牌实际或潜在的消费者。也因此文化品牌的着装必须迎合消费者的趣味或能够引领消费者的价值取向。通常文化品牌着装的选择都是时下的流行趋势和大众关注的焦点，如知名的体育影视明星、流行的影视歌曲、重大事件等都可作为文化品牌着装。1997年，很多文化品牌用香港回归的历史事件为文化品牌着装。许多世界著名的文化品牌经常借奥运会赞助商的名义为自己的文化品牌着装，而且是有明确的目的指向的。在注意力经济日益繁荣的今天，谁占有更多的眼球，谁才拥有更广阔的发展空间。

三、文化品牌的升级换代

时代的向前发展，决定了一切事物都要随之更新换代，文化品牌也不例外。然而由于文化品牌是一种品质始终如一的象征，这就决定了文化品牌的更新换代很可能落后于时代的变迁。“面对日益成长的经营态势、广告制作技术、急剧改变的生活形态、流行时尚、消费市场的竞争压力，标志是否符合时代潮流与步调，已经成为文化品牌经营管理与情报传达作业中的一大课题。”① 人们的多方需求是不断膨胀的，文化品牌必须满足人们的各种需求，

① 赵琛．品牌学［M］．长沙：湖南美术出版社，2003：241.

所以文化品牌在设计理念、意识形态、流行趋势等方面的表现总是能够引起文化品牌消费者的认同。各种媒体表现出来的文化品牌精髓，通常都是最具时代感的。成功的文化品牌的生命周期往往比人的生命周期还要长，而且文化品牌领导者的更换比文化品牌换代的频率要快，正因如此，文化品牌管理需要检视文化品牌换代，以保证文化品牌在演进过程中不会在消费者心目中产生过大的印象差异，从而减少因文化品牌换代引起的文化品牌资产流失。一些世界知名文化品牌，为了掌握时代精神，领导流行，将原有的标志加以修正、变更的案例屡见不鲜。

文化品牌换代之前需进行广泛的社会调查及文化品牌内部调查，应当有计划、有谋略地进行战略性的改进与变更。综合世界知名文化品牌标志修正与变更的实例，分析几次变更的设计形式与修正方向，可以得出文化品牌换代的主要方法。

1. 渐变改进法

保留原有标志部分元素、形式，以兼顾消费者对文化品牌的认同感与依赖感。将商标图案逐步做细小的变化，省去无关大局的细节而加强核心主题。

2. 采用副商标法

为了经营战略上的需要和准备克服可能出现的困难局面而建立副商标。

文化品牌换代是一种紧随时代脉搏的跟进过程，综观世界知名文化品牌形象的演变过程，你会发现所有的文化品牌换代是在保留原有文化品牌基因的情况下，结合时代的需要对文化品牌形象的修订。这种做法表现了文化品牌经营策略上的多重意义：

（1）明确地昭示文化品牌经营者不断创新突破、追求卓越的精神。

（2）采取视觉冲击性的强力诉求，以促进产品竞争力，诱导消费者购买。

四、文化品牌的蜕变与退市

市场是复杂的，竞争是激烈的，文化品牌战略是变化的，也因此文化品牌的形象不是一成不变的。只有不断创新，文化品牌价值才会不断上升。市场永远在变，如果只是适应市场，那么可能永远落在市场后面。国内众多文化品牌经过搏战终于闯出一片天地，但没过多久就销声匿迹了，可见文化品牌不能缺乏居“名”思危的意识。得名后就缺乏创新力，文化品牌之路不会长远。想走在市场前面，起导向作用，就应该创造市场、创造用户。随着文化品牌的不断强大，文化品牌原有的定位很可能涵盖不了文化品牌的新内容，在原有定位下形成的文化品牌形象也会凸显出不足，在这种情况下除以文化品牌换代解决问题以外，文化品牌蜕变是获取更广阔发展空间的一条途径。文化品牌蜕变即是完全改变文化品牌形象，以一种全新的姿态展现在消费者面前。简单地说，文化品牌蜕变就是文化品牌重新定位。

文化品牌蜕变即是要将原有品牌的形象资产成功、平稳地过渡到新的文化品牌形象中去，它具体表现为改进或变更原商标图案而对商标予以重新设计：标志的造型、图案影响力再现，单纯的技术和产品创新，还有制度、管理、服务、观念等方面的创新。“品牌蜕变是一种对传统意识的摒弃和突破，只有不断推陈出新，以市场为导向，才能使品牌的形象力有新的飞跃和质的提高。”①

就操作层面而言，文化企业可以重新进行企业 PIS，以帮助文化品牌实现蜕变。PIS（Product identity system）是在 CIS 基础上建立起来的一套具有市场针对性的形象系统，更适合于文化企业的需求。相对于 CIS 来讲，如果将 CIS 比作一艘航母的话，那么 PIS 是一艘鱼雷快艇，高效、灵活，同时作检测和评估也更直观，利于企业的战略调整和投入控制。

由于当今的文化市场已进入“买方市场”，产品同质化程度更高。文化企业及其品牌形象的重新塑造（CIS）牵涉太大的人力、财力、物力的投入，同时需要相当长时间的积累和市场运作才能慢慢树立。对于一个急于入市出效益的文化企业来说实在是太长了，而且有相当的文化企业都存在资金不足的问题，急需文化品牌以新形象入市。PIS 的概念正好顺应了这种需求。

PIS 是一个具有一体化格调的整体战略模式，主要涵盖：（1）产品文化内涵定位；（2）产品卖点定位；（3）包装色彩定位；（4）包装主体元素制定及设计；（5）印刷工艺制定及成本测算；（6）终端系列展示及设计；（7）包装形式分类制定；（8）产品视觉风貌制定；（9）广告及媒体的传播

---

① 赵琛. 品牌学［M］. 长沙：湖南美术出版社，2003：237.

视觉设计；（10）试销期产品跟踪测试及年度评估，等等。从以上可以看出，PIS 更关注产品在终端上的表现能力，以及配合促销的力度，以制定良好的产品形象。PIS 模式，从目标上能使企业有明确的市场方向；从战略上，能最大化地配合企业整体形象；从形式上，更为细化，分类更详细；从传播上，能将产品以系列、整体的风貌，以视觉最大化的方式展现在消费者眼前，从而变潜在消费为实际消费，变偶然购买为长期购买；而在投入上，能以较小的投入，以合力的作用迅速启动市场。

也就是说，文化品牌的蜕变与退市，并不是文化品牌的彻底死亡，而是文化品牌的涅槃新生。

第四节　文化品牌管理制度

文化品牌制度的建立应实现以下几个目标：文化品牌战略定位化、文化品牌识别具体化、文化品牌管理规范化、文化品牌保护法制化。

一、文化品牌战略定位化

文化品牌管理制度要明确表达文化品牌理念与文化品牌战略。理念与战略是贯穿文化品牌管理制度始终的动力，文化品牌战略是否具有前瞻性直接关系到文化品牌的健康发展。文化品牌管理制度要为文化品牌战略服务，因此要把文化品牌战略定位作为一切行动的指南。

所谓的文化品牌战略，包括文化品牌决策、文化品牌模式选择、文化品牌识别界定、文化品牌延伸规划、文化品牌管理规划与文化品牌愿景设立六个方面的内容。

1. 文化品牌决策

文化品牌决策解决的是品牌的属性问题。在文化品牌创立之前就要解决好这个问题。不同的文化品牌经营策略，预示着不同的道路与命运。不同类别的文化品牌，在不同行业与企业所处的不同阶段有其特定的适应性。

文化品牌决策包括如下内容：

（1）品牌化决策。品牌化是企业为其产品规定品牌名称、品牌标志，并向政府有关主管部门注册登记的一切业务活动。企业营销人员给产品规定品牌名称、品牌标志、品牌营销策略和品牌发展战略规划的过程，叫做品牌化决策。一旦企业做出品牌化决策，将要投入大量的人力和物力来从事这一带创意性的、且关系到企业前途的工作。品牌创造者在做品牌设计时，通常会利用一些工具以加强和突显品牌形象，这些工具包括一个名字、一句口号、一种颜色、一个标志与一组故事情节，并通过强势媒体将这些展示品牌形象的内容传达给社会公众。

（2）品牌质量决策。品牌质量是指反映产品耐用性、可靠性、美观性等价值属性的一个综合尺度。品牌质量决策要充分考虑到市场营销环境的方方面面。同时也要意识到，品牌质量水平的高低，直接影响到品牌在目标市场上的地位。所以，品牌质量决策是一个关系到品牌形象、品牌定位和企业发展战略的问题。

文化企业的品牌质量决策与企业的效益有密不可分的关系，在文化品牌发展的不同阶段应该做出不同的决策，因此，文化企业在做品牌决策时应该：第一，决定其品牌的最初质量水平——低质量、高质量、优质量。一般来说，企业的盈利能力、投资效益会随着品牌质量的提高而提高，但是不会直线上升。优质产品只会使投资效益率少量提高，而低质量品牌却会使企业投资效益率大大降低。因此，企业应该提供高质量品牌。但是，如果所有竞争者都提供高质量品牌，则此战略就难以奏效。第二，企业决定其品牌的最初质量战略水平以后，随着时间的推移，还要决定如何管理其品牌质量。企业可以分别采取提高、保持或逐步降低产品质量的决策。保持或提高产品质量可以在消费者心目中形成良好的声誉，有利于品牌形象的建立；降低产品质量会满足那些渴望名牌但收入有限的消费者，提高市场占有率，但有可能损坏品牌形象或失去那些追求高档产品的消费者。因此，企业采用何种质量决策应视市场的客观需求而定。

（3）品牌扩张决策。品牌从诞生到成型要经过品牌建立、资金的原始积累、品牌扩张和品牌维护等几个阶段。一个品牌在一个地区占领了市场、取得了市场的绝对份额并完成了资金的原始积累后，势必要向更大的范围扩张，争取占领更大的市场。品牌的扩张有如下几种模式：一是加盟模式。即允许其他企业使用本企业的品牌名称、品牌形象和经营模式，企业实行自主经营，自负盈亏，本企业只负责收取品牌加盟费。但为了统一形象和管理产品质量，本企业可以统一配送货品或与加盟企业签订产品质量保证协议，统一进行员工培训，统一经营模式和服务模式。二是连锁模式。即有经济实力的企业自己出资设立连锁店向外扩张，连锁店是本企业的分支机构，货品由总部供应，管理模式与总部完全相同。三是加盟与连锁并存的模式，即：企业为了加快扩张的速度，一方面吸收加盟商加盟向外扩张，一方面自己出资开设属于自己品牌的连锁店。

（4）品牌拓展决策。前面已讲到文化品牌拓展的有关问题。品牌拓展决策是指企业利用其成功品牌名称的声誉来推出改良产品或新产品，包括推出新的产品线、产品项目或在原产品基础上的各种改进，从而形成一个有相关特性的品牌家族。当消费者的认知越丰富，越有自己的独特见解时，要上市新产品或改变消费者认知的代价就越来越昂贵。同时，在科技和信息发达的今天，要创造出产品和服务系统上的差异越来越困难。因此，要促使企业的成长，维持企业的长期成功，实施品牌延伸和扩展成为当代企业广泛采用的一种策略。瑞士珠宝的卡地亚品牌的延伸和扩展策略就是一个成功的典范。路易斯·弗朗西斯·卡地亚（Louis Francis Cartier）于1847年在法国巴黎创立的以镶嵌钻石、珠宝的高档钟表和高档珠宝为主的“卡地亚”品牌，以其精美的手工艺享誉全球，成为全球知名品牌，该品牌迅速向其他行业扩展，并取得了成功。品牌扩展策略具有很多优势，著名的品牌名称可以使新产品迅速得到市场的承认和接受，有助于著名品牌的知名度迅速拓展新产品的市场；也可以节省用于促销新产品所需的大量费用，并使消费者迅速了解新产品。当然，采用这一策略也有一定的风险，假如新产品不能令人满意，就可能影响到消费者对同一品牌的其他产品的态度。品牌过分扩展将导致已有的品牌名称失去其在消费者心目中的特殊地位。因此，将现有品牌名称应用到新的产品类别中时，要慎重考虑。

2. 文化品牌模式选择

文化品牌模式的选择要解决的是品牌结构问题。

在实践中，有不少人片面把品牌模式的选择等同于品牌战略规划。其实，品牌模式的选择仅仅解决的是一个品牌框架与结构的问题，而品牌战略规划远远不只是一个品牌模式的选择问题，它的核心是规划以品牌核心价值为中心的品牌识别，还包括是否需要使用品牌的决策、规划品牌愿景、品牌管理与机制规划，乃至品牌战略与企业 CIS、CS（Customer Satisfaction 的缩写，意为“顾客满意”）等战略之间的整合等方面。

在单一产品格局下，文化企业的营销传播活动是围绕着同一个文化品牌的资产而进行的。但随着产品线的不断扩展，当一个文化企业面临了多个品牌或推出新品牌问题的时候，就产生了品牌模式的选择问题。规划一个科学合理的品牌模式，对企业如何多快好省地打造强势品牌是至关重要的。它一方面能使品牌保持平衡，避免重心模糊、市场混乱和资金上的浪费，同时能使品牌之间产生“相映生辉”的促进作用，可以说品牌模式的选择对企业效益的影响是极大的。

一般而言，我们常见的是单一品牌、多品牌、主副品牌、担保（背书）品牌等四种主要品牌模式。深刻并全面地了解每一种文化品牌模式的利弊、作用与内在规律，才能优选出与文化企业现状匹配（经济实力、管理能力、科研、技术、生产等方面），而又经济高效的文化品牌模式。

一般而言，文化品牌模式的选择与行业没有直接关系，更关键的在于以下几条原则：

第一，文化企业不同的经营战略采用的文化品牌模式是不一样的。如果企业是多元化的跨行业经营，采用综合品牌模式就要十分慎重。总之，企业先要明确自己想干什么，然后再做品牌模式选择。

第二，不同的地位与实力的文化企业采取不同的文化品牌模式。如果已经是行业的龙头老大，实力雄厚，文化品牌模式的选择余地往往比较大，可以是综合品牌模式，也完全可以走多品牌模式。

第三，与竞争对手的文化品牌模式相趋同。如电视行业普遍采取综合品牌模式，新闻、娱乐、电视剧等等一起上，品牌之间个性化差异就较少。

第四，现有文化品牌资产的多少决定了品牌模式。综合品牌模式、主副品牌模式和背书品牌模式均建立在一个成功的强势文化品牌的基础上，绝对不是异想天开。

品牌模式的选择本身无所谓“对”与“错”，但必须把握其本质，明确自身文化企业的经营发展战略，更要不断累计文化品牌资产。可以说，很多主副品牌模式建立整体品牌的愿望是好的，却犯了常识性错误，片面地理解了主副品牌模式，忽视了主品牌在其中的核心地位，仅凭良好的愿望与一掷千金的魄力是不可能打造健康的强势文化品牌的。

从国内许多文化企业品牌经营发展历史来看，真正按品牌管理规则经营文化品牌的基本上是从原来的单一品种进行兼并和延伸，比如华谊兄弟从电影起家，扩军到艺人经纪、电视。要扎扎实实地从打造产品品牌开始，同时加强企业文化建设与CIS工程，树立诚实守信的经营作风，打造健康的企业形象，以实现“企业形象与品牌形象”和“企业品牌与产品品牌”之间的辩证统一。

3. 文化品牌识别界定

文化品牌识别界定确立的是文化品牌的内涵，也就是希望人们认同的文化品牌形象，它是文化品牌战略的重心。它从文化品牌的理念识别、行为识别与符号识别三个方面规范了文化品牌的思想、行为、外表等内外含义，其中包括以文化品牌的核心价值为中心的核心识别和以文化品牌承诺、文化品牌个性等元素组成的基本识别。

为理解品牌识别这一重要概念的含义，应首先考察“识别”（Identity）这个词有关的不同用法：首先是“Identity Card”（身份证）（可能是护照、支票簿、驾驶执照等），是一种表明我们是谁，不可转让的个人特征等的证明。第二种用法在传播领域中指那些出自同一来源并被转换成符号、信息和产品本身的东西。自从更多的品牌延伸和多样化，消费者面临着越来越多不同的品牌，如果每一产品及其相关传播都依循各自的路径，那么要保持所有这些路径都从同一品牌源泉出来是困难的。当论及识别时，就引出了持久性和持续性的问题。证件是可更新的。虽然个人的地位和外貌会改变，但人的指纹却不会变。品牌的图案标志当然会发展变化，广告亦然，但随着时间的推移，品牌应有能力保持独特性和持久性。第三种含义是在于“Identity Crisis”（偶像危机）一词中。这是心理学家描述某些青少年心理的词语。为找寻自我，年轻人追随一个又一个的名人来塑造其形象。但当模仿乔丹、米高·杰克逊或刘德华、黎明时，他们仍觉得不满足。他们偶像的不断改变使他们提出这一基本的问题：“什么才是真正的我？”最后是“cultural identity”（文化识别），这是人们以历史背景、价值观或对参与一个普通计划的看法的异同来分群，因而可以说社会小团体有一个很明显的识别特征。但他们的后代仍在寻找他们的识别。例如移民的孩子可能觉得他们既不属于迁人地的社会，也不属于他们父母的祖国。为确立一个识别，他们设法寻求一个关键性基础使他们与生俱来的差异点和他们与周围人的类同之处能结合成一个文化整体。

4. 文化品牌延伸规划

文化品牌延伸规划是对文化品牌未来发展领域的清晰界定，明确了未来的文化品牌适合在哪些领域、行业发展与延伸，在降低延伸风险、规避文化品牌稀释的前提下，以谋求文化品牌价值的最大化。近年来，文化市场竞争日益激烈，众多文化企业为了获取更大的市场占有率和提高利润纷纷进行文化品牌延伸。品牌延伸无可厚非，但很多文化企业没有长期规划，不但没有获得预期中的利润，而且极大伤害了文化品牌的价值。

品牌延伸是存在很大风险的，为了有效规避风险，文化品牌延伸应遵循以下几个原则：

第一，新老品牌之间有较高的关联度。关联度高导致消费者会因为同样或类似的理由而认可并购买某一个品牌。最好是与主业相关的产业，或者向产业链的上下游延伸。电影频道做电影院线，消费者可以产生很强的产业联想，接受度会比较高；但如果去做酒店，可能就比较困难。

第二，品牌延伸不能稀释原有的品牌形象，不能引起品牌间的相互冲突。三九集团以“三九胃泰”起家，提起“三九”，消费者潜意识里想到的是三九胃泰。后来“三九”延伸到啤酒，不知道消费者在饮用三九啤酒的时候会不会感觉有药味。荣昌做了一个感冒药。而荣昌深植入人们心中的“肛泰”是贴肚脐的东西，品牌让人产生的联想总是落在屁股那个部位，所以，用“荣昌”做感冒药的品牌推广，让消费者听起来就有点倒胃口。

第三，做品牌延伸不能求大求广，不能“吃着碗里，看着锅里”。品牌延伸能减少企业对一个行业的依赖，提高利润来源，但不能求大求广，毕竟企业的各种资源有限。过广的延伸会稀释企业花在主品牌上的财力、物力，最终使资源不能集中放在主品牌的打造上。出版集团可以办报纸，也可以做印刷，但如果办污水处理厂则就走得太远了。

第四，品牌延伸最好不要延伸到竞争激烈的行业。延伸产品的市场竞争不激烈，不存在强势的专业大品牌，那么就可以大胆地进行品牌延伸，反之，则不宜。比如，金鹰电视艺术节增加一个剧本交易会，很少投广告却获得成功，主要原因是剧本交易的品牌相对金鹰节、湖南卫视而言都是小品牌，品牌的知名度与威望都不可与母品牌同日而语

第五，品牌延伸要有人力和管理上的支持。品牌延伸是企业获得利润的手段，但没有人才和管理上的支持，一切都是空谈。招聘最好的管理人才是

品牌延伸成功的保证。某些动漫企业延伸到地产行业的失败就是因为管理上的失败造成的。目前国内98%的文化企业是中小型企业，进行文化品牌延伸获得更大的利润是很正常的，但往往因为人才缺少、管理跟不上，使很多好的项目夭折。

文化品牌延伸需要考虑的因素很多，文化企业使用这一策略时，要再三思索。因为成功的文化品牌延伸能为企业带来更大的市场占有率和利润，为品牌加分；而不成功的文化品牌延伸不但不能带来利润，甚至能毁掉这个文化品牌。

5. 文化品牌管理规划

文化品牌管理规划是从组织机构与管理机制上为文化品牌建设保驾护航，是组织机构与管理机制上的规划，从组织上和管理机制上保证文化品牌的健康发展。文化品牌管理规划的中心工作就是准确理解文化企业产品的中长期战略规划定位，由此清晰地规划勾勒出文化品牌的核心价值，并且在以后的十年、二十年，乃至上百年的文化品牌建设过程中，始终不渝地要坚持这个核心价值。

文化品牌管理规划分为四个层次：

一是品牌直译层次，即品牌管理的初级层次。这个层次缺乏对品牌价值的提炼，直白式地对品牌名称进行主观愿望式翻译解读；或者，品牌仅仅是对企业产品属性的一个再宣传。出现这种状况的原因就是企业可能缺乏明确的，经过周密论证、充分讨论的中长期的产品战略规划定位，无法为企业品牌提炼核心价值提供基础。我国多数文化企业都处于这一层次的文化品牌管理阶段，企业仅仅有文化品牌意识，缺乏系统管理，同时企业其他方面也无法支撑。

二是品牌成为企业理念的诠释者。此阶段的文化品牌管理已相对上升到一个较高的阶段，品牌的核心价值更多地与企业运营达成了默契，企业的企业文化、理念、管理风格等多方面趋向融合。文化企业品牌管理进入此阶段，代表的是企业产品质量、服务上乘，企业员工对待客户的态度良好，公司人员的精神面貌昂扬向上，公司的管理风格明晰，企业的社会美誉度处于明显上升期等。这往往是那些中等规模文化企业自然形成的文化品牌管理特征。

以上两个阶段，是文化企业不同发展阶段自然出现的，更多的还是以一种物质的层面的主张在诠释文化品牌的含义。其共同的特征是以原始的、非理性的、主观意愿为主的自然状态；文化品牌的影响还受很多物质条件束缚。这种状态形成的根本原因是企业管理以“人治”为核心。

三是品牌行业化。此阶段是文化企业走向成熟的标志之一。文化企业的管理制度化成为此阶段的最大特征。文化企业管理更加关注长期战略布局，文化品牌核心价值也相应地关注企业所在行业未来发展的趋势和方向，从而通过自己的品牌主张来体现企业中、长期产品战略定位及发展目标；文化品牌走向制度化管理和理性发展的方向，并开始超越物质层面的诉求，更多体现趋势和方向感。

四是品牌社会化。此阶段是文化企业成就超级文化品牌的象征。其文化品牌以追求整个社会普遍价值为己任，完全超越物质束缚，成为一种社会文化现象。

6. 文化品牌愿景设立

文化品牌愿景是指一个文化品牌为自己确定的未来蓝图和终极目标，向人们明确地告知品牌今天代表什么，明天又代表什么。文化品牌愿景主要由品牌蓝图、品牌范围、品牌价值观三个部分组成。

文化品牌愿景不是企业老板、董事会一厢情愿地制定的。它不仅代表了为品牌工作的员工的共同愿望和目标，更是对文化品牌的所有显在和潜在目标受众使用这类品牌的终极欲望的表达和描述。同时，文化品牌愿景必须与企业的使命、价值观保持一致。

具体而言，文化品牌愿景必须要所有的企业员工清晰地回答以下问题：

① 文化品牌参与竞争的市场、业务或产品线、渠道是什么？

② 企业的战略和财务目标是什么？品牌在实现这些目标过程中发挥什么样的作用？

③ 文化品牌今天代表的是什么？明天又是什么？

④ 我们能够为文化品牌投入什么样级别和水平的资源？

⑤ 我们要通过现在的文化品牌实现目标还是重新界定我们的业务？

与此同时，在确定文化品牌愿景的时候，不能仅仅依赖于内部信息，还要格外关注外部信息的收集。譬如，深度研究公司最重要的两个竞争者，以及一个即将赶上的竞争者，只有当你搜集到包括竞争对手资料在内的内外部资料后，才不会作出脱离市场现况和内部员工期望的品牌愿景。

二、文化品牌识别具体化

承前述，今天的品牌识别已扩展到组织机构的识别。文化品牌识别界定，必须让文化品牌在面对如下问题时能够给出清晰的回答：

· 文化品牌的价值是什么？

· 文化品牌的个性是什么？

· 文化品牌的长期目标和最终目标是什么？

· 文化品牌的一贯性如何？

· 文化品牌的基本实际情况如何？

· 文化品牌的辨识符号是什么？

这六个指向文化品牌定义的问题构成了品牌的内涵。这有助于我们准确把握文化品牌的定义。从另一方面来看，文化品牌识别可以形成进行品牌传播和在特定时期进行延伸的深入管理的基础。模仿战略诚然在品牌行销活动中占有一定地位，但这只是在一个较短期时期内有效。要建立多层次的文化品牌群，首先就要有清晰的品牌识别。

实施品牌识别的基本流程是：

首先，是定义品牌识别。定义品牌识别具体内容是实施品牌识别系统的起点，如果要品牌识别产生"反映企业能组织和希望做些什么、和消费者产生共鸣、能造成与竞争对手的差异"的作用，企业就必须确保由品牌识别所体现的品牌形象能实现的利益价值主张是与消费者利益价值主张相一致的。消费者利益价值主张有三种形式，分别为功能性利益价值主张、情感性利益价值主张、自我表现型利益价值主张。品牌识别有四个方面十二项具体内容，但并非所有的十二项内容都能体现企业拟建立的品牌形象，而取舍标准是要看哪一项内容能更好地实现消费者利益价值主张。通过倾听—了解—获悉的方法确定消费者的利益价值主张，并以此为标准，准确定义品牌识别的具体内容，然后以这些品牌识别内容为框架构建具体的品牌形象。

第二，是建立和消费者的关系。对与消费者建立一种"关系"有两种不同的理解：一种是奥美广告所强调的"品牌是消费者和产品之间的关系"；一种是艾克《品牌领导》中描述的，"品牌应该和消费者建立如同人际关系般的联系"。这两种观点的分歧在于"品牌在和消费者建立关系中应该担当什么样的角色”：前者认为品牌是和消费者关系的载体；后者则认为品牌是和消费者建立关系的主体。在第一种观点中，建立产品和消费者的关系是为了达到通过提高竞争品牌进入市场的门槛，增加竞争对手获得顾客的成本从而达到减低自身品牌市场风险的目的。这与实施品牌识别系统的目标即获得清晰的品牌形象的目标是不一致的。要建立品牌与消费者之间的关系不应该局限于产品的范畴里，而应该以消费者为中心，以建立起一种“如同人际之间般的关系”。这就要求赋予品牌人性化的特征，使品牌能够成为消费者的朋友、老师、顾问或者保镖等，就在消费者日常生活中扮演某个角色。消费者的利益价值主张在这人性化的品牌形象中得以体现，品牌由此获得消费者的认同，使消费者对品牌产生强烈的归属感，为最终形成品牌忠诚奠定基础。

第三，是品牌形象的传播。完成了定义品牌识别和与消费者建立关系深化品牌形象的步骤后，这一品牌形象需要消费者认知，就要向他们进行大规模的品牌形象传播工作。始终保持品牌形象的持久一致是企业品牌化工作中的重点和难点。为了保证形象的持久一致，传播的主体企业在传播的过程中必须清楚三个最为基本的问题：传播的目标受众是谁（who）、传播什么内容（what）和怎样进行传播（how）。消费者利益价值主张统领着企业整个传播战略。它为品牌提供了定位的依据，通过品牌定位明确品牌的目标受众，然后企业配合最能体现消费者利益价值主张渠道积极地向消费者实施以其利益价值主张和品牌识别为主要内容的品牌定位传播，使消费者充分获得品牌形象的有关信息，为在他们心目中能形成一个鲜明、具体的品牌形象提供前提条件。完成建立和传播品牌形象，企业还需在执行层面维持这个品牌形象在消费者眼中的持久一致。达到这个目标的重要条件是“两个一致”：品牌所有者必须达到从高层管理者到企业一线员工对消费者的利益价值主张认识一致以及所有的市场营销活动实现消费者利益价值主张前后一致。

最后，是消费者体验。消费者体验过程中的主角是消费者本身，但主导这过程的则是品牌的所有者。因为消费者的体验是否愉悦将很大程度上取决于品牌所有者提供的经历内容是否符合消费者的期望。在消费者的体验过程中，消费者与品牌的每一次接触都将产生一个或者多个的接触点。品牌所有者通过这些接触点向消费者传达关于品牌形象的信息，这些信息使消费者能对品牌的具体形象进行感知和联想，加深消费者对品牌形象的印象。经过了消费者体验品牌的过程，品牌的形象才在消费者心中真正地建立起来。品牌所有者需要通过不懈的努力去维持品牌在消费者心中的良好形象和持久一致，使品牌识别成为消费者辨别具体品牌的有力标准，这样企业最终将会获得由战略性的品牌资产带来的具有竞争力的、强大的市场优势。

三、文化品牌管理规范化

文化品牌管理制度要保证严密性，制度的规范化是达成文化品牌管理目的的前提。文化品牌管理制度传达的管理规范，应是所有文化品牌相关人员达成共识的，并愿意为之享有权利并承担义务的具有可操作性的制度。达到步调一致是文化品牌管理规范的最终目标。文化品牌管理制度要明确规定所有人员的工作权限和职责，真正做到有章可循，有制可查。

为解决文化品牌的协同性和文化品牌形象的一致性问题，文化品牌管理者在实际的文化品牌管理过程中，在文化品牌规划的指导和约束下，根据文化品牌环境和资源条件的变化以及文化品牌不断发展的需求，对影响目标文化品牌行为、形象表现及文化品牌安全做出包括一系列理念规范、行为规范和视觉规范在内的文化品牌行为和形象管理体系，就是文化品牌管理规范化。文化品牌管理规范化的目的在于保证文化品牌表现的一致性，建立和维系差别化的文化品牌形象，提升文化品牌资源的累积效力，增值文化品牌资产，防止文化品牌形象歧化。

"文化品牌管理规范化是通过文化品牌管理指南和文化品牌识别系统两大模块起作用的。其中，文化品牌管理指南是进行文化品牌运营管理的行为基本法，通过制定文化品牌识别、文化品牌传播、文化品牌谱系、文化品牌延伸、文化品牌保护、文化品牌体检、文化品牌组织等的管理规范，使文化品牌行为与文化品牌愿景保持一致性，防止文化品牌行为失控。"① 文化品牌识别规范是进行文化品牌营运管理的形象基本法，通过基本识别规范和延展识别设计规范，可使文化品牌形象表现具有清晰的差异性和明确的一致性，防止文化品牌形象歧化。

文化品牌愿景、文化品牌扩张、文化品牌整合等方面的战略管理运作，

---

① 陈云岗. 品牌管理［M］. 北京：中国人民大学出版社，2004：109.

相对比较容易保持与文化品牌规划的一致性，不会出现较大的偏差。但是在实际的文化品牌运营中，却经常出现文化品牌表现与预期表现严重不一致的情况，影响到文化品牌形象的一致性和文化品牌资产的增值效力。

发生问题的根源在哪里呢？从管理内容和运作流程分析，我们认为是文化品牌管理断裂所致。文化品牌战略管理归于高层，缺乏有效的文化品牌管理系统支持，中低层的执行者难以获得明确的作业指导和约束；或者文化品牌管理被弱化为战术性管理，降格为一项归于中低层的职能性策略，文化品牌高管未能将其视为整个文化品牌发展战略的重要构成部分，造成文化品牌战略管理的缺失。文化品牌规范管理正是为了防止这种普遍存在的文化品牌管理断裂现象而展开的。从管理内容分野，处于文化品牌战略管理和文化品牌运营管理之间的文化品牌规范管理具有以下一些基本的价值：探索文化品牌识别方向，保证文化品牌识别的有效稳定；洞察营销趋势，提升文化品牌营销效力；指导文化品牌传播，防止文化品牌形象歧化；呈现文化品牌谱系，保持内在结构的紧密性；节制文化品牌扩张，增进文化品牌资源和资产；保证文化品牌体检的连续性，加强文化品牌保护。

文化品牌管理指南是对文化品牌成长过程中必然发生的文化品牌识别、文化品牌传播、文化品牌扩张、文化品牌体检、文化品牌组织等基本行为的管理规范，包括 7 个作业模块：文化品牌识别管理规范、文化品牌延伸管理规范、文化品牌传播管理规范、文化品牌谱系管理规范、文化品牌保护管理规范、文化品牌体检管理规范、文化品牌组织管理规范。通过这一系列的作业，我们可以回答一些基本问题：目标文化品牌如何与其竞争文化品牌相区别？文化品牌传播应遵循怎样的法则？文化品牌谱系结构怎样？文化品牌延伸的禁区是什么？如何进行文化品牌保护？如何使文化品牌体检规范化？在组织内部应该设置怎样的文化品牌管理机构以支持目标文化品牌的持续成长？等等。

文化品牌识别系统是对文化品牌形象识别的基本要素和延展要素的规整和系统的设计，主要包括基本识别系统设计和延展识别系统设计两大模块，在延展识别系统设计中又包括产品识别系统设计、广告识别系统设计、活动识别系统设计、事务识别系统设计、环境识别系统设计五个作业模块。通过文化品牌识别系统，我们可以回答这样的问题：如何通过设计提升文化品牌形象的差异性？在广告、促销和公关活动中如何保持文化品牌形象的一致性？如何通过系统的设计强化延伸识别，提高文化品牌的显示度，增值文化品牌资产？等等。

作为文化品牌行为的基本法，文化品牌管理指南编制包括9个步骤：引言、编制背景、文化品牌识别管理规范、文化品牌传播法则、文化品牌谱系说明、文化品牌延伸规范、文化品牌保护法则、文化品牌体检规范、文化品牌管理机构与权限。引言部分是对文化品牌管理指南的功用和价值的简要说明，亦明确指出了该指南与其他文化品牌管理文件之间的无关系，以及相关的保密事项说明。为了便于使用者正确理解和使用，引言部分还对相关的文化品牌管理术语做出特别的解释和说明。编制背景包括两个组成部分：一是文化品牌历史回顾，简要介绍文化品牌历史和其在成长过程中的里程碑事件，以及相应的文化品牌领域、竞争局势和消费环境的说明；二是文化品牌愿景的声明，包括文化品牌价值、文化品牌使命、文化品牌理念、文化品牌目标等。明确地编制背景有助于文化品牌管理者在文化品牌营运管理实务作业中准确理解和使用管理指南，保证文化品牌行为的协同性，驱动目标文化品牌的持续成长。

四、文化品牌保护法制化

寻求法律法规的保护是文化品牌健康发展和不受侵害的基础。一般说来文化品牌的保护涉及的相关法律有著作权法、广告法、商标法、专利法等等。因此普法应是员工培训的一个非常重要的方面。法律法规都是不断完善的，时刻把握法律的动态是实现文化品牌保护法制化的必要条件。文化品牌的保护必须以法律作为依据并且不能触犯这些法律。

文化品牌管理制度有必要形成文化品牌管理手册，以方便制度的查询和提供具体的工作依据。从形式上说，文化品牌管理手册有印刷手册与电子手册两种文本形式。印刷手册是以印刷手段实现的文化品牌保密文档之一，是最传统的手册形式，供文化品牌管理者查阅文化品牌形象制作、管理的标准。

电子手册是新兴的文化品牌形象管理手册形式，正在实践中被逐渐检验、升级。由于文化品牌的管理无论现代的门面招牌、户外广告制作还是印刷品制作已经进入了计算机时代，电子文化品牌管理手册与计算机的直接对接省去了许多不必要的环节，是时代的需求和合理的发展方向。

市场经济是法制经济，对文化品牌的保护，法律保护是很重要的，准确地来说就是要利用注册商标来对文化品牌进行保护。法律保护有两层含义：一是立法保护，通过制定和颁布有利于文化品牌保护的法律对文化品牌实施保护；二是司法保护，是依据现有的法律对文化品牌进行保护，打击假冒的实际法律行动。

1. 商标保护

（1）商标

商标是区别不同文化品牌所提供商品或服务的显著标记，是由文字、图形或两者的组合产生的，它是商品经济发展到一定阶段的产物。

商标不等于商品，文化品牌是一个经济概念，商标是一个法律概念。只有将商品转化为商标后才能受到法律的保护，才能有效维护文化品牌的权益。

商标是一种知识产权，是文化品牌的无形资产。商标已不再单纯是商品或服务的标识，而是商战的利器。商标是有价值的，它具有专业性、竞争性、实效性和使用的区域性。如果以商标的使用对象为标准，可将商标分为商品商标和服务商标；如果按表现商标的方式分类，商标可以分为文字商标、图形商标和组合商标；如果以商标是否具有专用权为标准，又可将商标分为注册商标和非注册商标。

2. 商标注册

“商标的法律特征就是商标经过一定的法律程序注册后获得属于自己的商标权。商标权是商标主管机关依法授予商标所有人受到法律保护的权利，隶属于知识产权范畴，它是商标经过注册所获得的法律保护的权利。商标权包括商标专用权、商标转让权、商标使用许可权、继承权和法律诉讼权等。其中最主要的是商标专用权。”①

商标专用权也称为商标的独占使用权。即一方面注册商标所用人有权在核定的商品上使用其注册商标；另一方面可以禁止第二方在未经许可的情况下，在与核定商品相同或相似的商品上使用与该注册商标相同或相似的商标。

---

① 乔春洋. 品牌论［M］. 广州：中山大学出版社，2005：155.

《中华人民共和国商标法》规定：谁最先申请商标注册，商标权就属于谁，而不管申请者是否使用。因此，商标要及时办理注册手续，切不可等产品有了一定的知名度以后再注册，以免被别人抢注，使自己苦心经营的文化品牌被别人合法地使用。

3. 域名注册

随着信息技术的突飞猛进，国际互联网正日益暴露出无限商机，电子商务、网络营销扑面而来。文化品牌要在互联网上开展商业活动，首先必须在国际互联网上标识自身。不同于现实世界的是，在国际互联网这个数字化世界里，域名是厂商标识自己的唯一方式。

域名是一个技术参数，在计算机网络世界里，它是网站的网址。正如普通的邮政地址用来标识每家每户一样，域名是在国际互联网这个世界里标识每一台在网上提供信息服务的计算机。因此域名并不是一个很复杂高深的物理概念，它只是互联网中一个用于解决地址对应问题的方法。由于可以通过互联网在全球广泛普及和传播，域名这一单纯的技术名词便有了广泛的社会与文化意义。

现在越来越多的文化品牌认识到网络空间的无限性和联络的准确快捷，将网络视为一个崭新的、巨大的潜在市场，将域名看作开发和占领这个市场的重要工具。随着互联网上商业活动的加剧和繁荣，域名的稀缺也不断加剧，其无形资产的价值也随之飙升。可以毫不夸张地说，域名已成为新世纪商业信息空间的一个重要的“制空权”，谁先拥有了它，谁就掌握了主动权，谁就能在未来的市场竞争中受益。1992 年注册域名刚兴起时，申请者寥若晨星。1993 年，WWW 建立，域名数量为 5000 多个，2000 年已达到 2148 万个。目前这个数字正大幅度提高。可以说域名就是文化品牌的网络商标，但它与现实当中的商标还是有不同之处：域名商标没有商品种类和行业之分，不同种类的商标可以注册相同的商标，一个文化品牌可以注册多个商标，而一个文化品牌或组织只可以有一个域名；注册商标有时限性，比如 10 年或 20 年，期满后若不续注，商标将会被注销，而域名是永久的，一旦注册，将永远属于自己；注册商标有地域性，即在哪个国家或地区注册便受到该国家或地区的法律保护，享有专有权，而在其他国家或地区将不受到法律的保护，域名则没有地域之分，一经注册，可以把触角伸向世界任何一个角落，无论注册人走到哪里，只要是联网的计算机，都可以全天候地使用。

由于域名具有巨大的无形资产和商业价值，因而通常发生抢注的现象。域名抢注就是取用人家的注册商标号或者盗用知名人物的名字在互联网上注册。麦当劳是世界上最大的快餐公司，其文化品牌具有巨大的价值，但当它准备在国际互联网上用“www. Mcdonalds. com”注册域名时却发现这个域名已被一个叫 Qiittner 的个人抢先注册了。如果再换用其他名称注册的话，又有谁知道这个域名所代表的公司就是冠名全球的麦当劳呢？于是为了得到这个域名，麦当劳公司不得不答应一苛刻的条件：捐款 3500 万美元在国际互联网上建一所名叫纽约城的学校。

中国国务院信息办公室是我国互联网域名的管理机构，中国互联网信息中心作为中国互联网域名的运行管理机构已经加入了互联网国际特别委员会的登记者委员会，具体负责实施域名注册的各项工作。我国制定的《中国互联网网络域名注册暂行管理办法》和《中国互联网网络域名注册实施细则》两个法规，对域名注册作了详细的规定。文化品牌应抓住机遇，及时注册自己的域名，维护好域名的知识产权，构筑好文化品牌的网上天地，为信息时代的经济腾飞做好充分的准备。

第五节 文化品牌调查

文化品牌的管理与维系首先是要确保品牌不受损害，这要求在开展有关文化品牌的每项活动时，必须正确把握文化品牌的现状和发展方向。文化品牌调查是使文化企业知己知彼、进行品牌决策的重要依据。文化品牌的管理与维系必须基于常规化的品牌调查。美国权威调查机构 Crossman 以品牌和销售效果相关研究为主题，对本土行销的数十万个品牌中的 500 个品牌收入调查后发现，36% 的品牌名称对销售的构成严重伤害，52% 的品牌名称对销售的帮助只是马马虎虎，只有 12% 的品牌名称能实际地促进销售。美国企业平均每年至少有 5000 家改名，因运营不佳而被迫改名的不计其数。① 这

---

① 陈云岗. 品牌批判［M］. 广州：广州出版社，1999：52.

是一个围绕品牌名称进行调查的例子，可以从中看出品牌调查的必要性。

常规情况下的文化品牌调查对于文化企业了解市场需求状况、品牌现行状态、自身优势与差距与实施有效的品牌管理至关重要。①

一、文化品牌调查的前提

为保证文化品牌调查的科学有效性，调查行为应具备以下三个基本条件：

第一，委托一个可观公正、高素质并适合文化企业的专业调查公司。例如，美国梦工厂在拍摄《怪物史瑞克》前花了5年时间进行市场调研，包括如何让产品人物受欢迎，怎样安排在全美3000家电影院的上映档期，特别是如何搭售速食品、玩具、文具、服装等衍生产品。该片大获成功后，公司立刻组织制作的《史瑞克2》，又以4.4亿美元位列2004年全美票房首位。

第二，科学的、适用的调查组织方法和技术。针对文化品牌的调查有其普遍性和特殊性，因此，有必要将传统的、经典的调查方法和特殊的调查方法、技术结合使用。例如，第十五次中国互联网络发展状况统计报告采用的调查方法，就是依据统计学理论和国际惯例，在前十四次调查工作基础之上，采用了计算机网上自动搜寻、网上联机、网下抽样、相关单位上报数据等调查方法。

第三，科学的调查评估指标和测算公式。这是任何科学的社会调查所必须遵循的前提。比如，每年有关组织都会发布一个“世界最有价值品牌”榜单，那个“世界最有价值品牌”就是按照一个测算公式测算出来的。如果忽略细节，测算公式可以简单地表述为：

$$品牌价值 = (营业利润 - 资本 \times 5\%) \times 强度倍数$$

在这个公式里，营业利润额是重要的基数，而决定品牌价值大小的，主要是强度倍数。这个倍数一般为6~20，是测算专家根据某些资料或印象估计的。同样10美元的利润额，强度倍数如果为6，品牌价值为60亿美元；

---

① 余明阳，杨芳平. 品牌学教程［M］. 上海：复旦大学出版社，2005：174-176.

强度倍数如果为20，品牌价值就变成了200亿美元。

而中国最有价值品牌的评价公式是：

$$P = M + S + D$$

其中，P 为品牌的综合价值；M 为品牌的市场占有能力；S 为品牌的超值创利能力；D 为品牌的发展潜力。①

可以肯定的是，按照上面两个不同的公式测算出来的品牌价值，在数值上肯定是有差异的。这也可以说明，调查评估指标和测算公式是十分重要的，因为它直接决定调查结果。

二、文化品牌调查的方法

就方法体系而言，调查有定性、定量之分。定性调查是发现问题、深度研究，并力图找出有代表性的问题的调查方法；定量调查是证明问题广度的调查，即力图验证所调查问题的代表性。

与定量调查相比，选择定性调查多在决策者不需要特别精确的结果，只要了解方向、态度、可能性、可行性时采用。可见，定性调查非常依赖调查控制人的经验，主要是判断性地帮助人们发现问题。常用的定性调查法有深度访谈、小组座谈、个案研究等。

定量调查，还需要对调查结果进行信度和效度分析。信度指调查方法的可信程度，包括问题设置与提问方式是否适当；效度是指结果的有效性，即调查结果是否足以说明想解释的问题。定量调查方法包括实地调查法、控制实验法、内容分析法等。

就执行方法而言，品牌调查主要分为内部执行和外部委托两种。无论是企业内部执行调查还是委托专业公司实施调查，在调查目的、执行程序等方面应当没有什么区别。但是，因为不同的执行者能力有差异，调查结果因此有可能不一样。一般来说，专业调查公司更具有专业性、客观性、经济性，调查结论也有相当的广度和深度。

就组织方法而言，调查体系相对复杂：

---

① 王静．品牌有价［M］．北京：企业管理出版社，2005：239．

- 调查
  - 全面调查——普查
  - 非全面调查
    - 典型调查
    - 重点调查
    - 抽样调查
      - 随机抽样
        - 简单随机抽样
        - 分群随机抽样
        - 分层随机抽样
        - 等距随机抽样
      - 非随机抽样
        - 偶遇抽样
        - 判断抽样
        - 配额抽样

图 4－2　调查组织方法体系

其中，普查是对总体中所有单位逐一调查的方法，属于完全归纳法，可靠性比较强，但受时间和经费的限制较多。其他调查方法不作一一说明。但值得注意的是，文化品牌调查，一定要根据不同品牌的特点选择一种或多种调查方法，在相互补充、相互修正中争取尽量准确。

除以上传统调查方法之外，随着网络的兴起，基于网络的调查方法也开始得到重视和广泛运用。网络调查涉及面广阔、速度快、成本低、便于整理，但信度和效度有待验证。

三、文化品牌调查的内容

文化品牌调查应集中在品牌生产力调查、品牌市场力调查、品牌形象力调查等三个方面。

（1）文化品牌生产力包括文化产品生产能力、文化产品质量、文化产品系列和文化产品价格等方面。

（2）文化品牌市场力包括文化品牌市场建设（市场渠道建设）、市场业绩（利润额）和客户服务等方面。

（3）文化品牌形象力包括文化品牌形象渠道、常规品牌宣传方式和力度等方面。

在通常情况下，通过科学的品牌调查，对文化品牌现行状况实行有效监控，是进行品牌管理与维系的必要前提条件。文化品牌调查可以提供消费者对文化品牌的意见和建议，同时也会引导消费者对品牌做出反应。因此，在文化品牌调查的基础上进行的品牌管理才是最有针对性的、最有实际价值的行为。

【思考题】

1. 文化企业的品牌管理核心是什么？
2. 文化品牌调查的方法有哪些？你在什么情况下使用过哪些方法？
3. 一个市场力明显衰退的文化品牌的结局会怎样？

【延展阅读】

1. 拓之林机构编委会编著. 网络时代的品牌管理. 北京：经济管理出版社，2007.

市场经济的发展，已经把世界带入了品牌竞争的时代。一个企业，如果没有与众不同的产品，没有能够深深吸引客户的品牌，那么它必将被接踵而来的汹涌信息浪潮无声无息地湮灭。互联网的出现和普及表明我们进入了数字时代，这个时代的强势品牌将充分利用网络——眼睛是心灵的窗户，而网络是品牌的窗户。

2. ［英］摩根等主编. 旅游目的地品牌管理. 杨桂华，等，译. 天津：南开大学出版社，2006.

这是一本研究旅游目的地品牌塑造、营销与管理的著作。全书共分三篇：第一篇从宽广的视角审视目的地品牌，指出目的地品牌像企业品牌一样，是实实在在的东西，其作用表现在引资、引智等方面。第二篇探讨目的地品牌营销与管理面临的政治、外部环境变化、利益相关者协调、网络化、财务可行性等方面的挑战，并提出应对措施。第三篇由世界各地8个旅游目的地品牌营销与管理的案例组成，构成全书的实证研究部分。

第五章　文化品牌保护

【导读】文化品牌一旦有了知名度，仿冒也会接踵而至。可想而知，被仿冒的文化品牌不仅会失去应有的经济利益，其美誉度也会蒙受损失。因此，文化品牌保护事关文化企业生存与发展之命脉。所谓文化品牌保护，是指文化企业在具体经营活动中所采取的一系列综合的保护文化品牌市场地位的活动概称。它的着眼点是：巩固并提高文化品牌的竞争力与市场影响；延长其市场寿命，铸就百年品牌；维持品牌与消费者的长期忠诚联系，使品牌资产不断增值。文化品牌保护制度致力于保护权利人在文化领域的智力成果。只有对权利人的智力成果及其合法权利给予及时全面的保护，才能调动人们的创造主动性，促进社会资源的优化配置。

【学习目标】掌握文化品牌保护的措施；了解文化品牌保护的内涵；学习和运用文化品牌保护的方法和技术。

【关键词】文化品牌保护　文化品牌专有性

文化品牌保护，实质上就是对文化品牌所包含的知识产权进行保护，即对文化品牌的商标、专利、商业秘密、域名等知识产权进行保护。文化品牌战略的关键，就是提高品牌的知名度和美誉度。但是，文化品牌一旦有了知名度，仿冒也会接踵而至。可想而知，被仿冒的文化品牌不仅会失去应有的经济利益，其美誉度也会蒙受损失。因此，文化品牌保护事关文化企业生存与发展之命脉。

文化品牌的维系与保护是属于品牌运行的一个关键环节，有效的文化品牌维系与保护必须基于可靠的品牌运行现状调查，只有摸清了家底，才可能使后续的维系与保护行为具有针对性。文化品牌保护包括品牌自我保护与法律保护两种形式，前者为主动行为，后者为被动行为。一个优秀的文化品牌工作者，首先应当树立和培养敏锐的文化品牌维系与保护意识，并熟知与掌握相关的法律、法规、政策和业务知识，具备良好的危机公关能力。

第一节　文化品牌专有性与人类共享性

前文述及，文化品牌是用以识别生产或销售者的文化产品或服务的，属于知识产权范畴。知识产权是知识产权人对知识产品特别是智力成果享有的专有权利。知识产权是社会发展到一定的阶段后，在法律上作为一种财产权出现的，是人类文明和社会生产力发展的结果。知识产权作为一种私权，除了具有时间性、地域性的特征外，还具有专有性的特征。同时，文化品牌既是文化的“凝结”，也是文化的产业化和文化产业品牌化的结果。因此，文化品牌既有一般产业品牌的特征，更因为文化作为一种特殊元素的介入而具有不同于一般产业品牌的特征。文化品牌因文化的人类共享性而天生地比一般物质品牌具有更多的社会责任，在可以坚持自己的经济利益独享的同时，也要考虑人类共享的问题。

一、文化品牌专有性

文化一词，在英文中为 culture ，意为耕作、培养、教育、发展、尊重。18 世纪以后，其含义逐步演化为个人素养，整个社会的知识、思想方面的素养，艺术、学术作品的汇集，以及引申为一定时代、一定地区的全部生活内容。[①] 品牌是一个名字、术语、符号、设计，或者是以上四种的组合。在当今市场竞争中，品牌体现着一个企业的素质、信誉和形象，也体现着一个民族的素质和一个国家的形象。

在品牌与文化相互渗透、相互融合的一体化趋势下，在文化产业发展日益红火的形式下，文化品牌越来越受到重视。文化品牌是一种以物质为载

---

① 风笑天. 社会学导论［M］. 武汉：华中理工出版社，2000：3.

体，以文化为依托，浓缩了心理或社会内涵的符号系统，它提供给消费者多种精神享受，使消费者能够区分出不同的文化产品和服务，使市场呈现差异化竞争。

文化品牌具有一般产业品牌的属性，同时又有文化产业的鲜明个性。文化品牌是能够使消费者区别不同文化产品或文化服务的标志系统。文化品牌具有三个方面的要素：

第一，文化品牌是一种文化标志。文化品牌以某个特定的文化产品或文化服务名称、商标、标志、形象和符号为特征，这种特定的标志具有较高的文化内涵，是一种文化标志，构成文化品牌的专有性、排他性和可识别性。如“三辰卡通”品牌，以健康、活泼、好学的“蓝猫”为形象标志，具有明确的、昂扬向上的文化内涵，被誉为国产“第一儿童卡通”品牌。

第二，文化品牌体现产品的功能价值。文化品牌总是以一定的文化产品或文化服务功能，通过市场交易和消费行为，为目标顾客提供某种利益和价值。文化品牌是文化产品或服务市场化、产业化的产物，是市场竞争的结果。

第三，文化品牌具有高联想度。文化品牌总是与特定目标顾客的文化感悟或情感体验对应和贯通，能够唤起消费者的文化联想和情感愉悦。如东南亚的山水风光、海滩风情与城市风貌，给游客带来的是超值的心理愉悦和美好的生活享受。

品牌的专有性是品牌的特征之一。品牌是用以识别生产或销售者的产品或服务的。品牌拥有者经过法律程序的认定，享有品牌的专有权，有权要求其他企业或个人不能仿冒、伪造。这一点也是指品牌的排他性。品牌属知识产权范畴，是企业独特劳动的结晶，是专有的。文化品牌的专有性既含有一般品牌专有性的意义，又有文化品牌特有的内涵。

1. 文化品牌专有性意味着个性差异

任何一个强势品牌势必有一个清晰而丰富的品牌识别——品牌个性。品牌个性是品牌独特的身份与标志，是它与众不同的价值所在。有个性的品牌才有竞争力，个性越鲜明，竞争力就越强。在产品同质化现象日益严重的今天，品牌个性是提高竞争力的有效途径。

2. 文化品牌专有性意味着品牌的竞争优势

文化品牌一旦在消费者心目中得到认可，它所代表的功能和利益与消费者认同的价值产生共鸣，就会将无形的文化价值转化为有形的品牌价值，把文化财富转化为差异化的竞争优势，使产品在激烈的竞争中保持强大的生命力。因为消费者如果对一种文化产生认同，就不会轻易改变。

品牌不仅代表着产品的属性和功能性利益，还体现着某种特定的情感性利益。消费者购买产品，就意味着他不仅选择了产品质量、产品功能和售后服务，同时也选择了品牌的文化内涵。“品牌的背后是文化。”品牌一旦有了文化内涵，就可以征服消费者，成为全球市场促销的形象大使。①

3. 文化品牌专有性意味着文化的独特性

文化品牌是一种文化现象，含有丰富的文化内容，品牌的实质是文化②。文化是一种基因，是一种素质、一种风格，是一种活生生的生存和发展方式，是活泼的生命力、创造力和凝聚力，是人类所创造的物质和精神的所有成果。文化品牌蕴涵着独特的文化意蕴。独特性或相异性首先表现于形式方面——如文化产品独特的外观设计与视听效果（造型、色彩、旋律、节奏、行为、姿态等），以及独特的服务都可以表现出不同文化的独特性。其次，文化所具有的独特的审美体验、情感方式和价值内涵，都可以展现其独到之处。

严格地说，任何文化都具有一定的民族性，任何文化产品都是民族文化产品，文化品牌也都是民族文化品牌。文化品牌的构成由它的文化效益功能和独特的文化底蕴构成。人类的审美情感、道德情感、思维模式、认知心理、价值取向等文化要素，由于不同的社会历史条件，具有独特性。品牌文化是从品牌所在地的社会、经济、人文历史中发源而来，具有他人无法复制的历史特征、民族文化特征。以工艺美术作品而言，工艺美术作品往往有特定的创作主体和时代背景，一旦被社会接受，立刻进入商业流通。如有名的工艺品“泥人张”。“泥人张”首先在天津产生，在天津获得社会认可，这种无形资产形成了社会影响，于是其传播形成了两种内驱力：其一是“泥人张”作品流传到外地，并在外地形成市场。其二是借助“泥人张”品牌的原有影响力，民间给不同的泥塑均冠以“泥人张”的品号以扩展商业影响力。在没有知识产权保护的时代，这几乎已经成为民间惯用行为。但是无

① 乔春洋. 品牌文化［M］. 广州：中山大学出版社，2005：20.

② 陈放. 品牌策划［M］. 北京：时事出版社，2000：1.

论是哪种传播，在知识产权的法律意义上，并不能替代此项工艺的原生意义，也就是说，不存在地名 + “泥人张”而形成的多种称谓，“泥人张”具有无形文化遗产上的唯一性，并受到知识产权法律的保护。

图 5－1　天津民间工艺品牌“泥人张”金字招牌

文化品牌专有性和文化产品的地域性有着直接联系。文化带有强烈的地域特征。这是因为文化的产生植根于一个社会的人群、历史、生活方式等等因素，文化产品正是通过该人群对社会认同的需要而产生出来的。比如，戏剧就是产生于一定的区域和人群之中，其产生也是为了满足一定人群的精神需要。也正是由于其鲜明的地方特色，才使戏剧剧种和剧目得以存在和传播。这是传统意义上文化产品的功能。现在，文化产品在很大意义上打破了固有的地域性。但是，这不是说文化产品丧失了地域性，而是因为文化产品的地域性形成其特有的价值，并使该价值成为广泛传播的依据。①

二、文化品牌共享性

文化产品的另一个特点是文化产品的易传播性也就是共享性。文化产品也有产权的归属，但是产权的归属并不能体现产品所有价值的限定。比如博

① 谢红慧. 文化产品中的知识产权经营战略 . http：//www. dequanlawfirm. com/research_more. asp？ id =256，2009 年 10 月 5 日查询.

物馆收藏的绘画作品，在展出时，其核心的价值被不限定的多人所共享。书籍可以被大量地复制，但是书籍的核心价值也不在于其纸张和油墨的质地，而在于其中的思想。这是和一般产品不同的地方。比如汽车的核心价值还是在于对其的使用。在技术进步十分迅速的今天，文化产品的传播性表现得更为充分。这个特点还体现在文化产品的价值是比较耐久的。书籍虽然可以灭失，但是书籍中记载的思想却可以永世流传，为后人所共享。①

文化是人类生存的“第二自然”，文化是人类共同创造的，具有共享性的特点。文化的共享性是指人们对文化的认同和理解。文化是一个社会中的全体成员共同享有的。社会成员使用相同的生产工具，遵循同样的社会规范，并且享有同样的历史传统。文化的规定作用对社会的全体成员有效，是一套共享体系。用文化的眼光来审视品牌，文化品牌又是负载有特定信息含义的人文符号，消费者通过对品牌意义的认同得到心理的满足和精神上的快感。品牌意义传播的发生、价值实现，都必须以这种文化符号的接受、认同和理解为标志。因而其文化共享性就是指广大受众对品牌意义的负载信息及文化内涵的接受、认同和理解。

作为强势品牌的代表，“可口可乐”的成果是文化品牌共享性的一个力证。1886 年，刚刚面市的可口可乐准确地把握住了美国的文化符号，把自己宣传成自由、平等的象征，是最穷和最富的人都能喝的饮料，是在世界任何地方都能以适当的价格买到的大众产品，以此共同的文化语汇来与美国和世界的人们沟通，进而得到他们的认可。但是，当“可口可乐”开始向全世界扩张时，不同文化之间的差异要求它重视本土意识的挑战。“可口可乐”卖的是饮料，但同时也是与买方进行文化的沟通，它可以带给买方美国文化，但它也必须接受或者说是融合买方的文化和习俗。为此，“可口可乐”在英国的宣传不是自由、平等的品牌联想，而是“生活愉快、爱情幸福”；它的名字在中国也被翻译为“可口可乐”。

---

① 谢红慧. 文化产品中的知识产权经营战略. http://www.dequanlawfirm.com/research_more.asp? id = 256.

三、文化品牌专有性与共享性的统一

文化品牌既有排他的品牌专有性，又包含文化意义的大众共享性，是专有性与共享性的统一：一是品牌意义的文化产品和服务的专属性，一个文化品牌往往是某个文化产品或文化服务信息的载体，是联系消费者和商品的主要桥梁，消费者通过品牌认识商品，又通过使用商品理解品牌的含义。另一个是品牌意义的文化共享性，用文化的眼光来审视文化品牌，它又是负载有特定信息含义的人文符号，消费者通过对品牌意义的认同得到心理的满足和精神上的快感。

文化品牌以文化为依托，包含丰富的文化内容。文化又是差异性与共同性的统一。文化的差异性（独特性）是指世界上每个社会，都有其不同的、特殊的行为模式和制度。文化的共同性，是指世界上每个社会，都具有与其他社会相同的行为模式和制度。文化在很多方面使人类形成不同的群体、民族、国家，但是在一些方面，文化又使人类成为一个整体。文化品牌能够在市场上立足，得到大众认可的关键就在于文化独特性与共同性的统一，也即相异性与相通性的统一。独特性或说相异性除了表现于形式方面外，还可以表现于内容方面。如本民族所具有的独特的审美体验、情感方式和价值内涵，都可以展现其独到之处。当然在这里，形式与内容也是相对的，对上一级形式来说是内容的东西对下一级内容就成了形式。一个艺术形象，它可能是形式——相对它所表达的意义来讲；它也可能是内容——相对表现这个形象的形式来讲。共同性或说相通性指文化品牌所展现出的审美趣味与价值内涵符合人类发展的总体价值取向而又对它文化有借鉴启示作用。倒不必是具体价值观的完全雷同。例如云南的旅游产品要做成品牌，就必须在美丽的山水景观、奇异的民族风情中，充分表达云南民族文化融于自然、亲近乡土、宁静平和的观念意识与价值取向。①

严格地说，任何文化都具有一定的民族性，任何文化产品都是民族文化产品。每个民族都有自己独特的文化个性，有特定的心理性格、风俗习惯、

---

① 施惟达．论民族文化品牌．该文为国家文化产业创新与发展研究基地举办《21 世纪中国文化产业论坛第二届年会》论文．

道德风尚、价值观念和行为方式，反映在文化品牌上，就是文化品牌的民族性。任何文化品牌都是其民族文化的微观形式或亚文化形式，都被深深打上了本民族的文化烙印。人类的审美情感、道德情感、思维模式、认知心理、价值取向等文化要素，既有相通的一面，也由于不同的社会历史条件、自然生态环境而形成相异的一面。虽然地球村在科学技术迅猛发展的今天日渐变小，文化间相通的一面日渐扩大，相异的一面日渐缩小，但文化永远不可能走到同一。“和而不同”是人类文化生态保持平衡的理想格局。① 以文化为依托的文化品牌保持着专有性与共享性的统一。

第二节　文化品牌保护的意义

文化是品牌的灵魂，品牌是文化的积淀。文化品牌不仅是文化企业的无形资产，也是社会的精神财富。文化品牌蕴涵着丰富的文化内涵和宝贵的无形资产。随着知识产权观念的深入，人们在商业活动中的品牌意识开始逐渐强化起来，文化品牌受到了前所未有的重视，由此也引起了一些纠纷，如近年来的天津“泥人张”、“狗不理”包子等等。一方面反映了传统文化和工艺的价值在市场经济条件下的彰显，又在另一方面启示我们在理论和实践中应当重视文化品牌带来的问题。文化在参与经济全球化的今天将愈显其重要作用。因此，保护文化品牌，于理于法、于公于私，都具有重要意义。

所谓品牌保护，是指企业在具体经营活动中所采取的一系列综合的保护品牌市场地位的活动概称。它的着眼点是：巩固并提高品牌的竞争力与市场影响；延长其市场寿命，铸就百年品牌；维持品牌与消费者的长期忠诚联系，使品牌资产不断增值。②

亚洲品牌专家伊恩·贝蒂认为，品牌由本体、灵魂和意识三个部分组成。本体是变化的载体，它代表着你所供应的实物，以及持续进行中的产品开发和改进。品牌灵魂代表你所供应物品的情感方面，它通常是根深蒂固

---

① 施惟达．论民族文化品牌．该文为国家文化产业创新与发展研究基地举办《21 世纪中国文化产业论坛第二届年会》论文．

② 姚作为．论品牌保护．南方经济，2002（8）：63．

的，反映着品牌的独有个性、特点和文化。所谓意识，是你所希望的产品在环境、生态、社会方面的责任。① 由于品牌所具有的这种意义和作用，又加之文化品牌所蕴涵的文化因素，因此，文化品牌保护有以下多重意义：

一、坚守文化品牌的专有价值

文化品牌的专有价值不仅意味着文化产品和文化服务的个性差异和竞争优势，同时意味着文化的独特性。保护文化品牌不仅是文化企业自身应对市场的自我保护，更是对文化特性的保护。

1. 文化企业自身的保护

菲利普·科特勒认为“区别专业的营销者的最佳方式是看他们是否拥有对品牌的创造、维持、保护和扩展能力”。通过品牌保护，不仅可以保持产品销量的稳定，使消费者愿意以溢价购买，而且可以提高市场进入壁垒，增强品牌的市场竞争力，维持其市场地位。因此，品牌保护对于文化企业来说，既关系到品牌的存续，也关系到企业的生存与发展。②

品牌专用权是企业无形资产的一部分，是受法律保护的。品牌专用权的转移实质上就是一种财产交换关系，并由此表现出品牌的权利关系。对于知名品牌来说，一旦品牌被人窃用，就是财富的流失。企业在市场竞争中既要时刻准备应付竞争者的挑战，更须防范有损自己产品形象的不法行为，对自己培植起来的名牌应从战略的角度来认识它和维护它。对有些地方传统老字号企业、著名城市及旅游名胜的名称应及时地多项注册加以保护，以防止他人抢先注册和不法使用，给地区和企业造成损失。前几年，在武汉市享有盛誉的老字号“五芳斋”汤圆，在近五十年的经营中都没有正式注册商标，结果在异地发现同名商品，市场销售火热，企业为此打起官司，这些关于商标使用权的纠纷在经济生活中经常出现。我国有许多企业的知名品牌被外商在中国和外国抢先注册，这些企业要经营自己的品牌就必须花高价买回商标使用权。

---

① ［澳］伊恩·贝蒂. 卓越品牌. 何昌邑等译. 昆明：云南大学出版社，2002.

② 姚作为. 论品牌保护. 南方经济，2002（8）：62.

2. 文化特性的保护

文化是一个国家的身份证，一个国家的文化地位与这个国家的国际地位息息相关。“只有维护好本民族文化的独特性才能实现世界文化的多样性。”基于保护本民族文化的共识，联合国教科文组织正在草拟的《文化多样性公约》受到了越来越多国家的认可。各个国家都在维护自己的文化形象。如法国高度重视自己国家的文化遗产，不遗余力地捍卫自己的文化特性。保护文化品牌更是对文化特性的有效保护。品牌的实质是文化。一个国家，一个民族，最深刻、最久远、最具生命力的东西是历经千百年积淀下来的文化。人们购买产品不仅是购买一种使用价值，而且也是一种品牌，一种文化，一种心理满足。文化品牌蕴涵着传统的物质文化、行为文化以及经营主体的价值观念、道德风尚、行业修养、民族情感等观念文化，还蕴涵着宝贵的无形财产。因此，文化品牌的保护对民族文化特性的保护有着重要意义。

二、承担文化品牌的社会责任①

文化品牌不仅是文化企业经营的无形资产，也是社会的精神财富。文化品牌所包括的人文精神，对大众的思想意识、生活方式、社会观念、文化习俗等起着潜移默化的作用。保护文化品牌也需要承担文化品牌的社会责任。

人们接受某种文化品牌，不只是简单地对文化品牌代表的物质产品的接受，同时也是人们文化需求与文化认同的直接和间接的表现。娃哈哈、孔府家酒等品牌中包含着丰富的中华文化的意蕴，通过广告宣传颂扬了家庭本位的观念。品牌的意义是人的感情、习俗、文化观念诸因素中的聚合，融合了人们传统的观念。品牌毋庸置疑是商品的象征，但促使品牌为大众认同和接受的重要因素之一是其人文性因素。

对于文化品牌而言，它所拥有的人文意义，主要体现在它的人性化意义（人的品格和个性，以及人与人之间的亲情、友情、爱情、关心、爱护、信任、忠诚等）、社会意义（社会关系、社会地位、社会价值、社会贡献等）和民族意义（国籍、民族风格、民族传统、民族文化等）。

文化品牌的传播对象和范围具有广泛性的特征。它不仅以消费对象和社

---

① 朱健强. 论品牌的人文意义与社会价值. www. a. com. cn，2005－01－24.

会大众为重要指向，而且通过各种大众传播媒介传达的范围广、强度大，具有突出的社会效应。文化品牌意义的教育作用，正是因为其自身所容纳的有关社会的价值体系和惯性体系对人们精神文化的巨大影响决定的。正如古代的图腾标志，向全体成员昭示他们的崇拜对象的特征及其圣灵的意义，让部落的成员共同对之顶礼膜拜，并相信图腾的庇护会使人们避过灾难、获得生机一样。今天的文化品牌意义，也在教育和引导社会大众的消费观念和文化意识，并且往往成为消费大众个人价值和地位的象征。

文化品牌意义的精神价值和文化价值是相对其物质价值或经济价值而言的，指品牌意义同大众精神文化需求的关系。在社会主义市场经济条件下，对文化品牌意义的宣传属于社会主义意识形态的范畴，品牌意义表现的思想、情趣形式必须为社会主义文明服务，反映中华民族的伟大智慧和优良传统，激发人们向上的精神，注重传播社会主义社会的价值观、生活方式、行为方式，以营造良好的、文明的、健康的社会文化氛围与风尚。

在我国社会主义市场经济体制建立的过程中，商品浪潮的冲击带来了人们的思想和消费观念的多元化。因此，强调文化品牌的人文因素显得尤为重要，对文化品牌的宣传不应对物欲过度刺激与纵容，不应以物欲刺激的成功作为唯一目的，而应以中华优秀文化观念为负载，来淳化人对物的需求意识。在人们自身所处的文化传统与氛围的尺度下，在自身的生活水平尺度下，理智地、审慎地宣传健康的消费观、审美观、道德观，将人类的生活、情感、美与审美的需求自然纳于品牌的含义之中，显现物质与精神的交合，使品牌意义源于功利，不囿于功利，将物质因素和精神因素有机结合起来，在创造物质财富的同时，为社会创造丰富的精神财富。

文化企业在创造和传播品牌的人文意义时，肩负着社会的责任。如果把传播品牌的人文意义和塑造品牌形象仅仅当成是企业的经营行为，为了暂时的经济利益，宣传腐朽落后的文化，推崇帝王将相的生活，宣传奢侈豪华的消费观念，甚至不分青红皂白地照搬西方腐朽的东西，非但不能建立良好的品牌形象，而且会造成不良的社会影响。

不论是文化品牌意义的价值取向，还是围绕品牌意义进行的传播，都必须审时应变，符合时代精神和整个社会文化的大环境，在适应中求整合，在整合中求发展。品牌意义的创造和提高，要能够满足受众的文化心理需求，又不排斥个体价值意识和文化意向对品牌的渗透，以便在适应社会大众需求的同时，创造文化，改变观念，制造时尚，使受众在满足物质消费的同时，在精神上得到满足。

文化品牌的社会文化效应，对社会的文明进步起着不可忽视的作用。相同的地理环境，相同的语言文字，相同的风俗习惯，是一个民族文化认同的基本条件，而相同的观念和思想则构成了这个民族的凝聚力和向心力。因而，若我们从极端的意义上讲，人类的一切活动无不在特定的价值取向和思维模式的指导和规范下发生的。根据这种认识，品牌文化作为社会文化的一部分，不仅是商品信息的载体，也是社会文化的载体。

三、奠定文化品牌的发展基础

在文化产业发展和文化品牌开发中，加强法律和法规的建设已经起步。现代文化产业建立在知识产权基础上，如果没有现代知识产权制度的建设，民族文化的保护和开发就没有制度基础，这个问题在当今全球化的形势下显得尤为突出。文化品牌的保护对文化产业和品牌的未来发展有着至关重要的作用。

文化品牌是文化产品和服务的“品位”和“品质”的综合概念，它蕴涵着企业的领导能力、市场环境、品牌的稳定性、品牌的国际性、品牌的发展前景、品牌的投资支持等等。文化品牌不是空中楼阁，而是建立在坚实的产品质量和独特的文化内涵之上的。文化品牌是需要文化企业几代人甚至几十代人艰苦努力才能实现的；即使是现代工业产品，也需要若干年创品牌、得名牌的过程。文化品牌的保护直接影响着文化品牌和文化产业的发展。

保护文化品牌是要确保品牌的核心竞争力。文化品牌竞争力就是将企业核心竞争力外化的表现，要求将企业的文化、个性和价值都融入品牌的塑造中，赋予品牌独特的文化内涵，将企业的核心能力——资源优势、技术优势、人才优势、管理优势、营销优势转化为品牌竞争力的优势，要将企业的核心能力转化为品牌形象，实现有效的品牌管理。文化品牌核心竞争力的保证，使品牌可以应对市场竞争带来的风险，并逐渐发展壮大。

如何以文化品牌带动产业的扩张，已经成为一个值得注意的问题。以文化品牌带动文化产业发展，已经成为国内外文化产业发展的一个规律。加强对文化品牌的保护，有机地建立品牌与产业的相关性，是奠定文化品牌发展的基础。现代文化品牌的运作是在传媒的包围之中的，传媒对品牌的形成，甚至对其生命的延续都具有极其重要的作用。传媒的运作可能迅速地使一个品牌走红，也可能迅速地使一个品牌衰落。因此必须实施产业的协同运作，加强对品牌的保护。这一点在以旅游服务业为支柱产业的云南表现尤其明显，旅游业的传媒形象非常重要，应该加强危机管理，一旦出现传媒曝光问题即予以恰当的处理。

优秀的品牌应该有一个良好的文化底蕴，具有良好文化底蕴的品牌，能给人带来一种心灵的慰藉和精神的享受。当一个企业开始创建品牌时，就应该将文化的内涵融入品牌中，通过挖掘传统文化、地域文化、民族文化、企业文化及产品文化，来赋予本企业提供给社会公众的产品（或服务）以文化的意蕴，从而创建出既富有传统底蕴又具有现代特征，既包含企业自己的经营理念又符合社会大众情感的特有品牌，用具有文化内涵的品牌影响社会，并以此提升本企业品牌的附加值和产品的竞争力，这在激烈的市场竞争中也是一种特有的品牌保护手段。因为品牌的背后是文化，产品是暂时的，文化是永恒的，只有文化的，才是经典的。虽然产品会被模仿，商标也会被假冒，但品牌及其所蕴含的文化是不可能被复制的，这种品牌所具有的文化已深深植根于最初的创建者的策划、产品、营销、服务等各个具体环节中，他人的模仿只能是东施效颦，有其形而无其神，终将会在市场大潮的荡涤下暴露无遗。所以，在品牌的创建中，赋予品牌以文化的意蕴，不仅是企业将其经营理念和核心价值观向社会充分而精致的展示，引领社会消费潮流，保持企业青春和活力的过程，而且也是企业所采用的一种特有的并且是长效的品牌保护方法。

四、扩大文化品牌衍生文化的世界影响

每个民族都有自己独特的文化个性，有特定的心理性格、风俗习惯、道德风尚、宗教信仰、价值观念和行为方式，反映在文化品牌上，就是文化品牌的民族性。任何文化品牌都是其民族文化的微观形式或亚文化形式，都被深深打上了本民族文化的烙印。一个国家，一个民族，最深刻、最久远、最具生命力的东西是历经千百年积淀下来的文化。人们购买产品不仅仅是购买一种使用价值，而是一种品牌，一种文化，一种心理满足。文化是有很强的

民族性和国别性的，显示出不同的民族、国家的特色和差异。品牌所反映的文化内涵必然带有不同民族和国家的文化色彩。

品牌是市场经济的产物。市场是开放的、无边界的，市场作为人们经济交流的方式，作为商品交换关系的总和，总是在发展中扩大其活动范围。在经济全球化的浪潮中，品牌被贴上了民族的标签。经济全球化可以被看作是在全球范围内依据品牌强弱实行生产资源的再调整和经济利益的重新分配。当今世界，品牌战略远不只宏观层面上的经济战略意义和微观层面上的企业和产品战略意义而日益涉及文化、教育、人才、区域品牌和城市品牌建设等社会经济领域，蕴涵丰富的社会、文化和精神文明内容，具有鲜明的企业、单位和区域形象表现力。没有丰富文化内容和道德规范的品牌战略是难以长久的。文化品牌成为民族文化的载体，可以传播民族文化，提高民族文化的影响力。一个国家综合国力的强大，表现为其经济力和文化力的强大，企业是构成经济力的基础，品牌又是企业的基石。企业建立品牌的过程，也是一个文化渗透的过程，因为人们在消费品牌的同时，也在消费着文化。消费者接受了品牌，也就接受了文化。因而全球化时代可以借助文化品牌影响其他民族，逐步改造其价值观念和社会结构，以及成为“人”的条件，造成产品的文明化影响。麦当劳、可口可乐对消费者而言，其含义早已不只是一种快餐、一种饮料，它们蕴涵并象征着一种“勇于开拓不断创新”的美国文化，横扫并征服了世界。品牌文化的影响力不容忽视，品牌应该成为先进文化的载体。由此可见文化品牌的保护对扩大文化品牌衍生文化的世界影响的重要作用。

第三节　文化品牌的国内保护

文化品牌的国内保护，有利于调动人们从事文化创新和创意开发的积极性。文化品牌保护制度致力于保护权利人在文化领域的智力成果。只有对权利人的智力成果及其合法权利给予及时全面的保护，才能调动人们的创造主动性，促进社会资源的优化配置。同时，文化品牌的国内保护能够为企业带来巨大经济效益，增强经济实力。文化品牌的专有性决定了文化企业只有拥有自主文化品牌，才能在文化市场上立于不败之地。越来越多的文化企业开始意识到技术、品牌、商业秘密等无形财产的巨大作用，而如何让这些无形资产逐步增值，有赖于对文化品牌的合理保护。

一、文化品牌商标国内注册①

商标注册是为了取得商品销售国的商标专用权，可以有效地保护品牌在销售国的合法权益和经济利益。商标注册了，其他人就不能在相同或近似的商品上注册或使用与自己商标相同或近似的商标了，从而可以防止侵犯企业在销售国的合法权益，也就争得了市场。商标获得有效注册，才是走向名牌的第一步，否则不可能成为驰名商标。商标在获得有效注册后，就能长期稳定占领市场，扩大销售量，保持良好信誉，成为名牌商标，进而成为驰名商标。

1. 文化品牌疆域的保护

商标专用权是品牌保护的最核心问题。商标专用权决定着财富的归属。商标专用权，即商标权，它是指商标所有人依照商标法的规定，经过商标使用人的申请，在国家商标管理机关核准注册后取得的使用商标的一种专用权利。

商标权有两方面的含义：一是注册商标的所有者在该商标注册国范围内，享有对该商标的独占使用权；二是在未经商标所有人许可的情况下，商标所有人有权禁止任何单位和个人在同一商品或类似商品上使用与该注册商标相同或相似的商标，同时禁止他人用不正当的手段去损害该注册商标的声誉。

保护商标专用权的范围，应该以核准注册和核定使用的商品为准。我国商标法规定："注册商标的专用权，以核准注册的商标和核定使用的商品为限。"这就是说，虽然凡是经国家商标局核准注册的商标都受到国家的保护，但是，本法保护的对象是注册商标专用权，而保护的范围只适用于核准注册的商标和核定注册的商品上。而且，每个注册商标的保护范围又不是无限制的，它必须符合国家法律规定的范围。

因此，每个注册商标只能是核准在案的商标名称、图形和核定在案的指

① 赵琛. 品牌学. 长沙：湖南美术出版社，2003：256－277.

定商品中的具体商品。在这个范围内，其他人未经商标注册人的许可不得以相同或近似商标使用在相同或近似的商品上，否则，就是侵权，要受到法律制裁。规定保护范围的目的，是使商标注册人把其专用权限制在注册范围内，以区别侵权与否的界限，更好地保护专用权。

由于注册商标只限制在核定的范围内，因此，根据商标法的规定，已经核准注册的商标和核定使用的商品是一个不可改变和不可分割的统一体，只有在两者兼备的条件下，专用权才受到保护。如果不经批准，自行改变文字、图形或者使用在未经核准的商品上，就是超越了注册商标专用权的范围，失去了法律的保护。

2. 商标注册的时间及费用

商标注册申请时间：一件新申请商标从申请到发证一般需要 1 年左右时间，其中申请受理和形式审查约需 1 个月时间，实质审查约 4 ~ 5 个月时间，异议期 3 个月时间，核准公告到发证约为 1 ~ 3 个月时间。

商标有效期为 10 年，有效期满后可以续展，续展的宽展期为 6 个月。

商标变更、续展和转让从申请核准开始一般约需 4 ~ 6 个月。

商标补正期限、修正期限为 15 天，异议答辩期限为 30 天，商标争议期限为 1 年。

商标异议期为 3 个月，异议期自公告之日起计算。商标异议申请日期，以商标局收到申请书件的日期为准，异议期最后一天是节假日的，可按规定顺延到节假日后的第一个工作日。

按规定所应缴纳的商标注册费用（申请费用随市场价格而调整）：按照目前的收费标准，受理商标注册费是一件 1000 元人民币（限定本类 10 个商品名称和服务项目，10 个以上，每超过一个，另加收 100 元）；受理集体商标注册和证明商标注册的费用是每件 3000 元人民币；受理转让注册商标费是一件 1000 元；受理商标续展注册费是一件 2000 元人民币。代理费用大约为 1000 元。

3. 商标注册的技巧

商标的背后就是一个大市场，保护好自己的商标等于保护好自己的市场。避免商标被抢注最主要的是要有商标注册的超前意识，其次是注册商标技巧。一些企业往往在办理营业执照时，就同时办理商标注册手续。由于商标注册的时间较长，要有一定的提前才能掌握主动性。

另外，企业只生产某一单一产品，但若在相关的类别，甚至所有的类别中全部注册，这样就为今后的发展留有余地，为企业向全方位发展提供了可靠的保证。在市场竞争中应运而升的“商标占位术”就是企业采取的自我保护策略。很多集团公司从一开始，便让自己的品牌占满了四十二个商品大类中的每个位置。

根据我国商标法的有关规定，某些商标注册申请人享有一定的注册优先权，他们主要包括：

①申请人在他的商标在国外第一次提出商标注册申请之日起六个月内，又在中国就相同产品以同样的商标提出注册申请的可按照该国同中国签订的协议或者共同参与的国际条约，或者按照相互承认优先权的原则，可以享有优先权。此项权利应当在提出申请时提出书面声明，并在三个月内提交第一次提出的商标注册申请文件的副本，未提出或未提交申请文件副本的视为未要求优先权。

②商标在中国政府主办的或者承认的国际展览会展出的商品上首次使用的，自商品展出之日起六个月内，该商标的注册申请人可以享有优先权。此项权利应当在提出申请时提出书面声明，并在三个月内提交展出其商品的展览会名称、在展览商品上使用该商标的证据、展出日期等证明文件，未提交的视为未要求优先权。

③多个申请人，在同一种商品或者类似商品上，相同或者近似的商标申请注册的初步审定并公告申请在先的商标优先；同一天申请的，初步审定公告在先的商标优先，驳回其他人的申请，不给公告。

4. 商标注册前的查询

商标申请前查询的重要性在于，确定是否能够注册，及早发现是否与其他商标雷同、相似，避免注册工作半途而废。

商标申请前查询采取自愿原则，查询者可以到商标局查询窗口领取《商标查询单》，按照《类似商品和服务区分表》中的规范名称填写商品名称和服务项目。一份查询单最多填写 10 个商品名称和服务项目，一份查询单只能填写一个类别和一个商标，同时必须注明企业的名称、联系人及其电话。

普通查询的时间为 4 个工作日，加急查询的时间为 4 小时。

普通查询中文（数字）为 60 元/件，英文（字头）为 100 元/件。加急查询中文（数字）为 120 元/件，英文（字头）为 200 元/件。

5. 如何申请商标注册

商标在注册前必须具备合法的条件，如果忽视这些条件匆忙办理，不仅损失了注册费用，损失更大的将是时间、商机，所有的前期宣传也会付之东流，有的甚至陷入法律纷争。

自然人、法人或者其他组织对其生产、制造、加工、拣选或经营的商品抑或提供的服务，需要取得商标专用权的，可以向商标局提出商标注册申请。

商标注册可以通过两个途径办理：一个是申请人持商标注册所需的证件，包括本人身份证、企业介绍信、营业执照副本或经发证机关签字盖章的营业执照复印件，直接到商标局办理商标注册申请手续。另一个是商标注册申请人可委托商标代理机构办理商标注册申请事宜，由商标代理机构代其向商标局提出申请。

办理商标注册申请必须具备下列文件：

①《商标注册申请书》一份。委托代理机构办理的还应提交《商标代理委托书》。

②商标图样 10 张（指定颜色的彩色商标，应交着色图样 10 张、黑白墨稿一张）。

③营业执照副本或经发证机关签字盖章的营业执照复印件。申请填报的商品或服务不得超过核准登记的经营范围。

国家规定必须使用注册商标的人用药品和烟草制品以及一些特殊行业或特殊商品的商标注册申请，还应提交下列文件：

①人用药品、医用营养品、医用营养饮料和婴儿食品等商标的申请，应提交卫生部门发放的《药品生产许可证》或者《药品经营许可证》，未取得以上两证的，提交卫生部门出具的同意成立药品生产或经营企业的批复文件；办理人用消毒剂商标注册申请还应附卫生防疫部门的证明。

②卷烟、雪茄烟和有包装烟丝的商标注册申请应当附送国家烟草主管部门批准生产的证明文件。

③报刊、杂志名称作为商标申请注册的，应当提交新闻出版署（局）发给的全国统一刊号（“CN”）的报刊登记证。

如果直接到商标局办理商标注册申请的还要提交经办人身份证复印件、

企业介绍信。人物肖像作为商标申请注册的，必须提供肖像人的授权书并经公证机关公证。外国申请人要求优先权的必须在申请书上填写初次申请国、初次申请日期及申请号，并在三个月内向商标局提交优先权证明文件。

商标注册申请人应依照《商标注册用品或服务国际分类表》具体、规范地填写商品名称和服务项目，同时还应填写商品用途和主要原料。

6. 商标的审查与核准

所谓审查制度即商标权利是否生效。商标的审查制度有两种：

形式审查阶段。这是确定商标注册申请是否具备应该受理的基本条件，其目的是借以判定申请是否符合商标法及其实施细则形式上的要求，主要审查申请所需的手续是否完备。形式审查需要的文件包括：营业执照副本，公司介绍信，公司印章，代理人身份证，商标图样若干。

形式审查的主要内容有：审查申请人的合法地位；申请文件是否齐全，手续是否符合要求，所填写的内容是否符合要求；报送的商标图样在数量上和规格上是否合乎标准；申请的日期及其申请号；根据“一件商标一件申请”的原则，审查申请商标的商品使用范围是否为一类商品一份商标申请；申请费、注册费是否缴纳清楚。

通过以上形式审查，如果申请人缺少上述要求的某些内容时，商标局应通知申请人或代理人，如果所存问题是涉及实质性的，申请手续不齐备的，缺少使用商品、图样不全、未缴纳申请费和注册费的不予受理，退回申请书，对申请日不予保留。形式审查后决定是否受理，受理后进入实质审查阶段。

实质审查是牵涉申请注册的商标能否初步审定和公告的重要阶段，也是能否核准注册的前提条件，因此它是决定商标注册的关键。

实质审查的目的主要是为了判断申请商标是否符合商标法律的规定。各国规定审查的内容不一，但主要审查是否违反禁用条款；商标是否显著；是否与在先权利相冲突；是否与已注册商标在同一商品或类似商品上相同或相近；是否有损社会公德和公共秩序；政治上是否有不良影响；商品填写情况是否过宽，需要详细说明商标名称或修正商品写法等。进行实质审查后予以注册。

对初步审定的商标，由商标局发布《初步审定商标公告》晓谕公众。对不符合《商标法》规定的商标注册申请，商标局予以驳回。根据我国《商标法》规定：

①对初步审定的商标，自公告之日起3个月内，没有人提出异议的，商标局应予以核准注册，并予以公告；

②对初步审定的商标，自公告之日起3个月内，虽然有人提出异议，但经商标局审查，所提异议不能成立，商标局予以核准注册；

③商标评审委员会受理复审申请后，经调查审议，认为异议人理由成立时，应更改商标局的决定，不准予注册。

7. 商标申请后的查询

商标申请后的查询是指商标申请人自其注册申请提交之日起一年半以后，或变更、续展、转让、补证等申请之日起半年以后，尚未获得任何信息者对其商标的办理情况向商标局申请的查询。准备发票复印件及商标图样，填写《商标申请后查询单》。

自商标局受理查询次日起3日内，查询人可到商标局注册大厅领取查询结果。3日内没有结果的，待查出后由商标局函告查询人。

来函查询的，除提交前面提到的文件外，应在信函中写明查询项目、企业名称、联系人和联系电话，并加盖公章。对变更、续展、转让、补证的情况进行查询的，还应写明原商标的注册号。查出结果后由商标局函告查询人。

8. 如何领取商标注册证

审定核准后，直接办理商标注册的申请人，由商标局文献处直接发放《领取商标注册证通知书》。

领取商标注册证的商标注册人应在接到后3个月内到商标局领证，同时还应携带领取商标注册证的介绍信、领证人身份证及复印件、营业执照副本原件（复印件应加盖当地工商部门的章戳）、领取商标注册证通知书，商标注册人名义变更的需附送工作部门出具的变更证明。通过代理的，由代理人向商标注册人发送《商标注册证》。

二、文化品牌商标国内侵权诉讼

1. 商标争议①

对于已经注册的商标，属于不可注册商标范围的，或者是以欺骗手段或

---

① 赵琛. 品牌学. 长沙：湖南美术出版社，2003：276.

者其他不正当手段取得注册的，由商标局撤销该注册商标；其他单位或者个人可以请求商标评审委员会裁定撤销该注册商标。

对于已经注册的商标，属于下列情况之一的：

①就相同或者类似商品申请注册的商标是复制、模仿或者翻译他人未在中国注册的驰名商标，容易导致混淆的；

②就不相同或者不相类似商品申请注册的商标是复制、模仿或者翻译他人已经在中国注册的驰名商标，误导公众，致使该驰名商标注册人的利益可能受到损害的；

③未经受理，代理人或者代表人以自己的名义将代理人或者被代表人的商标进行注册，被代理人或者被代表人提出异议的不予注册并禁止使用；

④商标中有商品的地理标志，而该商品并非来源于该标志所标示的地区，误导公众的，不予注册并禁止使用。但是，已经善意取得注册的继续有效（这里所指的地理标志是指标示某商品来源于该地区，该商品的特定质量、信誉或者其他特征主要由该地区的自然因素或人文因素所决定的标志）；

⑤申请商标注册不得损害他人现有的在先权利，也不得以不正当手段抢先注册他人已经使用并有一定影响的商标，自商标注册之日起 5 年内，商标所有人或者利害关系人可以请求商标评选委员会裁定注销该商标，对恶意注册的，驰名商标所有人不受 5 年的时间限制。

除了以上几种情况以外，对已经注册的商标有争议的，可以自该商标核准注册之日起 5 年内，向商标评选委员会申请裁定。商标评审委员会收到裁定申请后，应当通知有关当事人限期提出答辩。对核准注册前已经提出异议并经裁定的商标，不得再以相同的事实和理由申请裁定。商标委员会做出维持或者撤销注册商标的裁定后，将书面通知当事人。当事人对商标评选委员会的裁定不服的，可以自收到通知之日起 30 天内向法院提出起诉。人民法院应当通知商标裁定程序的对方当事人作为第三人参加诉讼。

2. 商标侵权

有下列行为之一的，均属侵犯注册商标专用权：

（1）未经商标注册人的许可，在同一种商品或者类似商品上使用与其注册商标相同或者近似的商标的；

（2）销售侵犯注册商标专用权的商品的；

（3）伪造、擅自制造他人注册商标标识或者销售伪造、擅自制造的注册商标标识的；

（4）未经商标注册人同意，更换其注册商标并将该更换商标的商品又投入市场的；

（5）给他人的注册商标专用权造成其他损害的。

上述所列侵犯注册商标专用权行为之一，引起纠纷的，由当事人协商解决；不愿协商或者协商不成的，商标注册人或者利害关系人可以向人民法院起诉，也可以请求工商行政管理部门处理。工商行政管理部门处理时，认定侵权行为成立的，责令立即停止侵权行为，没收、销毁侵权商品和专门用于制造侵权商品、伪造注册商标标识的工具，并可处以罚款。当事人对处理决定不服的，可以自收到处理通知之日起 15 日内依照《中华人民共和国行政诉讼法》向人民法院起诉；侵权人期满不起诉又不履行的，工商行政管理部门可以申请人民法院强制执行。进行处理的工商行政管理部门根据当事人的请求，可以就侵犯商标专用权的赔偿数额进行调解；调解不成的，当事人可以依照《中华人民共和国民事诉讼法》向人民法院起诉。

对侵犯注册商标专用权的行为，工商行政管理部门有权依法查处；涉嫌犯罪的，应当及时移送司法机关依法处理。

侵犯商标专用权的赔偿数额，为侵权人在侵权期间因侵权所获得的利益，或者被侵权人在被侵权期间因被侵权所受到的损失，包括被侵权人为制止侵权行为所支付的合理开支。

前款所称侵权人因侵权所得利益，或者被侵权人因被侵权所受损失难以确定的，由人民法院根据侵权行为的情节判决给予五十万元以下的赔偿。

销售不知道是侵犯注册商标专用权的商品，能证明该商品是自己合法取得的并说明提供者的，不承担赔偿责任。

商标注册人或者利害关系人有证据证明他人正在实施或者即将实施侵犯其注册商标专用权的行为，如不及时制止，将会使其合法权益受到难以弥补的损害的，可以在起诉前向人民法院申请采取责令停止有关行为和财产保全的措施。

未经商标注册人许可，在同一种商品上使用与其注册商标相同的商标，构成犯罪的，除赔偿被侵权人的损失外，依法追究刑事责任。

伪造、擅自制造他人注册商标标识或者销售伪造、擅自制造的注册商标标识，构成犯罪的，除赔偿被侵权人的损失外，依法追究刑事责任。

销售明知是假冒注册商标的商品，构成犯罪的，除赔偿被侵权人的损失外，依法追究刑事责任。

三、文化品牌国内连锁经营

连锁经营是国际上普遍采用的一种现代化商业经营体系，近年来在我国也已进入高速发展阶段，是我国第三产业最具活力的经营模式。连锁经营是市场经济条件下流通领域现代化的重要形式之一，其店多、面广，经营灵活，筹资方便，资金潜力易得到充分发挥。连锁经营以连锁店为主要形式，解决了大批销售与消费者分散需求之间的矛盾，提高了经营的竞争能力。连锁经营是文化品牌经营的一种有效形式。在文化品牌的创立和经营中，连锁经营以其灵活、广阔的市场渗透力为品牌效益的产生提供了有效的依托。

1. 什么是连锁经营

原国务院体改办、国家经贸委《关于促进连锁经营发展的若干意见》中是这样阐述的：连锁经营是通过对若干零售企业实行集中采购、分散销售、规范化经营，从而实现规模经济效益的一种现代流通方式，主要有直营连锁、特许连锁、自由连锁等类型。

2. 连锁经营的类型

（1）直营连锁

直营连锁是指连锁公司的店铺均由公司总部全资或控股开设，在总部的直接领导下统一经营。总部对各店铺实施人、财、物及商流、物流、信息流等方面的统一经营。直营连锁作为大资本动作，利用连锁组织集中管理、分散销售的特点，充分发挥了规模效应。

（2）特许经营

特许经营是指特许者将自己所拥有的商标、商号、产品、专利和专有技术、经营模式等以特许经营合同的形式授予被特许者使用，被特许者按合同规定，在特许者统一的业务模式下从事经营活动，并向特许者支付相应的费用。由于特许企业的存在形式具有连锁经营统一形象、统一管理等基本特征，因此也称之为特许连锁。

特许经营是以特许经营权的转让为核心的一种经营方式。其本质特征可以从以下三个方面来理解：

第一，特许经营是利用自己的专有技术与他人的资本相结合的、扩张经营规模的一种商业发展模式。因此，特许经营是技术和品牌价值的扩张而不是资本的扩张。

第二，特许经营是以经营管理权控制所有权的一种组织方式，被特许者投资特许加盟店而对店铺拥有所有权，但该店铺的最终管理权仍由特许者掌握。

第三，成功的特许经营应该是双赢模式，只有让被特许者获得比单体经营更多的利益，特许经营关系才能有效维持。

（3）自由连锁

自由连锁也称自愿连锁。连锁公司的店铺均为独立法人，各自的资产所有权不变，在公司总部的指导下共同经营。各成员店使用共同的店名，与总部订立有关购、销、宣传等方面的合同，并按合同开展经营活动。在合同规定的范围之外，各成员店可以自由活动。根据自愿原则，各成员店可自由加入连锁体系，也可自由退出。

3. 连锁经营的优势①

连锁经营的实质是把现代化的大生产的原理应用于商业流通领域，达到提高协调运作能力和规模效益的目的。发展连锁经营，可以改变我国商业中陈腐的经营观念、落后的经营管理模式，改变低效率的物流运作方式，完善经营机制，为商业企业的经营管理注入新的活力。可以促进大流通，带动大生产，改进传统商业，提升流通产业竞争力，推进流通现代化，从而提高企业工作效率和经济效益，增强竞争力。

第一，优化资源配置，降低经营费用。连锁经营使商业企业在经营管理方面互相协调起来，因而有利于资源的配置，使得企业资源共享。连锁经营节省了企业的经营成本，同时也加快了顾客的流通速度。

第二，强化企业形象。良好的企业形象可以给企业带来巨大的收益，连锁经营企业通常选择统一的建筑形式，进行统一的环境布置，采用统一的色彩装饰，设计统一的商徽、广告语、吉祥物等，这种形象连锁是一种效果极

---

① 李素英. 连锁经营的优势. http：//www.studa.net/market/071003/16061223.html，2009年9月5日查询.

佳的公众广告。不同地区的顾客，反复接受同一信息的刺激，久而久之，会由陌生到熟悉，再到认可，进而发生兴趣，这对于树立与强化企业形象极其有利。

第三，提高竞争实力。连锁经营的各分店在资产和利益等方面的一致性，使得连锁企业可以根据各分店的实际情况投入适当的人力、物力、财力来实施经营战略，可以对原先独有的销售措施、广告策划、硬件设施进行不断的改革与创新，使整个连锁企业的经营管理能力始终保持在一个很高的水准上；同时，灵活的经营管理又使连锁企业的优秀管理制度、方法、经验能迅速有效地在各连锁分店内贯彻实施，这些都大大加强了连锁企业的总体竞争力。

第四，连锁经营的物流管理优势。连锁经营的物流具有系统化、合理化、标准化和集中化等优点。系统化使各子系统在相互联系、相互影响、相互制约中保持协调一致，在发挥各自特定功能的基础上形成系统的总功能，实现商品的流动；物流合理化可以降低物流费用，减少商品销售成本，压缩库存，减少流动资金的占用，更为重要的是，可以提高企业的管理水平；物流标准化能加快流通速度，保证物流环节，降低物流成本，从而较大地提高经济效益；集中化不仅可以简化门店的活动，从而降低连锁企业的物流总费用，而且还能实现商品在流通领域中的增值，并向门店提供增值服务。

四、文化品牌商标使用权授受

行使注册商标使用权一般有两种形式：一种是商标注册人自己使用，另一种是商标注册人许可他人使用。根据《商标法》第二十六条第一款的规定，商标注册人可以通过签订商标使用许可合同，许可他人使用其注册商标。

1. 商标使用许可的含义

（1）商标使用许可法律关系

注册商标依法具有商标专用权，商标专用权中包括许可权。即商标注册人可以将注册商标的使用权分离出一部分或全部许可给他人使用，双方建立商标使用许可关系。这种关系的建立应当符合下列条件：

①被许可使用的商标是注册商标。商标依法注册是依法取得商标专用权

的合法途径，因此，只有注册商标才存在被许可使用的法律必要。而未注册商标没有商标专用权，不受商标法律保护，不需建立商标的使用许可关系，任何人均可以善意使用而不承担法律意义的商标侵权责任（未注册的驰名商标除外）。

②商标许可人依法享有商标专用权。《商标法》规定，商标注册人才可以作为许可人许可他人使用其注册商标，其他人不能假借注册人名义或者受注册人委托，充当商标法律意义上的许可人。

③商标使用许可合同的标的是商标专用权，该商标专用权范围仅以被核准注册的商标在核定的商品上使用，超出核定使用商品上的范围，其标的不受法律保护，已签订的商标使用许可合同无效。

（2）商标使用许可形式

《商标法》未用法律条文确定商标使用许可形式，而是将其留给订立商标使用许可合同的双方当事人在合同中设定。从实践中看，商标使用许可形式一般包括以下三种：

①独占使用许可形式。即许可人将注册商标的使用权全权授予一家被许可人，许可人承诺在商标使用许可合同存续期间放弃使用自己依法享有的商标使用权。一般情况下，独占被许可人与许可人的合作关系极为密切，是许可人在某一地区被许可商标的市场代言人，其商标使用权具有与许可人的商标专用权同等的法律地位，因此，人民法院认为独占被许可人同许可人一样享有商标侵权诉讼中的诉权。

②排他使用许可形式。该形式是指许可人承诺在商标使用许可合同存续期间，除许可人自己依法使用被许可商标外，仅将被许可商标的使用权授予一家被许可人使用，不再将该商标许可给第二家。

③普通使用许可形式。在普通使用许可中，许可人可以将被许可商标许可给多家使用，同时，许可人自己也可以使用该商标。这种许可形式较为普遍，合同的期限一般较短，合同到期后，许可人往往不再与被许可人续签合同，因而被许可的商标以及被许可人的更换比较频繁。这种形式一般适用于：产品更新快而又需要尽快扩展被许可商标商品的市场份额时；使用商标的商品在短时间内即可以获得经济效益时；必须使用注册商标的人用药品或者烟草制品，其经营者申请注册的商标尚未被核准注册时。

（3）商标许可人和被许可人的权利和义务

一般地讲，商标使用许可人和被许可人是订立商标使用许可合同的双方当事人，他们的权利义务关系是他们之间依法自行设立的，规定在商标使用许可合同的内容之中。在实践中，双方的主要权利和义务是：

许可人依合同的约定享有收取商标许可费的权利；有监督被许可人按照合同约定使用被许可商标的权利；以及在被许可人严重违反合同的情况下收回商标使用权并追究其相应法律责任的权利。与此同时，许可人有适时提供真实合法的被许可商标的义务；有保证被许可人不受任何商标侵权控告及保护商标专用权的义务；对于独占许可的，许可人自己应当停止使用并且不再许可他人使用；对排他许可的，许可人不得将被许可商标再许可给他人使用。

被许可人有权在合同约定的时间、地域范围内使用约定的注册商标；对于独占许可的，监督许可人以及其他人不再使用被许可商标；对于排他许可的，监督许可人不再将被许可商标许可他人使用。被许可人有缴纳商标许可使用费的义务；有不超越合同约定的范围和限制使用被许可商标的义务；发现商标的侵权行为，被许可人应当及时通知并协助许可人查处商标侵权。

另外，根据《商标法》第二十六条第一款的规定，许可人应当监督被许可人使用其注册商标的商品的质量；被许可人应当保证其使用该注册商标的商品的质量。被许可人应当在被许可使用的商品上标明自己真实的名称和商品产地。

2. 商标使用许可合同的效力及其他有关问题

（1）商标使用许可合同的效力

商标使用许可合同是合同当事人依法订立的，该合同可以按照当事人的约定，确定合同生效日期、生效条件、中止条件以及违约责任等内容。依法订立的商标使用许可合同一旦按照约定的日期和条件生效，对合同当事人均具有法律约束力。

商标使用许可合同备案制度是工商行政管理机关依法监督当事人履行合同的手段和措施。商标使用许可合同没有备案，其当事人应当承担相应的行政责任，对合同本身的法律效力并无影响。但是，如果合同当事人在订立商标使用许可合同时，明确规定合同经商标局备案作为合同生效的必备条件之一，则未予备案的合同不产生法律效力。当事人依法订立的合同，其合同内容部分违反法律或行政法规规定的，则合同的内容部分无效。

（2）许可人超范围许可问题

根据《商标法》第三十七条的规定，注册商标的专用权以核准注册的商标和核定使用的商品为限。有的人认为，既然商标专用权人可以请求行政机关或司法机关禁止他人擅自将与自己的注册商标相同的商标在与核定的商品类似的商品上使用，那么，经过注册人同意，也就是经过注册人许可后，这种使用行为应当不构成侵犯商标专用权行为。这样理解是片面的。

第一，法律已明确界定商标专用权范围是经核准的商标和核定的商品，超出该界定范围许可他人使用注册商标对注册人来说属于越权行为，不但不能获得法律支持，而且即使注册人自己在未被核准的商品上使用注册商标并标注注册标记，或者擅自改变了注册商标图样标注注册标记均应承担“冒充注册商标”的行政责任。

第二，商标注册人可以同意他人使用与自己注册商标近似的商标，或者在类似商品上使用与自己注册商标相同的商标，这种行为属于注册人自愿放弃追究他人商标侵权法律责任，但注册人无权实施许可。如果就近似商标和类似商品上的相同或近似商标与他人签订商标使用许可合同，则由于该合同标的没有商标专用权，不受商标法律保护。

第三，许可人和被许可人是两个不同的经济实体，如果任其在相同或类似商品上通过商标使用许可关系使用近似商标，则在其没有标注真实的生产者名称或商品产地时，易使消费者混淆商品或服务来源，误认为是同一生产者提供的系列商品，从而造成市场经济秩序的混乱。因此，许可人不得超越专用权范围许可他人使用商标，已签订的超范围商标使用许可合同，该合同自订立之日起即为无效。

（3）许可人和被许可人违约应承担的法律责任

合同当事人应当依照商标使用许可合同约定的内容，严格履行合同。依法订立并生效的商标使用许可合同，对合同当事人均有法律约束力。

许可人的违约一般表现为：

①未提供真实、合法的注册商标。许可人可能将未注册商标谎称其商标是注册商标，或者背着被许可人将注册商标注销或者转让他人。

②许可人未按合同要求提供使用注册商标商品的生产技术、设备等生产条件。

③独占许可关系中许可人自己使用了商标，排他许可中又许可了其他人

使用被许可商标。

④合同约定的其他义务许可人未照约履行。

许可人违约时，被许可人可以追究许可人的违约责任，要求其赔偿因其违约而给自己造成的经济损失。对许可人谎称其享有商标专用权的，可对其合同欺诈行为追究法律责任。

被许可人违约一般表现为：

①使用许可商标的产品质量达不到许可人要求的质量标准；

②超出被许可使用的商品范围使用被许可商标；

③擅自实施再许可，许可第三人使用该商标；

④不按期缴纳商标许可使用费；

⑤在超出合同约定的数量的商品上使用该商标；

⑥擅自委托他人印制或自己印制商标标识。

被许可人违约时，许可人可以追究被许可人的违约责任，收回商标使用权，要求其赔偿因违约给自己造成的经济损失。同时，许可人还可以追究被许可人的商标侵权责任。

合同是否违约及应如何承担违约责任，一般由双方当事人约定，没有约定的，可以申请合同仲裁机构或者人民法院确定。追究商标侵权责任的，可以向人民法院起诉或者向行为人所在地或者行为发生地工商行政管理机关投诉。

（4）合同的终止

合同终止的主要情形有：

①到期终止；

②合同当事人协商一致，终止合同；

③商标使用许可合同中约定了解除合同的条件，当解除合同的条件成熟时，解除权人解除合同，该合同终止。

除上述情形外，在下列情况下，商标使用许可合同终止：

①一方当事人违约；

②失去合同存在条件，如破产、主体变更、商标权利丧失等；

③不可抗力致使合同无法履行。

终止合同时，合同双方当事人应当签订书面终止合同，报所在地工商行政管理机关存查，同时报商标局备案。终止合同后，被许可人继续使用许可人商标的，可以追究其商标侵权责任。

（5）商标投资入股问题

当人们意识到商标这一无形资产的价值以后，越来越多的企业将商标作为投资手段参与经济贸易活动。根据有关法律规定，商标权作价投资金额只要少于总投资额的20%，即可以成为入股企业的股权之一去创造有形的价值。但商标权投资入股要分清两种情形：

第一，将商标权的使用权投资入股的，这种投资实际是以商标年使用费形式参与入股企业经营活动，在这种情况下商标注册人应当与被投资企业签订商标使用许可合同。

第二，将商标权作价投资入股，这种投资实际上是将商标权的使用权及部分处置权一并交给了被投资企业。这时，只有在与被投资企业协商一致的情况下，商标权人才能够处置自己的商标。如转让商标、许可他人使用商标等等。这时，被投资企业应当与商标注册人签订长期的、独占或排他的商标使用许可合同，以切实维护被投资企业的利益。

将商标作为投资许可他人使用一旦发生权益纠纷，应当首先解决商标注册人与被投资企业的股权纷争，只有商标撤资后一方当事人继续使用原来作为投资的商标时，才能够追究其商标侵权责任。

（6）经销企业能否作为被许可人

从字面上看，《商标法》及其实施细则中的“使用商标”可以解释为：生产、制造、加工、拣选或者经销商品的企业、事业单位和个体工商业者将商标用于商品、商品包装或者容器以及商品交易文书上，或者将商标用于广告宣传、展览以及其他业务活动的行为。经销环节一般是在产品转变为商品过程中起中转作用的环节，经销企业不对其经销的产品再作任何改变商品本来面目的劳动。因此，经销者不是商标的使用者。实践中，经常出现“独家总代理”、“亚洲地区总经销”等字样的经销商，这些经销商只不过是注册人在某一个地域范围内为自己物色的推销商品者，其商品的质量及其可能引起的法律责任，最终仍由商标注册人来承担。因此，经销企业不属于《商标法》规定中的商标被许可人，其与商标注册人之间产生的上述法律关系应当由经济合同法（如购销合同、代销合同等等）来调整。

第四节 文化品牌的国际保护

文化品牌的国际保护，有利于促进对外文化贸易，引进外商和外资投资。我国已于2001年12月1日加入世界贸易组织，履行《与贸易有关的知识产权协议》，保护国内外自然人、法人或者其他组织的知识产权。如果没有文化品牌的国际保护环境，我国就不能参与世界文化贸易活动。

一、文化品牌商标国际注册

1. 商标国际注册的代理

我国商标法对本国人申请注册商标的，并不一定要求有商标代理人，但对外国来我国申请注册商标的自然人、法人都要求必须由我国代理人机构进行代理。这种规定在许多国家的商标法中都有规定。

在实践中，由于国内企业事业单位及个体工商业者对国外商标注册事宜不太熟悉，因此，为克服申请注册中的各种困难，往往还需要通过专门机构代为办理。这些机构是中国国际贸易促进委员会、驻港澳商务机构、我驻外使馆商务处、注册商标代理人。

2. 商标国际注册的条件

申请商标国际注册的，首先要在中国取得商标注册初步审定或者申请已被受理，且符合下列条件之一：

①在中国设有真实有效的工商营业场所。

②在中国有住所。

③拥有中国国籍。

3. 商标国际注册前的查询

凡是要在某个国家申请注册商标，在申请前应该查询一下自己的商标是否与他人已注册的或申请在先的商标相同或者近似，以避免申请后不能获得批准。

当然，这种查询也并非是必不可少的程序。如果认为自己的商标具有较强的民族特色，不大可能与他人注册的商标相同或者近似，当然也可以不进行查询。

4.《商标国际注册申请书》的填写

申请人名称：申请人是自然人的，应写明姓氏和名字；申请人是法人的，应写明中文全称及拼音（用外文译名代替拼音的，直接注册该译名）。

申请人详细地址：包括通信地址、门牌号码、邮政编码、电话、传真。

商标申请日期、申请号、国内商标注册日期、注册号。

申请人在申请书中指定有英国的，即视为其声明在英国有使用该商标意图。

5. 商标国际注册的有关证件

提供《商标注册证》复印件一份或《初步审定公告》复印件一份或商标局出具的《商标申请受理证明》一份；要求优先权的，应附优先权证明；《代理人委托书》；商标图样若干份，不大于8cm×8cm，不小于2cm×2cm。

在中国无真实有效的工商营业场所或无住所的中国侨民，应附经公证的中国国籍证明一份。

马德里协定规定，申请国际注册的商标必须是在其国内已经注册的商标。

6. 逐一国家商标注册申请

逐一国家商标注册是指企业通过代理人或经销商或其他方式，到国外一个国家或一个地区办理商标注册。

一般来讲，我国企业可以到巴黎公约成员国或与我国签订有商标注册互惠协议的国家逐一注册。

以下国家的商标注册申请必须按逐一国家注册方法进行：日本、泰国、缅甸、印度、柬埔寨、阿富汗、马来西亚、印度尼西亚、菲律宾、新加坡、美国、加拿大、澳大利亚、新西兰、阿根廷、巴西、科威特、黎巴嫩、老挝、约旦、墨西哥、哥伦比亚、智利、伊朗、阿联酋、南非等。

7. 商标国际注册途径的比较

（1）《商标国际注册马德里协定》及《商标国际注册马德里协定有关议定书》（以下简称马德里注册）

通过世界知识产权组织的国际局向马德里协定和议定书成员国申请注册，手续简单方便、省钱。申请人可以就一个商标，递交一个申请，按国家数缴纳费用，在马德里协定和议定书成员国范围内指定商标保护的国家。

马德里成员国各自都有自己的商标制度，对于希望在马德里联盟成员国得到保护的申请人，可以通过马德里国际注册得到保护，也可以向成员国进行逐一国家申请注册得到保护。

注册的程序：

①商标国际注册的申请日期，以商标局收到申请书件的日期为准。申请手续齐备并按照规定填写申请书件的，编定申请号，商标局在 30 天内将申请书件（英文或法文）寄往国际局。

②国际局收到商标局转去的商标国际注册申请后，认为手续齐备，商品和服务类别及名称填写正确的，即予以注册；认为手续不齐备的，将暂缓注册，并通知商标局。商标局在收到国际局通知之日起 15 天内通知申请人或代理人备齐手续。

③商标国际注册后，国际局即公告。商标国际注册申请时指定的各保护国家，将根据各自的国家法律决定是否予以保护，并需向国际局声明该驳回。协定书规定，声明驳回的时限最多为一年，也就是说，如果指定保护申请在一年时限内未遭到驳回，则该申请自动得到保护（按议定书的规定，成员国可根据需要，将有权驳回时限延长至 18 个月）。

④国际局将注册文件直接寄给申请人，如果申请人指定了代理人的，则寄给代理人。

补救措施：商标所有人或其代理人收到成员国驳回抄件后，若不服，可以按驳回国家的法定程序进行申诉。

⑤收费方式。基础注册费：非彩色图样 653 瑞郎，彩色图样 903 瑞郎；附加注册费（每个国家）73 瑞郎；超过指定商品类别数 73 瑞郎。即 653（或 903） $+73\times M+73$①。

另外，还要在国内交纳手续费和代理费（如果用到代理服务）。

（2）共同体商标注册（以下简称共同体注册）

申请人可以向位于西班牙阿里根特市的内部市场协调局（OHIM）申请注册，经核准注册后可在共同体各成员国受到保护，不需再向每个国家分别申请。

注册的程序：

---

① 式中 M 为注册国数目。

①任何希望在共同体得到商标保护的自然人或法人均可以向内部市场协调局申请商标注册，然而，非欧洲国家的申请人必须委托欧洲国家的代理人提交共同体商标申请；

②内部市场协调局收到申请后，对认为符合条件的商标即予以受理，给予申请日和申请号；

③受理后，该局进行在先商标检索，同时将申请书递交各成员国进行在先商标检索，各成员国在 3 个月内将检索报告送交内部市场协调局；

④内部市场协调局收到这些检索报告后连同本局的检索报告提供给申请人参考；

⑤如果申请被初步接受注册，自公告之日 3 个月为异议期，没有异议或异议不成立，商标予以注册。

补救措施：

如果商标申请被内部市场协调局裁定驳回（包括因成员国有人提出异议而导致共同体商标申请被驳回），申请人或者其代理人可以向共同体商标复审委员会申请复审，在有理由认为共同体商标复审委员会的复审裁定违反罗马条约或共同体商标条例的情况下，还可以向位于卢森堡的欧洲法庭上诉。

（3）非洲知识产权成员国注册（以下简称非知注册）

非洲知识产权组织在喀麦隆共和国的雅温德设有知识产权办公室，统管各成员国的商标事务，商标经核准后在所有成员国受法律保护。

注册的程序：

①如果申请人不是非洲知识产权组织成员国的国民，其商标申请必须向非知组织提出，并可授权一名当地居民代理。

②申请受理后，注册官根据有关部门规定对申请进行形式审查、实质审查。

③申请若通过形式审查和实质审查，即被核准注册。注册后的商标应在官方公报上予以公告。公告期为 6 个月。没有异议或者异议不成立，商标予以注册。

补救措施：

审查官在形式审查和实质审查期间，如果要驳回申请，必须在听取申请人或代理人的答辩之后方能决定，所以申请人可以利用此答辩机会。

如果有人在异议期内对公告商标提出异议，申请人也可以作出答辩，供审查官听取。如果申请人对异议决定不服，还可以向法院起诉。

8. 国际商标注册方式的优缺点

（1）马德里注册的优点

①手续简便。商标申请人可仅通过向主管局提交一份申请而在多个被指定国同时获得商标保护，申请手续简便。

②费用低廉。商标申请人在马德里所有成员国就一个类别申请商标注册所需的费用是逐一国家申请注册所需费用的1/12～1/11。

③时间快捷。从国际注册日起，如果被指定国在规定的期限内（依照协定书为12个月，依照议定书为18个月）没有向国际局发出驳回通知，该商标将在该指定国自动得到保护。

（2）马德里注册的缺点

①注册国家的局限性

马德里联盟成员国偏重于欧洲国家，一些同我国贸易联系密切的国家，诸如美国、加拿大及东南亚各国目前还不是成员国，我国企业无法通过马德里国际注册途径在这些国家取得商标注册。

②要求以国内申请/注册为基础

国际注册必须以国内商标申请/注册为基础。在《马德里协定书》项下，申请必须基于相同商标的国内注册或初步申请公告；在《马德里议定书》项下，申请必须基于相同商标的国家注册申请。因此，在申请的时间上有一定的限制。

③注册效力的不稳定性

由于国际注册要求以国内申请/注册为基础，5年后才能与原属国的注册脱钩，因此一旦原属国的注册在5年内被撤销，国际注册也随之将被撤销，这一情况被称为“中心打击原则”。

（3）共同体注册的优点

①注册商标在共同体成员国保持整体效力：a. 申请人通过提交一件共同体商标申请即可在欧共体15个国家得到对该商标的保护。b. 共同体商标在任一成员国的使用将被视为在所有共同体成员国的使用。c. 共同体商标的转让、变更或续展将在整个共同体成员国范围内发生效力。

②共同体商标注册费用较低

共同体商标申请注册费用比逐一国家注册的费用便宜得多，另外，共同体商标续展的费用也低得多。

（4）共同体商标注册的缺点

①共同体商标注册对商标的显著性要求很高，共同体15个成员国中只要一个成员国有人提出异议，且异议成立，将导致整个共同体商标注册被驳回。尽管该驳回商标可以转换为国家申请，且保留原共同体商标申请日，但申请人还须支付向每个国家的转换费用。因此，若选用商标的显著性不是很强，则不适合申请共同体商标注册。

②在内部市场协调局申请共同体商标注册的时间较难确定，如果一切顺利，商标可能在一年内获得注册。然而，只要有一个国家提出异议，该商标就不能及时得到注册，解决异议需花费很长的时间，通常需2年左右时间。在15个国家中均无异议的情况很少见，因此，共同体商标申请往往在很长时间内不能获准注册。

（5）非洲知识产权组织成员国注册的优缺点

相对来说，因非洲知识产权组织成员国并无自己的商标制度，所以并不存在逐一国家注册的可能性，只能通过非知组织注册。因非知注册要求使用法语，对于国内的申请人来说，增加了申请注册的难度。

二、文化品牌商标国际侵权诉讼

1. 注册商标异议

异议就是对初步审定的商标依法提出反对意见，要求主管机关不予注册或撤销其注册的一种法律行为。

一般异议的内容有两种：一种是异议人认为初步审定的商标与本人注册在先的商标相同或相似，或者双方商标用于相同或相似商品上能够产生混淆；另一种是认为申请注册的商标使用了禁用标记，对此异议者可以是任何人。

商标注册的异议是一项重要的法律制度，这一制度给予任何利害关系人反对他认为不合法的商标注册的机会，因此，世界各国的商标法规基本上都予以肯定。

在实行商标异议制度的国家，具体的异议程序有两种：一种是美国所采取的，只要申请注册的商标通过形式审查和实质审查，便予以注册、公告，利害关系人在注册公告后一个月内可以对注册提出异议，即先注册后异议；另一种是新申请的商标通过形式审查和实质审查以后，先予公告，在公告后1~3个月内利害关系人可以对公告的商标提出异议，无异议或异议不成立时，才批准注册，即先异议后注册。中国、日本等多数国家采取后一种商标异议程序。

按照大多数国家商标法的规定，商标获准注册之后，必须付诸使用。如果在规定的期限内不加使用，又无正当理由，经第三者要求，有关部门可撤销其注册，这个期限一般为3年或5年。

2. 注册商标的争议

商标所有人申请商标注册的目的在于取得商标权及商标专用权。申请注册的商标经过了形式或实质审查的法定程序之后，获得注册，申请人取得了商标权。但是这时其商标权仍是不稳定的，或者说商标权人所得到的商标还不是“无争议商标”。只有再经过注册商标争议的法定程序，注册商标专用权才能真正地建立起来。

注册商标争议一般是指两个或两个以上注册商标之间发生的商标权益的争执。许多国家的商标法规定，即使颁发了商标注册证，利害关系人对商标权有争议的，仍可以向管理部门或司法部门请求裁定。在规定的年限之后，即使再有人提出商标权利的争议，主管机关也不再受理。

3. 国际侵权诉讼①

出口商品商标在销售国经过注册后，商标专用权收到侵害时便可以提起诉讼，得到该国的法律保护。各国商标法对商标专用权的保护问题都做了专门规定。但由于各国对获得商标权所采用的原则不同，加上其他一些因素，对商标专用权的保护方法、保护范围等规定不一。这里，仅就几个国家关于商标专用权的保护规定作一简单介绍。

英国商标法规定：

（1）商标一经核准注册，商标注册人即享有商标专用权，受法律保护；

（2）对A部注册商标，只要发现仿冒，不论其使用方法如何，即作为侵权行为，而且这种权利还扩大到注册商标的商品以外，如他人在广告、传

---

① 张序九．商标法教程．北京：法律出版社，1989：107－109．

单中使用其商标作为商品名称也可能被视为侵权行为；

(3) 对B部注册商标，不仅起预防他人仿冒的作用，常用于本国商标向外国申请注册需要本国注册证时；

(4) 对未注册商标遭到仿冒后，可根据“不正当竞争法”的规定进行诉讼，如证据不足则不能胜诉；

(5) 对构成侵权行为者，可以立即取缔、赔偿损失或处以罚金。

美国商标法规定，凡未经商标注册人同意而发生下列行为者，即为侵权行为：

(1) 在其商品或商业经营上复制、伪造、抄袭、仿冒一项已注册的商标，可能引起混淆、讹误或欺骗者；

(2) 复制、伪造、抄袭、仿冒已注册的商标；并在其商品或商业经营上使用复制、伪造、抄袭、仿冒的商标于其标签、符号、印刷、包装、包皮容器或广告上，可能引起混淆、讹误或欺骗者。

对侵权行为的处理，一是对受害人赔偿利润和损失，并承担全部诉讼费用；二是禁止其商品销售。

日本商标法规定，下列行为为侵权行为：

(1) 在指定商品或类似商品上使用别人的注册商标或近似商标或防御商标；

(2) 进行上述行为并用于转让或递送；

(3) 在指定商品或类似商品上使用别人的注册商标或近似商标或防御商标的表示物；

(4) 为使别人进行上述行为，把上述表示物转让或递送；

(5) 为达到三、四两项所述目的制造和进口上述表示物；

(6) 专门经营、制造上述表示物的所需用品，并进行制造、转让、递送或进口。

日本对侵权行为的处罚，有以下几种：

(1) 对侵权者施以不超过五十万日元的罚款或不超过五年的徒刑；

(2) 对有欺诈行为者，施以不超过二十万日元的罚款或不超过三年的徒刑；

(3) 对伪造证明者，施以三个月至十年以内的徒刑，事前坦白者，可减刑或免刑。

此外，商标所有人还可要求侵权者赔偿损失。

三、文化品牌国际连锁经营

连锁经营是对社会资源的最佳组合。在实施连锁时，有经验的出经验，有钱的出钱，有力的出力，这种双赢策略是资源配置的最高境界。在当今世界上这种新型营销方式已成为最流行的企业扩张和个人创业的重要途径。它适应了社会化生产和现代消费变化的客观规模要求，通过低成本扩张实现规模化经营，通过标准化服务实现科学化管理。

连锁经营是一种现代商业的经营方式和组织形式，一般实行的是采购与销售职能相分离而最终利益相结合的方法。由连锁组织总部统一供货，调配销售，并规定统一的服务标准、强行进入市场的营销战略。它是商业公司进行国际经营的重要组成部分，又是企业进入国际市场营销的新手段。正是由于它的这种特点，国际连锁经营成为新世纪营销舞台上一个重要的角色。国际连锁可以减少资金占用，降低风险，绕过壁垒保护进入市场，较之跨国经营在国外设立分支机构、子公司而言，国际连锁经营避免了大量生产投入，以及不熟悉国外环境、信息量不足的问题，从而减少了市场销售决策失误和其他经营判断风险，并且国际连锁经营为“大吃小”提供了一套行之有效的解决方案，让其分散的中小企业集中起来，实行连锁经营。在大公司对产品销售统一控制下，按照统一的标准，由各小企业自行经营，使其可以得益于大公司现成的一套管理、生产、经营模式，减少了管理、科研、调研费用的投入。国际连锁经营由于有着得天独厚的优势，它有着统一鲜明的店面设计、标准统一的服务、点多面广的营销网点，本身就是一种有效的宣传手段。品牌是连锁的基础，品牌是消费者的需要。我国餐饮老品牌众多，死守老牌子，这是许多老字号兴旺不起来的原因。被誉为“中华第一涮”的老字号“东来顺”及时认识到了连锁经营对于他们的起死回生的作用。在破除了“没有资金，怎么发展连锁”的惯性思维后，依托无形资产，在扩大规模的基础上提高服务水平。不仅强化自身品牌价值，并以软投入实现了硬效益。四年来在全国21个省市自治区发展了多家特许加盟店，实现营业收入4.5亿元，并且盘活了社会上的有形资产，特许连锁经营发展了“东来顺”。这要求文化企业要转变营销观念，逐步适应国际连锁企业的运作体系和采购规则，按照现代营销管理的基本原则，建立符合国际连锁企业采购规则的营销组织结构，以适应其“多品种、大批量”的采购方式。连锁经营的类型与优点在上文已有论述，在此就不再赘述。

【思考题】

1. 如何实现文化品牌的专有性与人类共享性的统一？

2. 为你所在地区的一文化品牌设计保护计划与具体方案。

3. 一个著名的文化品牌“走出去”会遭遇到哪些问题？以你所在的省级卫视国际频道为例。

【延展阅读】

1. 袁真富，苏和秦. 商标战略管理－公司品牌的法务支持. 北京：知识产权出版社，2007.

一些企业忽视了商标的意义，并将其搁置在企业工作的边缘上，没有意识到商标是企业最具有持续性商业价值的无形资产之一。这种商标战略和企业远见的缺失，使得许多企业遭遇到很多商标法律风险和品牌发展难题，甚至陷入经营困境。本书针对企业的商标问题及其风险，把商标的观察视角转移到企业的经营人员身上，把商标的法律行动整合到企业的经营活动中，如何将商标的法务管理与企业的经营战略相融合，是本书最为关心的主题。它着眼于如何透过商标的选择设计、注册规划、传播使用、交易安排等途径，以前瞻性的设计和战略性的思考，解决企业的品牌经营问题和持续发展问题。该书的出版，为您提供了值得参考的思路和视角，以及一些值得借鉴的策略和方案。

2. 企业知识产权战略与工作实务编委会. 企业知识产权战略与工作实务. 北京：经济科学出版社，2007.

创新是灵魂，知识产权是保障。温家宝总理指出：“世界未来的竞争就是知识产权的竞争。”企业是技术创新的主体，同时也是综合运用专利权、商标权、著作权、商业秘密等各类知识产权的主体。当前，我国不少企业的一个突出弱点在于缺少核心技术和知名品牌等“软实力”，知识产权工作方面普遍存在创造少、应用差、管理散、保护弱等现象。立足于加强企业知识产权创造、应用、管理与保护，着力培育一批具有核心自主知识产权和知名品牌的优势企业，是顺利实施我国知识产权战略的基础工程。

第六章 文化品牌传播

【导读】通过品牌的有效传播，可以使文化品牌为广大消费者和社会公众所认知，使文化品牌得以迅速发展。同时，品牌的有效传播，还可以实现文化品牌与目标市场的有效对接，为品牌及产品进占市场、拓展市场奠定宣传基础。文化品牌传播是诉求文化品牌个性的手段，也是形成文化品牌价值观和影响力的重要组成部分。国际化是品牌要追求的目标，但国际化与本土化是相对的，如果没有本土化，国际化就无从谈起；反过来，如果没有特色的国际化产品或服务作支撑，本土化就少了根本。成功塑造一个文化品牌不仅需要四两拨千斤的差异化策略，而且需要完善系统、细致入微的日常管理工作，以加强文化品牌基础建设，夯实文化品牌根基。文化品牌内部传播的成本要大大低于外部文化品牌传播的成本，但是，由于内部文化品牌传播理念的缺失，很多文化企业都疏忽了内部文化品牌的传播，这就容易导致文化品牌表现参差不齐，严重影响文化品牌形象的提升。

【学习目标】掌握文化品牌信息的传播沟通模式；了解文化品牌整合传播的内涵与要点；学习和运用文化品牌传播的各类方法、技术和工具。

【关键词】文化品牌传播推广模式　文化品牌整合营销传播

品牌传播是企业的核心战略，也是超越营销的不二法则。品牌传播的最终目的就是要发挥创意的力量利用各种有效发生点在市场上形成品牌声浪，有声浪就有话语权。因此，传播是品牌力塑造的主要途径。

所谓文化品牌传播，就是文化企业以品牌的核心价值为原则，在品牌识别的整体框架下，选择广告、公关、销售、人际等传播方式，将特定品牌推广出去，以建立品牌形象，促进市场销售。文化品牌传播是文化企业满足消费者需要，培养消费者忠诚度的有效手段，是目前企业家们高擎的一面大旗。

通过品牌的有效传播，可以使文化品牌为广大消费者和社会公众所认知，使文化品牌得以迅速发展。同时，品牌的有效传播，还可以实现文化品牌与目标市场的有效对接，为品牌及产品进占市场、拓展市场奠定宣传基础。文化品牌传播是诉求文化品牌个性的手段，也是形成文化品牌价值观和影响力的重要组成部分。

第一节　文化品牌传播与入乡随俗

在全球经济一体化的今天，文化品牌的触角，国际化了；外观，本土化了。还有没有谁会在乎某个商品是哪个国家的？某个文化品牌是哪个民族的？文化品牌要做的是不是就是国际化？问题的回答是：文化品牌在空间上的国际化、本土化，并不意味着文化品牌自身的文化丧失，相反，文化品牌的文化内涵从来都是民族性的，从来就没有国际化，否则，文化品牌存在的基础也不存在了。

一个成功的、历史悠久的国际文化品牌，总是体现着这个国家、这个民族最根本的民族性和文化内涵。所谓文化，是一系列规范或准则，当社会成员按照它行动时，所产生的行为结果应局限于社会成员认为合适和可接受的范围之中。文化品牌，从文化的角度看，是一种行为方式。它不是言词，不是CI，不是一种理论，甚至不是管理、不是制度。文化品牌的本质是一种保证文化企业持续成功的行为方式。因此，民族性（文化）既规约着文化品牌的行为方式，同时也规约着某一社会系统认可文化品牌的行为（选择）方式。一个文化品牌总是其民族文化的对象化。一旦品牌思想确立后，同时也构筑起了其他文化品牌进入的壁垒，这个文化的壁垒是比技术、营销策略等更加难以超越的。因此文化品牌传播在遵循全球统一战略的同时，也要照顾到本地的语言规范、传统习惯、文化教育、宗教信仰等非经济因素的差异。

中国是一个人口众多、各民族聚居的国家，品牌传播要想深入人心，也必须从最根本的做起，从普通老百姓的角度去审视品牌。虽说现在全球市场一体化的趋势不可阻挡，但消费品位、习惯等在相当长时期内不可能完全一样，也就是说，每个地区的市场边界条件是不同的。品牌的最终目的绝不是只让一少部分人接受，而是让大多数人都能接受。考虑受众的层次、接受程度和地域差别是品牌传播不可逾越的过程。中国的传统文化成为国外品牌攻占中国市场的利器说明，企业应当相当重视民俗风情、生活习惯、消费方式等差异，只有尊重这些差异，充分了解、发现消费者对产品的认识，企业才能赢得他们的信赖与尊崇。

不可否认，国际化是品牌要追求的目标，但国际化与本土化是相对的，如果没有本土化，国际化就无从谈起；反过来，如果没有特色的国际化产品或服务作支撑，本土化就少了根本。本土化实际上是在保持、巩固国际化产品、服务基本特质内涵的前提下，对经营形式作适当的处理，以创造一种与所在地区自然、人文环境相近的经营氛围。

中国地大物博，各地的历史背景、传统习俗、宗教信仰等都是不尽相同的。因此文化品牌传播要本土化，要入乡随俗。

一、民族和地域的异质内涵是文化品牌之魂

不同的文化特征在地理上的分布，构成了民族地域文化区间的异质之美。文化的求异，既是民族地域文化的特点，也是民族地域文化得以持续发展的魅力所在。在诸多文化因素中，制度文化、精神文化则是比较活跃的因子，属于形而上的范畴，往往与社会和政治的关系比较密切。文化的内涵很丰富，在一般情况下，通常被分成若干层面，如基础的物质文化、中层的制度文化、深层的精神文化等。文化之异质之别，一般表现在地理环境、语言风俗、宗教信仰、精神特征、制度文化、经济文化等诸多领域。这种差异最初往往植根于地理环境为基础的物质文化方面，继而延伸到非物质文化的诸多领域。

在经济全球一体化的背景下，审视民族地域文化的异质之美，是很有必要的。民族地域文化是一种取之不尽的宝贵资源，越是民族的就越是世界的，重视民族地域文化的独特个性，是抵制文化霸权主义，培养民族精神的

积极举措。从文化品牌建设和传播的角度看，挖掘和遵守民族地域文化的异质之美，是保护好自然资源和非物质文化遗产，打造文化品牌，振兴区域经济的有效手段。

我国有着五千年的灿烂文化，这是中国企业创造品牌的宝贵资源。中国品牌要注重将传统文化融入产品设计中，管理、销售、广告宣传、服务等各个环节上都努力增加文化投入，将无形的文化价值转化为有形的品牌价值。品牌应该发挥民族的优秀传统文化，才会具有民族文化的特点，消费者才能更容易接纳品牌，品牌也因此更具魅力。

目前我国的社会经济正从传统的计划经济走向竞争的市场经济，承受着外资企业和 WTO 后全球竞争的巨大压力。企业家生活在传统的官僚政治型和转型期急躁的经营环境下，同时还面对着国际先进管理、经营、营销理念的冲击。因此，在批判的基础上实现作为文化品牌基础的文化的创新，赋予文化品牌以鲜明的民族性和时代感是中国文化品牌真正成熟的必由之路。

优秀企业进行跨国经营的实践表明，文化差异是影响文化品牌国际化成败的重要因素。在跨国经营中取得成功的企业无一不是在跨文化管理中取得了成功的。其中，成功的文化品牌跨文化传播是一项重要内容。

文化不是静止的，而是运动变化的。有几种因素会带来文化的变化：一是文化借用。人们在解决社会问题过程中，会借入一些被认为是有用的其他文化，并会对它进行调整，使之适应社会发展的需要。如此，文化通过不断的传授，会产生广泛的行为模式，但它却仍然保留着本民族文化的根本特点。对国际市场营销人员来说，文化的这一“相似但却不同”的特点，对于深入理解和感觉文化差异具有重要意义。二是文化抵制。文化的传播不是没有阻力的。新事物能不能被接受及接受的程度，取决于人们对这一事物感兴趣的程度以及新事物对旧事物的改变方式。一般来说，人们最容易接受那些兴趣人、破坏力小的新事物。产生文化抵制的原因是多方面的，有时是民族中心主义倾向，有时是实际生活不需要，或者是因为理解上、习惯上或信仰上不需要，或者是由于物质环境条件不具备而现在暂时不需要。当一种新事物威胁到原有文化的神圣性，或与传统文化发生巨大冲突时，文化抵制就表现得非常强烈，具体表现为以下几种：

（1）审美心理差异。审美心理指一定人群的审美标准和审美能力，它潜移默化地来源于造型、表演以及文学等艺术形式。它对文化品牌传播活动的影响十分显著。不同的美学追求往往迫使企业对商品的造型、包装以及广告艺术形式作出适应性调整。

（2）宗教信仰差异。多数国家历史上信仰某种宗教，宗教信仰构成了其文化的重要组成部分。宗教都有其特有禁忌：印度教崇拜牛，忌食牛肉；伊斯兰教忌讳妇女抛头露面，不允许其出现在商业图像中；基督教认为“13”为不吉之数。营销人员必须尊重这些文化特性。

（3）消费习惯差异。消费者的习惯是在长时期里逐渐形成的。习惯一般要受地域、文化、宗教、年龄、性别等多种因素的影响。比如在我国，南辣北咸，东甜西酸，是人们在口味上形成的习惯。北方人由于寒冷的气候而喜欢油腻的食品，而南方人则喜欢烹调精致而清淡的食品。在市场营销过程中，与价值相比，消费者习惯对人的行为的影响要大得多。要进行跨文化的文化品牌传播，需要突破以上文化抵制因素。一般应采取以下策略：

第一，突破差异，给文化品牌起一个好名字。中国有句古话：名不正则言不顺。拉丁语中也有“名称预示着一切”的谚语。所以，企业在进行国际化经营和跨文化的文化品牌传播中，要注意文化的差异。由于语言、文化上的差异，名称可能产生歧义，尤其是产生对开发市场不利的负面意义。20世纪30年代的可口可乐在上海叫“口渴口辣”，后来公司在上海的办事机构公开征求中文名字，有位上海学者将其译为“可口可乐”。这名字是音译，但用中文读起来既上口又易记，还体现了产品功能定位。最终这个名字获得了金奖。而我国一些企业正是忽视这种差异，使得中文名称到了国外招来麻烦。一种中国化妆品，在国内名为“娜姿”，很有女性味，但到了国外按照汉语拼音叫“Nazi”，殊不知，它在英文中是纳粹之意。

第二，改变习惯，说服为主。文化品牌传播要顺应当地消费者的习惯。对于不同文化下的消费者的消费习惯，我们在文化品牌传播过程中，决不能用对抗的方式逆习惯而动。那么，迎合消费习惯会怎样呢？那样做虽不会遭到消费者的拒绝，但也毫无新意。尤其在产品日益趋向同质化的今天，消费者会因此而找不到一定要消费你的产品的理由。对此，我们应像大禹治水中对待洪水的态度一样：堵不住，又不能放任自流，最好的办法就是“疏导”。“疏导”的目的就是给消费者一个消费你的产品的全新的理由，这个理由是其他同类产品所不具备的。

第三，广告传播，为当地消费者找一个购买理由。跨文化品牌传播的一个重要武器是广告。广告传播担负着让当地消费者认知自己，说服消费者购买产品的重任。同国内广告相比，国际广告由于其诉求对象和目标市场是国际性的，因而有自身的一些特点。这是因为，不同的国家和地区有不同的社会制度、不同的政策法令、不同的消费水平和结构、不同的传统风俗与习惯、不同的自然环境、不同的宗教信仰，以及由此形成的不同的消费观念及市场特点，所以，跨文化传播必须考虑上述特点。雀巢公司的产品之所以能畅销世界，就是因为雀巢公司在不同国家分别采用了不同的生产线和营销广告，以适应因文化、地理、人口、经济的差异而造成的需求、购买力、产品偏好和购物方式的不同。所以，在国际营销中要避免将一个文化的概念移植到另一个文化中；不要以为某种营销手段在一地成功，在其他地方也能成功，某种产品在一地销路好，在另一地也会有相似的业绩。

二、国际文化品牌本土化

文化品牌国际化战略最重要的一步是本土化问题。如果能够把文化品牌的本土化较好地解决了，文化品牌的国际化战略也就有了成功性的标志。跨国公司在中国的文化品牌战略最终基本上都落实在文化品牌的本土化方面。

文化品牌国际竞争的本土化首先表现为品牌文化的本土化。以跨国公司在中国的战略为例，由于跨国公司的产品、服务和技术特点都需要通过文化品牌的影响力扩展渗透到我们的经济生活中，因此，这种文化品牌的影响力必然要通过品牌文化的本土化，才能被日渐认识和接受。Coca-Cola 是最早来到中国的跨国公司之一。Coca-Cola 在中国的成功发展得益于其文化品牌的本土化，Coca-Cola 在中国获得了一个颇为美妙的汉化名称——可口可乐。这个汉语名称既朗朗上口，悦耳动听，又揭示了文化品牌的产品特征，令人回味无穷。在美国，Coca-Cola 是这种饮料中两种主要原料的名称古柯叶（Coca）和古拉果（Cola）连缀在一起的结果，可是谁也不会想到它在中国会获得了一个既“可口”又“可乐”的、极具亲和力的汉化名称。正是“可口可乐”这个美妙的名称拉开了 Coca-Cola 公司在中国本土化的序幕。从可口可乐在中国粮油进出口总公司在北京的仓库里建立起第一条生产线到现在 20 多家合资企业，可口可乐从产品到品牌文化的影响力在中国已经妇孺皆知，可口可乐公司在中国的碳酸饮料市场上已经占据 50% 以上的份额。

可口可乐品牌文化的本土化在中国带来的效应是极其广泛的。如今“可乐”已经成为这种碳酸型饮料的汉语代名词，在中国，从天府可乐、幸福可乐到非常可乐等各种可乐型饮料的出现，实际上都是受可口可乐品牌文化的影响和启发而获得市场认同的。可口可乐公司的老对手 PEPSI 进入中国，为了实现品牌文化的本土化，同样借助了“可乐”的特定文化内涵，将 PEPSI 翻译成“百事可乐”而不是“百事”。

麦当劳是另一个品牌文化本土化的成功案例。麦当劳文化品牌是典型的美国快餐文化，这种文化进入中国以后很快就被广泛接受。中国小孩可能不认识 McDonald's，但是他们却可以用汉语拼音把那个双拱门的“M”牢牢记在心里。麦当劳的宣传标语是：“世界通用的语言——麦当劳”，而不是“美国口味——麦当劳”。麦当劳在中国的发展特别注意其品牌文化的本土化，他们把中国的“吉祥如意”、“福”、“春”、“寿”、“喜”和“招财进宝”一类的所有吉庆字眼制作成店招四处悬挂，或做成小礼品赠送给顾客；还把中国的十二生肖制作成纪念品赠送给来店里过生日的小朋友。

许多跨国公司的文化品牌正在中国深入人心，它们赢得了中国市场消费者的口碑。为了更大规模地占领中国市场，跨国公司正在加紧推行新的本土化战略，许多跨国公司的大区总部和研发中心都纷纷迁移到中国的中心城市如北京或上海。毫无疑问，把产品、技术和人力资源管理等融入本土化的文化品牌之中，通过文化品牌的本土化，进一步彰显其文化品牌的市场活力，是跨国公司在中国发展战略的重要一环。

中国企业的国际化战略首先要高扬文化品牌的旗帜，但是一些在本国创造了奇迹的文化品牌，往往在出海之后因水土不服只能铩羽而归，问题就出在本土化策略的实施不当。本土化是一个系统工程，在这方面，海尔海外本土化的成功经验是值得肯定的。目前海尔在海外设有 13 个工厂，全球40800多个经销点每天都在经销海尔的产品，海尔的用户已经遍及全球 160 多个国家和地区。在 2001 年，海尔全球营业额 602 亿元人民币中，海外营业额占 14%，其中海外机构直接实现的营业额 7. 3 亿美元，从中国出口 4. 2 亿美元。海尔文化品牌的本土化策略应该说是全方位的：

第一，是人员的本土化。在美国南卡罗莱纳州的海尔工厂里，一共有 200 多名员工，除了总裁和财务主管两个人是从青岛海尔派来的之外，其余全部是美国人。在海外的 13 家工厂里有 800 多这样的海外海尔人。这些员工包括工人，也包括管理人员、设计人员和经销商。按照张瑞敏的观念：要让当地人接受你的产品，首先要让他们认同你的人和你的文化。

第二，是设计的本土化。目前，海尔在海外的设计中心已经达到 18 个，广泛分布在美国、英国、法国、日本等国家，其主要设计人员都是当地人，这些设计师们每天都在为本土化的特殊需求做着特殊的设计。正是这种本土化的设计实践锤炼出一种能够融合多元文化内涵的设计能力，这种设计能力已经成为海尔文化品牌竞争力的重要内容。

第三，是制造的本土化。当印有“美国制造”的海尔产品一批批运出美国南卡罗来州工厂的时候，美国的零售商们才不再把海尔当作外来品看待了。按照纽约连锁店的老板查理的话说：海尔这个文化品牌现在已经达到了在美国本土生产和销售，是一个美国文化品牌了。对美国的消费者来说，选择同样性能和价格的产品时，“美国制造”往往是决定取舍的重要因素，这就是本土化文化品牌的价值。

第四，是营销的本土化。海尔的海外营销主要采取合资合作的方式，海尔用了 4 年多的时间就建立的本土化的营销网络，由 300 多名本土化的营销经理管理着 4 万多个营销网点。

中国的企业已经开始纷纷走出国门，努力开拓国际市场。在文化品牌战略的国际化方面，需要解决的问题其实是很多的。目前应该集中精力培育文化品牌超越地理文化边界的能力，扎扎实实地建立国际营销网络，努力实现品牌文化的本土化，真正融入所在国的本土文化之中，才能真正赢得市场，并逐步提高文化品牌的国际竞争力。

【案例】

国际文化品牌与本土化战略

陈奇伟①

各位嘉宾，各位女士、先生们，早上好！今天我想用可口可乐在中国的经历来谈一谈国际文化品牌本土化的策略。可口可乐 1979 年重返中国的市场，今天我们在中国有 35 个罐装厂、一个浓缩厂、一个中国文化品牌的主

---

① 陈奇伟，时任可口可乐（中国）有限公司董事长、中国外商投资企业协会副会长。本文系陈奇伟在“2006 年民营企业对话世界 500 强——本土化与国际化纵深合作机遇会议”上的讲话。

机厂，中国已经成为可口可乐在全球第四大市场，我们在华投资超过10.5亿美元，连装瓶厂在内，员工达到三万余人，2005年的销售量达到570万吨，除了可口可乐碳酸饮料一个系列外，我们还生产果汁、茶、饮用水等饮料。“以消费者为中心”成为可口可乐公司在全世界的经营基本策略。首先是要让消费者买得到、买得起、乐意买的3A策略，3A策略适用于每一个刚开发的市场，重点是要抓好业务的基础，建立饮料文化。随着业务的发展和市场的竞争，3A策略就需要调整为更具挑战性的3P策略，就是无处不在，物超所值，首选文化品牌。我们在中国发展业务的初期一直是采用3A策略，到今天中国出现了3A与3P并存的情况。

我们2003年推出一个一元人民币为价位的玻璃瓶饮料就是一个非常好的例子，我们最终的目的就是要让消费者一想到饮料，就想到可口可乐，无论身在何处，都能够垂手而得，不论是任何人都能够负担得起。可口可乐公司董事长曾表示，可口可乐在全世界的发展一定要落实思维涵盖全球经验、行动适合当中情况的本地化策略，可口可乐中国有限公司20余年来在中国一直贯彻这个发展策略。为加强本土化的经营理念，可口可乐在2000年将中国区域的总部，从香港迁移到上海。本土化策略促进了可口可乐业务的发展，业务的发展也进一步巩固了本土化的策略，可口可乐公司98%以上的原材料是在中国采购的。本土化的过程经历的长年累月的技术转移，可口可乐1979年重返中国的时候，就连最基本的玻璃瓶制造技术也非常落后，所有的原材料都需要进口，可是经过我们对国内供应商长期的培植，今天从生产线、原材料到包装物料，从运输工具到销售设备都能够从国内供应，而质量也能达到国际水平。

可口可乐文化品牌本土化从几方面入手：第一，投入大量的资源进行消费者和市场的调查，了解中国不同地区消费者的生活习惯和消费心态，紧贴消费者，尤其是年轻人的潮流和动态。第二，通过对消费者心态的深入分析，来制定可口可乐的整体市场营销计划，并不断更新广告题材和文化品牌代言人。第三，同时开发符合中国消费者口味的新产品。第四，运用高知名度的市场推广市场，来提升文化品牌的形象和知名度，例如赞助世界杯、NBA及奥运会等等。第五，有充足的广告和宣传投资，争取最大最广、最有效果的广告效应，在竞争激烈的广告厂商中脱颖而出。可口可乐在中国的业务系统有3万名员工，99%是本地招聘，人才培训是我们的重点任务。去年我们建立了可口可乐大学，为公司各级人员，以及全国各装瓶厂的人员提供培训，定期聘请海外的专家来开班设课，也安排部分的员工到海外受训。可口可乐也一直把参与和支持公益事业作为一种责任，我们的公益事业涉及农村事业、预防艾滋病、农民工培训、环境保护、抗灾救灾等项目，我们首要的重点是农村教育。

图 6－1 不仅仅是饮料品牌的可口可乐

自从中国希望工程实施以来，可口可乐一直是该项目热衷的支持者。从 1993 年到现在，我们已经累计向希望工程捐资达到 5 千万元人民币，在全国 27 个省、直辖市建立了 57 所可口可乐希望小所、100 个希望书库、30 所网络学习中心和 52 个多媒体教室，让就读在可口可乐希望小学的农村学生能够得到高质量的教育。同时我们也建立了一条龙的农村教育方案，增加了对初中、高中和大学生的资助。还有，从前年开始，我们展开了健康之旅工程，让我们可口可乐希望工程的师生一个礼拜可以喝上三次可口可乐研制的豆奶，让他们更健康。在推动体育活动方面，可口可乐不遗余力。在中国我们广泛赞助了 40 多项体育运动，如 1990 年北京亚运会、1998 年世界中学生运动员、2004 年在北京举行的奥运火炬接力赛。此外我们与中国中学连续 13 年举办了可口可乐“临门一脚”足球教练员培训，连续 5 年举办了可口可乐 21 岁以下的足球青年联赛，以及赞助了中国国家足球队，及中国国家篮球队。今天我们非常期待 2008 年北京奥运会的来临，让我们再为中国的体育做更大的贡献。

三、本土文化品牌国际化

中国的文化品牌在守住自己国内市场的同时，也需要积极主动地参与国际市场的竞争。面对WTO的挑战，中国的名牌企业需要有自己的文化品牌战略。走向国际市场，参与国际竞争，在竞争中提高，在竞争中发展，是中国文化品牌发展的必由之路。目前，中国文化品牌国际化战略已经开始起步。

面对文化品牌竞争国际化的现实，迎接挑战是必然的选择。但是，与跨国公司在世界范围内有影响的强势文化品牌相比，中国几乎所有的文化品牌都是弱势文化品牌。如何以小搏大，以弱胜强，需要认真的战略筹划。企业必须了解文化品牌竞争战略的基本规律，掌握文化品牌国际化竞争方面的战略要点，才有可能取得竞争的胜利。

1. 文化品牌超越地理文化边界的能力

企业实施文化品牌国际化战略，首先要解决的是文化品牌超越地理文化边界的能力问题。文化品牌的背后是文化，一个文化品牌的知名度、美誉度和忠诚度自然来自文化品牌所代表的产品的内在质量和性能，同时文化品牌的文化内涵和魅力所带给消费者的超值享受，正是消费者愿意为文化品牌付出的价值。

正是品牌文化的丰富内涵支撑着文化品牌的知名度和美誉度，使文化品牌的影响深入到消费者的内心，落实到消费的行动上，从而提升着消费者对文化品牌的忠诚度。麦当劳是美国快餐文化的典型代表，优质、快捷、卫生、方便，吸引着人们光顾，更主要的是那种无拘无束的快餐氛围。黄色“M”代表着舒缓的音乐、绚丽的色彩、自由的环境、童话般的世界、卡通世界的天真烂漫，这些吸引着多少儿童和他们的父母。

没有文化内涵的文化品牌缺乏吸引力和想象力，自然难以形成市场影响力，因此也难以走出国门。那么富有文化内涵的文化品牌就一定能够走出国门吗？美国通用汽车公司是世界上最大的汽车制造公司，并有着众多世界著名的汽车文化品牌，NOVA就是其中一个，然而就是NOVA这个文化品牌的汽车居然在拉美国家的销售遇到很大的阻力。问题就出在NOVA在西班牙语中是不走的意思。谁愿意出钱购买一辆“不走”的汽车呢？后来这款汽车的文化品牌改为拉美人比较喜欢的“加勒比”牌，结果很快就打开了市场。中国的文化品牌虽然富有文化内涵，但是，这种文化是汉语言文化，并且是以“方块字”为载体的文化，这在超越地理文化边界方面的难度无疑要比其他相接近的文化大得多。

中国的文化品牌有汉字、拼音文字和图形三种商标形式，一般情况下是这三种形式的单独使用或相互组合使用。从国际化的竞争战略考虑，汉字比较不利于跨越地理文化边界，图形和拼音相对容易。譬如 Haier，就是一个比较接近西语发音的商标，再辅以两个天真可爱的小男孩形象，就更容易辨识和易于接受，而“海尔”文字商标就不太容易辨识。因此，海尔集团的国际化战略主要使用 Haier 和图形相结合的商标，从而达到了非常好的效果。“红豆生南国，春来发几枝？愿君多采撷，此物最相思。”唐朝诗人王维的千古名句脍炙人口，妇孺皆知，所以“红豆”文化品牌在汉文化中始终是友情、亲情、爱情的象征。“红豆”文化品牌的国际化首先主要是在海外华人的范围内展开，进一步的扩展是对汉语文化能够兼容的国家或地区，如红豆集团在日本建立了子公司而且发展得很快，就是日本人能够理解和接受“红豆”的品牌文化。而在欧美国家，“红豆”就必须用拼音商标，并辅以广告解释，证明这是“爱的种子（The Seed of Love）”，才能被逐步理解和接受。

培育文化品牌超越地理文化边界的能力，首先要在文化品牌设计上做到简洁醒目，能被异域文化所接受。外国文化品牌如 Coca－Cola、Sony、Kodak 等都是非常简洁明亮的文化品牌，中国的 Haier 品牌也有类似的功效。TCL 的品牌也是比较能够体现国际惯例的，它简洁醒目，便于识记，加上重新演绎的“今日中国雄师（Today China Lion）”的文化品牌概念，更容易令人加深印象，从而使文化品牌获得了较强的跨越文化边界的能力。海信的字母品牌设计“HISENS”也是卓有成效的，这个文化品牌很容易让人联想起“高科技”，这就为文化品牌在异域文化的渗透奠定了基础。而像双星文化品牌的 Double Star，在明星文化遍布世界的今天，也是比较容易被认同和接受的。

如果在文化品牌设计方面存在根本缺陷，往往就很难培育超越地理文化边界的能力，甚至会成为某种障碍。中国的“三枪”牌内衣，曾经因为它的英文品牌“Three Guns”而在美国遭遇过禁止入关的尴尬。“芳芳”唇膏在英语国家是死活也卖不动的，就因为这个品牌的拼音 Fang fang 在英语中是“狗牙、毒牙”的意思。有些文化品牌，即使在国内是名牌，但是由于在原初的设计上存在问题，也比较难以提高超越地理文化边界的能力。譬如中国的名牌“李宁牌”服装，在国内已经有相当的知名度和市场占有率，但是，在国际市场上一直打不开局面。其中一个很重要的原因就是“Lin-ing”的英文意思是“衣服的衬里、箱子的衬布”。那么，有谁愿意穿一件“衣服的衬里”或是“箱子的衬布”出门呢？

西方社会不太望文生义，一般消费者不会对文化品牌究竟是什么含义刨根问底。所以，在文化品牌的设计方面，最需要注意的就是：简洁醒目，朗朗上口，便于识记，易于传诵，有吸引力和亲和力。

形象策划——成功文化品牌的胚胎。在超越地理文化边界能力的培养方面，文化品牌设计只是基础性工作，更重要的是文化品牌策划艺术。一个文化品牌，设计是有限的，策划是无限的。针对不同的社会背景和地域文化，可以通过文化品牌策划重新赋予文化品牌新的文化内涵。这种新的品牌文化内涵如果自然地融入当地的文化背景中而不被排斥，就能够获得自身品牌文化的渗透力，从而就可以使文化品牌所代表的产品被充分认识和接受。

文化品牌国际化的战略策划是在充分认知当地文化的基础上所进行的文化品牌价值理念策划、文化品牌形象策划和文化品牌广告策划。首先是文化品牌价值理念的策划。公司的文化品牌究竟要为当地消费者提供一种什么样的价值理念？这种价值理念策划就是要建立对文化品牌的关键性意识形态，揭示文化品牌的精髓并保证其产品体现。文化品牌对消费者究竟意味着什么？文化品牌的特征和所倡导的精神是什么？健康？绿色？环保？力量？自由？个性？时尚？创新？物有所值？等等。其次，要赋予具体的文化品牌形象，由具体的形象识别来表达产品的个性和所蕴涵的价值理念。文化品牌形象策划就是要建立文化品牌的形象识别系统（CIS），无论是色彩、线条、图形，还是形象代言人，都要突出文化品牌的个性化特征。这同国内的策划并无二致，所不同的仅仅是文化的差异。

最后，要进行适合本土文化的广告策划。

2. 文化品牌国际营销的网络建设问题

文化品牌国际化战略的第二步是国际营销的网络建设问题。具备了超越地理文化边界的能力并不等于就能够占领市场。许多企业的老总都为没有国际营销网络而苦恼，他们痛感没有自己的国际网络而使企业的文化品牌营销频频受阻。网络建设问题需要一个历史过程，在计划经济时期，中国对外贸易的文化品牌多在进出口公司手中，是商业文化品牌。改革开放以后，不少企业为外国名牌公司做加工贸易，定牌生产，只赚取加工费。近年来力图发展国际市场的企业开始有了文化品牌意识，痛感没有文化品牌只能“为他人作嫁衣裳”的困窘，力争创造自己的国际文化品牌。但是，这既需要投入，也需要过程。海尔为进入世界最大的零售公司沃尔玛连锁超市，耗时整整两年，最后才终于被接受。国际市场的消费者认可一个来自发展中国家的文化品牌，是需要在反复消费的过程中才能够完成的。网络建设问题不可能一蹴而就。

文化品牌的网络建设没有捷径，但是，策划得好可以少走弯路。网络建设能够采取的策略措施全在一个“借”字。

一是借梯上楼。把自己的文化品牌产品通过国外有影响力的经销商全权代理，进入经销商的渠道，就可以借经销商的营销网络进入市场，逐渐获得市场的消费认知和认可，文化品牌的影响力和知名度会逐渐上升。青岛啤酒在美国等国家的市场就是这样扩大知名度、渗透市场并获得影响力的。目前，绝大多数国内文化品牌进入国际市场走的多是这种“独家代理”的路子，寻找有市场影响力、网络比较健全的代理商进行独家代理。

二是借鸡生蛋。这是通过合资合作的方法，与国外有相当知名度和文化品牌影响力的跨国公司进行合作，在让出部分国内市场的同时，借跨国公司在国际市场的网络销售自己的文化品牌产品。天津“王朝”葡萄酒文化品牌是一家中法合资的葡萄酒公司，合作的对方是世界知名的法国人头马公司，中方控股62%，王朝文化品牌属中方所有。合作伊始，双方商定，王朝葡萄酒的10%外销，由人头马公司负责。由于人头马文化品牌的国际影响力和该公司健全的营销网络，王朝文化品牌的葡萄酒很快就在法国和欧洲其他国家打开了市场，外方不断要求增加外销比例，从而使王朝文化品牌在欧洲市场成为中国葡萄酒的代言文化品牌。借鸡生蛋的策略必须是借名鸡才能生名蛋。

三是借壳上市。合资之道，在于合并市场份额。虽然在资金、技术等方面都有合资的诉求，但是，跨国公司在中国的合资并购，一个很重要的目的就是占领这个不断扩张的市场。世界名牌公司在中国寻求合作伙伴，首选的是国内市场上第一或第二文化品牌的公司。他们通过合资控股，最看中的就是中国公司在国内的市场份额。合资控股之后就等于拿到了一个市场份额可观的网络。德国的美洁时在日用化工产业领域比其他的同胞兄弟汉高公司在实力和文化品牌竞争力方面都有较大的差距，但是，该公司凭借技术优势在中国找到了“活力28”这个很有影响力的文化品牌，合资以后以“活力美洁时”的文化品牌很快就打开了中国市场，居然能在宝洁、汉高、联合利华和花王等众多世界名牌纷争的中国市场上有幸分一杯羹，不能不说是借壳上市的妙手之道。有了一定资本实力的名牌企业，要建立自己的国际市场销售网络，也完全可以考虑在国外寻找有一定市场份额和销售网络的合作伙伴，采取并购的方式借壳上市，直接赢得一个销售网络。

国际市场营销流行着一句话：宁愿要第一流的经销商、第二流的市场，也不要第一流的市场、第二流的经销商。文化品牌国际营销是重大战略问题，需要较大的投入，需要懂国际市场营销理论又有实战经验的人才。无论是产品出口，还是对外直接投资，都要对当地的市场状况、政治环境、经济增长态势和文化特征等进行充分的调查研究，寻找一流的合作伙伴。瑞典的VOLVO文化品牌是国际汽车市场上与奔驰齐名的文化品牌，但是在打开中国市场方面，经过了15年的努力，先后由英国代理商、香港代理商，最后找到了中国的“内资”代理商，才真正建立了文化品牌营销网络，打开了中国的市场，并逐渐被消费者所接受。

【案例】

从联想并购IBM PC看中国文化品牌国际化成功的三要素

截至2006年1月17日，联想并购IBM PC业务已经1年零40天了。在这一年多的时间里，联想提前完成了全球组织架构的整合，成功保留了IBM PC的员工和客户。在并购的第二季度，就实现了营业收入同比增长4倍、税前净利润同比增长70%的好成绩。原来联想在中国的业务，包括PC和手机业务，在并购的利好带动下，2005年都获得了罕见的高速增长，联想的国际化战略已经有了一个良好的开端。在实施文化品牌国际化战略的过程中，联想以扎实的管理水平创新为基础，以技术创新为支撑，重视商业模式创新的做法，已成为中国业界的共识。

技术创新支撑文化品牌塑造。在IT产业，我们面对的是产业链的基础技术都被外国公司垄断这样一个现实，在这样的技术环境中，联想选择了集成创新、应用创新的技术创新之路。实践证明，这个选择是成功的，因为从产业发展规律看，IT 产业正从技术驱动向应用驱动转变，网络、通信技术的发展，互联网的蓬勃兴起和 3C 融合的产业趋势，将为 PC 产业带来更加广阔的商机。资料显示，联想从 1990 年开始研制开发自有文化品牌电脑，在并购前，年产销量已达 400 万台，国内市场占有率在 28% 左右，从 1996 年起，已经连续 9 年名列国内市场第一。如果说在 20 世纪 90 年代，联想主要凭借运作上的优势取得了市场上的领先地位，那么 2000 年以后，在外国公司纷纷实行本土化策略，国内企业运作上的优势已不很明显，同时产品同质化现象越来越严重的情况下，联想是靠技术创新保持了文化品牌的优势。据联想集团副总裁白慧敏介绍，目前中国文化品牌国际化的目的在于利用国内、国外两种资源及两个市场，以增强发展的动力和后劲。技术创新能力保证了联想能够紧紧瞄准用户需求，不断引领潮流，开发出新的独具特色的产品，从而使联想电脑成为消费者最喜爱的文化品牌。

2001 年，联想就制定了“高科技的联想”的战略目标。几年来，联想电脑在 PC 的系统设计、部件设计、应用设计等不同层次的研发上积累了一大批独有的技术，获得过国际设计界最具影响力的奖项，在易用性、系统自管理和恢复性、易危害性及噪音控制方面具有领先的技术优势。前不久发布的国内第一款企业自主研发的安全芯片，标志着联想已经具备芯片级开发能力。联想与其他企业联合开发制定的闪联标准，已经被信息产业部批准为行业标准，有利于国内企业在 3C 融合的产业趋势中抢占市场先机。白慧敏说，正是凭借这些技术优势，联想实现了成功并购。并购以后，联想的技术创新能力进一步增强，拥有了代表创新性、高品质的 THINK 文化品牌，完全自主设计的笔记本电脑技术，全球领先的 TVT 技术；拥有全球化的产品质量和研发管理控制体系，包括一批世界级科学家在内的一流的研发团队，这是联想打造国际文化品牌的最有力的保障。

商业模式创新增强竞争力。记者在采访中了解到，对于文化品牌的国际化，许多企业都有这样的共识：中国企业要塑造国际文化品牌，所差的不仅是技术，学会卖东西，把技术变成钱，是一门非常高深的学问，国际市场网络和国际市场营销的经验是最缺的一课。“从自销到分销，从分销再到交易型客户和关系型客户两种业务模式的区分与并行，多年苦心经营所构造的大联想体系是联想文化品牌深入千家万户的桥梁，而通过这次并购，联想又快速地获得了雄厚的客户基础及强大的全球营销网络。”联想河南区分销商汪建国这样评价联想文化品牌的国际化之路。白慧敏告诉记者，新联想的业务目前已遍及160多个国家和地区，在全球拥有35000个合作伙伴。

图6－2　联想的品牌国际化之路不禁让人产生许多“联想”

通过平稳有效的整合，90%的合作伙伴对联想持积极态度，全球范围内只有不到2%的员工流失。一大批具有丰富国际营销经验的员工，是联想文化品牌得到全球市场认可的宝贵资源。她强调说，在此基础上，联想将通过创新，在国际市场上建立起独一无二的双业务模式，建立起更全面的竞争力。管理水平创新做后盾。“联想对IBM PC业务的收购确实有点‘蛇吞象’的味道，因此在并购消息发布后，业界不少人曾怀疑联想能否取得交易的成功、能否借助双方的协同性来加强新公司的竞争力。”IBM厦门分公司营销主管刘芸认为，文化品牌国际化的信心既来自于对并购交易自身的充分准备，也来自于其扎实的管理基础。联想对IBM公司PC业务的收购，实际上是联想着眼于可持续增长的一次战略行动。她说，联想是在市场中拼杀成长起来的，经过多年的积累，在管理理念和管理手段上都已经与IBM这样的大公司比较接近，因此双方在一些基本问题上有很多共同语言，包括对行业的理解、对业务模式的理解、对管理理念的理解等。“同时，联想的信息化建设管理所达到的国际先进水平、完整的供应链管理系统也是确保文化品牌在国际业务运作上平稳对接的重要条件。”联想集团副总裁白慧敏向记者介绍说，联想多年来形成的高效率的运作模式在国际整合中发挥了重要作用。整合之初，他们即开始在采购供应方面的协同运作，这是联想国际在第一季度就能够降低成本、实现盈利的重要因素。因此她建议，中国企业要大踏步地走向国际市场，就一定要做好管理上的准备，没有管理上的创新，就很难真正融入国际经济社会，即使进去了，也会走不快，或者走不稳。赵春明博士说：“文化品牌国际化是一条充满艰险与挑战的道路，中国企业的国际化还只是刚刚破题，认真吸取像联想这样的企业成功并购的经验，勇于尝试，积极努力，不断创新，才能最终打造出一个源自中国的国际知名文化品牌，才能在全球化的舞台上向世人展现中国企业的强劲实力。”

第二节　文化品牌传播的方式

文化品牌的传播战略涉及许多方面，其中与品牌力密切相关的两个内容一是广告，二是公共关系。广告与公关不仅是品牌信息传播的主要方式和途径，而且在传播中还会建立品牌思想与品牌联想等，创造新的品牌价值。

一、文化品牌传播的特点

文化品牌是品牌之一种，尽管具有鲜明的个性特征，但在品牌传播的过程、渠道建设、媒介选择以及与公众的关系等方面所表现出来的特点，基本上类如一般品牌。文化品牌传播的特点，主要表现在信息的聚合性、媒介的多元性和操作的系统性等三个方面。

1. 信息的聚合性

作为动态的文化品牌传播，其信息的聚合性是由静态文化品牌的信息聚合性所决定的。菲利普·科特勒所描述的品牌表层因素如名称、图案、色彩、包装等，其信息含量尚是有限的，但“产品的特点”、“利益与服务的允诺”、“品牌认知”、“品牌联想”等品牌深层次的因素，却无疑聚合了丰富的信息。而它们构成了文化品牌传播的信息源，也就决定了文化品牌传播本身信息的聚合性。

2. 媒介的多元性

加拿大的传播学家麦克卢汉有句名言，即“媒介即讯息”。也就是说，媒介技术往往决定着所传播的讯息本身。如电视媒介传播了超出报刊、广播多得多的“讯息”，而网络媒介又传播了兼容所有媒介讯息的“讯息”。而在传播技术正得到革命性变更的今天，新媒介的诞生与传统媒介的新生，则共同打造出一个传播媒介多元化的新格局。这为文化品牌传播提供了机遇，也对媒介运用的多元化整合提出了新挑战。

传统的大众传播媒介，如报纸、杂志、电视、广播、路牌、海报、DM、车体、灯箱等，对现代社会的受众来说，依然魅力犹存；对它们的选择组合本身就具有多元性。而新媒体的诞生，则使文化品牌传播的媒介多元性更加突出。如此，文化品牌传播在新旧媒介的选择中，就有了多元性的前提。

3. 操作的系统性

在文化品牌传播中，其系统的构成主要为品牌的拥有者与品牌的受众，两者由特定的信息、特定的媒介、特定的传播方式、相应的传播效果（如受众对品牌产品的消费、对品牌的评价）、相应的传播反馈等信息互动之环节，而彼此成构。由于品牌传播追求的不仅是近期传播效果的最佳化，而且追求长远的品牌效应，因此品牌传播总是在品牌拥有者与受众的互动关系中，遵循系统性原则进行操作。

二、文化品牌传播的主要方式

文化品牌传播的效果与传播方式的选择及设计密切相关，如果传播方式选择不当、设计不合理，就不可能收到好的传播效果。因此，文化企业在进行品牌传播时一定要把传播方式的选择和设计放在重要的位置上。一般而言，文化品牌传播最常用的方式包括广告传播、公关传播、销售促进（促销）传播和人际传播四种。

1. 广告传播

广告作为一种主要的品牌传播手段，是指品牌所有者以付费方式，委托广告经营部门通过传播媒介，以策划为主体，创意为中心，对目标受众所进行的以品牌名称、品牌标志、品牌定位、品牌个性等为主要内容的宣传活动。

对文化品牌而言，广告也是最重要的传播方式。根据资料显示，在美国排名前 20 位的品牌，每个品牌平均每年广告费用为 3 亿美元。因此，有人甚至认为：品牌 = 产品 + 广告。对于文化品牌而言，这个表达式同样适用。人们了解一个文化品牌，当然可以凭借自己的文化积累。但是，在今天这个知识爆炸、文化创新的时代，个人的所谓博闻强记根本不算什么。对于绝大多数人而言，对文化品牌的接触和了解是通过广告实现的。同样地，广告也是提高文化品牌知名度、美誉度、忠诚度，塑造文化品牌形象和个性的强有力的工具。由此可见广告可以称得上是文化品牌传播的重心所在。

鉴于广告对于文化品牌传播的重要性，文化企业在做广告时一定要把握以下几项内容：

（1）要先寻找一个有潜力的市场，进行市场研究，了解新的消费心理和消费习惯的需求，再运用广告等手段来宣传和美化产品以吸引消费者，最后找到一个好的卖点。

（2）要把握住时机。文化企业要根据不同的市场时期，对广告的制作和发布采取不同的策略应对。

（3）一定要连续进行。广告有滞后性，如果一个广告播放一段时间后感觉效果不明显就不播了，这是很不明智的选择。因为这样会使之前的广告投入全部打水漂。所以，广告投放一定要持续，千万不能随意停下来，否则就会引起很多臆测，从而给文化企业和文化品牌带来不利影响。

（4）在做广告时一定要注意广告媒介的选择和资源投入的比例，因为在广告传播活动中，媒介的传播价值往往是不均等的。

2. 公关传播

公关是公共关系的简称，是企业形象、品牌、文化、技术等传播的一种有效解决方案，包括投资者关系、员工传播、事件管理以及其他非付费传播等内容。作为文化品牌传播的一种手段，公关能利用第三方的认证，为文化品牌提供有利信息，从而影响和引导消费者。

公共关系可为企业解决以下问题：一是巧妙创新，运用新闻点，塑造组织的形象和知名度。二是树立美誉度和信任感，帮助企业在公众心目中取得心理上的认同。这点是其他传播方式无法做到的。三是通过体验营销的方式，让难以衡量的公关效果具体化，普及一种消费文化或推行一种购买思想哲学。四是提升品牌的“赢”销力，促进品牌资产与社会责任增值。五是通过危机公关或标准营销，化解组织和营销压力。

3. 销售促进（促销）传播

销售促进传播是指通过鼓励对产品和服务进行尝试或促进销售等活动而进行品牌传播的一种方式，其主要工具有赠券、赠品、抽奖等。

尽管销售促进传播有着很长的历史，但是长期以来，它并没有被人们所重视，直到近20年，许多品牌才开始采用这种手段进行品牌传播。

销售促进传播主要用来吸引对文化品牌有转换诉求的消费者。这种传播在短期内能产生较好的销售反应，但很少有长久的效益和好处，尤其对文化品牌形象而言，大量使用销售推广会降低品牌忠诚度，增加顾客对价格的敏感，淡化品牌的质量概念，促使文化企业偏重短期行为和效益。不过对小品牌来说，销售促进传播会带来很大好处，因为它负担不起与市场领导者相匹配的大笔广告费，通过销售方面的刺激，可以吸引消费者使用该品牌。

4. 人际传播

人际传播是人与人之间直接沟通，主要是通过企业人员的讲解咨询、示范操作、服务等，使公众了解和认识企业，并形成对企业的印象和评价，这种评价将直接影响企业形象。人际传播是形成文化品牌美誉度的重要途径，在文化品牌传播的方式中，人际传播最易为消费者接受。不过，人际传播要想取得一个好的效果，就必须提高人员的素质，只有这样才能发挥其积极作用。

三、传播对文化品牌影响力（品牌力）塑造的影响

传播对文化品牌影响力，即品牌力的塑造起着关键性的作用。

首先，商品力、品牌内涵和品牌联想等构成品牌力的因素只有在传播中才体现出它们的力量。我们知道，品牌力主要是站在消费者的角度提出的，而要使有关文化品牌的信息进入大众的心智，唯一的途径是通过传播媒介。如果少了传播这一环节，那么消费者将无从对商品的效用、品质有进一步的了解，会忽略产品的定位和产品的特定目标市场，品牌内涵和品牌联想的建立则几乎是不可能的。

其次，传播过程中的竞争与反馈对品牌力有很大的影响。传播是由传播

者、媒体、传播内容、受众等方面构成的一个循环往复的过程，其中充满竞争和反馈。在现代传播日益发达所形成的“过度传播”的社会中，人们再也不能企望接受所有信息，而是“逐渐学会了有选择地记取、接受，即只接受那些对他们有用或吸引他们、满足他们需要的信息”。比如，在电视机前，当你不满某个品牌的广告时，就会对该品牌的产品不满。如果绝大多数的人都产生这样的情绪，传播者在销售的压力下，就不得不重新考虑他的传播内容。同样，如果只有一个人不满企业的一个公关活动，传播者则会站在目标市场大众的基础上，坚持这个活动，不会因为一个人而改变其运行。因此在传播中塑造品牌力就必须考虑到如何才能吸引、打动品牌的目标消费者，考虑如何在传播中体现出能满足更大需求的价值。

再次，传播过程是一个开放的过程，随时可能受到外界环境的影响。在现实生活中，外界环境通常会对传播过程产生制约、干扰，从而影响传播的进行。

第三节　文化品牌对内传播

成功塑造一个文化品牌不仅需要“四两拨千斤”的差异化策略，而且需要完善系统、细致入微的日常管理工作，以加强文化品牌基础建设，夯实文化品牌根基，让文化品牌顺利长成能够抵御风雨的参天大树。

内部文化品牌管理一定要做好文化品牌的内部传播。文化品牌内部传播的成本要大大低于外部文化品牌传播的成本，但是，由于内部文化品牌传播理念的缺失，很多企业都疏忽了内部文化品牌的传播，这就容易导致文化品牌表现参差不齐，严重影响文化品牌形象的提升。因此，通过内部文化品牌管理提升文化品牌，就必须做好企业内部的文化品牌传播工作。具体说来主要包括以下三个方面：

一、实物用品传播

实物用品内容广泛，它的设计既要独特又要统一，避免俗套。从宣传册到一张名片都要有设计，要把设计思想融在具体的实物中。实物用品设计是对文化品牌日常性非广告的传播，它的传播水准绝不亚于正常传播，是对文化品牌的再度提升。

企业内部耗材，是企业内部使用频率最高的资源之一。这一部分，需要严格规定实物用品的版式、规格、材料及制作工艺，形成实物特有的严肃、完整和精确度，同时也展示了现代实物的高度集中化和强大的企业文化向各个领域渗透传播的攻势。其主要项目有信封、信纸、便笺、公函、凭单、公文封、卡片、请柬、备忘录、票据……

规范实物用品的形象，能使企业员工达成统一的意识；产生归属感和自豪感；进而激发员工的潜能，提高企业的经营效益，加强企业自身的竞争意识和竞争能力。同时实物用品也是企业对外联系的重要资源之一，规范的、统一的形象，能有效地将企业的各种经营信息传达给社会公众，促使其认识、识别，并使之感受到企业的规范化管理和企业的文化内涵。

企业报纸、企业杂志、企业中高层内参、企业网站、企业宣传栏、企业横幅等实物用品都是文化品牌传播的重要阵地，企业文化品牌管理者要结合这些媒体的实际状况，遵照文化品牌定位和战略需求，系统规划文化品牌传播的内容，以从整体上提升文化品牌。

二、办公环境传播

作为企业的店面、实物楼或厂区，文化品牌的应用要遵循突出企业个性的原则。外部的设计既要突出又要融于环境，而且外部的文化品牌形象与建筑文化要浑然一体。

内部要注重功能性与使用性。办公桌椅、文件柜可根据企业的实力与个性，进行独特的设计，会产生不同的效果。内部的宣传用语、企业理念及标志的识别物设计要与整体布局相协调。

作为标识设计的延伸，不仅要统一建筑物设计的内外观形象，而且工厂、办公室环境设计的独特想法和方针的连贯性也是很重要的。

指示标识是表示企业存在的标志，是对办公室和企业位置的确认、各种设施的指南、功能区域的划分，包括接待大堂内的楼层分布图、楼梯间的楼层标识、指路标识牌、分区标志牌、企业名的标识牌、胸牌、工作证、徽章、办公室门牌、公共设施标志牌、警示牌以及广告塔。

这是组织形象在公共场所的视觉再现，它标志着一个组织的特征面貌，是一种公开化的、有特色的群体体系。企业的厂区及环境，是企业员工们工作、学习和生活的场所，系统化的形象管理，既有利于对员工的管理，增强员工的归属感和自豪感，同时也向外界展现了一个良好的企业形象；既宣扬了企业的文化底蕴，又美化了厂区的环境。

企业厂房车间、企业展厅、楼梯、电梯、办公楼走廊、食堂、洗手间、门卫室、会议室、接待室、办公室等企业固定场所都是内部文化品牌传播的重要阵地，不可忽视，需要遵循文化品牌战略，进行系统规划，有重点地展示文化品牌，达到潜移默化的作用，从而有效提升文化品牌。其中，洗手间、车间等场所很容易被企业忽略，这必须引起企业的高度重视。甚至，从某种意义上来说，一个企业的洗手间的形象就决定了一个文化品牌形象的一半以上。

三、职员传播

创建文化品牌形象，实施文化品牌战略，需要企业把建设的重点从企业形象向文化品牌形象转移，要把更多的精力放在文化品牌形象的管理上。文化品牌形象的管理，其重心在组织内部的管理，在于内部职员之间、职员与管理层之间的关系。建成一个文化品牌，组织内部的每个人都应该确切地知道该文化品牌代表什么含义，以免不同的职员往不同的方向努力，被一些不协调的内部活动所冲淡。许多优秀文化品牌，如惠普、索尼、海尔等，经过多年的内部讨论和不断挖掘，企业内部职员已经产生一系列清晰的价值观，提出了职员应在表达文化品牌的承诺方面如何行事的原则。企业如何使所有的职员都能认识、理解、表达自己企业的文化品牌形象，这对实施文化品牌战略的企业，尤其是实施文化品牌国际化的企业来说是一个非常重要的问题。在员工之间，对文化品牌形象要达成共识，首先要共享文化品牌知识。文化品牌知识有时候很难用一句话清晰地表达出来，它是一种模糊的认识。如何使这种模糊的认识在员工之间渗透，使大家共享，然后再由员工向企业外部传送，使顾客认识自己的文化品牌，能够接受和偏好自己的文化品牌，这就对企业提出了要建立学习型的要求。

在创建文化品牌、宣传文化品牌的过程中，不仅企业最高管理层、所有的员工都应积极的参与；不仅通过企业内部的人员，还应通过外部人员来体验和宣传文化品牌形象。如通过供应商、其他合作伙伴以及顾客等。

通过管理人员的言传身教，通过与员工之间更多地沟通，员工才能对模糊的文化品牌产生更多的认识，才能更准确地把握文化品牌知识；而对企业外部，文化品牌知识却要通过产品或服务，通过顾客的体验实现共享的目的。著名文化品牌经营型企业如索尼、松下等，公司创立之初，员工就与创业者一起开创事业，员工与企业最高层都亲身体验了文化品牌的本质。在迪斯尼主题公园，当乐队伴奏、表演人员列队行进之时，迪斯尼的管理层与员工再次确认自己文化品牌的独特风格。加盟麦当劳的店主在学习麦当劳手册之际，也在学习、实践公司的经营理念，此时店主也在领会和掌握公司文化品牌的形象和理念。

为使文化品牌知识在组织内部共享，就需要从个人层次开始，通过成员之间的相互作用，然后跨越企业组织内部的科、室等部门界限，对公司形象达成共识，使企业内部的每一个单元、每一个员工发出相同的声音，形成一种形象。

全员参与的文化品牌形象管理对创建知名文化品牌是非常重要的。文化品牌形象要向国内外市场发出一个声音，就要求企业所有员工有使命感，这种使命感又来自于荣誉感，它使员工产生强大的凝聚力。彻纳东尼认为，每个员工都要确切地知道该文化品牌代表什么含义，否则就存在危险。在企业内部，要使所有员工对文化品牌知识共享，反映在具体的生产实践中，就是责任心强的员工、深受尊重的研发部门、乐于助人的客户服务部门成员、设计良好的后勤程序等。只有通过众多的员工达成共识，才能使得这些不同领域的角色融合成一个整体，使不同部门的成员向一个方向努力。① 艾克认为，“企业应该把内部的文化品牌传播工作放在优先考虑的地位，即在得到外部认同之前，首先在内部推行，达到内部认同，因为内部认知的差异可能误导策略的实施”。② 国际文化品牌还需要企业在所有的国家提供的产品和服务要保持一致性，不仅保证产品质量，而且还包括服务内容和服务质量，

---

① ［英］莱斯利·德·彻纳东尼．品牌制胜——从品牌展望到品牌评估［M］．蔡晓煦，等，译．北京：中信出版社，2002：9.

② ［美］艾克．品牌领导［M］．曾晶，译．北京：新华出版社，2001：102.

这对员工的要求就会更高。

统一的员工制服，是使员工产生归属感的一种有效手段，同时也便于管理，并为企业带来了整体划一的视觉效果。一些企业员工由于所在企业在社会上有良好的正面形象，会以穿着其统一的制服为荣。经理制服、办公服、工装、礼服、饰物、雨具、T恤……统一的规范的着装，展现了企业的良好的形象、规范的管理，同时也体现了员工良好的精神面貌。

企业员工的衣着打扮、言谈举止等等都是文化品牌内部传播的“活广告”，必须遵照文化品牌战略来加以严格规范和管理。值得注意的是，职员传播不能单单重视领导层、管理层、营销员以及总台文员等一些常见的“活广告”，更应该高度重视公司保安、清洁工等一些经常被忽视的“活广告”。这些基层员工尽管不大会和客户直接进行交流，但是他们的个人文化品牌形象往往会极大程度上影响人们对于企业文化品牌形象的综合判定。企业应该大力实施全员文化品牌管理，这样就能从根本上解决这一问题。

企业一般都会举办各种会议和活动，例如，公司周年庆典、元旦迎新晚会、中秋聚会、公司运动会、新员工入职仪式、公司营销年会、公司年终总结大会、部门例会等等，这些都是企业进行内部文化品牌传播的良好机会。企业文化品牌管理者必须结合文化品牌定位和战略需求，系统进行规划，从而在公司职员内部成功传播文化品牌。

第四节　文化品牌对外传播

、传播时机的确定

客户需求的不仅是一个好看的广告，更是一套解决问题的完整方案。利用不同的时机适时传播文化品牌，会起到借势造势的轰动效果。如在企业创业、合作、兼并时，周年纪念，新产品开发投向市场，股票上市，新旧经营者交替，走向国际市场，重大节日、活动等对企业来说都是好时机。

文化品牌传播时间的确定是指对文化品牌发布的程序、机遇、时间和频率做出合理的时间安排。传播时机的确定是否适合，直接影响到文化品牌传播的效果。由于文化品牌的设计和发布有时间性，消费者接触文化品牌也有时间性，因此在制定文化品牌传播的规划时，一定要重视传播时机的确定。实践证明，利用好传播时机，会使企业的形象大幅度提升。

文化品牌传播时机要和产品使用的时间相联系。消费者对季节性商品的购买和使用是有时间性的，商品的销售也有旺季和淡季之分。文化品牌的传播一定要把握商品销售的旺季。广告时机要和媒体的特性相符合，文化品牌广告发布要掌握媒体的时间特点，如广播的黄金时间在早晨，电视的黄金时间在晚上。黄金时间推出的广告覆盖面大、效果好。文化品牌时间策略的类型有：

1. 文化品牌传播时限策略

文化品牌传播时限策略主要包括集中时间策略、均衡时间策略、季节时间策略和节假日时间策略。

（1）集中时间策略。是指在短时间内集中人力、物力和财力对目标市场进行高频率的文化品牌宣传。

（2）均衡时间策略。是指有调控地、均衡地、反复地对目标市场进行信息传播的策略。

（3）季节时间策略。主要用于销量季节性变化大的商品。一般在销售旺季之前一段时间推出第一批广告，提示消费者该种商品的使用期即将到来。在销售旺季内广告达到高峰。

（4）节假日时间策略。这是服务行业常用的文化品牌传播时间策略。一般在节假日之前前几天做大量的广告宣传，广告内容是节假日所用商品。这类广告要有节日气氛，要突出服务质量。

2. 文化品牌传播时序策略

文化品牌传播时序策略是指文化品牌和商品进入市场的时间序列，大体可以分为即时策略、提前策略和延后策略。

（1）即时策略。是指广告和商品进入市场的时间基本一致。这是一种比较传统的方式，一般适用于规模不大、资金有限的企业。

（2）提前策略。这类策略常用在新产品上市之前。广告一定要有创意，能引起消费者注意，等到产品上市就会吸引大量的购买者，达到预期的广告效果。

（3）延后策略。是指广告迟于商品进入市场。这种策略运用比较少，一般在两种情况下使用：一种是新开的小企业资金缺乏，先做上门直接推销，等到第一批产品出售后回笼资金才有钱做广告；另一种是企业对新产品能否打入市场没有把握，先生产一小批投向市场，如有销路，摸清消费对象再做文化品牌广告，没有销路就停止生产。

二、平面媒体传播

平面媒介指的是以印刷作为物质基础，以平面视觉符号（文字和图像符号）作为信息载体的传播信息的工具。平面媒介主要有报纸、杂志、招贴、传单、书籍及其印刷品。

1. 平面媒体传播的特点

与其他媒介比较，平面媒介具有以下几个方面的特点：

（1）平面媒介是单纯的平面视觉传播媒体。视觉是较冷静的，偏向理智的信息感知方式。平面媒介对人的理性所形成的影响最大，虽然一般受众调查都显示电视的影响力已经超过平面媒介，但是如果从其影响的长远效果和对人的深层理性的影响看，平面媒介的渗透力要超过电视。

（2）平面媒介对舆论领袖的影响最大。社会各界的经营、舆论领袖在媒介的接触上大多偏好平面媒介，他们的知识、信息的摄入大多来自平面媒介，思想观念的形成受平面媒介的影响也最为深刻。

（3）从传播者的角度看，信息传播的灵活性较强。这种灵活性主要表现在对传播空间的选择和对内容的处理上。如平面媒介可以根据需要选择覆盖的空间，扩大或缩小版面。而电子媒介则较难做到这一点，所受限制也较多。在对内容繁简、深浅的处理上，平面媒介也比电子媒介简便灵活。

（4）从接受信息的对象看，信息接受的选择性较强，受众读不读、读什么，是快读还是慢度，是详读还是略读，都可以自由选择。不像电子媒介那样，只有收受与不收受两种选择。

（5）保存性强。平面媒介可随时保存，不用花特别的功夫与特别的手段，保存的成本低廉，保存的时间也长。

（6）传播的重复性。平面媒介易于重复使用。如一本杂志可随时翻看、多人翻看，一本书更是可供不断重复使用。

（7）由于出版周期和传播发行环节等的限制，其传播速度不如电子媒介快，很难做到事件发生和报道时间的同步性。

（8）平面媒介的传播要受到受众文化水平、理解能力的限制。受众的文化程度、理解能力在很大程度上决定着其传播的效果。

2. 报纸

在现代所有的广告传播媒体中，报纸是占第一位、最广泛的一种通用广告媒体，也是最重要的一种，由于其出版的高频率，传播信息的迅捷、及时和广泛，因而在视觉媒体中具有最大的影响。报纸广告传递广告信息，具有权威性、严肃性、艺术性、可读性和资料性相结合的特点。

（1）报纸是以整张的形式刊出的，在编辑方法上，是通过版面的空间组合，将各类不同的信息组合在一起。因此，报纸的大小题目相对集中，从编辑处理上反映出来的对各内容的评价信息都可以一目了然，阅读的效率高。

（2）报纸的内容一般是大众化的、综合性的，一般的新闻也多属于告知性的，即使是专题文章也较短小通俗。因此，读者范围比较广泛，宣传的适应面也较广。

（3）报纸的发行周期较短，印刷工艺较简单，信息复制速度快捷。因此，在传播的及时性上为平面媒介之首。所提供的宣传频率也较高，制作成本也较低。但是报纸读者的重复阅读率较低，外观及内容上都较粗糙。

（4）读报已成为日常生活的一部分，报纸的读者多数为稳定的长期读者。多数报纸又具有区域性、地方性的特点。因此报纸对读者具有较强的影响力，对市场具有较大的渗透性。

（5）由于报纸具有特殊的新闻性，从而可以在无形中增加刊载于其上的相关文化品牌信息的可信度。

3. 杂志

杂志和报纸有别，没有那么强的新闻性，杂志广告产生的效率也与报纸广告有明显区别，主要表现为延缓性、持续性和知晓性，因此，杂志广告所涉及的范围也受到限制。但对于一些专用商品和专门服务而言，杂志广告却能比报纸广告等发挥更大的作用。杂志在印刷出版物中占有极高的位置，它的内容偏重知识性、娱乐性、教育性和权威性，有传播媒体中的“贵族”称号。

（1）杂志是以成册装订的形式刊出，以目录为引导，将各种内容分类顺序编排。因此，杂志内容分类清楚，阅读时读者一般注意力较集中，信息感受较强。

（2）杂志分类较细，内容比较专门化，针对性较强，传播的目标指向比较明确。因此，同一类杂志的受众，其特征都比较接近，更能适应于日益专门化的传播趋势的要求，但在一定程度上缺乏市场的通融性。

（3）杂志刊载的内容都有一定的深度，系统较完整。即使是消息也都是具有纪实性与资料性的报道。因此，杂志的内容价值一般较高，读者的重复阅读率也较高。但是多数专业杂志对读者的文化水平或专业知识有一定要求。

（4）杂志发行周期较长，印刷较精良，编排设计和印刷工艺要求较高。因此，杂志时效性较差，成本也较高。

（5）它更适合于对特定的受众的传播。适合于刊载带有理论性的公关专稿或广告，其劝诱力及其对公众深层心理的影响力都较强，但效果的反应相对较慢。杂志能充分发挥在彩印以及图像设计上的效果，其感染力大于报纸。此外专业型杂志在专业上的权威性或高级杂志的高贵感都能对文化品牌形象产生影响。

三、户外媒体传播

户外媒介是指设置在露天里、没有遮盖的承载文化品牌相关信息的各种设施，主要包括路牌、灯箱、气球、霓虹灯等。作为最古老的媒介，户外媒介得益于其“标志”的固有本性和现代平面设计与技术的结合。事实上，正是由于现代技术的出现，企业才得以在户外进行一些以前连做梦都想不到的活动。

1. 户外媒介的优势

户外媒介一天24小时从不间断地负载信息，受众不能像对待录像那样快进、跳跃，也不能像对待电视那样把它关掉，或者像对待书报那样弃置一旁。

①到达率。按同样的金额计算，在同一城市针对同一目标受众时，与电视信息、广播信息、报纸信息相比，户外广告的到达率是最高的。

②频次。在毛评点[1] 100 的节目所到达的观众中，10 个有 9 个在 30 天的时间内平均每人会看到 29 次户外媒介信息。

③成本。在所有主流媒介中，户外媒介的单位暴露成本最低。由于户外广告可以迅速地建立其毛评点，因此，对那些发布简单、短小和命令式讯息的广告主来说，它不失为一种理想的媒介。

④位置。户外广告可以按照人们活动的类型瞄准消费者，在购物途中的顾客、上班途中的工商人士或赶赴机场的旅客，在他们做出购买决策之前对他们施加影响。

2. 户外媒介的缺陷

(1) 讯息短促。顾客经过户外媒介设施的时间很短，其上所承载的文化品牌信息必须强攻才会有效。设计和文案必须精练、干脆，一字千钧。

(2) 环境影响。户外广告受其环境的影响较大。比如，在破败的地区安置这类媒介只会削弱该文化品牌的形象。

(3) 受众测定困难。户外媒介受众的人口统计因素难以测定，因为并非每一个经过户外设施的人都会看见上面的文化品牌信息。为此，有些买主很怀疑媒介卖主所提供的到达率的估算数字。

(4) 检测与控制困难。企业很难像检测印刷媒介和电波媒介一样逐一检查每一块户外路牌，那需要分散很多的精力。

(5) 策划与成本。户外讯息一般需要 6 ~ 8 周的印制和张贴预备期，启动费用较高，且由于其媒介效果无法准确量化，给企业带来一定困惑。

(6) 视觉污染。有人反对户外媒介的存在，认为这是视觉污染，他们可能会对使用户外媒介的企业作出不利反应。

3. 售点媒介的特点及其信息设计

售点媒介是指销售点和购物场所的媒介设施，是销售现场媒介的一种综合性的媒介形式。售点媒介从内容上大致可以分为室内媒体和室外媒体。室内媒体主要包括货架陈列、柜台、模特儿、卖场墙体、空间设置等媒介形式。室外媒体是指购物场所、商店、超级市场门前和周围的一切媒体形式，

---

① 毛评点（英文缩写为 GRP），又称总收视率或总收听率。毛评点即印象百分比之和。印象就是受众接触媒介的机会。比如某电视节目的收视率为 20%，而播放频次是 3 次，那么毛评点就是 60%，即有 60% 的受众接触了广告。但是毛评点没反映出哪些受众是重复接受的。一般而言，毛评点越高，覆盖面越广，所要求的资金投入也越多。

主要包括广告牌、霓虹灯、灯箱、电子显示屏、招贴画、商店招牌、门面装饰和橱窗等。售点媒介具有如下特点：

（1）吸引注意力。对混杂在多数商品之中的本企业产品，制造吸引顾客眼光的魅力。

（2）提高商品说明之理解程度。告知商品特性、使用方法，尤其在超级市场等从业人员不多的销售点，更可以发挥很大的威力。

（3）创造气氛。制造店堂气氛与商品吸引力。

（4）使其他媒体上的文化品牌信息与商品串联。无论企业花多少力气在诸多媒体上进行宣传，若不能让消费者在销售场所产生联想，则对销售的增进无任何意义。因此唤起消费者在其他渠道获得的文化品牌信息，建立联想相当重要。

（5）诱发消费者行动。销售现场的商品，最能诱发消费者立即采购的直接行动动机。

售点媒介有着与其他媒介不同的特点，因此在对其文化品牌信息设计上需要考虑与其他媒介信息的不同之处：

（1）要考虑到销售场地的大小、商品性质、消费者的物质需求和心理需求，以求有的放矢地表现最能打动消费者的讯息内容。

（2）应该造型简练，设计醒目，阅读方便，重点鲜明，有美感与特色。售点媒介的文化品牌讯息设计并非为节日点缀，不是越热闹越好，而应视之为构成文化品牌形象的一部分，其设计和陈列应从与文化品牌传播其他媒介渠道配合出发。

（3）室内和室外的信息设计安排需要保持平衡，不能虎头蛇尾，避免消费者由此产生心理上的不平衡。

四、电子媒体传播

电子媒介指的是以电波的形式来传播声音、文字、图像等符号，并需运用专门的电器设备来发送和接收信息的传播工具。电子媒介主要有广播、电视、电影、幻灯、互联网等。电子媒介在传播上是发展最快的新兴媒介，特别是电视媒介对大众传播的影响力已居首位。

电子媒介的特点有：①电子媒介传播速度较快，覆盖面大，可重复传播。②电子媒介现场感较强，较生动，对受众情感方面影响较显著。③电子媒介的传播效果相对平面媒介较少受到受众文化水平、理解能力的影响。④电子媒介的单位受众成本较低廉。⑤电子媒介所传播的信息重复使用较为困难。⑥受众对电子媒介所传播的内容的选择性较差。传播者传播时受到的限制也较大。

（一）广播媒介与电视媒介的比较①

近些年来，广播媒介经常自称弱势媒介。其实这是比较而言的。事实上，无论是单台还是整体，今天的广播媒介在覆盖率、收听人口、经济实力和技术手段上都是几十年前黄金时代的广播媒介不可比拟的。即便是在新媒体咄咄逼人的情况下，广播媒介的优势也是不可替代的。比如说，广播媒介是所有大众传播媒介中使用成本最低的媒介，也是携带最方便的媒介；广播媒介还是媒介种族中使用的时候唯一的非排他性媒介（听广播不误做其他事），也是使用的时候副作用最小的健康媒介。广播媒介还有一个非常有利的发展因素，那就是政府和社会监管的环境比较轻松。宽松的管理环境好比含氧量高的空气，对企业或行业的发展至关重要。

1. 电视与广播媒介的特点

（1）广播是可以无处不在的移动的媒介。电视的收视行为不一定非得在家里，但至少需要呆在电视机前面；广播的收听，则是可以移动的，在任何广播频率可以覆盖到的地方，只需要一部简单的收听设备，就可以收听。因而，广播被看作是移动的媒介，它的移动性是其他电子媒介所不能比拟的。

（2）声音媒体和视觉媒体各具魅力。电视是声音和视觉的结合体，强烈的感染力使它迅速拥有了超越报刊等其他媒体的强势地位。而广播则是唯一的非视觉媒体，纯声音的表达，曾是它一度可能被淘汰的依据，但随着时间的推移，人们的生活方式发生了很大的变化，尤其是现代社会，视觉压力的种种困扰，使得“解放眼睛”成为一个热门话题，单纯的声音传播反而因其独特的魅力而珍贵，广播成为传播中必不可少的补充。

（3）广播越来越成为个性化媒体。广播由于接收工具便宜、接收方式简单、可以单独收听等特点，个人普及率非常高，正越来越趋向于成为一种

---

① 龙长缨. 电视与广播的受众视听行为比较分析. http://www.kmtv.com.cn/files/CMDT/200406074278.htm，2009 年 11 月 9 日查询.

个性化的媒介，而电视的家庭普及率虽然已经很高，但由于价格、接收方式等因素，还不可能成为完全个人化的设备。另一方面，人们可以静静地、很“私人”地收听自己喜欢的节目，就像朋友的亲切叙谈，这种亲切感是电视所不能及的。同时，广播节目的编排比较灵活机动，听众的参与性较强，更有可能成为一种个性化媒体；而电视的节目编播，尽管也努力强调专业化、个性化，但由于种种原因，目前更像一个“广播”的媒体，实现“窄播”尚需时日。

（4）非独占性与低关注度。由于广播是一种单纯声音的媒体，而且“无处不在”，使其表现为受众消费时的非独占性，或者叫“伴随性”，即受众在收听广播的同时，还可以进行其他的活动。这一特点，满足了人们“一心多用”的需求心理。而电视的收视行为是独占性的，在看电视时能同时进行的活动很有限。

2. 广播收听与电视收视行为

（1）总视听量，电视远大于广播。2003 年全年，全国人均每天收看电视的时间是 179 分钟，约 3 个小时。相比之下，人均每天收听广播的时间要少得多，2003 年央视 - 索福瑞对北京、广州、上海三城市的收听率调查表明，人均每天收听广播的时间约为 74 分钟，而同期的三城市人均日电视收看量却达到了 193 分钟。人们在电视机前消费的时间远远大于听广播的时间。

（2）总视听率走势，广播“峰”在早晨，电视晚间更“黄金”。一天的收视和收听率走势显示，在晚上的时间，电视占主导地位，而在白天，特别是早晨时段，广播强势。早晨 7：00 ~ 8：00 之间，广播的收听率达到最高峰，之后，缓慢下降，到中午 12：00 左右，上午的工作时间结束，短暂的午休时间，收听和收视的受众又开始增多，收听率达到一天之中的第二个高峰，仅次于早晨，而收视率也出现了一天中的第一次高峰，并且电视观众的数量远远超过了这个时段广播听众的数量。虽然电视收视率的曲线直到上午 10 点以后才开始超过广播的收视率，但在全天的时段中收视率一直是处于上升的状态，傍晚 18：00 左右急剧上涨，在晚间 22：00 出现一天中的最高峰值，通常，人们把这段时间称为电视的“黄金时段”。在电视的“黄金时段”，广播收听率尽管远远低于电视的收视率，却仍旧小幅地缓慢地上升着，在晚间人们下班时，达到全天的最后一个高峰。电视收视率在晚间 23：00 之后，急速下降，而收听率下降的速度却缓慢得多。

（3）季节变换：收视波动，收听平稳。电视的收视往往受到季节因素的影响，因为不同的季节，人们待在家中的时间会有所不同。一般来说，冬季是收视率较高的季节，特别是在北方地区，由于天气寒冷，人们的户外活动会减少，相应待在家里看电视的时间会长一些；春秋季节，人们的户外活动有所增加，电视的收视会略低一些。但广播的使用情况却始终相对稳定，广播的收听无论在家中还是在户外都能进行，因此，广播的收听率不像电视收视率那样随着季节变换明显。

（4）不同日期的变化：视听率周日皆高于平日，广播周六略低。一周之内，收听率和收视率变化的情况与人们的生活、工作节奏和人们对这两种媒介的使用时段联系非常密切，周一至周五，收视和收听行为在正常的工作和生活节奏下都显得比较平稳，周末休息时，人们有了较多的闲暇，电视收视行为和广播收听行为都会增加，但是，广播的收听率似乎在周六时比平时和周日略低，这是因为，人们对广播的利用高峰集中在早晨上班时，经过周一至周五的劳累，周六的早晨，人们往往不会太早起床，因此收听率的早高峰会受到影响，周六的平均收听率就会略略下降一些。

3. 收听与收视受众结构

（1）性别差异：男性听广播多于女性，女性电视收视略多。一般地，女性消费在电视机前的时间要多于男性，特别是中老年女性；而广播收听的情况有些不同，男性听广播的时间要多于女性。

（2）年龄差异：55 岁以上受众收听、收视时间更长。从总体来看，收视和收听行为在受众年龄上的差异似乎不大。无论是收视还是收听，中老年受众消费的时间都比年轻人要多，相比之下，广播的“高龄”化倾向更严重一些，55 岁以上受众人均日收听时间远远高于 55 岁以下的收听受众；电视的重度观众范围则可以宽泛到 45 岁，45 岁以上的电视观众人均日收视量都在 200 分钟以上。

（3）教育程度：广播受众的学历略高。分析两种媒介受众的受教育程度发现，两种媒介的受众主体都集中在受过初高中教育的人群，广播的听众中，大专及以上学历的比例略高于电视观众构成中的比例。

通过对电视和广播受众行为特点及受众结构的分析可以看出，受众对两种媒介的消费行为、消费目的和消费内容都存在着一定的差异，而受众视听行为的差异化，也正反映了受众对大众媒介传播需求的差异。广播和电视不同的特长和优势，满足着人们多样的媒介需求，电视作为主要视听媒介强势非常明显，而广播也是强势电视媒介传播的必不可少的补充。对受众视听行为的分析，也证实电视的收视与广播的收听之间存在着非常鲜明地共生、互补关系。文化品牌传播应当基于适宜、有效、内敛等原则，用好电视媒介和广播媒介。

（二）互联网

互联网的出现在媒介生态中引发了轩然大波，几乎颠覆了传统媒介的许多固有属性，使得人们接受信息的方式有了质的变化，以至于它曾经被人们认为是“大众媒介的终结者”。在营销和文化品牌传播领域，互联网这一新生媒介同样应被给予大量的关注。

1969 年，美国国防部高级研究计划局出于战备的考虑建成一个试验性的、由 4 台机器构成的计算机网络——ARPA 网，这就是互联网的雏形。后来，由于该网络具有快捷、实时、多媒体交互等优势，被越来越多的商业组织所应用。商业行为的介入使 ARPA 网络迅速成长并发生了深刻变化，最终发展到现在我们所熟悉的国际互联网。

传统上，企业对外界的信息发布和获取是通过电视、报刊、广播等形式。由于上述种种形式受覆盖范围、表现形式、限时播放以及昂贵制作费用等各方面因素的约束，已经逐渐失去了往日的风采。国际互联网就不是传统媒体所能比拟的了，归纳其优点可包含如下几个方面：低成本、无限时、无国界、交互性、多媒体、针对性、受众可视性、实时灵活、感官性……

与传统的营销不同，一个文化企业可以借助自己的网站充分实现本企业信息的集中、完整展示。在人们初次通过网络接触企业、并且对企业毫无了解时，从某种程度上说，网站的规模和表现在人们的心目中便代表了一个企业的规模和形象，人们甚至不去考虑一个企业实际的办公场所及规模，而宁愿从企业网站的表现来想象。因此，网站成为文化企业实力的象征，一个涉足网络的企业需高度重视其网站形象。网络营销作为现代一种新兴的营销手段，有它自身的特点，这是由互联网的特点决定的。将互联网这种新媒介用于文化品牌营销，简单归纳，至少有如下特征：

1. 网络技术的应用降低了文化企业的营销成本，提高了企业的营销效率。网上的直接销售为消费者带来了极大的便利，从而刺激人们的消费欲望。

网络技术的应用，可以简化文化企业销售渠道，降低企业的经营成本，文化企业通过互联网便可以向全世界的消费者提供自己的产品或服务，这大大提高了文化企业的营销效率。另外，网上的直接销售满足了消费者对购物方便的需求，提高了消费者的购物效率。在传统的购物方式中，整个交易过程需要消费者到售货地点完成，这包括到达售货地点、选择产品、付款结算、将产品运回等一系列的过程。在网络技术的推动下，上述交易过程大大简化，成本也相应地降低，使网络营销出现新的特色。另一方面，也使网上购物活动充满乐趣。比如，企业在网站上发布图文并茂、丰富生动的文化产品或服务信息，消费者坐在家里即可通过网络广泛对信息进行比较，做出购买决定；其次，整个交易过程非常简单，只需根据 WEB 页面的提示，通过鼠标或键盘的操作，将选好的商品放入"购物车"，并使用电子货币或信用卡进行结算即可；还有就是，如果所购买的商品在使用过程中出现了问题，可以直接通过网络与企业联系，从而及时地得到技术支持和服务。

2. 网络手段的应用使个性化服务成为必然趋势，文化企业能够更好地结合顾客的需求展开一对一的销售与服务，从而提高客户的满意度。

通过网络技术的应用，一些企业鼓励消费者参与到产品设计、生产活动中来，真正做到了"顾客是上帝"的营销策略。由于消费者的介入，企业设计和生产产品的方式将会发生变化。在买方市场的大环境下，消费者的需求会表现出极大的个性化，不论厂家能够生产的产品有多少种类、型号，还是不可能完全满足所有消费者的个人需求。而互联网可以使消费者直接登录企业网站或向企业发送电子邮件来传递自己的需求意愿或定制适合自己需要的产品。由消费者参与设计的产品，能够使消费者得到最大限度的满足。戴尔的网络系统便允许消费者直接在网上订制他们想要的电脑，然后根据消费者的定制进行相应的产品配置和生产。

3. 网络技术为网络营销提供了多媒体营销手段和工具，从而带动了文化品牌营销领域新的发展。

通过网络传播营销信息可以充分利用多媒体的优势。因为网络是整合了传统的报纸、广播、电视等大众传播媒体的各种优势的"第四媒体"，通过网络技术的运用，信息在网络上可以采用文字、图像、动画、音视频等多种表现方式进行传递，信息的传播方式更加灵活和生动。并且，信息的传递没有容量或时间的限制，还具有及时、快捷、保真性好等特点。因此，企业可以利用网络的优势，更为详尽地、更形象生动地展示其产品或服务的信息。

4. 网络营销的兴起缘于网络技术带来的社会关系变革，并由此引发商业规则产生新的变化。

网络营销是建立在新的时空观念上的，以往我们赖以生存的时空观已经不适应现代的信息社会发展的要求，取而代之的新的电子时空观，也就是说，人们的生活和工作已经极大地突破了空间和时间的限制。比如说，借助互联网提供的全球性、全天候的虚拟空间，企业只需建立好自己的网络空间，利用网络技术就可以每天 24 小时不间断地为全球各地的消费者服务。

5. 网络营销活动是在信息传递主体与受众双向互动的基础上进行的，顾客在营销活动中的主动性得到充分发挥，这不同于传统的营销模式。

网络营销活动中，信息传播模式由单向变成双向，消费者在网络营销中起主导作用。在网络环境下，信息的传播不再是以往那种单向的传播模式，而是转变成为企业在网络上发布信息、消费者主动上网选择信息的“推拉”互动的模式。消费者拥有了比以往更大的选择自由，他们可以通过网络在全球范围内选择能够满足自己偏好的产品，并且可以直接通过网络完成交易。另外，文化企业通过网络手段，可以直接反馈消费者对企业或其产品的意见、建议；通过消费者的网上行为跟踪，判断消费者的习惯与喜好，从而向顾客提供新的产品或服务建议，以提高顾客购买率；一些企业还通过多种网络手段，努力提升企业信息传递和产品服务过程中与顾客的互动性，以增加顾客满意度，提升顾客对企业的忠诚。

可以看出，网络作为一种新兴的技术和传播媒介，为文化企业品牌塑造和形象推广提供了一个崭新的途径和极富潜力的机会，因此，我们需要关注网络对文化企业品牌塑造的影响。

五、连锁传播与会展传播

1. 连锁传播

连锁加盟，有效扩展。连锁店为了传播的可识别性、减低成本、利于管理、显示企业强大的实力，需要统一形象。

统一形象不等于把一个整体的东西一成不变地复制。世界各地的房子结构不同，风格各异，所以要因地制宜，要根据房子的结构去设计合理的布局，既不要破坏原有的建筑风格，又体现连锁文化。但是文化品牌的标准规范、统一独特的宣传活动、事务用品是不变的。对此，世界级文化品牌的快餐店做得非常出色。

作为连锁式加盟的店，会把实际测量的图纸寄到总部，总部根据地形、地势作设计，把握住形式、颜色，以不变应万变。目前这类店的设计越来越根据建筑特色、习惯，去让人们感觉是生活的一部分，但不管怎么变，不变的是魂，是品牌。

2. 会展传播

效益是衡量传播有效与否的标志。展会是同行业的擂台赛，成熟的企业已经把展览会当成一门学问来研究，当成介绍自己、展示自己的一个极其重要的窗口和综合实力、综合修养的体现。优点：针对性强，集中、夸张，直接面对目标人群。缺点：投资巨大，不能马上见效益。

会展传播是组织与公众以会展为媒介相互沟通的过程。由于组织、公众和会展媒介各有特点，均有多种存在方式，因此会展传播也表现出多种形式。掌握了会展传播的途径和方式，就等于抓住了会展的“命脉”，主办者在活动中就能游刃有余。从沟通过程的属性看，会展传播有正式传播和非正式传播之分。会展中的正式传播是指组织通过正式的传播渠道或媒介向公众传播信息的行为。如党和国家举行重要会议，会议精神通过报刊、电视、网络等面向社会公众进行宣传。展览会中常见的新闻发布会就是典型的正式传播。正式传播选择的传媒一般很正规，具有权威性，信息失真现象少，传播面广。非正式传播是指在会展的进程中，参加会展的各方当事人相互之间通过非正式渠道或媒介进行传播沟通的行为。会展中，在会议的茶歇等休息时间与会者相互交流，在展览会上参展者与公众亲密接触，各方当事人面对面直接进行信息交流传播，不需要借助报刊等正式传媒，形成非正式传播。会展非正式传播的覆盖面不能达到广大社会公众，传播面窄，有时难免信息失真，传播的权威性较弱。从沟通双方的关系看，会展传播有上行传播、下行传播和横向传播之分。

利用展会传播文化品牌，要把握展会的设计要点：

（1）营造一个独立的空间。在视觉感觉上一定要与其他展位产生明显的区别，以强化参观者记忆。通常展位四周与地面应选择与其他展位有明显区别的颜色和材料。

（2）注重展具的选择。根据自身条件和参展目的选择合适的展具。现在流行的展具主要有三大类：一次性使用展具、循环便携式展具和循环租用式展具。

（3）合理分割展位区域。一个展位分割之后通常应具备谈判区、放发材料区、展示区等职能分区。

（4）施工安全。其中包括用电安全、站台搭建稳固等涉及人身安全的问题，绝对不可忽视。

（5）展位展示效果、氛围的营造，要充分考虑声、光、电的配合。

（6）注重活动对于展示效果的提升与推进，如安排歌舞、模特表演及名人的签名等可聚集大量参观人群的活动，造成火爆的气氛。

第五节　大象画廊：网上画廊的美丽时代（案例）[①]

自2003年底起，艺术市场在拍卖槌下不断升温，作为二级市场的拍卖业异常红火，大量作品和资金涌入拍卖场。作为一级市场中坚力量的画廊虽然为艺术家推广做了很多工作，却由于二级市场的抢先火爆失去了相当大的盈利空间，不少画廊从业者大有“为他人作嫁衣裳”的感觉。但在经过了2005年的炽热之后，2006年的书画市场进入了一个理性的调整时期，买家逐步回归一级市场，优秀画廊不断崛起，艺术市场向着更加健康有序的方向发展。

一、案例背景

湖南书画市场比较薄弱，基本上还处于市场培育阶段，但正是在湖南省岳阳市出现了一个高速成长的专业网上画廊——大象画廊。自2002年创建以来，它一直以每年100%的爆炸式速度在成长。截至2006年底，当年注资20万人民币、营业面积仅50平方米的画廊日常保有字画作品400多幅，

① 欧阳友权，柏定国．2007：中国文化品牌报告·之肆拾捌 大象画廊：网上画廊的美丽时代．北京：中国市场出版社，2007：364－369．

签约画家8人，客户遍布全国各省市，远至东南亚和美国等地，书画品的网上交易额连续两年位居全国前列。如果与北京、上海等地的画廊老大哥相比，大象画廊无疑还比较稚嫩，但它独特的市场定位和运营模式、快速健康的成长方式是值得仔细琢磨、解读的。

图6-3 大象画廊题笺

大象画廊在创建之初就根据自身的实际情况确立了明确而精准的市场定位：主打当代的中国书画。

自艺术市场重新升温以来，中国书画作品价值一直保持着大幅上升的趋势。中国书画艺术蕴含了博大精深的传统文化的精华，在理论和实践方面都贯穿着强调创作者主体人文精神的“写意”特性，体现了独特的民族哲学思维和文化精神。这从本质上符合了国人的审美情趣，可以说每个中国人都会有喜好中国书画的潜质，民间也素有“家中无字画，不是旧人家”的说法。随着人们对精神文化产品的需求的日益增强，其爱好中国书画的潜质必然会被不断激发，从而使得在艺术市场上对优秀书画作品的需求量不断增加。自从1992年中国书画拍卖市场启动，中国书画价格就随着国内经济的上升而稳步上升。1998年，赵孟頫临《兰亭序》的佳作真迹《临禊帖》当时仅以33万元成交，而7年后以935万元成交，价格涨了25倍，成为艺术品拍卖市场十几年来涨幅最高的作品。国际上著名的索斯比、佳士德等公司也纷纷把拍卖中国名家书画作为一个重要内容。

书画市场上数量最大、人气最旺的当属近现代书画，对于正在发展的、具有创意的当代书画作品却没有表现出应有的购藏敏感，这说明进入市场的资金背后，更多的是投资者、投机者而非具有艺术史眼光的收藏者，他们关心的不是中国当代艺术的发展与历史定位而是自己的短期投资回报。只有那些注重艺术史价值的专业画廊才敢于并善于推介不太知名的艺术家，成为拓展当代艺术的动力，而具有独创性、前瞻性的艺术家和画廊才是艺术品创作和流通的基本力量。

大象画廊明确提出以中国书画爱好者、收藏家为主要服务对象，关注、发现并满足其需求，因此选择主打当代书画实为自然之举。德国著名的大收藏家路德维希在谈到自己收藏中国现代艺术的理由时说："中国很为他们的历史而骄傲，同时他们现在把目光转向世界，开始在世界大家庭积极寻找自己应有的位置。所有这一切都会在中国现代艺术中反映出来。我们现在所收集的中国现代艺术品，仅仅是个开始。我们不仅收藏中国艺术家在国外展出的作品，更要收藏那些表现中国人自己的，在国内评价较高的艺术作品。"

大象画廊从市场角度观察，深知最有发展前景的艺术品是能体现时代特色、当代人文精神的作品。同时，现代人也喜欢中国传统书画形式，所以画廊特别看重用古老的艺术形式来演绎当代精神的艺术行为，坚持代理符合企业定位的有实力、有潜力的中青年书画家，收藏了一批当代国内知名书画家的代表作，同时也出售目前国内较有潜力的中青年画家的作品。目前中国当代书画在书画市场上渐成气候，也证明了当初选择的正确性。在中国书画拍卖中一直充当着配角的当代书画直到2004年才被首次专场推出，但一推出就大获全胜，近百位当代名家作品创新高。2006年，在素有书画拍卖风向标之称的荣宝斋春拍中，当代中国画专场成交率高达90%，更显示出当代中国画强劲的市场潜力。

二、品牌传播要点

1. 依托网络突破传统传播模式

大象画廊一直坚持以电子商务为主要交易模式，以线上为主、线下相辅，秉承"诚信、敬业"的经营理念，倾力打造一个自助式的开放平台，为广大书画爱好者提供一个安全、可靠、舒适的网上购物环境。

尽管岳阳市是国家历史文化名城，但作为中部地区的一个地级市，其地理位置和文化环境决定了本地市场的有限性。在这种外部条件下，如果采用传统运营模式，画廊的发展前景极其有限。为了扩大自身的经营范围，必须寻求更为行之有效的方式。网络的方便快捷、选择余地大、价格相对便宜等特性对消费者具有很大的吸引力；对于经营者而言，其运营成本相对较低，目标群体精准，成交率较高，这些都昭示着电子商务的光明前景。近年来许多较规范的购物网站逐步建立并发展起来，吸引了不少网上购物者，网站规模、交易额不断创下新高。艺术品经营实际上是文化传播的一种表现形式，选择互联网作为载体是目前公认最有效的传播方式之一。大象画廊从GOOGLE和百度等搜索引擎上购买关键词，并与一些艺术品知名网站、画廊、文化网站进行链接。通过这些方式进入大象画廊网站的都是精确的目标群体，与这部分消费群接触，大大提高了网上交易成功率。可以说，大象画廊的高速成长在很大程度上得益于网络运营，这也证明了当初的决策是明智且具有长远眼光的。

2. 诚信是文化品牌网络传播的生命

利用网络进行书画交易，要解决的首要问题就是“诚信”。在有序的市场经济下，诚信本是一个企业发展的必要前提。对于主要通过电子商务模式从事艺术品经营的行业来说，诚信更是它在市场上立足、生存之本，也是它以后发展的根基所在。但在目前的书画市场上，由于从业人员的道德品质和专业素质良莠不齐，国家尚未有完善的体制来对艺术市场进行规范与保护，导致赝品伪作泛滥。这对书画市场的经营秩序与购买者的心理伤害极大，也为其他经营者的正常经营与发展带来了极大的危害，对正在发展的市场也是一个极大的打击。同时，我国电子商务模式尚处于发展的初级阶段，网络市场还不规范和健全，网上交易的安全性、真实性仍受到许多消费者的质疑。

面对严峻的考验，大象画廊明确提出“以诚信为本”的经营理念。诚信的首要表现就是保证真品面世。大象画廊在网站上设置了“专家鉴定”、“画家留言”、“艺术品身份证”等服务栏目，同时为消费者制定了作品保真证书，并设立了书画作品的回购制度，提供信誉保证，让消费者买得放心。其次，为了解除网上消费者对产品售后服务的顾虑，大象画廊踏实细致地把诚信精神体现在相关售后保证上。这是成功完成购买行为和维持老客户的关键一环。除了其他艺术品网站均提供的退换货等相关服务之外，大象画廊还在货品达到顾客手中后，亲自打电话询问满意情况并送去问候；建立分级会员制，把定期制作的电子杂志、画廊活动新闻、签约画家的新作品等投放到会员邮箱；同时为VIP会员定期举办画家见面会、画展参观、艺术品讲座等活动，提高了服务附加值，保证了会员的忠实度。

对于画廊而言，“诚信”的最高境界是发挥专业优势，帮助消费者甄别、选择，为买家的艺术品投资提供安全保障。这恰恰是目前中国画廊业的“软肋”。2005年高热的艺术市场导致不少书画家失去理智大量粗制滥造，经营者失去理智乱推介乱炒作，收藏家失去理智不讲精品意识一哄而上。但画廊经营不应该是一个短期的经济行为，它需要对文化的执著、对艺术的热情，更需要耐心和长远的战略眼光。作为一个主要通过电子商务模式从事艺术品经营的企业，大象画廊深知“诚信”是它在市场上立足、生存之本，也是日后发展的根基所在。在高热的市场中大象画廊保持着清醒的头脑，坚持选择并推介有天赋有才气、有学术地位有专业水准、有独特艺术风格的书画家的精品佳作，不为不正常的短期暴利而迷失自身的定位与对品质的追求。高度的诚信使它最终获得了买家的高度信任，在当代书画市场相对低迷的2006年，其经营业绩依旧保持着100%的成长速度，在一定范围的目标群体中建立起相当的知名度和美誉度。

3. 专业形象塑造是文化品牌网络传播的核心

网站是提供网络交易的开放平台，大象画廊倾力打造网上专业画廊的形象，2006年全新改版，搭建起精致、细致、雅致的网上平台。鉴于国内很多画廊对网上交易模式比较忽视，网站基本上只是画廊的附属品，仅仅提供电子版的画廊信息，并没有一套详细、可信的网上交易程序，大象画廊十分重视网页制作，网站在颜色、风格、结构上讲究既个性特点突出，又整体统一有序，与画廊自身定位相一致，强调对画廊良好形象的建立和传达，建立了一个既有中国气息、又有实质内容的网站。在网站形象设计上力求能给访问者留下好印象，促使购买行为发生。在内容信息方面，追求详尽真实，为消费者的决策提供全面准确的信息支持。在交易方式方面，初步确立了一套相对规范、可靠、可行的网络交易模式。在运营方面，注重以网站为宣传地，举办各种活动。如邀请一些中国书画名家来网上做客、访谈，并请他们在网站上建立博客，还邀请一些鉴赏家来网站对书画作品进行全程鉴定直播。

根据自身的定位，大象画廊注重线上、线下服务相结合，坚持以线上为主，线下为辅，充分发挥两者的优势互补，网络的快捷、方便、互动优势使画廊与消费者之间的沟通更有效。基于电子商务广阔的发展空间，大象画廊侧重于对网络的建设和网络市场的开拓。同时，鉴于艺术品的特殊性和顾客的需要，画廊在北京、上海等艺术品成交量较大的城市开设店面或办公室式画廊，为买者提供现场验货、换货等服务，在商业上提供更为精细的服务。这样既能够使买家购物更加放心，又可以加强对当地市场行情的调查，及时反映市场供需状况。

4. 文化品牌终究要传播文化

在与大象画廊的创始人万鑫的接触交流中，感受最深的是他对中国传统文化力量的强调，"大象"的发展史也体现了他对中国文化艺术不断理解的过程。2002 年画廊创立伊始定名为"一品堂"，立意在书画作品本身，原意是强调作品的高质量，追求画廊中的每一件作品都能达到"一件就是一件"的水准。随着企业的发展壮大，在具体的运营中，万鑫越来越感受到原有定位的局限性，越来越希望把画廊的定位进行拓展和深化，为日后的经营和发展提供更大的发展空间。2004 年，网络上出现了假冒一品堂画廊的网站，其网络实名和商标也被人抢注。这一事件促使画廊加快了变革的脚步，在运营模式、发展方向等各方面进行了重新整合和塑造。2006 年 6 月，画廊正式注册商标，更名为大象画廊。实体店和网上虚拟店全面更换 CIS 视觉识别系统，开始实施文化品牌战略。

"大象"之意取自老子在《道德经》中提出的"大音希声，大象无形"。它体现了中国传统哲学的基本精神，讲究"固无定形"而能容纳"多形"，时时吞吐吸纳外来之物，以壮大丰富自己，在"无形"之上成其"泱泱"之大象。这种泱泱大度、不拘一格、包罗万象、生机无限的精神气质正是中国书画艺术秉承的传统。画廊如此取意，既是传达中国书画艺术创作所推崇的境界，更是表达画廊孜孜以求的目标之所在、文化精神之所在。

【思考题】

1. 媒介是否也要进行品牌传播？如果需要，如何实施？
2. 为你所在地区的一文化品牌设计传播计划与具体方案。

【延展阅读】

1. 张树庭，吕艳丹. 有效的品牌传播. 北京：中国传媒大学出版社，2008.

面对新营销传播图景的呈现和传统营销传播模式的没落，我国企业迫切需要打破原有的思维惯性，寻找与消费者沟通的有效方式。为此，本书将视角放在品牌的传播环节，着力于从理念上构建品牌传播的基础模型，从操作上提炼十一种品牌传播工具，从实践上关注四大品牌传播领域的热点问题，借此探索品牌传播的有效法则，以期为我国企业更好地进行品牌的营销管理、增值品牌资产提供借鉴。

2. 胡晓云等. 品牌传播效果评估指标. 北京：中国传媒大学出版社，2007.

本书主要分为两部分：第一部分，赢的科学——一个有关品牌传播的重要命题，包括：品牌传播及其效果评估、品牌传播效果评估的相关基础等内容；第二部分，品牌传播效果评估指标，包括电子媒体广告的品牌传播效果评估指标、平面媒体广告的品牌传播效果评估指标等部分。该书适合相关专业学生以及从事媒体工作的读者参考、使用。

第七章　国际文化贸易视野中的文化品牌

【导读】 当国际竞争由专注经济和军事力量的“硬实力”竞争，转型包括政治、科学、文化和国民素质在内的综合国力竞争时，国际文化贸易便不可避免地成了一场没有硝烟的战争。因为，在综合国力中，文化的功能在于通过对人的塑造来增强或涣散一个民族的凝聚力，从而最终影响综合国力的实现。在全球化语境中，国际文化贸易总体上呈现不平衡、大型跨国媒介集团垄断国际市场、WTO条款成为规范国际文化贸易的主要法律文件等特点。任何一个国家都会对本国文化品牌的对外贸易制定一系列指导性政策，在保护自有文化品牌免受外来文化侵害的同时，努力推动本国文化品牌“走出去”。

【学习目标】 了解国际文化品牌贸易的历史与现状，分析国际文化大国的文化贸易政策，了解主要类型文化品牌的国际贸易最新动态，思考中国文化品牌“走出去”的路径与方法。

【关 键 词】 国际文化贸易　文化例外　文化倾销

诚如李怀亮在《国际文化贸易概论》中所言，从世界各国对文化产业的重视程度和支持力度可以看出，当代国际竞争的重点已经发生了重要的变化。过去，国家之间实力的较量往往体现在对土地、人口、能源和技术等因素的争夺上。20世纪80年代以来，随着经济全球化进程的加快和当代传播技术的发展，各国不再仅仅注重经济和军事力量的加强，而越来越看重政治、科学、文化和国民素质在内的综合国力的作用，国家之间的竞争由此进入综合国力大比拼的时代。在综合国力中，文化的功能在于通过对人的塑造来增强或涣散一个民族的凝聚力，从而最终影响综合国力的实现。因此，国际文化贸易，实质上是一场没有硝烟的战争。

联合国教科文组织（UNESCO）的相关统计表明，1980—1988 年，印刷品、文学作品、音乐、视觉艺术、摄影、广播、电视、游戏及体育用品的年贸易额从 950 亿美元激增至 3880 亿美元。这个数字还不包括多媒体、软件和其他版权产品的贸易。但是，国际文化贸易存在严重的不平衡，极少部分国家控制了其中的大多数份额。1990 年，日本、美国、德国和英国是世界上最大的文化出口国，占当年全部出口额的 55.4%；进口也高度集中在这些国家。甚至有材料表明，这种不平衡主要体现在美国文化产品的全球扩张上。以“三片”① 为代表的美国文化产业品牌，已经成为美国“文化帝国主义”全球掠夺的开路先锋。

为了能够比较系统地了解国际文化贸易的历史与现状，以国际文化贸易强国的相关政策为参照，为文化品牌作为先导的中国文化“走出去”战略探寻一条路来，我们主要基于李怀亮等学者的研究成果，对相关问题作如下梳理：

第一节　国际文化贸易的历史与现状

随着世界经济全球化浪潮的不断展开，全球化语境成为制约国际文化贸易的重要因素。全球化与传播技术的发展有着密不可分的联系。当代传播技术的发展丰富了文化品牌的表现形式，刺激了文化市场需求，推动了国际文化贸易的发展，并在相当程度上催生了适应这种国际环境的大型媒介集团。同时，世界各国之间的文化冲突也变得更加激烈，文化贸易的不平衡激化了国与国之间的竞争。以美国为代表的文化贸易自由化主张与以法国、加拿大为代表的强调文化例外和保护文化多样性主张之间的冲突，构成了国际文化贸易历史与现实的主旋律。

① “三片”指代表美国饮食文化的薯片，代表美国电影文化的好莱坞大片，以及代表美国信息文化的硅谷芯片。

一、全球化与国际文化贸易

所谓全球化，就是全球市场、金融、技术的一体化。这种一体化使得当代国际贸易的规则更为一致，世界上绝大多数国家必须在统一的规则下进行交往和贸易，WTO便是最为典型的代表。全球化语境也影响和制约着当代国际文化贸易；一个全球化的文化市场在迅速地形成和发展。同时，越来越多的大型传媒集团、出版集团进入全球化文化市场，诸如迪斯尼、时代华纳、维亚康姆、新闻集团、贝塔斯曼等国际文化品牌，成为主导国际文化市场发展方向的力量。为了抵抗强势文化品牌对市场的深度操控，娱乐、新闻、信息、体育、旅游等业态企业之间的兼并频繁，区域性文化企业与跨国文化品牌之间的战略性融合趋势加剧。2000年，联合国开发计划署发表的《人文发展报告》指出，当今的文化传播失去平衡，呈现出从富国向穷国传播一边倒的趋势。尽管全球化为各国分享文化及创造才能提供了巨大的空间，但显然只有少数文化强国真正拥有这个机会，而大多数国家因无力启动自主性文化贸易而无法让自己的文化发声。在全球化时代，发达国家和地区成了传播的中心源，不仅占住了文化传播的主要位置，而且正在肆意地向落后国家和地区输出一整套的思想系统、价值观念，多极化的世界及其多元化的文化因此遭遇前所未有的挑战，萨缪尔·亨廷顿式“文明的冲突”愈演愈烈。

全球化语境中的文化冲突问题，反映在政治、经济、日常生活等各个领域。其中，经济领域内的国际文化贸易冲突成为最集中的体现。但是，我们不能因噎废食，必须意识到全球化在国际文化贸易中所起到的巨大作用，必须将全球市场确定为文化品牌的目标市场，而不能以坚守国内市场的名义故步自封、裹足不前。譬如，亚洲金融危机之后的韩国，确立“文化立国”的文化产业振兴目标，以影视剧、流行音乐、网络游戏为主力，大力开拓国际文化市场，成绩斐然。一时间，韩国竟然成为国际文化贸易的生力军，大举进入日本、中国（包括港台）、东南亚等亚洲国家和地区，“韩流”泛滥之来势汹汹。

全球化与传播技术的发展之间有着密不可分的联系。麦克卢汉就是基于传播技术的发展而提出“地球村”理论构想的。第一，随着当代传播技术的发展，电影、电视、网络已经走进普通大众的日常生活，文化产品和服务的形式越来越多元化，并因此大大地提升了这些文化产品和服务的可接受性，扩大了文化市场需求。第二，当代传播技术的发展使文化批量化生产成为可能，使文化品牌的国际贸易成为大型文化企业集团的必然诉求。在满足了区域文化市场需求，或者当区域市场趋于饱和、竞争不断加剧之时，大型文化企业往往将国际文化市场纳入其目标市场范围，以便实现其规模经济效益。第三，当代传播技术也正在改变着资本主义生产方式。以电视产业为例。全球化电视既是一种促进经济增长的能动力量，又是由资本主义现代性所建构的文化意识形态力量。通过全球电视新闻、专题节目、连续剧、电视教育和电视服务，为世界各地、各文化范畴中的人们营造一个视听共享情境，从而不但直接刺激了全球电视生产、节目生产、卫星发射和节目市场，而且为跨国公司的世界品牌广告商培植出了亿万消费者。电视从单纯的大众娱乐教育工具转而成为资本主义全球市场和生产体系的关键环节，成为全球资本争相追逐和争夺的目标。第四，当代传播技术的发展成为跨媒体运作的直接动力，在一定程度上催生了大型跨国媒介集团。信息数字化、传播空间网络化、信息文本多媒体化、接收方式智能化、传授双方交互化等技术的不断推出，改变了传统的传播方式与传播手段，打破了不同媒体、不同载体、不同传播符号之间的界限，为媒体跨行业运作，形成新型的媒体关联结构创造了条件。

二、意识形态与国际文化贸易

冷战时期，以美国为首的资本主义阵营与以前苏联为首的社会主义阵营形成严重对立，文化成为两大阵营之间意识形态对抗的重要组成部分。冷战结束后，全球化成为世界主导秩序。在全球化语境下，经济全球化的程度不断加深，世界各国之间的文化冲突却并未停歇，只是改变了冲突方式，表现为“热战”，并且主要发生在西方国家内部之间的文化贸易上。以美国为代表的文化贸易自由化主张与以法国、加拿大为代表的强调文化例外和保护文化多样性主张之间的冲突，构成了国际文化贸易历史与现实的主旋律。这种冲突，本质上还是意识形态的冲突。

美国凭借其强大的经济优势，在当代国际文化市场上占据了主导地位，成为很多文化门类的世界霸主。譬如，到20世纪90年代末，美国供应商提供的电视节目占了欧洲电视台外购节目支出的大部分份额。为了进一步扩大本国文化产品的优势地位，美国政府积极介入，强力为自己的文化品牌鸣锣开道，甚至不惜动用政治手段铲除阻碍。比如，在美国政府的支持下，美国电影节强迫别国撤销进口配额，在乌拉圭回合谈判中，企图把影视产品的自由贸易写入WTO条款中。与美国政府的行为相呼应，美国学术界旗帜鲜明且不失时机地构建了一套反保护主义理论体系，表现出了彻底的意识形态身份。另一方面，面对强势的美国文化贸易态势，以法国、加拿大为代表的许多国家，高举文化例外和文化多样性大旗，同美国展开了渗透与反渗透、侵略与反侵略的斗争和较量，意识形态斗争映射到文化贸易之上的“热战”愈演愈烈。

2000年起，法国每年在凡尔赛宫举办“文化多样性论坛”，邀请各国政界、文化界人士参加，试图把它办成可与达沃斯经济论坛相媲美的文化论坛。2003年7月，负责起草欧盟第一部宪法的大会决策主席团同意在即将完成的文件上加入一个“文化例外”条款。2005年10月20日，联合国教科文组织第三十三届大会通过了《保护和促进文化表现形式多样性公约》。对此，美国以自由贸易理论为基础，以强大的经济实力为后盾，发起反击。

自由贸易理论是美国用来反对法国、加拿大、韩国等国文化保护主义的理论武器。在自由贸易理论看来，全球化的主题导致了产品和服务在世界范围内更加自由地流通，每个地方只要有需求存在就可以得到满足。可供选择的产品和服务极为丰富，消费者喜爱全球化为他们所带来的这些选择，无论是质量还是价格，可供他们选择的范围极其广泛，特别是他们可以与其他国家的人们进行同样的选择。

与欧洲国家有所不同，加拿大采取政府补贴或投资生产的方式来促进其自有文化品牌的发展，而不是以进口壁垒来保护国内文化产业。但是，在美国人看来，贸易配额、关税壁垒以及政府补贴，这些被美国实施文化倾销的国家和政府所能采取的办法不会起作用，不会促进其文化产业的发展，甚至反而会是有害的。他们认为，配额会鼓励一些本地公司为了得到补贴而迎合政府意志，生产出一些“配额快餐”；政府的拨款也很容易流向那些不太需要扶持的人们手中。美国的学者说，由于采取了先进的宣传推广方式，美国在推销其文化品牌时占有极大的优势。如果一个国家感到它的文化具有与美国文化相同的力量，它就应该向美国学习，在文化自由贸易中去竞争，而不是用另外的方式把它保护起来；面对好莱坞的冲击，“需要先把这头野兽喂饱了”。

三、当代国际文化贸易特点

在全球化语境中观察国际文化贸易的特点，归纳起来，主要体现在如下三个方面：

1. 国际文化贸易总体上呈现不平衡格局

澳大利亚学者吉布森（Chris Gibson）团队认为，文化经济具有一种“地理维度”，即当代文化生产形式在城乡之间有着巨大的差别。在就业、投资、产业集聚等方面，大都市占据主导地位。例如，1998 年悉尼的文化产业提供的就业岗位数占澳大利亚的 30% 以上，其产值则占澳国总量的 32.2% 。[①] 这种地域分布的不平衡性并非仅见于澳大利亚，几乎在世界上的每个国家都是如此。美国 50% 以上的文化产业是由人口 100 万以上的都市创造的，其中尤以纽约和洛杉矶为中心。伦敦的文化产业从业人员占全英国的 26.9% 。瑞典的斯德哥尔摩、日本的东京，都明显具有这种特点。

从国际文化贸易的角度来看，世界文化贸易主要在少数发达国家之间进行。例如，1998 年发生在亚太经合组织（APEC）与欧盟（EU）国家之间的文化贸易额，占全年世界总量的 91%（进口）和 94%（出口）。1990 年，日本、美国和英国是最大的文化出口国，占当年世界文化出口总额的 55%；进口也高度集中在美国、德国、英国和法国等几个发达国家，占当年进口总额的 47% 。2002 年，拉丁美洲和加勒比地区仅占全部文化贸易的 3%，大洋洲和非洲之和尚不足 1% 的份额。这种文化经济的不平衡性与基础经济发展水平的不平衡有关。文化产业的发展程度深受恩格尔定律的影响。[②] 人们在满足了基本的生存、安全等权利需求之后，就会转而寻求更高层次的精神

---

① Chris Gibson, Peter Murrphy, Robert Freestone. Employment and socio – spatial relations in Australia's cultural economy Australian Geographer, 2002. 33 (2): 173 – 189.

② 所谓恩格尔定律是 19 世纪德国统计学家恩格尔根据统计资料对消费结构的变化得出的一个规律。即：一个家庭收入越少，家庭收入中（或总支出中）用来购买食物的支出所占的比例就越大。随着家庭收入的增加，比值会相应下降。一般而言，国家越穷，老百姓的恩格尔系数越高。

需求。发达国家和地区，无论其文化产品的生产能力还是文化市场需求度，都远远高于经济欠发达国家和地区，在国际文化贸易中占有了大的比例。

2. 大型跨国媒介集团垄断国际市场

当前，由少数大型跨国媒介集团垄断国际文化市场的局面并没有多少改变，“控制全球媒体系统的是30至40家大型跨国公司，而雄踞全球市场顶峰的是不到10家媒体公司，且其中大多数集团公司都把基地设在美国”。①在电影、电视节目、音像制品、图书报刊等可复制的文化行业中，全球性垄断寡头也已经形成。随着数字化技术的发展，以及国家、地区和国际性的政策调整，文化产业领域超大型公司纷纷涌现。时代华纳、新闻集团、迪斯尼、维亚康姆、贝塔斯曼、美国电信等为代表的市场主体，把国际文化市场带入了一个垄断竞争的时代。

这些大型跨国集团，按照自己的运营规则来不断地整合国际文化资源，并且通过全球本土化策略，逐步将文化产品中的一系列内容标准树立为国际化标准，将企业经营和管理的标准树立为国际性的文化企业标准。它们以先入者的姿态制定游戏规则，后来者如果不遵照这种规则，就很难出现在被垄断的国际文化市场中。因此在今天，文化品牌的国际扩张问题，很大程度上表现为具体文化产品的内容标准和文化企业的经营管理标准的竞争。由于文化折扣的原因，欧美等主要文化市场的消费者对中国文化品牌的陌生感和不认同，很大程度上是因为各自认同的标准体系的差异造成的。

这里，我们必须严重地指出：当先入者的标准已经成为全球标准、已经成为我们的文化品牌走向世界的门槛的时候，我们只有两条路可走——要么搬掉旧门槛，换上新门槛；要么遵守规则，维护原有门槛。无论怎样，我们都不可能无视这些全球标准的存在。

3. WTO条款成为规范国际文化贸易的主要法律文件

WTO的基本精神是自由贸易。简单地说就是消除关税和商品进口配额。自由贸易所信奉的理论假设是：市场是保证消费者以最优惠的价格得到商品并增加全球财富的最有效的机制。推动消除关税壁垒、放弃国家保护机制，目的就是允许市场在没有限制的情况下运行。然而，这种通向自由贸易的途

① 爱德华·赫尔曼，罗伯特·麦克切斯尼．全球媒体：全球资本主义的新传教士．天津：天津人民出版社，2001.

径并没有考虑一些现实问题，譬如贸易伙伴之间的不平等地位，以及他们提供的产品和服务之间的不平等问题。

在乌拉圭回合[①]的最后一轮谈判中，一些国家认为，关贸总协定对于商品、服务及受版权保护的产品的原则的实施，特别是最惠国待遇及国民待遇原则，侧重于商业方面的考虑，会破坏这些国家的文化独特性以及在世界文化之林中的地位。需要有一种机制能够使这些国家的文化生产保持在一定水平上并有所发展，以反映当地文化的表达形式，避免趣味和习惯的标准化及文化的同质化。这种主张被理解为“文化例外”。但是，作为一种主张，“文化例外”却没有任何法律地位，因为它没有在任何协议或条约中得到落实。直到1999年情况才有所改变，联合国教科文组织召集专家进行研讨，并得到一个共识，即：“文化不仅仅是一个经济事件或一个经济学概念。”自20世纪中期以来，联合国教科文组织始终是“文化多样性”的坚定捍卫者。

但是，世界贸易组织的最终目的是促进产品和服务跨越国界自由流动，保护各国的文化身份和文化多样性不是WTO要考虑的问题。相反，它要求各个国家根据它所制定的多边贸易协定来调整各自国内的文化政策，为文化产品和服务的跨国流动扫除障碍。WTO的仲裁机构首先考虑的是经济利益的动因，而不是文化的动因，而且它的裁决是强制性执行的，不履行就会得到制裁。美国就曾经在WTO的框架内强制土耳其和加拿大修改了不利于外国资本进入本国文化市场的政策。因此，“文化例外”只是一种“学说”，没有任何法律地位。我国已经加入WTO，我们只能主动接受或被迫适应WTO条款，在其框架内调整自己国内的文化政策。

---

① 1986年9月在乌拉圭的埃斯特角城举行了关贸总协定部长级会议，决定进行一场旨在全面改革多边贸易体制的新一轮谈判，故命名为“乌拉圭回合”谈判。这是迄今为止最大的一次贸易谈判，历时7年半，于1994年4月在摩洛哥的马拉喀什结束。谈判几乎涉及所有贸易，从牙刷到游艇，从银行到电信，从野生水稻基因到艾滋病治疗。参加方从最初的103个，增至谈判结束时的125个。乌拉圭回合知识产权谈判组于1991年12月提出了《关于与相关的知识产权（包括假冒商品贸易）协议》（英文缩写TRIPS）。该协议经过讨论修改后，在乌拉圭回合结束之际被各国接受而成为正式协议。该协议明确了知识产权国际法律保护的目标和动机；扩大了知识产权保护的范围，加强了相关的保护措施；强化了对仿冒和盗版的防止和处罚；协议强调对反竞争行为和歪曲的控制；协议规定了对发展中国家提供特殊待遇的过渡期安排；最后协议还规定了与有关的知识产权机构的职责，以及相互之间合作的安排。知识产权协定是乌拉圭回合一揽子结果的重要组成部分，所有世界组织成员都受其规则的约束。

第二节　国际文化贸易政策分析

世界上任何一个国家都会对本国产品的对外贸易制定一系列指导性政策，在保护本国产品免受外来产品侵害的同时，努力推动本国产品出口。与其他贸易政策相比，国际文化贸易的政策更为严格，因为文化事关一国的民族认同、民族凝聚力等重大问题。世界各国的文化政策都不尽相同：美国的文化政策奉行对内“放松改制”、对外开放；法国侧重保护和扶持；加拿大立足多元文化主义，并根据不同行业制定政策。在 WTO 及其他国际协定中，对文化产品也做出了单独的界定。

一、“放手扩张”的美国文化贸易政策

美国在文化政策制定方面也显得与众不同，未设立文化部，至今没有一个正式的官方文化政策。但实际上美国是第一个进行文化立法的国家，其文化政策渗透到了国家整体战略和政治、外交、军事和贸易政策之中。因此，美国的文化政策是隐而不见，却又无所不在。总的来说，美国文化政策的特点表现在两个方面，即：对内，采取放松管制的方式，推动国内文化产业竞争，促进多元文化发展；对外，将文化看作与军事、经济等同等重要的“软权力”，极力向世界各国输出自己的价值观、生活方式，为美国的世界霸权服务。

1. 美国文化产业的支柱是版权产业

早在 1990 年，美国国际知识产权联盟（简称 IIPA）已利用“版权产业”的概念来计算这一特定产业对美国整体经济的贡献。与英国沿用的“创意产业”相比，美国则采用“版权产业”（Copyright Industries）的分类方法，按此新分类方法，英国所指的 13 项文化创意产业，几乎已全部列入美国所指的版权产业。

1990 年，IIPA 第一次调查与版权保护有关的产业对经济的影响和在贸易中的地位，第一次将美国版权产业的不同组成部分归到了一起。1990 年 11 月，IIPA 委托有关机构首次发表《美国经济中的版权产业》报告；1992

年9月，发表《美国经济中的版权产业：1977—1990年》；此后分别于1993年10月、1995年1月、1996年10月、1998年5月、2000年12月、2002年4月、2004年平均每一两年发表美国版权产业系列报告。这些报告从增值、就业和出口等方面反映了美国版权产业概况及对美国经济做出的贡献。

在以前关于版权产业的九个经济报告中，IIPA将版权产业分为以下四个部分：核心、部分、发行、版权关系。这是IIPA在1990年的首个报告中发展和界定的。在"2004年报告"中，IIPA仍然使用这四种分类，但为了与国际标准相一致，IIPA采用由世界知识产业组织（WIPO）界定的四种版权产业分类：核心版权产业、交叉产业、部分版权产业、边缘支撑产业。以上四个部分合称为"全部版权产业"。

表7－1　2004年美国版权产业分类情况

分类项目	定义	主要产业群
核心版权产业	受版权保护的作品或其他物品的创造、生产与制造，表演、宣传、传播与展示或分销和销售的产业。	出版与文学：音乐、剧场制作、歌剧、电影与录影；广播电视；摄影；软件与数据库、视觉艺术与绘画艺术；广告服务；版权集中学会。
交叉版权产业	从事生产、制造和销售受版权保护产品的产业，其功能主要是为了促进版权作品制造、生产或使用其设备的产业。	电视机、收音机、录音机、CD机、DVD机、答录机、电子游戏设备及其他相关设备，包括这些设备的制造与批发零售。
部分版权产业	指部分产品为版权产品的产业。	服装、纺织品与鞋类；珠宝与钱币；其他工艺品；家具；家用物品、瓷器及玻璃；墙纸与地毯；玩具与游戏；建筑、工程、测量；室内设计；博物馆。
边缘版权产业	其他受版权保护的作品或其他物品的宣传、传播、分销或销售而又没有被归为核心版权产业的产业。	发行版权产品的一般批发与零售；大众运输服务；电信与网络服务。

其中，西雅图与旧金山人均拥有的创意企业数量最多，紧随于它们后面的是洛杉矶与丹佛大都市统计区。这里所指的创意企业包括博物馆、交响乐

团、电影院、建筑公司和广告公司。全国的创意企业有54.8万家（占全国企业总数的4.3%），就业人数达299万（占总就业人数的2.2%）。

表7-2　2004年美国20个最大标准大都市统计区中的创意企业数统计

排名	标准大都市统计区	创意企业数
1	纽约 New York-Northern New Jersey-Long Island，NY-NJ-CT-PA	54,895
2	洛杉矶 Los Angeles-Riverside-Orange County，CA	48,862
3	旧金山 San Francisco-Oakland-San Jose，CA	21,232
4	华盛顿特区 Washington-Baltimore，DC-MD-VA-WV	16,360
5	芝加哥 Chicago-Gary-Kenosha，IL-IN-WI	16,261
6	达拉斯 Dallas-Fort Worth，TX	14,202
7	波士顿 Boston-Worcester-Lawrence，MA-NH-ME-CT	13,060
8	西雅图 Seattle-Tacoma-Bremerton，WA	12,138
9	宾夕法尼亚 Philadelphia-Wilmington-Atlantic City，PA-NJ-DE-MD	11,328
10	休斯敦 Houston-Galveston-Brazoria，TX	10,834
11	亚特兰大 Atlanta	10,567
12	底特律 Detroit-Ann Arbor-Flint，MI	9,209
13	迈阿密 Miami-Fort Lauderdale，FL	9,166
14	丹佛 Denver-Boulder-Greeley，CO	7,221
15	圣迭哥 San Diego	6,886
16	明尼阿波利斯 Minneapolis-St. Paul，MN-WI	6,791
17	凤凰城 Phoenix-Mesa，AZ	6,007
18	克里夫兰 Cleveland-Akron，OH	4,870
19	坦帕 Tampa-St. Petersburg-Clearwater，FL	4,406
20	圣路易斯 St. Louis，MO-IL	4,294

根据“艺术美国人”（Americans of Arts）2005年公布的美国创意产业报告，2005年，全美的创意产业企业上升到了57.8万家，占总数的4.4%；创意产业的就业人口为290万人，占总数的2.2%。

表 7-3　2005 年美国创意产业概况①

创意产业六大部门	创意企业	就业人数
博物馆与收藏	12,679	138,121
表演艺术	101,828	482,489
视觉艺术与摄影	203,809	711,480
电影、广播与电视	92,716	762,811
设计与出版	147,005	781,787
艺术学校与艺术服务	20,450	89,205
总计	578,487	2,965,893

2. 美国的核心版权产业

在美国，创意经济是知识经济的核心内容，更是其经济的重要表现形式，没有创意，就没有新经济。阿特金森（Atkinson）和科特（Court）1998年明确指出，美国新经济的本质，就是以知识及创意为本的经济（The New Economy is a knowledge and idea based economy），新经济就是知识经济，而创意经济则是知识经济的核心和动力。美国人发出了“资本的时代已经过去，创意的时代已经来临”的宣言。一般来说，美国的知识产权产业可以算是涵盖了我们理解意义上的创意产业内容，其关注焦点主要集中在具有知识产权的创意经济上。除此之外，非营利组织“艺术美国人”（American of Arts）也开展了对创意产业的研究，只不过其关注点与知识产权产业有所区别，主要集中在具有文化与艺术属性的各产业上。据统计，到2001年，美国的核心版权产业为国民经济贡献了5351亿美元左右，约占国内总产值的5.24%。

下面对美国核心产业的产业经营状况加以分类说明，包括电影产业、广播产业、流行音乐产业、动画产业与出版产业等产业经营模式与措施。

（1）电影产业：几十年以来，美国电影产业一直是国际市场的主导力量。美国电影产业采用明星制、大规模广告投入等措施塑造其产品，即使成

① 资料来源：Creative Industries 2005：The Congressional Report，2005 年3 月。以上数据来源于Dun & Bradstreet 公司登记在案的资料。

本上升，但也增加了收入。另外，美国电影公司因应对与日俱增的竞争，其策略是把电影的生产制作移向海外，以便降低生产成本，规避贸易壁垒。美国电影产业的另一项特点是辅助市场的存在，其包括录像带出租、付费有线电视和网络电视等。

（2）广播电视产业：美国广播产业的发展得益于国家政策的扶持。从1934年颁布的《通讯法》到1996年的《电信法》的一系列修改，政府对商业广播电视的限制一步步放宽，使得过去八十多年美国的商业广播电视体制，在自身竞争与政府扶持之下蓬勃发展并日益成熟起来。

（3）流行音乐产业：美国流行音乐产业为最典型的美国文化产业之一。随着美国文化市场的完善与技术的创新，流行音乐的制作更体现出产业制作的特质，唱片公司一方面需要通过研究开发和市场调整来打通市场，另一方面又需要收集情报、舆论和相关统计来调整音乐产品的生产。

（4）动画产业：美国的迪斯尼业务领域的具体经营包括：利用电视网络及电视节目以增加收入；生产各种影片、动画片、电视节目和上演舞台剧，积极利用影视娱乐发展业务；利用相关产品及网络电子服务发展动画产业；利用主题公园和游乐场进行市场营销来吸引世界各地的游客。

（5）出版产业：美国图书在国内市场和国际市场有很好的销路，一直处于图书出版的霸主地位。

3. 美国的版权保护措施

在当前美国贸易赤字继续扩大的情况下，美国版权产业作为美国出口最重要的部分，在出口和海外销售上持续快速增长。2002年，尽管遭遇到盗版和全球整体经济衰退等状况，美国核心版权产业中四个部分的海外销售和出口仍然增长了1.1%，达到了892.6亿美元。

美国政府相当重视对版权产业的保护，政府机构中设有版权办公室（隶属于国会图书馆，主要负责版权的登记、申请、审核等工作，以及为国会等行政部门提供版权咨询）、美国贸易代表署（负责知识产权方面的国际贸易谈判）、商务部国际贸易局和科技局、版权税审查庭、海关（主要负责知识产品的进出口审核）等相关的行政部门。除此之外，随着版权产业发展的需要，美国政府还成立了一些直属政府部门的工作小组，加强版权的监督与保护。如克林顿政府的“美国国家信息基础设施顾问委员会”、“信息政策委员会”等。美国政府先后通过了《版权法》《半导体芯片保护法》

《跨世纪数字版权法》《电子盗版禁止法》《伪造访问设备和计算机欺骗滥用法》等一系列版权保护法规，形成了全球保护范围最广、相关规定最为详尽的法律系统。美国近年来不断修改版权法，推出了包括数据库保护在内的众多立法议案，不断完善版权保护制度，为版权产业的繁荣提供法律保障，以促进其版权产业发展和全球竞争力的提升。

美国是在数字化技术及应用方面全球领先的国家。互联网、数字技术的进步，为版权产业国际化、数字化提供了广阔的发展空间。为了适应数字化时代对美国版权产业发展的要求，美国积极实施数字化版权保护战略。美国1998年10月通过了《跨世纪数字版权法》（Digital Millennium Copyright Art），该法针对数字技术和网络环境的特点，对美国版权法做了重要的补充和修订，为大众和版权产业界提供了数字化版权保护。

20世纪70年代以后，随着版权产业的崛起，美国逐渐成为世界最大的版权产品出口国，国际版权保护对美国经济的意义日益突现。为了维护其经济利益，促进其版权产业发展和全球竞争力的提升，美国开始全面实施版权战略。在美国版权产业界的积极推动下，美国开始积极加入国际版权保护体系，不断加强国际版权保护合作，为美国版权产品和版权产业在海外提供了更好的保护。经过多年努力，美国于1998年加入《伯尔尼公约》，为版权提供双边的保护。此外，美国还积极推动建立与国际贸易相关的新型国际版权保护体制，通过关贸总协定乌拉圭回合谈判的机会，最终形成了TRIPS协议，不仅提高了国际知识产权的保护水平，而且建立了有效的法律实施机制和争端解决机制。

美国的做法值得我们效仿：

（1）政府提供强大的法律和有效的制裁：整体而言，美国文化政策的基本原则是对内放松管制，对外境外扩张。美国政府虽然没有文化部门，但却对文化产业给予扶持，否则美国文化产业不会有如此大的规模。然而，这种支持并非是来自政府自上而下实现的，而是自下而上来完成的，政府只是提供宽松的外部环境和严格的法律保护。

（2）鼓励外来投资：在自由和安全的环境下，美国文化产业采取的是多方投资和多种经营的方式，鼓励非文化部门和外来资本的投入，这突显在美国文化产业的跨国经营形态方面。而且，只有这样的投资环境才能吸引更大的投资，使流动的资本继续集中在文化产业中寻觅商机。

（3）定期的调查：美国政府没有刻意提出创意产业的方案，是因为创意产业在美国根基稳固，是美国第一大出口产业，在私人企业（如迪斯尼、好莱坞）的带领下雄霸世界。表面看似无为而治，实则美国政府早在1977年就率先开始做有系统、定期的文化产业调查。这些报告从增值、就业和出口等方面反映了美国版权产业概况及对美国经济做出的贡献。

二、“护犊子”的法国文化贸易政策

文化生活是法国人生活中重要的组成部分，而国家对文化事业的资助和管理则可以追溯到16世纪，《维莱特雷敕令》强制性地规定起草判决书和公证书必须使用法语，同时法语的演变过程受法兰西学院（成立于1539年）的监督。17世纪，特别是在路易十四统治时期，国王将自己确立为艺术的保护者。在此名义下，国王鼓励、资助艺术家和作家进行创作。凡尔赛宫的设计建造以及法兰西戏剧院的创立（1680年）见证了昔日君王对艺术的扶持。1793年，卢浮宫成为博物馆，从那时起，国家开始逐步确立了自己作为文化事业的资助者和保护者的地位。尽管长期以来，文化事业能否被管理，是否应该被管理，都是政治学家以及社会学家们争论不休的一个话题。然而，随着社会的进步，经济的发展，各国政府逐渐意识到文化在政治生活和社会生活中的重要性，并开始或多或少地涉足文化领域，摸索对这一特殊领域的管理方法。在法国，1959年文化部的设立成为公共文化政策的新起点。不同时期文化政策的选择、制定及其执行折射出法国在文化领域的“特殊性”。

1. 法国的民族文化保护主义

文化保护主义把文化作为民族和国家认同的核心依据，其基本目标是保留、复兴和壮大自己的民族文化。文化保护主义通过振兴民族文化，培育民族精神，树立民族自信心，通过民族文化标识和张扬民族个性和民族魅力，凝聚国家的民族文化认同，达到民族国家的精神新生、精神完整与精神独立。作为西方发达国家的法国，其提出并坚持文化保护主义，一方面是全球化的影响，另一方面也是文化民族主义的影响。法国在“二战”战场失利，被迫在海外组建流亡政府，这是对“法兰西的荣耀”的沉重打击。“二战”结束后，法国的一系列政策都是以实现民族利益、争取大国地位为出发点的民族主义思想为指导。在政治上，退出北约，以反抗西方强权政治；在经济上，为维护民族利益，反对支配战后国际结算的金汇兑本位制，挑战美元在国际货币体系的霸权地位。在文化政策上，法国积极推行民族主义政策，重塑“法兰西的荣耀”和“法国的伟大”。20 世纪 60 年代，随着美国经济的发展和文化价值的推广，法国政府不愿在经济获得发展的同时，失去自身独特的文化传统，进行了一次大规模文化遗产普查运动，“大到教堂，小到汤匙”，以唤起民众文化遗产保护意识。在文化产品上，法国反对文化产品如同其他商品一样执行统一的标准。法国曾一再向欧盟建议，要求限制欧洲电视台播放非欧洲节目，主张限制好莱坞影片的放映，强调“必须使西欧的文化遗产不被美国进口电影的汹涌浪潮所吞没”。1996 年起生效的一项法律要求全法国 1300 多家电台在每天早 6 时 30 分至晚 10 时 30 分之间的音乐节目必须播送 40% 的法语歌曲，各电视台每年播放法语电影不得少于 40%，违者处以罚款，并用于资助民族文化。

在 1993 年乌拉圭回合多边贸易谈判中，针对美国要求欧洲开放文化产品市场，法国就提出“文化例外”的原则，反对将文化、视听及服务产品等同于一般商品，任其自由流通。当时美国电影向全球大举进攻，其电影出口额在所有出口产品中已位居第二，仅次于航空产品。法国为本国文化所受到的威胁深感忧虑。在 1998 年经济与合作组织关于投资的多边协议谈判中，法国继续坚持“文化例外”的立场，孤军奋战，最终使谈判流产。后来，法国对这一问题有了新的认识，认为“文化例外”不能准确全面地表达他们的思想，因为文化产品有价值观的一面，也有商业性的一面。特别是“9·11”事件让人们看到，缺乏文化方面的理解和沟通是造成西方与其他地区冲突的一个原因。法国虽然不赞成“文明冲突”的说法，但认为加强对话，增进文化交流是反恐的一个重要基础。为了在全球范围内创造条件，让更多的国家接受这一思想，总统希拉克在 2001 年教科文组织大会上，正式将“文化例外”的提法改为“文化多样性”，将有关文化产品问题的讨论从世贸组织转向教科文组织。另外，教科文组织还有一个有利条件，就是范围更加广泛，其成员达 190 个，而世贸组织只有 146 个。

教科文组织在 2001 年通过了一项《文化多样性宣言》，法国认为宣言的形式没有约束力，比较空泛，希望制定一项公约，使之具有法律效力。法国的建议在本届教科文大会上得到了绝大多数国家的支持。

2. 政府全方位掌控文化

历史的积累和法国政治的特色决定了国家在文化政策领域的绝对主体作用，这一法兰西特色表现在诸多方面：国家在全国范围内引领文化导向，在文化领域建立价值标准，对文化领域的工作人员进行管理和培训，等等。皮埃尔·穆里尼埃在《文化政策与地方分权》一书中指出："作为国家在文化领域的化身，文化部代表国家发挥四个主要职能：立法与限制的职能；直接管理文化机构的职能；再分配资金的职能以及活跃文化氛围的职能。"①

首先，国家是文化领域的最高"立法者"，文化部的首要职责是促进文化领域内法律法规和各项规章制度的确立，并监督其实施。国家象征着持久和稳定，在文化遗产保护方面，国家的这一性质尤为重要。国家的任务就是保护、充实、维护文化遗产，使之成为民族共同的宝贵财富。事实上，文化部的核心功能，就是引导制定文化领域的"游戏规则"，同时保证各个"演员"都始终遵守这些规则。文化部下设的部门涉及文化遗产、建筑、博物馆、档案、音乐、舞蹈、戏剧、造型艺术、图书和阅览等各个方面，并进行各种分级、分类，形成了一个庞大的体系。同时，国家也是文化领域理所当然的"管理者"，文化部监督管理许多国立文化机构，如国家档案馆、国家图书馆以及许多著名的博物馆。除国家档案馆及其分支机构，这些国立文化机构往往具有独立法人资格，但是受国家的管理监督，它们的预算也是文化部预算中的大头。除了对这些机构的直接管理之外，在文化部的发展过程中，逐步形成了一个运转良好的管理系统，这一系统主要包含三个方面：清查和分类、调研、信息资料。此外，国家更是文化领域的重要"投资者"，而文化部则是资金的"分配者"。国家通过经济手段来协调国内各地区之间的文化发展的不平衡状况，并以此达到文化民主化的目标。20 世纪 80 年代，密特朗的"大工程计划"给巴黎带来了大卢浮宫博物馆、巴士底歌剧院、音乐城等等的文化投资，但也带来了外省对政府文化投入不均的不满，有鉴于此，从 1988 年起，国家大幅度减少了对巴黎大区的文化投资，以减少在此方面招致的批评。

国家既然是文化领域的"立法者"、"管理者"和重要的"投资者"，也就自然而然成为文化领域的"引导者"和"推动者"。正如皮埃尔·穆里

① Mouliner Pierre，Politiques culturelles et la décentralisation，L' Hamattan，Paris，2002，P122.

尼埃所说，国家通过“确立文化领域内的各项标准，各种准则，来影响文化领域的价值标准和导向。国家建立起一整套‘客观’的价值体系，并以此为依据从财政上给予资助。通过这样的方式，国家力图保障和促进文化的多元化发展，并实现文化方面的社会平等”。① 为了更好地促进文化事业的发展，帮助创新，活跃文化氛围，国家并不满足于仅仅扮演上述角色，法国文化政策的一个最大特点就是：“国家的积极扶持渗透到文化领域的各个方面，国家确立文化行为的范围、优先性，树立文化领域的价值观念、善恶美丑标准，并在此基础上，保证文化行为的协调发展，提供有利于文化发展的环境，消除文化发展中的不平衡。”②

3. 法国文化产业政策

法国是文化大国，名胜古迹众多，文化设施齐全，文化活动十分活跃，文化产业也很发达。法国政府非常重视文化产业，制定了一系列优惠政策，使文化产业得以顺利发展。全国有 136 种法文日报，全年发行总量 90 亿份。电影观众近两年保持在 1. 85 亿人次左右；2002 年拍摄 200 部影片，投资总额 8. 6 亿欧元，其中自 1997 年起每年都有 25 部以上单部影片的投资额超过 700 万欧元，2000 年达到了 39 部之多；2002 年法国共有 133 家电影制片公司。法国每年举办的各种艺术节、临时性的展览活动众多，文化部 2003 年活动统计数据库录有 650 个艺术节和 800 个博物馆组织的 1600 个展览。

法国政府的文化产业政策是：通过文化产业的发展创造就业机会，促进国民经济的发展。近年来，法国的经济增长缓慢，失业率较高。在这种形势下，法国政府增加了文化投资，积极发展文化产业，以便通过文化产业来增加就业，带动经济发展。1996 年 8 月 16 日，法国文化部长在国民议会的演讲中指出：“文化投资即是就业投资，因为，投资与就业之间的最佳途径就是文化。”在经济发展较缓慢的情况下，企业吸纳劳动力的能力很有限。由于政府增加了文化投资，文化机构和设施则成为解决就业的途径之一。中央和地方政府不断兴建文化设施，其中有些是大型工程，投资巨大，工期延续数年。这些工程在施工过程中，需要大量设计和施工人员，工程结束后，还

---

① Mouliner Pierre, Politiques culturelles et la décentralisation, L' Harmattan, Paris, 2002, P137.

② Mouliner Pierre, Politiques culturelles et la décentralisation, L' Harmattan, Paris, 2002, P138.

需要不少的管理和维护人员。在这些设施内或周围还建有不少餐饮、娱乐、服务等附属设施，这就解决了不少人员的就业问题。而且，随着文化的普及和群众文化水平的提高，社会对文化产品的需求量也不断增大，文化工业已成为一种比较活跃的工业门类。法国政府积极支持文化工业的发展，为其提供了一些优惠政策和资助，使图书出版、影片生产、音像制品、报纸杂志等行业都取得了较好的经济效益，既提高了从业人员的收入，又增加了政府的税收。除此之外，为了限制美国文化的渗透和影响，保护和扶持民族文化的发展，法国还采取了以下几项具体措施：规定电视台播放比例；大力宣传本国文化；资助本国影视制作业；加强同欧盟国家的文化合作等等。

法国政府对文化事业及相关产业给予不同形式的财政支持或赞助。主要形式有三种：一是中央政府直接提供赞助、补助和奖金等。每一个从事文化活动的企业或民间协会，均可向文化部直接申请财政支持。二是来自地方财政支持。法国的大区、省、市、镇政府都有支持文化事业发展的财政预算。三是政府通过制定减税等规章鼓励企业为文化发展提供各类帮助。有关企业可享受3%左右的税收优惠。统计表明，法国企业为文化发展提供的赞助，多年来一直高于对其他诸如环保行业的赞助。譬如法国西部拉罗歇尔电影节，中央政府、大区、省、市政府分别给予17%、13%、9%和22%的补助，欧盟也提供5%的赞助。

法国文化的各个门类均涉及文化产业问题，但支柱性文化产业主要有文化基础设施建设和文化设施的管理两个方面。

法国政府非常重视文化基础设施的建设，每年都拨出几十亿法郎用于兴建图书馆、博物馆、剧场等文化设施。这些资金先由政府拨给文化部，再由文化部分配给各施工项目。近几年，法国兴建了一批大型文化工程，如巴士底歌剧院、新国家图书馆、大卢浮宫扩建工程等。这些工程耗资巨大，施工时间长，如新国家图书馆工程建设资金为80亿法郎，1989年开工，1996年建成，工期为7年，每年均需十几亿法郎的投资。1999年，文化部用于文化基础设施建设的资金为35.43亿法郎。因此，文化设施的建设是法国最重要的文化产业。

法国拥有众多的文化设施，除了国家级重点设施外，各省市均有数量不等的文化设施。这些设施均按企业方式进行管理，设有董事会和财务管理委员会，定期开会，讨论并决定重要问题。国家级文化设施的董事会由文化部、财政部官员和职工代表组成。省市级文化设施的董事会由地方政府官员和职工代表组成。国家级文化设施的行政负责人，如国家图书馆馆长、国家剧院院长等，由文化部长任命。省市级文化设施的行政负责人由省长或市长任命。在一般情况下，公共文化设施虽然能创造一部分经济收入，如门票费、场租费、小卖部收入等，但大部分经费仍来自政府拨款。

三、"多元共生"的加拿大文化贸易政策

1971年加拿大政府在西方国家中第一个宣布实行多元文化政策。"多元文化主义"是针对"二元文化"① 而提出的。1988年的《加拿大多元文化法》标志着多元文化主义成为加拿大民族关系中的主流意识形态。多元文化政策推动了加拿大人对民族多样性的现实态度，它所体现的自由、平等原则受到了广泛一致的肯定。

1. 加拿大的多元文化政策

现在加拿大人在谈到本国人口之族裔结构的多样化特征时，最常用的比喻是"马赛克"；也有不少人将加拿大的多元社会比喻为"大花园"和"拼缝被"。加拿大人没有单一的种族和文化背景，同时部分族裔群体的地区分布相对集中，从而强化了"马赛克"效应。

"多元文化主义"是针对"二元文化"而提出的，最早开始在60年代流行。它在很大程度上也取代"文化多元主义"（Cultural Pluralism）一词。多元文化主义意味着多种文化的平等共存，不存在其中一种文化居于统治或主导地位的问题。任何加拿大人（尤其是多数群体）都应当接受广泛的人类差异，克服种族主义、性别主义和其他形式的歧视。按照《加拿大百科全书》的解释，"多元文化"在加拿大至少有3种含义：①指一个具有种族或文化异质特征的社会；②指族裔或文化群体之间相互平等、尊重的观念；

---

① "二元文化"和双语是加拿大社会的特点之一。按照皇家双语和"二元文化"委员会的解释，"二元文化"是指加拿大两种主要文化的存在，即与英语密切联系的文化和与法语密切联系的文化。从17世纪初来自法国和英国的移民在加拿大建立永久性居住点以后，两大殖民帝国的争夺和来自这两个国家移民的组织结构就决定了未来社会的文化二元性。英裔和法裔群体是加拿大的所谓两大"创始民族"（the founding peoples），它们无论在人口规模还是社会政治利益方面都居于相对优势的地位；这两大族裔群体的关系一直是影响加拿大政治生活的焦点。

③指 1971 年以来加拿大联邦及各省推行的政府政策。

多元文化政策是建立在个人选择自由和国家统一基础之上的。个人选择的自由是多维的：①个人的族裔认同所体现的群体归属感是一种“集体生存意志”的反映；②多元文化意味着同化和选择任何文化因素的权利，如果一个人由于血缘和语言而被禁锢于一个特别的文化圈子内，其个人自由也将受到极大的妨碍。在一个多样化的社会中，个人自由难以自发地实现，政府的多元文化政策就是对个人选择自由的明确支持和积极保护。根据多元文化政策，加拿大人民应该更加清醒地认识到自己一直拥有的丰富的文化多样性传统。联邦政府的基本任务是处理好各种族裔群体与主流社会之间的关系，使重要的族裔群体对保持自己的独特文化传统怀有信心，同时对整个国家和社会产生更高层次的责任感和归属感。尤其是非英、法裔群体，可通过多元文化主义保持本民族群体的平等地位，保留自己的文化传统。

加拿大政府为实施多元文化政策采取了一系列具体措施，联邦政府建立了相应的机构来执行和促进多元文化主义政策。1972 年，联邦政府任命了一位部长负责多元文化；1973 年，政府设立加拿大多元文化协商委员会，并在国务秘书部设立多元文化专员，组织和协调多元文化事务。在多元文化政策下，加拿大公共机构中的少数民族代表日益增加；国家活动（节日庆典等）中少数民族文化开始处于显著位置。联邦政府采取了许多措施提高土著居民的社会和文化地位，在公共庆典和国家结构中突出土著文化的地位。在社会上尤其是在私人机构中仍存在种族偏见和歧视（大量表现为不明显或微细形式）的情况下，国家资助族裔文化组织，通过各种媒介宣传文化多元性，便成为一种不可缺少的重要政治手段。联邦政府每年设立专门款项，用来支持多元文化建设，包括支持全国性的族裔文化组织，多元文化协会、中心，公共性活动（包括少数族裔的传统节庆），移民的语言和其他教育，各省的民族语言项目，高等院校的族裔研究和教学，族裔文学艺术创作和出版、演出，以及有关族裔和种族多样性的全国性宣传等。加拿大广播公司每年制作反映文化多样化的广播电视节目，加拿大全国电影委员会摄制体现族裔群体经历的作品。另外，负责国家文化事务的加拿大委员会、加拿大文明博物馆也筹集、转拨专门资金，支持多元文化艺术，进行遗产保护和研究。

多元文化政策最重要和积极的影响在于，它提高了族裔成员的平等意识和自尊心，从而强化了他们对国家的认同感。多元文化政策并不意味着政府采取全面的措施保存所有文化差异，这样做既无必要，也不合理。任何一个社会的文化多元都只是在社会完整性和同一性基础上的多元。多元文化是加拿大社会的一个突出特征，然而加拿大社会赖以生存的基础还在于其同一性。国家充分地尊重和保护族裔文化，目的在于使人们认识到多元文化作为加拿大社会内在特征的重要性，认识到族裔文化的发展必须以不破坏国家的统一为前提和限度。

2. 加拿大的文化产业

加拿大总督 Michaölle Jean 在第三十九次施政报告中强调了文化产业的价值，以及“创造性的思想观念表达对民主社会健康发展”的重要性。加拿大文化产业不仅丰富了加拿大社会生活，扩大了加拿大在国外的影响，而且其文化出口、GDP 贡献和就业等方面的统计数字等都证实了文化产业对加拿大的经济增长有着巨大的贡献。

但是，20 世纪 50 年代以前，在加拿大市场上基本上看不到加拿大自己出版的书籍、制作的唱片、电影等文化产品（主要是来自英、法、美等国的文化产品）。在随后的二三十年，美国的文化产品长驱直入，从图书报刊到广播影视，几乎无处不烙有美国的标记。外来文化产品的入侵，使本国文化产品遭到严重排挤，加拿大作家、艺术家的作品在国内没有市场，想成名获利只好先投入“山姆大叔”的怀抱。一些初露才华者，很快被美国挖走。到 20 世纪 90 年代，全球娱乐业每年盈利 1500 亿美元，并以 15% 的速度递增。娱乐业的崛起无形中带动了许多相关产业，如科技、交通、旅游等。而高科技的迅速发展、信息网络的普及、“信息高速公路”和多媒体的应用，又推动了整个社会向前大大地迈进了一步。文化产业的迅速发展不仅刺激了市场需求，创造了更多的就业机会，更为重要的是它对国家政治、外交、经济的贡献，已经改变了人们对文化的传统认识：文化是赔钱的买卖。文化产业作为一种新型的朝阳产业潜力日现，并以一种锐不可当的速度在全球范围内发展起来。面对这一局面，不少有识之士呼吁政府采取措施以确保加拿大文化产品在本国市场的占有率。1991 年，加拿大遗产部的前身通讯部拨款 3300 万加元，筹建了“文化产业发展基金”，并委托联邦商业开发银行监管，用于今后 5 年图书杂志发行和影视音像业的发展。“文化产业发展基金”犹如一股新鲜血液，注入到文化市场，使加拿大文化产业充满生机。

加拿大政府还不失时机地采取了许多扶持措施，包括增加文化产业的投资，鼓励本国文化产品的出口；限制外国投资和经营文化产业；规定文化产品的“加拿大内容”的比例；确立文化在国家对外政策中的支柱地位；以法律为准绳、利税为杠杆，扶持产业的发展；用税收方面的优惠促进国民对文化产业的需求，鼓励全社会参与文化活动等等。这些措施维护了本国文化市场，扶持了本国多元文化的发展，从而巩固、繁荣了自己的文化市场，有力地保护了加拿大的文化产业。

快速发展的文化产业对加拿大的经济增长有着重大的贡献。仅在 2002 年，文化产业就为加拿大 GDP 贡献了 400 亿加元，约占 GDP 的 3.8%。同年，采矿、石油和天然气开采对 GDP 仅贡献了 354 亿加元。农林业对加拿大 GDP 的贡献为 210 亿加元，约为文化产业的一半。文化产业不断增加的重要性还体现在其对加拿大就业的贡献方面。2002 年，加拿大文化产业为加拿大民众提供直接就业岗位 597000 个，占加拿大工作人口的 3.8%。在 1996 至 2001 年期间，文化产业每年的就业增长率为 3.4%，高于加拿大的总体就业增长率。这些数字仅代表文化产业提供的直接就业岗位的数量，并未反映出由于文化产业的正面倍增效应所产生的间接就业岗位数量。2001 年，文化产业中四分之一的就业者属于自雇用（26%），而所有其他行业的这一平均数字为 16%。

2003 年，文化产品与服务的出口价值为 46.3 亿加元（其中文化产品 24.6 亿，文化服务 21.7 亿），比 2002 年的 48 亿减少了 1.56 亿或 3%。这一减少很可能是由于美元对加元的走势减弱以及国内事件（如 SARS）的影响。文化服务出口在 2003 年减少了 7% 或 1.63 亿加元，是连续 7 年增长后的首次减少。对加拿大电影和影像服务的需求减弱（减少了 11%）是总体文化服务出口下降的主要原因。文化产品出口从 2002 年的 24.5 亿加元小幅增加到 2003 年的 24.6 亿加元，但在 2004 年又减少到 24 亿加元。美国仍然是加拿大最大的文化产品贸易伙伴，2004 年加拿大对美国的文化产品出口总价值为 22 亿加元。加拿大的第二大文化产品贸易伙伴是英国，文化产品出口在 2004 年增加到 6100 万加元，比 2003 增加了 2.53%。

加拿大在对文化艺术及其市场的管理方面，广泛运用西方现代科学管理的一切先进理论、方法和科学技术，并根据自己的国情和具体条件，形成了一套比较完整的文化市场运作方式。第一，文化管理实行分权制。文化市场的运作及其管理体系，大致可分为四级：第一级为联邦内阁和议会，第二级为联邦政府机构（包括遗产部、外交部）和各省政府内设的文化部，第三级为由遗产部协调的一系列分管各文化领域的联邦政策文化机构，第四级是各类文化艺术事业的基本经营单位。加拿大文化管理的分权制主要表现在以下几个方面：各省政府对联邦政府相对独立，对文化事务的管理拥有自主权；主管文化艺术及文化市场的遗产部对各省文化部，既无业务领导关系，也无行政领导关系，只在其内部设“联邦和省政府关系局”，负责与各省就文化事务进行联络、协调和沟通；各联邦政府文化机构，名义上归遗产部协调，实际上具有相当的独立性。这种层层分权、依靠政策调节的管理方式，能充分调动各级管理部门的积极性，促进多元文化的发展，有利于文化市场的繁荣。第二，通过财政资助进行管理。加拿大艺术理事会每年为加拿大艺术家和艺术表演团体、演出商提供资助，以鼓励和促进文化艺术的发展。为此，加拿大政府设立各种文化基金作为资助的经费来源，包括演出基金、协调基金、表演艺术管理基金、艺术节基金、对外文化交流基金等。第三，实行保护本国文化市场的举措。一是制定法令、法规，抵制美货倾销。二是加大对文化的投入，努力扩大和占领文化市场。三是发展自己的文化品牌。四是利用高新技术，建立电子信息网络。

3. 加拿大对文化贸易的扶持政策

进入 21 世纪以来，加拿大政府十分重视文化产业，并认为文化产业是加拿大整体经济的一个重要部分，是加拿大开拓国际市场，出口创收不可缺少的一个环节。为鼓励和支持加拿大文化机构和企业向海外发展，寻找商机和合作伙伴，积极参与国际竞争，加拿大政府于 2001 年推出了一项为期 3 年的“贸易之路计划”（TRADE ROUTES PROGRAM）。该计划实施效果明显，获得业界人士的好评。

“贸易之路计划”旨在让加拿大文化机构和企业了解政府提供的所有贸易计划和服务，充分利用快速变化的全球经济所带来的机遇，开拓海外市场，减少投资风险，提高出口能力，扩大加拿大文化产品的品牌知名度等。有关服务对象涵盖文化产业的各个领域包括表演艺术、视觉艺术、电影和录像、广播、电视、音乐和录音、出版、设计、手工艺、文化遗产和新媒体等。该计划总经费为 2300 万加元，经由业界领袖和加拿大团队中的文化产品和服务委员会（TRADE TEAM CANADA – CULTURAL GOODS AND SER-

VICES）协商和设计产生，由遗产部主导，工业部和外交和国际贸易部共同协调管理。

“贸易之路计划”主要包括3个方面：政府对文化机构和企业项目的财政支持，又称为“贸易之路贡献计划”；文化贸易顾问服务和战略市场信息服务。第一，“贸易之路贡献计划”。主要用于资助文化机构和企业，为出口产品和开发国际市场的相关项目做准备，如出席贸易展销会，参加贸易访问团，举办贸易培训班，与外国买家建立贸易关系等。凡由加拿大人拥有或控制的文化企业或非营利机构，营业一年以上且具有一个选举或任命的管理班子，只要拥有产品的版权或具有版权所有者明确的授权，在向海外发展时，均可申请该项基金。但是个人、未以法人形式组建的注册公司、政府机构和皇家公司则不可申请该项基金。该计划规定，每项申请的拨款不得超过每财政年度10万加元，每个机构或企业获得联邦、省、市各级政府的拨款累计不得超过其项目总预算的75%。项目资金只可用于支付市场推广和调查、人员出差住宿、样品邮寄、咨询服务、参加展销会和翻译等费用，而不能用于人员的工资、投资、法律和旅游等。第二，文化贸易顾问服务。即设立文化贸易专员，以便专门为加拿大文化机构和企业提供咨询服务。包括在加拿大重点城市和在海外主要市场国家的使、领馆设立文化贸易专员。目前，加拿大设在国内各省和地区的文化贸易专员共7名，负责协调联邦政府与各省和地区的地方政府之间的国际文化贸易合作，并为当地文化机构和企业提供国际文化市场咨询；在海外的文化贸易专员共有5名，其经费也来自遗产部，办公地点分别在加拿大驻伦敦、巴黎、纽约、洛杉矶和新加坡的使、领馆内，其对外身份为外交官，职务分别为商务参赞、一等秘书和领事。这些文化贸易专员多是富有外贸专业知识和经验的专家，他们的服务范围包括协助文化机构和企业设计出口战略，确定针对某一市场的出口产品，回答移民、签证等有关问题，帮助本国文化机构和企业与买方建立联系，寻找商机和合作伙伴，推广和介绍加拿大品牌产品和服务等。第三，战略市场信息服务。“加拿大团队”（TEAM CANADA INC）成立于1997年，是一个由22个联邦政府部门组成的跨部门机构，其中包括遗产部、外交和国际贸易部和工业部，它的主要职责是协调联邦政府各部门与各省和地区政府之间的合作，共同为加拿大公司开拓国际市场提供服务（包括主要国家特定市场的信息、贸易展销会报告、加拿大文化行业调查报告、加拿大文化产品出口和文化贸易的数据等，并针对每个服务对象的具体需求提出相应的战略发展建议）。

四、“文化立国”的韩国文化产业政策

韩国是一个典型的民族主义国家。19 世纪晚期，朝鲜在日本的武力逼迫下被迫开国，朝鲜半岛民族独立意识觉醒。1945 年韩国光复后，文化民族主义一直在文化事业发展中有着重要的影响。文化民族主义表现最典型的是在汉字的使用问题上。“二战”后，光复的韩国提倡国粹主义，提出全部使用表音字等于爱国。1948 年政府一成立，立即制定了《表音文字专用法》，规定公文全部使用表音字。从 1970 年起，韩国小学、中学教科书中的汉字被取消，完全使用表音文字。随着经济的发展，韩国文化民族主义进一步发展，在 1988 年汉城奥运会举办前夕，韩国政府下令取消所有街道牌匾等公共设施上的汉字标记。直到 1999 年 2 月，金大中总统才下令部分解除对汉字使用的限制。“二战”后的三年内战和持续的冷战对韩国经济和文化造成了严重破坏，进入 20 世纪 60 年代，韩国政府体会到伴随政治、军事和经济的种种弱势，是文化身份的丧失，尤其是西方文化艺术标准的影响使本国文化传统处于下风。鉴于此，韩国国会在 1962 年通过了文化遗产保护的法律，1964 年颁布的《文化财保护法》规定了物质文化财、无形文化财、古迹和民俗事物四个保护范畴，首次涉及对无形文化财和民俗的保护。在文化产品上，对海外文化产品进入韩国实行严格限制。以电影业为例，为抵制美国文化的影响，韩国政府规定电影院每年必须有 146 天放映国产影片。后来在美国的一再施压下，韩国政府被迫同意将这一配额降到 73 天。这一让步引发了电影从业人员声势浩大的抗议活动。由此可见，文化民族主义在韩国无形文化财保护和文化产业发展中的影响由来已久。而文化民族主义之所以在韩国如此兴盛，与韩国当时政治、经济、军事等特殊背景有重要的关系。“二战”后，韩国不断树立和改造民族在世界的地位和形象，意图保持民族的独立性和完整性，在政治和经济上得不到实现时，与政治民族主义互为表里的文化民族主义成为大韩民族实现这一目标的重要手段。因此，韩国的非物质文化遗产保护立法和实践是其民族主义通过文化的表现。

1. 韩国的“文化立国”战略

韩国文化产业涉及电影、电视节目、录像、光盘、游戏、出版、印刷、期刊、广告、动画、互联网等。近年来，韩国的文化产业发展迅速，创造出的经济效益和社会效益十分可观。仅 2002 年，韩国的文化产业市场规模达 188388 亿韩元（约合 157 亿美元）。其中，广播电视 73000 亿韩元，卡通 52771 亿韩元，游戏 34026 亿韩元，电影 6237 亿韩元，漫画 6033 亿韩元，动画 3650 亿韩元，唱片 2861 亿韩元。海外出口额 5 亿美元，占世界市场份额的 1.5%。韩国文化产业的迅猛发展引起了世人的关注。

韩国把振兴文化产业作为不可动摇的国家政策，从针对大型国际活动而设立的零星机构，上升到毫不动摇的文化政策和逐步完善的法律基础、机构设置。1998 年韩国正式提出“文化立国”方针，并从 1999 年至 2002 年先后颁布一系列扶持文化法律保障政策。为提升国家形象，国家政府各部门都制定了相关政策课题，学术界也进行着相关研究。

20 世纪末的亚洲金融危机使韩国认识到，在本国资源并不丰富的情况下，走传统的经济发展模式存在着很多限制，甚至会造成严重后果。为了推动本国经济发展，走出金融危机的泥淖，韩国开始将目光转向文化产业，力图以文化带动本国经济的复兴。1998 年，韩国政府正式提出“文化立国”的战略，将文化产业作为促进 21 世纪国家经济发展的战略性支柱产业。在随后的几年里，韩国政府出台了各种措施，为本国文化产业的发展提供支持和保证，简单来说主要有以下几个方面：

（1）从国家战略的高度，对文化产业的发展进行合理规划、统筹管理

韩国文化产业迅猛发展的背后是政府的合理规划与统筹管理。自 1998 年正式提出“文化立国”战略以来，在短短几年的时间内，韩国先后制定了《文化产业发展 5 年计划》《21 世纪文化产业设想》《文化产业发展推进计划》《电影产业振兴综合计划》等发展规划，从国家战略的高度明确了文化产业的发展战略，提出了文化产业发展的中长期计划。

合理的规划离不开强有力的实施过程。亚洲金融危机后，韩国曾在许多政府部门大量裁员，与此相反的是，韩国的文化部门却不减反增。1994 年，韩国文化观光部首次设立“文化产业局”，主管文化产业，“文化立国”战略提出后，其职能不断加强，业务范围涉及文化产业的各个方面。1999 年，文化观光部、产业资源部、信息通讯部通力合作，建立了各自下属的“游戏综合支援中心”、“游戏技术开发支援中心”、“游戏技术开发中心”。2000

年，成立了韩国文化产业振兴委员会，负责制定国家文化产业政策方向、发展计划及文化产业振兴基金运营方案，检查政策执行情况，开展有关调查研究及其他相关工作。2001 年，成立文化产业振兴院，全面负责文化产业具体扶持工作。2002 年 7 月，文化观光部决定为下属的文化产业振兴院、广播影像振兴院、电影振兴委员会、游戏产业开发院、国际广播交流财团 5 个部门组建“文化产业支援机构协议会”，以加强文化产业信息交流，对原来分散组织的活动进行协调、统筹管理，有效地避免了业务重复，提高了文化产业工作的整体效果。

这些政府部门的设立，强有力地推动了各项规划的实施，也为集中各方优势力量促进文化产业发展提供了保证。

（2）加强文化立法，为文化产业发展创造良好的政策和法律环境

文化产业的发展需要良好的政策和法律环境。韩国政府充分认识到立法和政策制定对文化产业发展的重要作用，1999 年 2 月，在“文化立国”战略提出后不到一年，韩国政府便制定了有关文化产业的综合性法规《文化产业振兴基本法》，明确了文化产业的定义，提出了振兴文化产业的基本方针政策。为适应数字化信息时代文化产业发展的需要，韩国近两年陆续对《影像振兴基本法》《著作权法》《电影振兴法》《演出法》《广播法》《唱片录像带及游戏制品法》等做了部分或全面修订，为韩国文化产业的发展制定了比较完善的“游戏规则”，创造了良好的外部条件。

（3）建立完善的投融资机制，为文化产业的发展提供资金保障

资金支持是文化产业发展的基本保证。为促进本国文化产业的发展，韩国政府通过各种途径，积极完善各种投融资机制。首先，韩国政府对文化的财政预算不断加大，2000 年首次突破国家总预算的 1%，2001 年又上调 9.1%，进入“1 兆韩元时代”。2005 年文化的财政预算为 1 兆 4252 亿韩元，其中用于振兴文化产业的预算为 1911 亿韩元，占总预算的 13.4%。其次，设立多种专项基金，用以扶持相关产业的发展。近几年，韩国先后建立了文艺振兴基金、文化产业振兴基金、信息化促进基金、广播发展基金、电影振兴基金、出版基金等。再次，积极运作“文化产业专门投资组合”，以社会资金为主，官民共同融投资。文化产业振兴院在 2000—2001 年两年期间，成功运作“投资组合”17 项，共融资 2073 亿韩元。电影振兴委员会成立的投资组合仅在 2004 年就出资 146 亿韩元，用于 62 部影片的拍摄和制作；自

2000 年成立以来，该投资组合已经累计出资 131 亿韩元用于 209 部影片的制作发行。

各种投融资机制的完善为韩国文化产业的发展提供了保证。2002 年通过国家预算拨款、投资组合、专项组合、专项基金共融资文化产业事业费 5000 亿韩元。韩国还设立多个专项基金，分别有文艺振兴基金、文化产业振兴基金、信息化促进基金、广播发展基金、电影振兴基金、出版基金等等。

2. “韩流”的形成及其意义

在美国文化产业的冲击之下，世界上绝大多数国家对本国文化市场采取了保护主义政策，法国是其中最为典型的代表。积极推进“文化立国”战略的韩国，也是采取了“两条腿走路”的方式：一方面大力推动本国文化产品的出口，另一方面采取严格的文化贸易保护主义政策，保护本土文化市场。韩国《电影振兴法》第 28 条规定：每家影院必须有五分之二以上的时间放映国产电影，即每年不得少于 146 天。即使在特殊情况下获得政府的许可，放映时间也必须保证在 106 天以上。目前，世界上有法国等 8 个国家还实行电影配额制度，但是韩国政府规定的时间最长，也最为严格。在电影配额的保护之下，1998 年以来，韩国电影在本土市场的占有率节节攀升。目前，韩国已经成为世界上仅有的 3 个国产电影市场占有率超过 50% 的国家之一。

积极推进“文化立国”战略的韩国，以电视剧为龙头，在中国、亚洲乃至世界掀起了一股势头强劲的“韩流”。面对韩流在中国的肆虐，韩国在文化贸易方面严格的保护主义政策更值得我们反思。对仍属幼稚产业的中国文化产业来说，保护主义的贸易政策势在必行，尤其是对于那些对本国文化产业冲击最为强烈的国外文化产品。韩国与中国同属儒家文化圈，在文化传统方面有着很多相似之处，这就使得韩国文化产品在进入中国时，缺少了“文化折扣”这一文化贸易的天然壁垒。在这种情况下，我们必须在政策制定方面自觉、有针对性地采取较之其他国外文化产品更为严格的保护主义政策，限制其文化产品的大规模进入。

中国与韩国有着共同的文化传统，在文化产业的发展过程中，也有着很多共同之处。但是，韩国在文化产业发展方面无疑走在我们前面。深入研究韩国文化产业发展经验，为我所用，是我们当前必须要做的工作。不可否认，美国文化产业是世界上最为成功的，但美国的发展机遇、产业整合能力、创新能力、技术水平、市场成熟程度都是我们目前所无法达到的，因此很多美国经验对我国文化产业发展并不具有操作层面的借鉴意义。与之相比，韩国的文化产业发展经验对我们更具启示和借鉴价值。深入研究韩国文化产业发展经验，一方面可以为我所用，推动我国文化产业的发展；另一方面，也可以以子之矛，攻子之盾，更为有效地应对"韩流"在中国的进一步蔓延。

第三节　主要类型文化品牌的国际贸易

为了在学习国际文化贸易基本理论之后，能够比较深入地了解不同文化产品类型的具体贸易规律，下面从图书版权、电影、电视节目与动漫四个方面，对文化品牌国际贸易的过程和特点进行具体的分析。

一、图书品牌版权国际贸易

经济的全球化带来了出版业的全球化，大型的出版传媒公司把自己的触角伸向了世界各地，在全世界掀起了一波又一波的兼并浪潮，使不同国家、不同语言的出版业互相缠绕、渗透、结合的关系越来越复杂。西方发达国家，特别是美国占据了最大的市场份额，是出版业全球化的最大受益者。中国拥有巨大的出版市场，是世界上任何有影响的国际版权贸易商都想进入的地方。当前，中国在对外版权贸易方面还存在许多问题，但对于出版企业来说，只有尽快适应全球版权贸易规则，提高企业竞争力，才有生存和发展的空间。

（一）国际图书版权贸易现状

版权贸易是世界文化贸易的重要组成部分，也涉及一个国家的政治、经济、文化、科技等各个层面，对国家和地区的经济建设和文化建设都有重要影响。据欧盟信息监测局的统计，全球各类版权收入大约为1100亿美元。

1. 出版业的全球化趋势

出版业的全球化具有双重含义：一方面指的是一国出版组织跨出本国国

境，将其他国家的相关人群作为目标读者而进行的跨国出版活动；另一方面指的是一国的出版市场逐步接纳其他国家的出版组织及其出版物，面对读者，国内外出版组织合作或者竞争，开展相关活动，最终使国内出版组织融入国际市场。进入国际市场，尽管出版活动的本质并没有发生变化，仅仅是运作范围得以扩大，但是跨越国境，必然会导致出版业面临更复杂、更诡谲的差异性和风险性的环境，再加上不同的文化习俗、语言差异、阅读心理、出版政策、相关法律、贸易条款等有形和无形规划的限制，因此，对出版组织的竞争能力、应变能力、适应能力都提出了更高的要求。

出版业的全球化在本质上是经济全球化的一种表现。二次大战以来，世界经济的巨大变化之一就是企业活动的国际化。首先，从理论上讲，国际市场比任何一国的国内市场都广阔，因而更具诱惑力；其次，当产品多样化策略不能为企业提供更多的利润空间时，市场的多样化策略便可能创造更多的利润增长机会；再次，进入国际市场，可以延长企业产品的市场生命周期，降低开发新产品的风险，获得安全的利润；最后，国际营销可以为一个品牌的国际化成长提供舞台，从而与国内市场形成互动，当然，还有利于增加外汇收入、转移国内竞争力等等。企业全球化的步伐促使资本主义国家的媒体集团和出版组织也纷纷采取了全球化的策略。具体表现为三种方式：出版物的跨国贸易、版权贸易、出版组织的跨国发展。出版物跨国贸易开始得最早，也最为普遍。出版物的跨国贸易，促进了其他国家目标读者群的逐步扩大，当读者群形成一定规模，版本的翻译引进工作便显得更为重要，版权贸易便随之而生。出版物贸易与版权贸易这两种形式仅仅属于跨国贸易范畴，不涉及出版组织和人力资源的跨国流动，关系简单明了，因此大多数人不将之视为出版组织的跨国经营。

目前，在全球化浪潮中，出版规模大、实力强的大型出版集团有美国在线－时代华纳、派拉蒙传播公司、读者文摘公司、麦格劳－希尔公司、亚马逊集团，加拿大的汤姆森公司，英国的皮尔森公司，德国的贝塔斯曼集团，法国的阿歇特出版集团，澳大利亚的新闻有限公司，荷兰的沃尔斯特·克鲁沃公司等等，这些大型的出版传媒公司把自己的触角伸向了世界各地。

在目前的全球化浪潮中，显然是西方发达国家，特别是美国占据了最大的市场份额。例如，1988 年全世界出版 8500 余种报纸，发行 5.7 亿万份，出版书籍 83.45 万种。其中，占世界人口 75% 的发展中国家报纸占有量为

30%，书籍种类占有量为26.5%。在世界跨国流通的100本书籍中，有85本是从发达国家流向发展中国家的；在跨国流通的每100小时音像制品中，有74小时是从发达国家流向发展中国家的。[①] 美国控制了全球75%的电视节目的生产、制作，许多第三世界国家60%～80%的电视节目来自美国。而在美国播出的电视节目中，来自外国的仅占1%～2%。美国每年的电影产量约占世界总量的6%～7%，却占据了全球放映时间的50%以上。[②]

世界发达国家，尤其是美国，不仅凭借自己的信息优势维护其政治、经济、军事霸权地位，而且在全球大肆进行文化扩张。西方出版组织在全球化冲击民族出版业的同时，也通过五花八门的符号推销自己的商业、文化、政治、生活方式和价值观念，影响民族社群的文化认同和文化延续，制造并推行西方的"全球趣味"。这种文化霸权相对于军事霸权、经济霸权，其作用更为明显，它将使新的一代不再具有民族文化的认同感。

2. 美国的图书出版市场

美国图书出版业在全球图书出版业中的地位举足轻重，从20世纪90年代起，一直稳居世界图书出版业的霸主地位。早在1990年代初，美国每年出口图书达17亿美元，占出版业总销售额的7%左右，占世界图书出口总量的22%，居世界第一位。2000年美国图书市场销售额达253.2亿美元，约占当年世界图书市场销售总额850亿美元的30%。据统计，截至2002年，美国共有各类出版商53000多家，其中图书出版商3570家，主要分布在纽约、波士顿、芝加哥、加州、麻萨诸塞州、伊利诺依州、得克萨斯州、佛罗里达州等沿海地区，其中以纽约和加州最为集中，这里是当代美国出版业的中心。目前，美国图书出版业的从业者约为10万人。2002年美国共出版各类图书15万种，相当于全年平均每小时出版新书17.12种，图书总销售额271.62亿美元。2003年，美国共出版图书17.5万种。2004年，美国出版业图书净销售额为237亿美元，比2003年增长1.3%。

美国出版图书采用多渠道发行和销售，主要的发行方式和销售渠道有以下几种：大型连锁书店、中小型独立书店和专业书店、网上书店、图书馆和专业机构、读者俱乐部、大学市场、大型超市、专业用品商店、邮购直销

---

① UNESCO. Statistical Yearbook. Paris：UNESCO. 1990.

② 环球时报. 1999－08－06.

等。美国出版的图书按内容和读者对象不同可以分为以下几种类型：成人市场书、儿童市场书、大众市场书、俱乐部版图书、邮购图书、宗教图书、专业类图书、大学出版社图书、初中级教育相关图书、高等教育相关图书、工具书等。美国的图书大多采用多媒体出版形式，常见的版本和媒体形式有：纸质精装书、纸质平装书、CD 版图书、磁带版图书、CD－ROM 版电子书、网上下载电子书等。特别是面向大众市场的图书和畅销书，同时拥有各种媒体的版本供读者选择。

当前美国出版业呈现出以下七大基本特征和发展趋势：

(1) 当代高科技对出版业的影响渗透日益广泛深入，出版业越来越具有高科技的特征。特别是以多媒体技术、互联网技术、计算机技术为代表的新技术全面进入出版领域，使得多媒体出版、网络出版、电子出版、网上书店、按需印刷等新的出版形态应运而生并迅速发展壮大，空前地扩展了出版业的内涵和外延，平面的、手工劳动型的传统出版正在向立体的、高科技型的现代出版转型。这一特征在美国出版界表现得尤为突出。

多媒体技术的广泛应用推动了多媒体出版的迅速兴起和繁荣。美国的图书特别是儿童读物以及面向大众的一般图书和畅销书，大多采用多媒体形式出版。尤其是儿童读物形式多样，视觉、听觉、嗅觉、触觉等各种手段都用上了，如立体造型、开本多样化的卡通书，能发声和听音乐的有声读物，花卉图书甚至能闻到花香，富有童趣。面向大众的一般图书特别是畅销书，除了纸质的精装和平装版本之外，常见的还有独立销售或随书销售的作者亲自朗读的 CD 版本和磁带版本、网上下载朗读版本、独立销售或随书销售的电子版本、网上下载的电子版本等。

计算机技术和互联网技术在出版业和普通家庭的普及应用，空前地扩展了出版业的发展空间，推动了网络书店的兴起，开辟了网上图书营销的新途径。从经营规模、影响和效益来看，美国最著名的网上书店有亚马逊、巴诺等。亚马逊网上书店开办于 1995 年 7 月，开办者为美国纳斯达克证交所上市公司。它率先在网络上开办书店，不仅给传统的图书营销开辟了新途径，而且引发了电子商务革命。

建立在计算机技术、数字印刷技术、多媒体技术和网络技术基础上的按需印刷（POD）在美国的兴起，则集中体现了当代出版业的高科技特征，它使得图书出版进入了无纸出版和快速出版的新时代。按需印刷绝不仅仅是印刷新技术，它实质上是数字出版、网络出版与传统纸介质出版的统一体，是建立在当代高技术平台上的编印一体化的高效快速出版模式，尤其适合于出版印数少、印次多、出书时间紧迫的专业书、礼品书、样品书和有特殊要求的个人著作，它能满足作者和读者个性化的出版和阅读要求。

（2）美国出版资源、出版资本和出版市场不断整合，出版业经营规模的空前扩张和出版竞争导致的并购风潮，有力地推动了出版业的规模化、集团化、垄断化发展趋势。

美国出版业的企业并购现象有愈演愈烈之势。最近二十多年来国际出版业界的并购现象和集团化规模扩张一直在发展蔓延，但从 20 世纪 90 年代末开始，在美国出版界掀起了一个新的并购高潮。1990—1995 年共有 48 次出版并购交易，1996—2001 年有 36 次并购交易。仅 1998 年，就发生了 8 起引人注目的重大出版兼并事件。1998 年初，世界著名教育图书出版商培生集团宣布兼并美国维亚康集团旗下最大的图书出版商西蒙・舒斯特出版集团。不久，纽豪斯家族把美国最大的一般图书出版社兰登书屋卖给了德国的贝塔斯曼出版集团，这一交易轰动了整个美国出版业和国际出版界。1998 年 11 月，美国最大的连锁书店经销商巴诺连锁书店又兼并了美国最大的图书批发商英格拉姆公司。

这些并购案的发生揭示了当代出版业的一个发展动向和特征：出版企业越做越大，集团化和垄断化经营趋势日渐明显。美国排名前 20 位的培生（Pearson）、蓝登书屋（Random House）、麦格劳・希尔（McGeaw Hill）、汤姆逊（Thomson）等大型出版集团占据 94% 的市场份额，其中排名前 7 位的出版商占据了 75% 的市场份额，其余一万多家出版商只占有 6% 的市场份额。在出版资源日渐集中到少数大型出版集团的同时，图书销售市场的垄断化倾向也日益明显。全美最大连锁书店巴诺书店（Barnes & Noble）、鲍德斯书店（Borders Group）和百万书店（Books – A – Million）控制了 90% 以上的图书市场。

美国出版业界的公司兼并风潮带动了出版资源和出版物市场结构的战略性调整，有利于出版资源的优化配置，使得某些出版集团的资本规模、市场垄断能力和竞争力通过并购迅速壮大。1998 年德国贝塔斯曼集团将美国兰登书屋收购之后与矮脚鸡・道布尔戴・德尔公司合并，形成了一个全球年销售 19 亿美元、美国本土年销售 14 亿美元的多学科的超大型出版社，新的出版社仍然叫兰登书屋。同年，世界出版巨头、1997 年纯图书销售收入达 24.7 亿美元的美国西蒙·舒斯特公司解体，其教育图书、职业图书和工具参考书等出版部门出售给世界最大的教育出版商培生集团，进一步提升了培生集团对美国教育图书市场的垄断能力。2001 年美国在线收购了时代华纳出版公司及其母公司，形成了跨媒体跨行业经营的超级媒体集团——美国在线－时代华纳集团。兼并可以提高出版企业的抗风险能力与自身竞争能力，通过公司兼并，一方面实现了强强联合，另一方面使资本实现了最佳运营效益。

（3）建立在现代物流基础上的出版物连锁经营发展迅速。

大型连锁书店的迅速兴起和对图书市场的垄断态势，是近年来美国出版业的一大发展趋势。20 世纪 60 年代以来，连锁经营开始逐步在发达国家的零售经营中占据主导地位，其销售额占到零售总额的 30% 以上，时至今日已经形成世界范围的连锁经营潮流。近年来，随着零售业的发展，大型连锁店这种商业模式已经进入图书的发行环节。据《美国图书购买者调查》显示，79% 的读者到连锁书店购买过图书，其中 50% 已将去连锁书店购买出版物作为主要购买方式。据美国《出版商周刊》调查，独立书店建店 3 年后，倒闭者在 50% 左右，而连锁书店新建的分支店 3 年内的倒闭率不到 15%，抗风险能力更强。在美国，三大图书店都是大型连锁店：巴诺图书连锁店（下辖多尔顿、道布尔戴等 1000 多家书店）2002 年营业额为 52.7 亿美元，雇员 39000 人；鲍德斯图书连锁店（下辖沃尔登等 1000 多家书店）2002 年营业额为 35.3 亿美元，雇员 15500 人；百万书店 2000 年营业额为 4 亿美元。而且，大型连锁书店已占领了全美 31% 左右的市场份额，并有逐年上升的势头。此外，拥有众多会员和分支机构的大型图书俱乐部，也是美国出版业连锁经营的一种很重要的经营方式。

（4）美国出版业的海外扩张势头和出版业国际贸易发展迅猛。

美国是世界图书出口大国，其图书出口量增长迅猛。早在 1984 年，美国就出口图书 6.43 亿美元，向海外销售重印权和翻译权的收入也有 10 亿美元，另外还有出版商和图书出口商的海外分公司、办事处的赢利及投资回报，年收入估计超过 15 亿美元。到了 1993 年，美国仅出口图书就达到 16.98 亿美元，10 年中翻了两番。1998 年美国图书出口占世界图书总出口量的 21.8%，超过原来领先的英国，跃居世界第一，德国、英国则分别退居第二、三位。

美国出版商很善于借助网上书店、海外分支机构和海外代理商扩展海外业务。美国主要的网上书店在采取措施扩大国内消费群体的同时，纷纷把目光转向了国际市场，国际市场成为网上书店可持续发展的源泉。1998 年，国际市场销售额占亚马逊网上书店总销售额的 20%，占巴诺网上书店销售额的 10%。美国出口图书的方式除了如网上书店售书这种常见的方式外，还有自己的许多不同之处。美国的许多出版社设立了国际部、分公司办理出口业务，或者通过雇佣海外代理商进行推广发行。早在 1982 年美国 32 家出版社就在英国、加拿大等国设立了 82 家分公司，后来不断扩大。各出版社还积极地参加国际书展。美国每年有 500 多家出版社参加德国法兰克福举行的书展，积极拓展海外市场。2002 年，美国进口图书价值 16.61 亿美元，出口图书价值 16.81 亿美元。

版权贸易正在取代图书贸易成为美国出版业对外贸易的主要业务。对于大多数出版商来说，海外发行并不一定带来高额利润。因为他们往往需要付给海外客户以更高的折扣，加上海外图书贸易的付款期较长，汇率时常波动，远途运输增加图书销售成本，事实上图书出口只有微利。所以，美国出版业海外贸易越来越转向以版权贸易为重点，即由产品贸易转向知识产权贸易。正是在美国出版业行业协会和出版商的大力推动下，1999 年，国际版权在线（Rightscenter. com）在美国应运而生。作为一种更经济、更方便的做法，英国、加拿大、澳大利亚以及将英语作为官方语言的印度，都愿意购买美国图书的重印权（Reprint Right），在本国或者规定的范围内发行，付 5% ~10% 的版税，题材包括小说和非小说类，还有教科书。这样实际上扩大了美国图书的出口。同时，美国出版社还鼓励国外出版社购买其图书的翻译权（Translation Right），这样的书由出版社授权，或由保留世界版权的作者授权，也有通过作者在海外的著作代理人做出安排的。国外出版商购买美国版权，常常是某种语言版或某一地区版的独家发行权。如英国购买美国的重印权，通常包括英联邦国家。法国和墨西哥出版商购买美国图书的翻译权，也是世界范围的法语和西班牙语区的销售重印和翻译权。销售重印和翻译权签订协议后，出版社就可以拿到一笔预付金。实际上，美国出版商海外版权贸易的收入越来越成为总收入中不可或缺的重要组成部分。

（5）在出版经营与出版物营销方面普遍建立了比较成熟完善、高效运转的市场化操作规范，具有适应时代发展的图书营销方式和畅销书操作模式。

美国出版业伴随着美国经济走过了漫长的市场经济历程，目前美国的出版社特别是商业性出版社和大型出版公司，都非常重视图书的选题策划、经营管理和市场营销等关键环节，并且建立了一套比较成熟完善、高效运转的市场化操作规范。

美国出版商有精明的头脑，很善于经营，出版盈利不仅仅来源于图书销售收入，还来源于相关出版权的转让和有偿使用，比如海外版权、合作出版权、图书俱乐部版权、电子版权、网络版权、影视版权、翻译权、连载权、重印权，等等。通过对这些相关出版权的经营，同样可以获得可观的利润。因此，许多出版公司都专门设立负责版权经营和版权贸易的部门，努力扩大这项业务。

美国出版社非常重视图书的宣传营销工作，并从经费开支、机构设置、人员配备上提供保障。美国出版业图书的营销费用一般为图书实际销售收入的10%，包括作者宣传活动费、广告费、有奖促销活动费、网络宣传费等，还要针对不同的书制定周密的营销计划，充足的经费和周密的计划保证了图书宣传营销活动的顺利开展。美国出版社各部门人员所占比例大致为：编辑15%，设计和生产人员10%，推销人员26%，发行人员34%，行政人员15%。也就是说，推销发行人员是编辑人员的4倍，由此可见他们对营销工作的重视。

美国出版社的图书宣传营销措施周密，手段丰富，在制造畅销书方面有成熟的经验和一整套市场化操作规范。确定营销措施时，常常根据不同图书的特点采用不同的广告形式、宣传媒体和促销策略，注重针对性和实效。连续不断的媒体轰炸和全方位的宣传促销，能迅速提高图书的知名度和吸引力，促使它成为畅销书。出版社大多采用多渠道销售，而且是按不同的发行渠道配备发行人员、进行专业分工。例如，他们将食谱菜谱之类图书放到厨房用品店销售，把健身类图书放到体育用品商店销售，儿童图书放到玩具商店销售，效果很好。负责专业商店、读者俱乐部、图书馆等非常规渠道销售的发行人员，要经常上门进行促销。

（6）美国出版业高度重视出版人才培养与出版创新工作。

美国出版业在高科技推动下的迅速转型和日趋激烈的行业竞争，迫使出版商格外重视出版人才培养和出版创新工作，因为没有高素质的出版人才和不断创新的出版机制，就难以生存和发展，随时可能被淘汰出局。

美国许多高校都设有专门培养出版人才的专业和培训出版业务的机构，出版教育和出版培训成为一项经常性的工作。像纽约大学出版中心、纽约佩斯大学、哥伦比亚大学、斯坦福大学、丹佛大学、西北大学、加州大学、波士顿爱默生大学等高校，都设置有培养出版专业本科生、研究生的学位课程和不定期的出版培训班，每年都吸引大批有志于投身出版业的年轻学子和来自世界各地的出版界人士，到这里来学习、研讨出版业，形成了完善的出版人才培训体系和浓厚的出版研讨学术氛围。出版社特别是大型出版集团通过不断吸收新人才，通过更新在岗人员的知识结构，通过同行之间的横向交流和切磋，不断推动出版创新。

为了应对日益激烈的出版竞争，提高出版社的核心竞争力，美国出版商不惜用高薪留住和吸引高素质的出版人才。

（7）出版业与相关媒体及文化产业之间形成了竞争和互动发展的关系。

当今美国的文化产业已经进入了多媒体时代，电视、互联网、广播、音像、影视等强势媒体和相关文化产业都与图书出版产业争夺消费者，对图书出版业产生了巨大的冲击，形成了相互竞争的关系，导致了出版业的危机感。这些强势媒体和相关产业的趣味性、互动性、直观性更强，对消费者更有影响力和吸引力，会夺走一部分图书消费者特别是青少年读者。所以，近年来美国图书销售在其他媒体和产业冲击下增长速度有所减缓。据统计，1995 年，平均每个美国人花费在不同文化产品上的费用分别是：音乐制品 56.87 元、游戏光盘 10.53 元、互联网 8.46 元、报纸 52.03 元、图书 70.94 元、杂志 38.3 元；而到 2003 年，已经发生了很大变化，相应的数据分别是：音乐制品 63.80 元、游戏光盘 33.28 元、互联网 71.90 元、报纸 55.87 元、图书 83.97 元、杂志 40.95 元。从对比中可以看出，8 年间，不同媒体消费增长幅度由大到小排列依次为：互联网 750%、游戏光盘 216%、图书 18%、音乐制品 12%、报纸 7.3%、杂志 6.9%。图书消费的增长幅度虽然无法与互联网、游戏光盘的飞速增长相比，但仍然保持了中等幅度的增长率。这说明，电视、互联网、游戏光盘虽然能夺走一部分读者，但并不能取代图书的功能，因为读书的乐趣完全不同于前者，它具有轻松休闲、随意选择、便于携带等特色和优势，什么时候都有喜欢读书的人。多媒体时代的图书出版业虽然要有危机感，但不必悲观失望，只要奋力开拓、不断创新，出版业仍然能够找到自己发展的空间。

美国出版业在与相关媒体和文化产业的竞争中不断创新和自我调整，化被动为主动，充分利用它们来发展自己，开拓了多媒体出版和网络出版，借用相关媒体进行图书营销，与其他媒体之间形成了互动发展的格局。美国出版业之所以能够保持增长的势头，主要得益于对其他媒体的利用和出版创新。比如，通过开辟网络出版、电子出版、多媒体出版等新的出版业务，搭上了互联网飞速发展的快车，把互联网的冲击转化为借力发展的动力；通过借助电视进行图书营销，把电视这种强势媒体变成了宣传自己、推销图书的有利工具和平台。通过这一系列创造性的转化，化消极因素为积极因素，实现了借力发展和互动发展。

（二）中国出版业概况及版权贸易

我国现代出版组织最早同国外的出版公司开展业务往来的是商务印书馆。1909 年商务印书馆开始尝试对外合作出版。1911 年，张元济到德国参加德累斯顿的万国图书博览会，商务印书馆的参展图书获得“最优金质奖”。这是我国出版物第一次参加国际书展。此后，为了开拓海外市场，商务印书馆分别在香港和新加坡设立分馆，读者对象为泰国、马来西亚、缅甸等地方的华侨。1920 年，中华书局在新加坡设立分销处，紧接着在香港也设立分局，致力于向东南亚地区出口课本和教科书。20 世纪 30 年代，生活、新知等书店也很重视海外市场，在香港、新加坡等地设立分店或者办事处，出口国内进步书籍。此时，有些期刊也敏锐地将视角瞄向了国际市场。比如，1926 年创办的期刊《良友》，采用中英文对照的方式，直接面向海外读者，已经初步具有了国际化的经营思路。几乎与此同时，国外原版图书的进口贸易也开始兴起。1914 年，张元济出访欧美各国，同当地的一些出版公司签订了合同，商务印书馆成为西方一些出版公司原版书的中国代销处。此后，开明书店、文明书局、世界书局等一些书店也开始陆续销售一些进口原版图书。20 世纪三四十年代，延安的新华书店也经常会从前苏联进口马列著作，满足国内部分读者需求。解放战争时期，前苏联在哈尔滨、大连的百货公司设有书籍销售部、在乌鲁木齐设有国际书店，出售俄文版书籍，直接开展针对我国读者的图书贸易。

新中国成立后，我国出版物对外贸易逐步正规化与规范化。1949 年 12

月，出版总署在北京成立了新中国第一家国有的对外出版物贸易企业——国际书店，与前苏联、东欧、日本等一些国家建立了贸易关系。20世纪50年代初期，新世界出版社和外文出版社相继成立，主要进行国际交流读物的出版。1964年1月，国家科委成立了中国外文书店，专门从事外文书籍的进口业务。从此，我国书刊的进口与出口业务分开经营。“文化大革命”期间，由于推行极“左”路线，我国出版物的进出口贸易业务极度萎缩，勉强维持。1971年，中国外文书店改名为“中国图书进口公司”。

1980年，国家出版局建立了“中国出版对外贸易总公司”，简称“出版外贸”，主要经营书刊、艺术品、印刷设备的进出口业务。1981年，经国家进出口委员会批准，中国图书进口公司增加出口业务，改名为“中国图书进出口总公司”，简称“中图”。同年，经国务院批准，中国国际书店恢复进口业务，1983年，中国国际书店改名为“中国国际图书贸易总公司”，简称“国图”。自此，我国出版物对外贸易三足鼎立的局面形成。三家公司各有优势，“国图”在我国出版物的出口方面占有绝对优势，而“中图”的进口实力最强，“出版外贸”尽管成立的历史比较短暂，但发展势头非常迅速。从1986年起，经国务院批准，“中图”每两年举办一次北京国际图书博览会，开展中外图书贸易、版权贸易、合作出版项目的洽谈业务。目前规模逐渐扩大，已经成为亚洲最大的国际书业盛会。除了上述三家之外，国家教委、国家经委以及部分省市也成立了图书进出口公司，有的出版社，比如中华书局、荣宝斋、文物出版社，也获得了自办本版书的出口权。同时，从20世纪80年代以来，我国陆续增加了中国文学、海豚、中国世界语出版社等十多家由外文出版事业局领导的出版机构，主要从事面向海外读者的出版工作，部分高校出版社、古籍出版社、专业出版社也出版了大量可供出口的读物，同时，对外发行的期刊也达到了五十多种。我国对外出版物的供应市场开始繁荣，出版物对外贸易呈现出百花争艳的局面。

60年来，我国共有11亿册中外文书刊发行到国外，进口的出版物更是数额庞大。以2001年为例，全国图书、报纸、期刊累计出口643360种次、605.43万册（份）、价值1763.94万美元，累计进口432951种次、1682.48万册（份）、价值6904.13万美元；全国音像制品、电子出版物累计出口21593种次、456549盒（张）、价值76.92万美元，累计进口5969种次、946871盒（张）、价值1072.74万美元。出版物在传播文化、促进合作、加强我国与世界人民交流方面的作用体现得越来越突出。

改革开放以来，我国的版权贸易有了长足发展，无论数量或质量、社会效益或经济效益，都取得了令人瞩目的成绩。但通过分析我国版权贸易的“收”“支”结构特点，我们又会发现，我国的版权贸易存在着严重的逆差问题，这一问题已经并将进一步影响我国版权贸易的健康发展。为了改变这种状况，实现版权贸易的平衡发展，我们应该实施版权贸易“走出去”战略。① 根据新闻出版总署的统计，2008 年全国共引进出版物版权 16969 种，其中图书 15776 种，分别较上年增长 52.9%、53.8%，创下近年来最高涨幅。业内人士将之看作是 2007 年版权引进数量同比下跌之后的一次“报复性反弹”。与之相对应的，引进版图书在全国图书零售市场所占的比重也在上升。根据“开卷全国图书零售市场观测系统”的数据，2008 年 7 月—2009 年 6 月，全国图书零售市场上动销品种的近 20% 为引进版作品，它们给中国图书零售市场带来了近 30% 的码洋，而上一年的码洋贡献率为 20%。进一步分析还可以发现，尽管引进版权数量和引进版图书市场占有率双双上涨，但两者上涨的幅度并不一致。数量的增长远远高于占有率的扩张，这说明引进版图书在整体上对中国图书市场影响力走强的同时，单品的收益率却在降低。从引进版图书“四强”中的少儿类、文学类、语言类的表现来看，也似乎印证了这一判断。2008 年 7 月—2009 年 6 月，少儿类引进版图书市场在动销品种比重增长的情况下，码洋比重出现了 3.23 个百分点的下滑。可见，虽然各出版机构加大了少儿类引进版图书的投入力度，却没有取得理想的效果。与此类似，语言类引进版图书市场在动销品种比重变动不大的情况下，码洋比重也出现了 2.05 个百分点的下滑。文学类引进版图书则出现了动销品种与码洋比重同时下滑的局面。“四强”中唯有经济与管理类的市场份额变化不大。与版权引进的热闹场面不同，图书进口业务显得相对冷清。2008 年全国图书进口 646807 种、437.65 万册、8155.24 美元。与上年相比，进口品种下降 15.9%，数量增长 19.46%，金额增长 4.38%。图书进口受益于人民币升值，数量增长虽多，但金额增长不大。4.38% 的增长率与 2007 年 80.67% 相比，几乎可以忽略不计。进口种类的下降说明国内图书进口在品种选择上更加理性。

---

① 姬沈育．当前我国版权贸易存在的问题与对策．国际经贸探索，2008（3）．

1. 当前我国的版权贸易应侧重版权出口

当前，我国的版权贸易逆差较大，但在20世纪90年代初，版权贸易意识在我国刚刚萌芽的时候，我国出版界还是比较注意版权出口的重要性的。1992年，我国加入世界版权公约。当年，第四届北京国际图书博览会召开，国内各参展出版社以极大的热情投入版权出口的洽谈，版权出口出现第一次高潮，出口国家和地区集中在日本、新加坡和港台等，而出口的版权则涉及古典名著、中医药、民族文化、历史和服饰、文物等内容的图书。1993年，国内200家出版社输出图书版权总数为670种，版权“走出去”进入高峰期。然而，当市场经济大潮来临，出版界人士有更多机会步出国门、了解世界市场的时候，他们仿佛醒悟过来了——版权出口不如版权进口合算。因为我国人口众多，市场巨大，引进版权版税不高（一般在7%左右）；即使印数较少，版税也不超出12%，这个数额国内出版单位普遍都能接受。此外，引进出版物尤其是通俗读物还有一个特点，就是字少图多，翻译起来省时省力，投入低而发行量大，经济效益可观。版权出口则不然。出口较容易的港台地区，人口较少，市场不大，影响力也不大，出口的经济效果不佳；而欧美等国家引进我国图书版权，语言不通，翻译难度大，成本高，所以外方的积极性也不高。由于以上原因的存在，我国版权出口逐年递减，1996年总输出为250种，1999年略有回升，也仅达到418种。这与我国作为版权资源大国的地位极不相称。

从实践上看，我国版权贸易逆差的存在，在一定时期内是有利于我国版权贸易发展的。因为版权贸易是由进口和出口构成的，无论进口额还是出口额的增加，都表现为版权贸易额的增长。在版权进口市场较大的情况下，扩大进口比较容易提高版权贸易额，也有利于从事版权贸易的企业和个人经济效益的提高，从而激励他们发展版权贸易的积极性。但从长期来看，这种逆差贸易格局是难以为继的。主要原因有二：一是受限于进口所需外汇；二是受限于国内市场的需求。

从理论上看，根据国际贸易比较优势理论，一国出口的应该是（也总是）利用丰裕资源生产的产品，进口的则应该是（也总是）利用稀缺资源生产的产品。我国是版权资源相当丰富的国家，既有5000年传统文明的积淀，又有各种各样的自然资源为依托。在国际版权贸易中，我国的比较优势应该在出口具有我国特色的版权比如古典文学著作、传统医药典籍、历史发明创造、反映我国现代社会经济文化生活的艺术作品等方面，这正是国外消费者对我国版权的需要所在，是他们了解我国历史、现状的一种十分重要的渠道。从这个意义上讲，只有出口具有我国特色的文化产品版权，我国的版权出口才能有广阔的国际市场。

2. 当前我国版权出口贸易存在的主要问题

第一，与版权出口贸易有关的法律法规不健全，人们的法制观念极其淡薄。加入 WTO 为我国对外贸易合作提供了一个统一的游戏规则和市场氛围，然而，在我国当前的版权贸易活动中，仍然有一些出版机构不遵守国际版权贸易规则，无视我国出版法律、法规的存在，致使我国的版权出口贸易出现无序竞争现象。因此，制定必要的行业政策、法则，增强版权贸易的法制观念势在必行。

第二，与版权出口贸易有关的人才匮乏。版权贸易专业人才的匮乏已成为制约我国版权贸易发展的瓶颈。与版权出口贸易有关的人才匮乏主要表现在三个方面：一是专业人员的思想观念、工作作风和方法、知识结构等方面均存在较多问题，懂专业、懂图书编辑、懂科技知识、精通外语，同时还具备一定的市场敏感性的版权贸易人才匮乏；二是缺乏对国外图书市场进行深入了解的人才，信息不灵而盲目从事；三是缺乏全国的统一规划和合理的统筹安排及必要的原则性指导，靠各出版社自己硬撞必然会因实力不强、业务不熟而打乱仗，受制于人而面临被动局面。

第三，版权出口存在严重的不良竞争。在版权出口方面，缺乏宏观调控和认真调研，没有形成合理统筹安排，由于整个图书出版业市场化程度不高，信息通道不畅，执行系统低效，版权出口之间的内耗现象严重。国内有的出版社为了争取国外品牌出版社成为自己的图书版权代理，不惜竞相压低价格，造成版权出口贸易的恶意竞争。这种版权出口之间的行业违规操作和无序竞争，导致了盲目跟进、自相倾轧，大大增加了交易成本，提高了版权出口贸易的风险。

第四，缺乏规范、专业化的国内版权代理机构。适应市场需求，一大批规范化、专业化、高效率版权代理机构（版权经纪人）也应该应运而生。但是，由于我国的版权代理机构总体上的发展呈现出良莠不齐的态势，缺乏统一、规范和专业化的集中统筹监督和管理机制，因此，我国当前的版权代理机构尚难满足我国版权贸易出口的需要。截至 2002 年底，国内经国家版权局批准的版权代理机构仅有 28 家，其中 23 家版权代理公司职员不足百人，大多数公司仅 2～3 人。这些公司不仅规模小，代理范围也相当狭窄，主要参与图书版权贸易，种类相对单一；多数代理机构仅仅向作品使用者提供版权法律咨询、代理收转版权使用费和图书代理等基础性服务，能够提供诉讼代理、调处版权纠纷的很少；对已成为国际版权贸易新增长点的音像制品、电子出版物等领域又少有涉足。

第五，对版权贸易中的附属权贸易不了解。附属权贸易是版权贸易的具体化和现实化，从最初的图书复制权、发行权、翻译权到电视类版权贸易，再到数字化版权的应运而生，附属权贸易成为世界出版业的重要贸易形式。同时，图书出版附属权贸易与许多产业相关联。譬如，书中形象使用权与动漫产业、多媒体权与网络游戏产业、文学类作品改编权与广播影视产业、音像制品改编权与音像产业紧紧交织在一起，使图书出版附属权深深嵌入“核心”版权产业之中，潜在的经济价值不可估量。因此，在国际版权贸易中，出版商越来越倾向于随主权利一起从作者手中购买附属权，甚至国际上一些超级传媒巨头已经将主要力量转向附属版权的经营，附属权贸易正在成为出版产业的亮点和新的经济增长点。①

3. 我国出版业“走出去”的路径选择及战略对策

第一，政府应尽快完善与版权贸易有关的法律法规，完善公共服务平台。一方面，应加快版权贸易急需的、国内尚属空白的法律法规的立法工作；另一方面，针对国内近期版权保护不力的现状，加强宣传，增强人们的法制观念，加大对版权贸易中违法行为的打击力度。同时，我们应积极加入有关保护知识产权、版权的国际公约。现行的知识产权公约主要有《巴黎公约》《马德里公约》《专利合作条约》《伯尔尼公约》《罗马公约》以及 WTO 框架内与贸易有关的知识产权协定等。有的公约我国已经加入，应该加强对这些公约的履约管理。没有加入的公约，我国政府应尽早加入，为我国出版业开展版权出口贸易创造更优越的条件。另外，我国加入 WTO 后，很多法律、制度都处于逐步与国际接轨当中。版权贸易工作者应多关注政策层面的东西，尽快了解新的变化、背景材料等，并相应调整自己的版权贸易对策、贸易方向。

---

① 冯洁．图书出版附属权贸易的理论和实践．哈尔滨：黑龙江人民出版社，2007.

第二，培养高素质的版权贸易人才。版权贸易是一项创造性的复杂的脑力劳动，每一个环节都离不开高素质的人才。相应地，人才培养也就成为决定版权出口贸易竞争力强弱的首要因素和关键因素。版权贸易人才培养，包括编辑人员的培养、作者资源的培养和版权出口贸易工作人员的培养。

第三，积极发展版权代理机构。我国加入 WTO 后，为了扩大国际版权贸易市场，亟须一批实力强大的版权代理机构发挥桥梁与纽带作用。同时，随着社会的进步和新技术的发展，作品形式和载体形式的多样化，也使随之出现的日益复杂的版权贸易问题需要专业化的代理机构来解决。我国目前有 560 多家出版社、200 多家电子音像出版社、8000 多家杂志社、数百家网站和其他与版权有关的产业，这种需求大于供给的版权贸易代理市场结构，对我国的版权代理机构来说是一次很好的发展机遇。版权代理机构只要能把握机遇，调整角色，就能将我国的版权代理做大、做强，更好地为我国版权出口贸易的发展服务。

第四，打造国际品牌形象。当前，在国际版权贸易中流行着一种以对方实力为首要审视标准的“实力观”指导思想。树立精品意识、实行品牌战略、多出精品图书已成为出版界的共识。因此，出版社的品牌形象在版权出口贸易中显得特别重要。品牌优势越明显，越容易得到国外出版社的合作合同，也就越容易借助这些国外著名出版公司的品牌形象和输入图书来壮大自己的实力，树立自己的品牌，从而产生更多的效益。同时，经过长期努力和积累形成了自己的成熟品牌，从而具有明显品牌优势的国内出版社输出的版权，也更容易受到国外出版社的青睐。

第五，不断创新版权出口贸易形式。随着版权贸易的深入发展，版权出口贸易的形式也会发生新的变化，尤其是专业出版社的版权贸易应该提出全新的方式。因为专业图书的内容有很强的专业性，所以了解图书信息的方式、洽谈版权的过程和洽谈重点也与一般图书有所区别。比如合作对象有可能是在国际上名声很小的专业出版社或独立出版社，输出方式就可能主要通过专业会议、专人推荐，而不是通过传统的一般贸易方式进行。目前，国外出版机构提出了一些新的版权贸易方式，如“合作出版”等。在谨慎、可行性研究的基础上，我国出版业不妨加以借鉴。

二、电影品牌国际贸易

如前所述，当前国际文化商品和服务贸易的市场结构是极不平衡的。这种不平衡格局，在世界电影品牌贸易领域表现得尤为突出。1993 年，全球最大的 50 家影视公司的总营业额是 1180 亿美元，仅仅四年后，最大的七家综合性媒体公司的营业额就达到了这个数字。并且，如此巨量的文化贸易额主要在少数几个国家发生、形成。这种地区的不平衡性将在今后较长时期内继续维持。现在，全世界上映的电影大约有 85% 是好莱坞制造的。1993 年，世界大影视公司有 36% 在美国，36% 在欧洲，26% 在日本。到 1997 年，有超过 50% 的大公司集中到了美国。欧洲影视贸易的赤字也随之从 1993 年的 35 亿美元上升到 1998 年的 60 亿美元。发展中国家在文化商品贸易中所占的份额更是越来越少。整个非洲大陆平均每年只生产 42 部自己的电影，其市场上 95% 的电影都是进口的。

（一）美国电影品牌一家独大

电影是美国第二大贸易出口产品，“美国电影从一开始就是在工业资本主义高度发展以后出现的一种文化产业或者娱乐工业”。[①] 在国际电影市场上，美国电影一直占据绝对统治地位。自 20 世纪 20 年代以来，全世界主要制片机构云集好莱坞，并使之成为世界电影经济和文化中心。

20 世纪 70 年代以前，海外电影市场显得并不太重要，因为美国国内市场就是世界上最大的电影市场，好莱坞可以立足国内市场收回巨额成本。直到美国高等法院禁止好莱坞纵向垄断美国市场之后，各大电影公司才将重点转向国际化，去考虑开发欧洲、亚洲等市场的潜力，好莱坞从此走向一统世界电影市场之路。

经过多年的努力与积累，以好莱坞为代表的美国电影，一方面，牢牢地控制着本土市场主导权；另一方面，它同时跨国控制着世界电影 50% 以上的市场份额。世界上大多数国家的电影观众，也因此不得不花更多的时间去守候那些美国形象演绎的、自己并不熟悉的生活。长时间以后，他们的电影

① 阿芒·马特拉．世界传播与文化霸权．陈卫星，译．北京：中央编译出版社，2001：289.

人再也不能讲述自己的故事了；或者说，他们再也不能容忍那些原本属于自己的叙事传统模式了。而且，即便是在欧洲发达国家，这种状况也并不比发展中国家更好地得到改善。

表 7－4　部分发达国家电影市场份额①

国家	年份	电影原产国		份额比例（美国/国产）	门票平均比例（美国/国产）
		美国	国产		
法国	1992	58%	35%	1.7	2.3
	1985	39%	44%	0.9	1.1
德国	1992	83%	10%	8.3	4.2
	1985	59%	23%	2.6	1.1
意大利	1992	68%	24%	2.8	1.7
	1985	49%	32%	1.5	0.8
英国	1992	93%	4%	23.3	4.1
	1985	78%	11%	7.1	2.6
澳大利亚	1992	76%	9%	8.4	1.7
日本	1992	55%	45%	1.2	–
美国	1992	98%	–	–	–

注：百分比以发行商所占票房收入的份额为基础。

目前，印度是唯一能在电影产量上超过美国的国家，但是，从生产投资、品牌影响和市场份额来看，印度电影远不是美国电影的对手。因此，在今后相当长时间内，美国电影在国际市场上的霸主地位仍然难以撼动。

其实，美国在其电影品牌的全球化过程中，一直受到来自其他国家的抵制。第一次世界大战以后，面对好莱坞电影席卷而来之势，欧洲国家就已经意识到这不仅仅是国产电影的危机，而且也是文明的危机。自从 1947 年关贸总协定谈判以来，电影贸易的问题一直就是个焦点。美国希望电影业被囊括进谈判条约，以便与其他商品一样自由流通。以法国为代表的其他国家则

① 李怀亮．国际文化贸易概论．北京：高等教育出版社，2006：205．

坚持认为，电影业是个例外，必须要在配额制度和关税协定的保护下，才能挡住来自美国的冲击以延续自己的文化特性。在他们看来，制定文化保护法是保持民族创造力不竭的有效方法。然而，即便有了这样的法律保障，大部分国家的电影品牌要想走出国门都更加困难，其电影业的利润根本无法与美国相比。而且，美国电影品牌运营商势必会将这样的法律称为贸易壁垒而设法抵制。

为了减弱美国文化的影响力，欧洲主要采取了三种措施：一是欧盟成员国通过设立某种标准，规定电影院放映非欧洲本土影片的最高比例；二是引进较小比例的美国影片以缓和本土电影业水平与消费者需求之间的矛盾；三是欧洲国家之间进一步开放市场，并接纳一些非欧美国家的电影。此外，欧盟还建立了一个“媒介计划”（The Media Program），以支持欧洲视听文化的发展。他们试图通过这种方式，构筑一个欧洲的纪录片、动画片和多媒体制作的工业机制，从而与非欧洲的视听产品相抗衡。

韩国是非欧国家反抗美国电影的急先锋。1987 年，韩国导演联名发表“自主宣言”；青年映画人协会发表《滚出去，压垮韩国电影的好莱坞电影》的声明。尽管韩国电影业近年来取得的成就与其质量、营销策略等方面有不可分割的联系，但是，对好莱坞的抵制也有效地保护了本国市场，为韩国电影的发展赢得了时间和空间。

（二）中国对外电影贸易的出路

国家广电总局公布的数据表明：中国电影业从 2003 年起全面推进产业化以来，电影产量从 2002 年的 100 部左右迅速飙升到 2008 年的 406 部。其中，现实题材影片占 80% 以上，农村、少儿题材影片比上年增长 20% 以上。同时，全年生产动画片 16 部、纪录片 16 部、科教片 39 部，电影频道节目中心还拍摄了供电视播映的数字电影 107 部。经过持续 6 年的创作数量攀升，中国电影已经步入世界电影生产大国行列。电影投资主体从 2002 年的几十家发展为 2008 年的超过 300 家，且投资结构趋于多元。

1. 中国电影品牌进入快速成长期

2008 年我国电影票房（不含农村市场）达到 43. 41 亿元，同比增长 10. 14 亿元，增幅达 30. 48%。电影年票房从 2002 年的不足 10 亿元扩大到 2008 年的突破 43 亿元，平均每年以超过 25% 的幅度高速增长。特别是 2008

年 12 月全国票房超过 5 亿元，被称为“井喷式”增长，加上国产电影的海外销售收入 25.28 亿元和全国各电影频道播放电影的广告收入 15.64 亿元，全年电影综合效益达到 84.33 亿元，同比增长 17.07 亿元，增幅达 25.38%，创下历史新高。《赤壁》《非诚勿扰》《梅兰芳》《画皮》《长江七号》《功夫之王》《大灌篮》《集结号》8 部影片票房过亿元，全年国产影片的市场占有率超过总票房的 60%，连续 6 年超过进口影片。2008 年国产影片海外市场继续拓展，有 45 部影片销往 61 个国家和地区，海外总收入达到 25.28 亿美元，同比增长 5.08 亿元，增幅达 25.15%。

近年来，中国影业吹起了“上市风”，各大国营、民营影业公司纷纷启动上市进程，展现出电影产业迅猛发展的势头。率先启动上市进程的是中影集团，2007 年，中影集团公司成功发行 5 亿元企业债券，成为中国第一家发行企业债券的文化企业。2008 年 1 月中旬，有关监管部门原则性批准了中影集团在国内上市的申请，因此，中影集团在业界有“影业第一股”之称。2008 年 3 月初，上影集团也公布了上市计划，并宣称将融合 10 亿资产上市，包括旗下的院线、发行和销售公司，同时也表明因制片业的风险太大，暂不列入上市计划。上影集团还大力挖掘旗下庞大的动漫产业资源，全面开始品牌授权及衍生品开发，并将其纳入将来的上市资产之中，旗下上海美术制片厂多年来积累的人气动画形象，更为上影集团的融资增加砝码。2008 年，上影集团还加强了体制改革和创作规模，在影院投资建设、制片、影视周边产品开发、动漫等领域都加大力度，表现出了强劲的发展势头和巨大潜力。

保利博纳是中国最大的民营电影发行公司，也是现有的民营娱乐公司里唯一以电影业的下游领域发行起家的，它在很长一段时间几乎垄断了港片在内地的发行。近两年来，保利博纳积极拓展业务，在产业链中以发行为核心，向制作、演艺经纪、影院建设等上下游产业领域扩展。逐渐形成了自身完整产业链的保利博纳国际影业集团在以于冬任董事长、陈永雄任运营总监、施南生任执行董事的核心管理层的部署与领导下，正目标明确地朝“中国派拉蒙”挺进。

华谊兄弟传媒作为国内颇负盛名的民营娱乐公司，自称是“中国最赚钱的娱乐公司”，连续三年平均增长率超过 50%。2008 年，华谊在全国电影票房中占10%强，并在华语片市场中保持20%的份额。对于企业上市，华谊也充满自信，华谊董事长王中军说：“资金是未来娱乐公司能否壮大的关键条件。对华谊来说第一次巨大提升是股份制改革，我们由家族企业实现了脱胎换骨，而上市能给华谊带来第二次提升，上市能让融资更加透明和规范化，融资渠道更加多元化。”

图7－1　中国民营娱乐之翘楚华谊兄弟

成立于1998年的光线传媒是中国最大的民营传媒娱乐集团，拥有国内最大的地面节目播出网络，节目在全国620家电视频道播出；每年投资发行15部主流商业电影，制作600集电视剧。早在2007年，光线传媒就曾有借壳上市的计划，当年11月，光线传媒与华友世纪宣布以换股方式进行合并，合并后双方组建成为一家新的公司，其中，光线传媒在新公司中的初始股份比例为42%。但是，其借壳上市的计划在短短4个月之后，因双方在发展战略上存在分歧，2008年3月宣布终止合并协议。但光线传媒并没有终止上市的步伐，2008年12月，光线传媒已确定中信建投证券为其上市承销商。

如果说以上这些国营、民营影业巨头的上市计划还只是山雨欲来之时四处游走的风，那么橙天娱乐上市的雨点是真正的落到了地面。2008年7月，橙天娱乐成功收购嘉禾89.06%的股份，以借壳上市的方式，真正成为了内地第一个上市的娱乐企业。此次收购共动用超过4.5亿港币的资金，香港私募资金汇友资本亦参与其中。收购嘉禾将对橙天今后的发展有极为积极的影响，因为嘉禾是海外最熟悉的华人品牌之一，位居亚洲影院领袖地位，而因为本身是上市公司，还可以采用增发股票、增值扩股、置换资产、联合投资项目、合并收购等方式实现资源配置和资本运作。根据香港上市规则，橙天还需要回吐14%的嘉禾股份入流通股，以保证25%的流通股，尽管如此，橙天仍坐拥75%的嘉禾股份。

CHENGTIAN
ENTERTAINMENT
橙天娛樂

图7－2　橙天娱乐：中国内地第一个上市的娱乐企业

电影资金是电影制作的前提与动力，近年来，中国制片资金的来源结构呈现出多元化格局，不同生产主体、不同类型的电影产品，其制片资金有着不同的来源渠道，主要有政府投入、企业自有资金和社会资金、影片预售融资、私募资金或股权融资、银行贷款、国际化基金与风险投资、通过电影节或电影投资会等平台实现的面向个人项目的融资及面向青年导演的专项资助计划等多种形式。

在国际电影市场上，银行贷款是常见的融资形式。银行对于投放电影业的贷款有一套成熟的风险评估体系与严格的申请投放流程。银行不仅要考察制片机构的品牌、实力与制片记录，同时制片方需向银行提供完整剧本、主创阵容细节和合同、制片预算、进度时间表、完片保函、影片保险、预售合同、销售评估等相关材料。但由于国内影视的制作规模、质量、盈利模式均不稳定，不符合版权质押融资的条件，银行向国内电影公司投放贷款起步较晚，首开国内银行为国产电影提供商业贷款先例的是，华谊兄弟拍摄《集结号》时，获得招商银行提供的无担保授信贷款5000万元。2008年5月，华谊兄弟又再开先例，获得北京银行以版权质押方式为其提供的1亿元的电视剧多个项目打包贷款，这是无专业担保公司担保的“版权质押”贷款第一单。

随着资本的介入，内地电影业在娱乐集团扩张的背景下迅速发展，一些原本经营发行、放映、影视基地等电影下游产业或相关产业的企业纷纷涉足制片业，使制片、发行以及放映（院线）三者之间的界限越来越模糊。横店集团作为国内影视基地的老大，拥有世界上规模最大的影视实景基地，可提供各类历史和现代题材的影视剧拍摄场景。场景多为真材实料、按1：1比例设计的永久性建筑，如明清宫苑（紫禁城皇宫）、秦王宫、清明上河图等。自1996年开放拍片以来，已有500多部海内外影片在此拍摄，被称为中国好莱坞。2008年1月，横店集团专门成立了影视制作有限公司，大举进军影视制作业，与香港沙龙电影有限公司、日本吉本兴业株式会社、新加坡新传媒星霖电影私人有限公司、加拿大MPG娱乐公司结成了战略联盟，共同打造电影工业制作平台。这一战略联盟计划在3～5年内拍不少于10部电影，并计划3年内共同募集5亿元基金，用于影视拍摄制片。

2. 问题与反思

从1994年，当时的国家广电部决定每年从海外引进10部分账大片，揭开了与国际市场接轨的序幕。引进首部好莱坞大片《亡命天涯》以来，以好莱坞影片为代表的美国影片占领了中国电影市场，每年卷走几亿甚至十几亿人民币的票房收入。国家电影局原局长刘建中曾参与入市谈判，他指出：从市场和双边贸易来看，中美电影交流的最大问题就是不平衡问题。从1995年到2001年的七年间，我们进口美国影片134部，其中分账影片61部，而美国几乎没有进口过1部中国影片在主流院线进行商业发行放映。有关数据表明：2000—2004年中国从各个渠道进口影片4332部，其中美国影片占到40%～50%；在电影院放映的211部进口影片中，53%是美国片。在上述五年中，以分账式进口的影片88部，美国影片为70部，占80%。2005年，中国引进的20部影片中，美国电影多达16部，占80%。在外国影片（尤其是好莱坞影片）横扫中国电影市场的同时，中国电影“走出去”的过程却是步履蹒跚。中国对外电影贸易仍处于严重逆差的境地。

当然，近年来中国电影品牌的发展经验也证明，尽管好莱坞电影在成本投入、科技水平、营销策略等方面都占有绝对优势，但是，优秀的本土电影仍然有可能在国际市场上取得良好的票房业绩。也就是说，面对好莱坞电影的强势影响，以及其他国家电影的非正常竞争，提升中国电影品牌的国际市场竞争力的根本，是拍摄出更多、更优秀的本土产品。

中国电影产业化才刚刚走过不足10年的历程，电影品牌的建设还处于初级阶段，在各个环节存在一些亟待解决的问题是正常的。

第一，打造中国式大片，展示国家文化软实力。

中国电影的大片化进程已经推进了好几年，每年大片的产量都有所增加，而且其中也有像《梅兰芳》这样备受赞誉的具有一定文化蕴涵的大片。但是，也有不少像《无极》《夜宴》《满城尽带黄金甲》等那样引来嘘声一片的、用金钱堆砌的垃圾大片。如何打造真正具有文化内涵的中国式大片，仍旧是摆在中国电影人面前的一道难题。诚然，大片需要大投资、大制作、大场景，但于这些视觉奇观之外，还必须富有文化含量，让观众看到我们民族文化的主体性，那才是真正具有人文价值的中国式大片。海外具有长期效应的电影品牌无不涵蕴着本土强有力的文化资源，要树立中国的强势电影品牌，也必须挖掘中国文化中最深远的精神。否则，则不仅有违建设节约型社会的精神，还会对影视文化市场造成污染冲击。事实上，在社会环境和技术支持上，我国电影业已经具备了拍摄大片的条件，要打造“中国式大片”，必须关注现实社会问题，对人性和灵魂饱含关怀之心，同时还要充分挖掘真正体现中国文化精髓的中国元素，将中国传统文化的精华与具有现代生命力的一面展现给观众，展现给世界，让中国电影在构建中国国家文化中发挥其自身的作用，使其成为国家文化软实力发展中重要的组成部分。

第二，注重内容的本土化与国际化相结合。

围绕中国电影“走出去”的问题，我们过去谈得比较多的是“中国气派”，强调电影的主题思想应是本民族所独有。这是对的，但不全面。“中国气派”的电影还应当能够被其他民族理解和接受；要进一步展示和挖掘无限丰富的人性，要真正表现出让世界各民族观众都能产生强烈共鸣的东西，要展现一个伟大民族深刻的反思和博大的悲悯。也就是说，我们应当以自己所独有的个性色调来丰富世界电影语汇，在人类个性的基础上塑造中华民族的个性形象。

2002年，曾六次获得奥斯卡金像奖的世界著名电影制片人阿瑟·科恩在复旦大学与300多名学子展开了一场全英文的激情对话。在谈及中国电影的印象时，阿瑟·科恩指出中国电影太本土化，导致票房收入不高，市场效果欠佳。在他看来，中国电影语言应该更具“跨文化性”。一部好的影片要能够表达人类普遍关心的感情，这样可以让世界各地的人都看得懂。值得特别一提的是，阿瑟·科恩是首位也是目前唯一在好莱坞星光大道上留名的非好莱坞制片人，自1961年踏上电影之路至今，制片电影不过20余部，多为艺术精品。阿瑟·科恩对非好莱坞电影应对国际市场的感受和经验，应当引起我们的高度关注和学习。

无独有偶，2008年9月，美国《综艺》杂志亚洲区的主编也指出：中国电影需要更加类型化，目前做的还不够，推广到国外的电影品种比较单一。中国电影要走向世界，其电影的主题思想应是本民族所独有的，而又能为其他民族所理解和接受的。走向世界的中国电影，只有精美的制作还不够，还必须在开掘人类永恒的主题方面下工夫，真正表现出使世界各民族都能产生强烈共鸣的东西。而中国电影太过于本土化，不利于世界其他地区的观众理解和交流。

第三，了解海外市场特点，完善电影发行体制，建立多种“走出去”渠道。

好莱坞将世界纳入版图，煞费苦心地搜集他国观众的观影需求。我们必须承认在争取国外观众这方面做的调研是远远不及好莱坞的。早在1927年美国开始定期发表有关世界各国的电影市场调查报告，其中的第一份就是关于中国电影市场的调查报告。该报告对中国电影市场做了相当细致的调查、分析和研究，对当时中国的电影银幕、观众数量、分布等方面进行了统计，阐述了中国电影的发展过程，介绍了中国电影的法规、广告、教育和杂志等方面的状况，并对中国人电影趣味的把握相当细致，特别提醒制片人“三角恋爱”和两代人冲突的题材因违反传统伦理不受中国人欢迎，又将“大团圆”、善恶分明等归结为美国电影占据中国市场的原因。而我们对包括美国市场在内的世界电影主流市场却缺乏了解。例如许多美国青年受不了东方电影的（包括中国）的苦闷和诉苦倾向。在电影艺术想象力方面，中国题材的电影经常给美国观众缺乏飞升幻想的苦闷感。中国电影多是写“大历史”，作为故事中心的“人”很少给观众留下激情。我们不能指责美国观众，但如果要让中国电影真正的进入美国市场，就必须尊重美国人的欣赏习惯。现在中国电影也只有武侠片能引起美国人的兴趣，但终究来说还是一种猎奇的心理。因此，中国电影的市场国际化需要认真研究海外受众的需求和海外市场的特征。

同时，国产电影之所以不能顺利进入西方国家的主流院线，主要原因是我们没有建立直接的海外发行渠道。只是依赖专门销售亚洲影片的中介公司，很难进入主流发行。所以影视业亟待完善体制。另外，中国电影面向海外市场，还仅仅只停留在文化交流的层次上，商业属性不突出。市场营销素来是中国电影的软肋，既缺乏营销意识又缺乏营销手段。可“酒香也怕巷子深”，投资方计入的营销成本的宣传费过低，造成好的影片因宣传经费和营销手段不足而与高票房无缘。好莱坞大片巨额的投资中除有相当一部分用来雇佣能创造票房价值的明星外，其余大部分则用于铺天盖地的、持久和多层次的广告宣传（从电视、整页的杂志插页到街头的巨幅灯箱），其中不少的影片广告费用已经和制片费用接近持平，甚至超过了制作费。像斯皮尔伯格的《外星人》，制片费用1000万美元，而广告宣传费用则花了1500万美元。当前中国影片的宣传费用固然不能和好莱坞相比，但好莱坞注重宣传营销的手段我们还是应当学习借鉴的。

英国著名导演大卫·普特南强调：美国电影业不是靠几部热门电影支撑，而是建立在一个长期确立起来的复杂机制上，通过对电影发行和电影院的控制不断创造利润。① 在好莱坞，每一个大公司都拥有一个遍及全美和世界的发行网，这能保证它的产品可以达到播映商并且使各地的终端消费者能买到它的产品。例如华纳兄弟在上海和天津设立了办事处，派拉蒙在香港、上海、天津设立了办事处。这些办事处与当地的审查官打交道，收集有关中国电影市场的资料，将美国电影上映的情况反馈给纽约总部，监督中国影院执行和约、处理利润分成等。《藏龙卧虎》为开美国主流院线，制定了一套非常周密的营销计划系统：它集中了大中华的人力物力，版权预售给了全球不同地区最大的发行商；在宣传发行方面，则完全以奥斯卡为目标时间进行倒计时部署。注重海外营销，正成为中国商业大片寻求投资回收和期待国际认可的重要途径。

三、电视品牌国际贸易

（一）世界电视产业基本格局

尽管新的传播手段不断涌现，电视的产值每年仍然以滚雪球般的速度在

① 大卫·普特南．不宣而战——好莱坞 VS 世界．北京：中国电影出版社，2001：121.

增长。但是，与世界电影格局一样，电视市场份额也是严重地不平衡，绝大部分掌握在发达国家大型媒介集团手中。

1. 1999 年“世界电视 100 强”的启示

据《国际电视商务》1999 年“世界电视 100 强”榜单，进入行列的电视企业总收入约 1380 亿美元，总体实力每年以超过 100 亿美元的台阶迅速蹿升。位居首位的美国 Time Warner（已连续七年高居榜首），电视收入达 184.62 亿美元，占其总收入的 68.79%，是位居 100 名的美国 MGM 收入的 93 倍多（1.978 亿美元）。而 Time Warner 在 1995 年 100 强评比中实现三连冠的时候，电视收入不过是 48 亿美元，和紧随其后的美国广播公司大都会电视台（Capital Cities/ABC）的 44 亿美元、美国电视公司（TCI）的 41.5 亿美元、日本广播协会（NHK）的 40.5 亿美元相差无几，和当年的最后一名的新西兰电视公司（TVNZ）的 2.01 亿美元相比，收入也不过悬殊 20 倍。由此看来，进入 100 强的门槛没有逐年增高，甚至还有点降低，但强者更强、弱者更弱的马太效应在全世界电视产业的风雷激荡中，表现得似乎越来越明显。

“世界电视 100 强”评的是电视产业，但透过这 100 强的数据和全球分布，也分明折射出当今世界政治、经济乃至科学、文化的发展概况。比如，历年来的百强榜名次虽有变化，但倘以国家为单位，世界电视十大强国美国、日本、德国、英国、法国、意大利、澳大利亚、加拿大、西班牙和巴西的整体位置却稳如泰山。这并不奇怪，因为这十大电视产业强国，除澳大利亚外，都是连续多年的世界经济十强。而且，相对于世界经济、政治和科学、文化发展的不平衡，电视产业的舞台更加倾斜。在 1999 年的 100 强中上述十大强国的电视机构竟占了 79 个，总收入 1180 亿美元，约占 100 强总收入的 85%，其中美国的电视机构在 100 强中占据了 31 个位置，包括收入最高的前 5 名，占去世界电视产业的半壁江山（52% 强）。而地广人多的亚、非、拉地区（包括大洋洲），总共只有 21 个电视机构入选，总收入约 200 亿美元。而亚洲地区属于发展中国家的电视机构只有区区 7 家，总收入 38.65 亿美元，只占 100 强总收入的 2.8%。如此倾斜的世界电视产业舞台对广大发展中国家来说显然是一个噩梦。在追赶无力的情况下，许多亚非国家对西方电视产业列强的扩张畏之如虎，对天空开放慎之又慎，也是无奈之举。但弱肉强食的竞争使处在倾斜的电视产业舞台另一端的西方国家也远非高枕无忧，比如目前在欧美流行的“默多克恐惧症”①，“患者”置其一贯宣扬的言论自由和市场规则于不顾，拼命遏制默多克这条国际“电视恐龙”的大脚掌踩进自己的国家和市场。

中国的电视产业规模，论数量，世界第一；论经济实力，总量位居中游。市场体量最大的中央电视台1999年身价6亿美元，排名第51位。这与中国的总体经济实力、国际政治地位和电视人口数量以及幅员相比，这样的位置显然是有失“体统”。20世纪90年代以来，世界范围内电视产业的兼并组合一直没有停止过。在2009年的世界电视前20强中，除了日本NHK、英国BBC、德国ARD和意大利的RAI四家公共电视机构外，无一没有兼并过别的电视企业或被兼并过。2009年9月，国家广电总局新闻发言人朱虹在接受媒体采访时提到，中央电视台建台时全部靠国家的财政拨款，现在该台一年总收入230亿人民币，进入到全世界电视台前50位。这个最新数据有力地说明，如果不能按照有利于资源优化和市场竞争的原则重新组合，打造出几艘电视航母，中央电视台在国际电视产业市场上将长期被迫孤军奋战。

在世界电视100强企业的总收入中，电视收入平均只占到76%左右，余下24%左右的收入都是来自电视产业外的经营。而在电视收入中，除了广告外，很大一部分是来自订户收视费和节目的制作与发行费。这种收入来源多样化的经营方式用中国的俗话说，就是鸡蛋不要往一个篮子里放，用国外媒体产业的术语说，就是多角经营。这里的“多角”有两种涵义：一是多业经营，一是多地经营，当然也可以同时指多业多地经营。在世界上50

① 因默多克及其家族掌控的新闻集团巨大的影响力而形成的一种“影响的焦虑”。新闻集团是全球最大的媒体企业集团之一。它主要的股东和首席执行官是鲁伯特·默多克，他的家庭控制着这个公司的30%的股份。通过五十多年时间，默多克把新闻集团（News Corporation）缔造成了一个庞大的传媒帝国。新闻集团各种媒体每天24小时连续向全球70多个国家和地区的观众传送精彩纷呈的新闻和娱乐节目；作为当今世界上最大的英文报纸出版商，集团在全球范围发行报纸，每周发行量逾4000万份，销售额和发行量居全球第一。新闻集团还办有9个娱乐及新闻网站，并与YAHOO签订了合作协议，将新闻集团下属的这些网站与YAHOO相互链接，以期获得更多访问者。目前，新闻集团已经覆盖了所有的媒体领域。在英国，40%的报纸都由他控股，6张发行量最大的报纸，其中包括《泰晤士报》《每日电讯》《镜报》《卫报》等日总发行量达到2500万份；在澳大利亚，新闻集团也控制2/3的报纸。在美国，它拥有20世纪福克斯电影公司、福克斯网络和35家电视台，占全美电视台总数的40%；在拉美，默多克与3家电视台合作，通过卫星播送150套节目；在欧洲，默多克有天空电视台；在印度，有EETV；在中国，3500万个家庭可以通过卫星收看到默多克的电视节目。现在，新闻集团可以用7种语言，通过40多个频道向亚洲53个国家和地区提供娱乐和信息节目。

多个国家和地区同时经营报纸、电视、杂志、印刷、出版业的默多克，正是多业经营成功的范例，其1998年度的电视收入（只包括其全资的新闻公司，不含其控股的电视企业）虽然达30.65亿美元，但只占其总收入的25.67%。时代华纳公司1998年度电视收入虽然高达184.62亿元，但也只占其总收入的68.79%。多角经营不但分散和降低了企业的经营风险，更使企业的收入渠道多样化。特别是对一些国内市场狭小或已饱和的电视企业来说，异地甚至异国经营可以说是使其不断发展壮大的不二法门。相对而言，中国电视产业的多角经营就逊色多了，不仅大多数电视台收入的90%以上依赖市场规模尚小的广告或政府拨款，而且其异地异国的经营收入除了中央电视台和三四个省级台略有进账外，绝大多数台都是零。

在世界电视产业魔方般的重组中，传统的公共电视机构和商业电视机构都遇到了前所未有的挑战。1992年世界电视100强首次评比时，前20名中有6家是公共电视机构，而到了1999年只剩下4家了，而且整个100强中只有17家公共或国营电视机构。传统的商业电视机构也已风光不再，美国著名的三大广播电视网NBC、ABC、CBS的收视份额和广告收入在有线电视、卫星直播电视和网络等新兴媒体的蚕食下不断下降，以至于先后被通用公司、迪斯尼公司和西屋公司兼并，才保住了进入1999年前10强的位置。日本的商业电视更加不妙，1992年时日本五大商业电视网全部进入100强的前20名，而1999年只有富士电视台还留在前20名内。与传统公共和商业电视机构形成鲜明对比的是，依靠卫星技术、数据技术和网络技术武装的电视机构在产业市场上越来越红火，如英国的BBC等公司便对电视产业的高新技术十分重视，积极采用，因而不但全部进入1999年100强的前30名，而且带动了英国整个电视产业的发展，总收入第一次超过日本。以直播卫星电视服务为主的美国艾柯斯塔公司（Echostar）1998年财政收入比1997年增加了105%，达9.82亿美元，在100强中的排名也由1998年的第62名跃升至第35名。一年之内有如此之大的升幅，对中国的中央电视台和整个电视产业应有某种启示。

2. 世界电视产业发展态势①

作为20世纪最伟大的发明之一，广播电视不仅改变了全球人类的生存

① 陆晔. 力量游戏：全球化过程中世界电视业的市场重构. 当代电影，2001（3）.

环境、生活方式、价值观念和文化体验，而且对社会的政治、经济、文化、公共事务等各个领域产生深远影响。由于广播电视传播的直观性和现场感，广播电视媒介为世人见证了20世纪无数难以忘怀的历史瞬间："二战"盟军的胜利，人类登上月球的第一步，戴安娜王妃的世纪婚礼和世纪葬礼，香港和澳门回归，千禧年的第一缕曙光……这些历史瞬间当然是真实的，但同时又都是广播电视媒介建构起来的——对于普通大众来说，是广播电视为他们提供了透视20世纪风云变幻的历史过程的独特视角，许多遥远的故事，许多异地的场景，许多陌生的人和事，他们本无缘亲身经历和亲眼目睹，却由于广播电视的存在而深深地介入其中。与此同时，广播电视自身也在经历着从传输技术、手段到行业结构和传播理念等方面的一系列变化和调整：调频电台的出现使得类型音乐电台成为广播市场上重要的组成部分，也第一次使得青少年流行文化成为商业广播电视最重要的市场推动力量；有线电视从社区共用天线发展到光缆入户传送上百套节目，不但使电视的分众"窄播"成为可能，也使得因为无线电频谱资源的稀有性而将广播电视业视为公共信托这一传统信条的基础不复存在；数字技术加快了文化全球化的步伐……广播电视成为现代社会越来越重要的生活情状、思维框架和文化景观。尽管广播电视的传播内容和传播手段都在不断发生重大变化，但是，从19世纪末延续到今天的整个行业的市场重构所体现出来的强者更强的力量游戏，对媒介全球化和社会价值体系的冲击则要更加深远。

自20世纪后期以来，经济、社会、政策、技术等因素共同作用于媒介产业，带来了广播电视行业结构的巨大变化：世界传媒结构表现出全球化、市场化以及媒介资本与所有权的集中垄断等三个发展趋势。世界电视产业呈现出以下几方面最为显著的变化：

第一，由于有线电视、卫星电视在20世纪80年代的快速崛起，以及几乎是同时到来的大规模的媒介政策的市场化，广播电视传统的行业结构和市场平衡被彻底打破了——在美国，三大联播网三分市场的霸主地位一去不复返，从20世纪70年代将近90%的市场份额下降到90年代中期的55%，并且还在不断滑坡。根据尼尔逊公司的调查，1996年，三大网晚间新闻的收视率仅为23.3%，比上一年度下降3个百分点，但在6年以前的1990年，这个数字还保持在41.2%。在欧洲，公共广播电视系统不再是唯一或占绝对优势的广播电视媒介，商业电视快速崛起，有线电视、卫星电视、数字电视也稳步发展，从1990年到1994年有线和卫星电视在整个欧洲市场上的平均年利润增长率达到30%，成为不可小窥的市场力量。随着世界宏观经济进一步好转，以及数字技术的应用，数字电视正在逐渐取代传统的模拟电视成为电视发展的主流，世界各国也在大力地推广和普及数字电视。庞大的市场潜力，吸引着世界数字电视厂商纷纷扩大产能。

第二，大媒介集团的垄断和集中控制加剧。全球化的市场经济进程已将包括广播电视在内的媒介工业最大限度地纳入其经济增值范围，重要性与日俱增。和所有其他市场行为一样，广播电视市场的重要概念与角色同样是关涉媒介运作的经济环境——有限的资源如何分配，以及如何有效规避市场风险和追求效益的最大化。现在，媒介产权的集中过程不仅仅是卡特尔式的水平整合，而是水平整合和托拉斯式的垂直整合的有效结合，这样，既可以通过在同一媒介产品生产层次和产品市场的整合，来有效地提高媒介集团在某一领域的控制程度，扩大规模经济，又在日渐宽松的政策环境下不断强化不同媒介产品生产层次和同一媒介产品上下游市场的整合，以确保降低营运风险，提高效率，免受成本波动等市场变化的影响。

在目前的全球媒介竞争中，处于主流地位的仍然是欧美、日本、澳大利亚的大型跨国媒介集团。欧美、日本等媒介发达国家的传播媒介作为一个产业已经发展成熟，市场经过长期的培育和规范已经得到相当充分的发展，在经历集团化和不断兼并之后，全球市场逐渐落入一些大型媒介集团手中。他们共同瓜分了现有的市场，并把目光投向一些尚未完全开放的地区，其中就包括中国。美国在线－时代华纳、新闻集团、迪斯尼、维尔康姆、贝塔斯曼以及美国电信公司集团等，是这些超级媒介集团的典型。一个全球化的媒介市场正在形成并迅速发展，越来越多的大媒介集团进入全球传媒市场，巨大的媒介联合企业兼并不断出现，呈现出娱乐业、新闻业和信息业高度融合的趋势，地方媒介公司与跨国公司之间的战略性联合加强。为扩展市场份额，让全球化媒介产品顺利进入地方市场，跨国公司越来越依赖于同地方性媒介携手，而实力虽不如跨国公司却占有地方性资源优势的小公司也十分懂得如何利用自己的长处来吸引跨国公司并从中获得相应的利润，双方合作的范围和深度因此而加大。

第三，新媒介技术的渗透和数字化程度大大提高。一方面，从数字音频广播、非线性电视摄录编辑设备到卫星电视和高清晰度数字电视等广播电视传输技术的发展，带来了整个广电行业从制作方式到行业结构的变化；另一方面，无论是基于电讯业发展的点对点信息传播方式如互动电视 VOD，还是市场和影响力越来越大的因特网，对广播电视的形式、内容乃至基本理念，都在构成无可回避的威胁。新千年伊始，第一桩震动全球的媒介兼并案就是5年前还岌岌可危的"美国在线 AOL"以1840亿美元一口吞掉了称雄百年的时代－华纳，展现出新媒介行业造就的新经济神话。由于技术改造的高额成本投入，有学者认为，在数字化的"星球大战"中，"强者通吃"的游戏规则将发挥到极致。2009年10月，在北京"世界传媒论坛"上，在谈到媒体产业在信息化时代的挑战时，默多克说，我们身处信息革命的浪潮之中，既使我们兴奋不已，又让我们诚惶诚恐。数字革命彻底颠覆了传统的商业模式，跨越了地域、行业和媒体的边界，在世界各地形成了物质社会财富的新来源。但是数字只是一个手段，而非目的，可以改变人们的生活，可以让人们以空前的规模获取新闻、信息和娱乐。美联社社长兼首席执行官柯里也认为，世界文化和经济领域已随着数字时代技术的发展而发生了彻底和深入的变化，新媒体的发展日新月异，世界媒体应适应这种变化，及时做出调整，找到应对挑战的突破点。柯里说，数字时代的到来，使世界新闻机构不能仅仅凭借旧的传媒方式，通过以往的创作和营销内容而生存。而通讯社不再是仅仅满足商业客户的需求，还需要和商业客户一起为新闻终端用户服务。未来几年，所有新闻机构必须面临一个共同的任务，即从模拟新闻到数字新闻的转变，其他别无退路。

3. 世界电视业运作策略

在市场重构的力量游戏中，世界电视业运作策略的几个特点是十分值得关注的。

首先，是类型化节目构成作为重要的市场概念的广泛使用。媒介产品的"类型"（FORMAT）概念产生于媒介运作与市场调查的逐步结合，并最早在商业音乐电台的实践中得到充分的发挥。所谓"类型化"的节目构成，指的是媒介主动通过市场调查和研究来明确界定出具有不同社会价值、文化品位、生活态度和行为准则的目标受众的人口学特征，然后再通过恰当的节目类型来聚合和培养起对这一类型节目最感兴趣的这一人群。这样，类型化节目构成的策略和技巧在于，既便于达到不同受众群体的人口学特征和不同广告诉求目标的最大限度契合，又便于节目本身系列性的专业化大规模生产。

应该看到，“类型”的概念早已不是局限在广播电视的运作策略的范畴，作为流行文化产品对不同人口学特征的消费者的吸引，“类型”概念被广泛运用在流行文化的生产和推广领域，詹姆斯·邦德的“007”是一种“类型”电影，“纽约客”是一种“类型”杂志，“DISCOVERY”则可被视作一种“类型”频道，如此等等。“类型”不仅仅通过这样系列性的文化消费产品使不同的受众可能在茫茫人海中使自己在社会群体中有所归宿，而且还可以因为对不同类型流行文化产品的消费活动，建构起自己的所谓“个性化”的时尚品味，最终，成为某类流行文化的一部分。对于电视来说，最基本的商业电视节目类型，可以被粗略地划分为新闻节目、谈话节目、体育节目、娱乐/游戏节目、儿童节目和电视剧这样几个大类，而每一大类又都可以通过明确的市场划分和受众定位，被更为精确细致地类型化。

比如，在新闻节目中，晚间动态综合新闻一向是全世界各综合性电视媒介竞争的焦点之一，从演播室设计、主持人个性到新闻的报道角度和重点，都可以根据对受众人口学特征的精细盘算，以明晰的类型风格来打开市场缝隙。在英国，商业频道“Channel 5”的五频道新闻，60%的观众年龄在45岁以下，这个比例是当地其他频道电视新闻的两倍——针对特定收视群体制作特定风格的新闻被看成是该节目最成功之处，体现在内容选择上，就是所谓“人决定报道”的原则，消费、健康、教育或者其他与人们的日常生活密切相关的主题是最经常的报道内容。即使是英国BBC这样以高品位著称的公共电视机构，面对越来越激烈的新闻竞争，也在去年对其新闻节目进行了相当大幅度的调整，在晚间6点新闻中增加了较多的教育新闻、食品和交通等方面的新闻，使报道内容更加贴近以家庭为主要生活内容的女性观众。

谈话节目是海外商业电视中最为流行的节目类型。说流行，并不在于其受众人数众多，而在于各电视频道中都有各种不同类型的谈话节目或具有相当谈话风格的节目。电视谈话节目的大行其道，在于这类节目制作成本相对较低，目标观众的人口学特征集中明确，而且在内容和风格上林林总总，从政治和社会公共事物到娱乐和个人心理健康，集娱乐和信息为一体，几乎无所不包。许多商业电视的谈话节目，均以18～49岁的观众为目标，其中相当一部分的目标观众为女性。有业内的分析家认为，推动电视谈话节目成长和发展的最主要因素有二，也就是经济和技术。从经济的角度看，电视谈话节目不需要像游戏节目和电视剧那样需要为演员付高额酬金，不需要剧本，只需要一个小型的能快速选定话题和嘉宾的主持人和制作人班子，而且制作周期短，容易合成，在首播后还能够很容易地发行到其他地方电视台重播；何况，电视谈话节目将许多本来属于私人领域的元素，如家庭、邻居、私人交往、个人困境等暴露给公众，也将政治、商业、社会事件和娱乐事件等公众领域和特定的个人联系在一起，极大地满足了现代社会受众的好奇心，再加上电视演播现场造就的谈话流程的不可预测性，和广泛的受众参与性，均是电视谈话节目不断推陈出新的动力。

在海外，主要的电视谈话节目可以被分为三大类：一是新闻－社会事务讨论节目，如《夜线》和CNN的《拉里·金直播节目》；二是滑稽－娱乐－访谈节目，如乔伊·雷诺的《今晚》和大卫·莱特曼的《夜晚》节目；三是人际关系－心理自助－日常生活讨论节目，电视谈话以这一大类为最丰富，遭到的批评也最多，可以从非常严肃的《奥普拉·温弗里节目》到因轻佻刺激而被批评为谈话垃圾的《莉基·蕾克节目》和《杰尼·琼斯节目》。大多数电视谈话节目的绝对收视率并不高，如《奥普拉·温弗里节目》在20世纪90年代后期曾是收视率最高的辛迪加谈话节目，收视率一般在8.5左右（在美国，一个百分点通常代表约96万个收视家庭），深夜谈话节目收视率更低，也就是在4.0左右，但因为本身这个时段的开机率就低，因此相对收视率并不低，而且明确的受众目标也是广告商感兴趣的。

电视剧也是十分“类型化”的电视节目样式，是除新闻节目以外最重要的节目形态，在电视节目中总体数量最多，受众面广泛，通常占据大部分黄金时段，对大众文化具有无可替代的影响力。一般可将电视剧分为连续剧（肥皂剧）、系列剧、情景喜剧和电视电影几个大类，通常连续剧在白天时段播出，主要目标受众是家庭妇女和老年人；系列剧往往是每天黄金时段的重头戏，每一集都节奏紧凑，独立成片，靠相同的主人公来强调每一集之间的联系；情景喜剧制作成本低，通常以紧扣流行文化为其最大特色；电视电影指那些专门为电视台生产的单本的故事片，往往在周末晚上一次性播出。若按内容分，则主要有警匪故事如《德克萨斯警察》《NIKITA》，科幻故事如《X档案》，家族故事如《豪门恩怨》，现代生活故事如《欢迎来到纽约》等等。许多系列电视剧都可以很多年一路演下来，像《急诊室故事》《成长的烦恼》等，都是在联播网播出相当长时间后，又被放到地方台播第二轮、第三轮。前两年在美国三大联播网播出的热门电视剧《人人都爱雷蒙德》《朋友》《与天使接触》等，到现在还在播。

对于商业电视来说，最基本的节目构成策略有这样几种：第一，要构成延绵不断的节目流动（FLOW），让节目和节目之间有关联，有过渡，在节目编排上不能让观众有机会用遥控器换频道。第二，可以在一个时段内用相同类型的几个节目的组合，构成一个相对完整的版块（BLOCKING），以吸引相同视听趣味的观众。第三，采用“吊床”式构成（HAMMOCKING），即把一个比较弱的节目排在两个强的节目中间，就像一个吊床要拴在两棵结实的树上一样。第四，强化一个时段的首、尾节目对中间节目的影响力（LEAD－INS 和 LEAD－OUTS）。第五，“帐篷”式构成（TENTPOLING），即用一个热门节目来拉动其前后节目的收视率，像搭帐篷。第六，采取反向节目构成策略（COUNTERPROGRAMMING），也就是编排一个与竞争对手频道同时段完全不同类型的节目来吸引不同的目标观众。第七，做些与众不同的节目安排，比如用专门制作的特别节目来造成轰动效应，给观众留下深刻印象（STUNTING）。如此等等，不一而足。最重要的是，所有的节目构成策略，都是建立在大量充分的受众调查分析的基础上的，而不仅仅是媒介人员的一相情愿。

其次，是明星主持的作用越来越大。主持人是节目的“脸面”和“标识”，他们帮助节目树立在受众心目中的品牌形象，并为节目增加人际传播的个性化特征。今天，面对越来越激烈的节目竞争，明星主持人已经成为各电视台获得和巩固市场占有率的关键要素。就像一位美国资深电视新闻主持人所说，在媒介技术高度发达、制作实力旗鼓相当的情况下，新闻的竞争早已不能靠所谓独家新闻，而只能靠每个主持人报道新闻的风格的不同来争取受众。

一位英国媒介学者认为，受欢迎的电视节目主持人，除了长期的从业经验、出色的职业水准和良好的个人品性以外，第一个必备素质就是要有某种“独特性”，也就是要有非常适合出镜的个人特征。这位学者把这种特征称作“商标的易辨性”，不仅让观众能够认可他/她“是个人物”，而且要有与众不同的性格特点或者外型特征使其主持的节目能从众多的频道中脱颖而出，让观众立刻认出他。如芭芭拉·沃尔特丝多年如一日的犀利风格，乔伊·雷诺大大的下巴，乃至丹·拉瑟每每出现在重大新闻事件现场时身上穿的长风衣，和麦克·华莱士80高龄的老而弥坚，都是一种特定的节目标识，并对各自节目的目标受众具有相当大的吸引力。另外，主持人要具有和节目风格相得益彰的个人魅力，这有助于帮助节目培养起与观众的长久关系。从这个意义上看，实践表明，并不是只有相貌堂堂、风度翩翩的主持人才能吸引受众，相反，在一些节目中，一些外表一般甚至有些外形上的缺点的主持人，也完全可以得到受众的喜爱，其原因可能在于不少观众比较认同主持人这种普通人的感觉，有普通人的弱点和缺点，就像被誉为美国电视界“一位特别出色的电视人”的库拉尔特那样。当然，这并不意味着这样类型的主持人不是明星，就像“丑星”也是“星”一样，而且，恰恰相反，这样类型的主持人反而可以给观众一种“丑小鸭变天鹅”的美梦成真的期望。比如目前美国收入最高的谈话节目主持人奥普拉·温弗里，她出身低微，看上去不过是一个身材微胖的普通黑人女性，但观众喜欢她专注倾听的神情，信任她，把她当作自己的朋友和普通人中的一员，因此而愿意对她袒露自己的内心真情，倾诉那些关于性、虐待儿童、暴虐的上司、缺乏自信等各种难以启齿的事，她的节目成为一种社会公众普遍的心理宣泄渠道，也奠定了奥普拉·温弗里的明星地位——她通过电视谈话节目在1984年一举成名，1986年净收入达三千万美元。现在，《奥普拉·温弗里节目》在全世界几百个电视频道中播出，有人说，这些年来，她从自己节目中挣到的钱应该差不多有两亿美元。

总之，世界电视业风云变幻的市场重构，重新激发了广播电视行业的市场活力，尤其是通过国际市场的开拓和跨媒介、跨行业兼并的媒介资产重组，在改变传统广播电视行业结构的同时，也改写了以往的游戏规则。面对WTO，中国的广播电视业将如何面对更加开放的国内外市场环境，吸收海外媒介发展的经验，有效地整合市场，迅速提升自身实力，参与国际传媒竞争，是今后中国广电学界和业界共同面临的重大课题。

（二）全球电视节目交易市场

有三种类型的国际电视节目交易会：一是全球性电视节目交易会，包括所有类型的节目和来自世界各地的参加者；二是地区性博览会，主要是来自本地区的发行商向国际买主推介他们代理的产品；三是某一特定类型的节目交易会，参展节目集中在某一特定节目类型上，如纪录片。另外，有些国际性的电影节也进行电影的电视节目改编权交易。

1. 国际视听与数字内容交易会（MIP－TV）

戛纳电视节是法国戛纳电影节电视频道的官方活动，也是世界上最大、最著名，也是最有影响力的视听与数字内容交易会，每年都会有来自一百多个国家和地区的电视精英参加。戛纳电视节包括戛纳春季电视片交易会（MIP－TV）、戛纳春季纪录片交易会（MIP－DOC）、戛纳秋季影视片交易会（MIP－COM）、戛纳秋季青少年节目交易会（MIP－COM JUNIOR）。其中，MIP－TV 是全球最主要的电视节目市场。

MIP－TV 创建于 1963 年，当初主要作为美国发行商和欧洲买主进行交易的地方，现在已经成为真正意义上的全球电视界的重要事件。对于许多发行商和卖主来说，MIP－TV 是他们唯一能够参加的国际性重要展销会。而且，参加 MIP－TV 的费用较低。好莱坞的大公司曾经一度撤出 MIP－TV，但从 20 世纪 90 年代末开始，好莱坞的制片商们又重新开始对 MIP－TV 产生兴趣。因为春天正好是美国电视台替换节目的档期，美国的电视网从一月份开始播出的电视剧一般到这个时候都要结束，需要新的电视剧来替换。于是，好莱坞的制片商们就把这些节目带到 MIP－TV，同步推向美国以外的国际节目市场。当然，美国参展商缴纳的参展费对于 MIP－TV 来说是至关重要的。

2008 年的 MIP－TV，共计 13000 多人参加了此次节目交易盛会，分别来自 104 个国家、4000 多家公司，其中包括 3800 多位买家。作为国际上主要的节目交易展会之一，播出机构、制片人、发行商与手机、互联网、互动电视等领域的专家及广告商、品牌特许商齐聚一堂。近年来，动画产业成为全球各大媒体行业力争的战略版图，无论是已经 50 岁的《蓝精灵》《奥特曼》家族成员还是美丽的“芭比娃娃”，都来到了展会现场，带来了人们熟悉的影像片断，众多商家更是展开了一场衍生产品的争夺战。新媒体的发展趋势一直是各大节目交易展关注的话题，本次的 MIP-TV 中，Internet TV、broadband mobile、video-on-demand 等也成为媒体市场的发展重点。来自韩国的 BCC（Korean Broadcasting and Communication Commission）公司出版的白皮书 *DMB Market in Korean*，介绍了韩国目前 DMB 市场的现状和发展前景，对我国的新媒体发展具有较高的参考价值。中国元素的节目内容也是展会上的一个热点。除了国内媒体的参展内容外，海外媒体也纷纷用镜头记录下了“中国现状”。2008 年中国最大的热点是奥运主题，和国内多家电视台有紧密合作的Sports Brand Media Group 也推出了系列片 *Countdown to Beijing*，分为两个版本：针对传统电视媒体的半个小时版本和针对数字媒体的1分钟版本。

2. 全美电视节目专业协会年会及电视节目展（NATPE）

与MIP-TV一样，NATPE创立于1963年。NATPE的举办地点是美国赌城拉斯维加斯。这是一个专业性很强、影响力巨大的世界影视传媒行业盛会，也是世界最大的电视节目交易场所。

NATPE原本只是作为美国国内的同行之间的节目交易的一种形式。然而，近年来，前来参加这个交易会的国际代表团越来越多，以至于有些美国发行商抱怨说，这个展销会太拥挤了，已经脱离了创立时的初衷。2002年，终于有许多美国国内的重要发行商拒绝参加展销会，从而引发了美国电视界巨大的争论。自从美国联邦《1996年电信法》关于所有权的管制松动以来，大型媒介集团大量兼并地方电视台，电视台数量锐减，电视节目的交易迅速集中，即只要在几个大公司的办公室就可以完成交易。

然而，虽然美国国内的媒介集团大举进行产权合并，参与国际电视节目交易的主体却越来越广泛，交易量也越来越大。例如，在2002年的NATPE交易会上，美国国内发行商的国际业务部门充分发挥了威力，极为风光。

正如五岸传播的陈茜在《不一样的NATPE》① 一文中所言：2008年的NATPE与以往不同，美国编剧协会（WGA）大罢工，诸多电视剧制作公司歇业，似乎整个社会的经济萧条已不可避免地渗透到了这个敏感的行业。不可否认，美国编剧协会罢工给NATPE的组织工作带来了负面影响，但仍有不少持乐观态度的参展者。正如Alfred Haber（美国著名的发行公司，本部在新泽西）所言，罢工为展会带来了更多关于真人秀类节目的创意与合作，因为此类节目不单纯依赖剧本。Mandalay Bay会场上，展商川流不息，来自英国、加拿大、澳大利亚等国，操着不同口音的卖家齐聚赌城，争先恐后地想要了解美国各大电视网将如何填充罢工造成的空白时段。可以预见的是，这里将有更多的国际节目交易与合作诞生。现如今在美国，本土节目模式一统天下的局面已经一去不复返了，节目模式不再有国际、国内泾渭分明的烙印。如被ABC重新搬上舞台的真人秀The Mole原创于比利时，Master of

① http：//zazhi. wingsmedia. com. cn/36qzz/9390/9395/9508. html，查询日期：2009-11-04.

Champion 的模式来自日本，而 Wanna Bet 则是由德国的 ZDF 电视台最先开发的。尽管对于是采用大场馆式还是酒店套房式的组展形式的争论仍在喋喋不休地进行，尽管竞争对手 CES（美国国际消费电子展，同在一月份举行）分流了不少本土制作公司的展商，NATPE 始终向人们展示了一个没有国界的统一市场。

3. 戛纳秋季影视片交易会（MIP - COM）

MIP - COM 创立于 1985 年，每年秋天在法国戛纳举行，人们习惯于把这个展销会看成是 MIP - TV 的“小兄弟”，是戛纳电视节的重要组成部分。MIP - COM 是跨平台的综合性内容市场，涵盖电视剧、电影、纪录片、综艺节目、音乐、体育、旅游节目以及青少年节目等所有节目内容和形式。MIP - COM 的参展者与 MIP - TV 基本相同。1992—2000 年，MIP - COM 的参展者增加了 50%，这种增长势头与近十年来国际电视节目贸易的发展态势是一致的。与 MIP - TV 相比，MIP - COM 更注重与美国和欧洲电视节目的交流，因为大型制片厂有较为完整的收视率资料，可以凭借这些来预测新节目的流行前景。另外，MIP - COM 的创立再次说明西方电视节目和西方电视机构支配国际电视节目贸易的现实。

例如，来自 105 个国家和地区的 13371 名代表参加了 2007 年的 MIP - COM，创下 50 亿欧元的交易额，这充分说明 MIP - COM 真正起到了全球视听媒体发展趋势风向标的作用。它有以下几个特征：第一，世界买家紧盯亚洲视听内容。参加本届 MIP - COM 的亚洲各国公司无论在规模上还是交易节目的质量上与往届相比均有不同程度的提高。从具体交易类型来看，国际买家看中来自亚洲地区的卡通和纪录片类题材。第二，中国 + 奥运 = 机会无限，奥运题材节目受到了国际买家的重点关注。在本届 MIP - COM 中国联合展区中多数参展公司都是国际市场的常客，如中国国际电视总公司、电影频道、北京电视台、上海文广集团、中南卡通、华鼎世纪等。由中央新闻纪录电影制片厂制作的奥运纪录电影《2001 + 7》与多国买家进行了实质性接触。另外，由国际奥委会和北京奥组委授权，由中央新影制作的奥运官方电影《北京奥运会》也在 MIP - COM 期间开展预售。北京电视台出品的《福娃奥运漫游记》凭借其奥运 + 卡通的题材吸引了大量国际买家的购买意向。第三，移动和网络媒体继续令人瞩目。虽然本届 MIP - COM 继续将目光聚焦于传统电视节目的交易，但是随着数字和手机技术以及播出平台的进一步发展，新媒体市场的规模持续增长。另外，由互联网用户自创的在线内容的爆炸式发展也受到与会的业内人士的重视。第四，数字时代内容依然为王。数字媒体时代已经到来，然而内容仍然是人们最应该关注的焦点。无线媒体平台或是互联网平台无非是新技术时代给我们带来的新的媒体播出渠道。因此创造适合新媒体平台的内容才是各个影视娱乐公司接下来需要解决的问题。内容创作看来是新媒体发展的关键所在。

图 7－3　2008 年 MIP－COM 的海报

（三）中国电视节目交易市场及其品牌策略

1. 中国主要电视节目交易市场

直到 20 世纪 80 年代中期，虽然中国电视业经过了三十多年的发展，并颇具规模，但仍然处于一种基本封闭的状态，最明显的标志，就是没有一个国际性的电视文化交流活动。

1983 年，为了丰富省级电视台的节目内容，出现了内地第一个初具市场属性的电视节目交易会，主要采取物物交换、象征性收费的交易方式。1986 年，“上海国际友好城市电视节”（1988 年更名为“上海电视节”）开办，成为中国内地首个电视节。此后，北京国际广播电视周、四川电视节相继创立，形成了每年相对固定的电视节目交易市场。2003 年，由国家广电总局和中国广电集团共同举办了中国国际广播影视博览会。自此，上海电视节、北京国际广播电视周、四川电视节、中国国际广播影视博览会成为中国四大主要电视节目交易市场，并能基本反映我国电视节目交易的现有格局。

中国电视节目的交易市场在规模、规格、举办周期等方面都存在明显的局限性。后来，一些节会举办周期缩短，节目交易市场也由计划性的轮流举办向生产性竞争转变。北京国际广播电视周从1993年起率先调整为一年一度，上海电视节自2002年起也由两年一届改为一年一届。电视节目交易场数的增加，形成了对参展商资源的争夺，从而在参展商出席人数上各展会都有所下降。但与此同时，各电视节目交易市场也由最初的盲目升温逐步进入冷静寻找对策与细分市场、加强市场交流和提升服务上来。目前看来，国内四大电视节目交易市场在市场定位、重点突出等方面逐渐形成了各自的特点。

另外，值得关注的是中国金鹰电视艺术节剧本交易市场的创立。中国金鹰电视艺术节（简称金鹰节），即原“中国电视金鹰奖”评选活动，以中国电视金鹰奖的评选颁奖为主要活动内容，是唯一以观众投票为主选方式产生的全国性电视艺术综合大奖，也是中国第一个以国产电视艺术作品作为评奖和交流对象的电视艺术节庆活动。首届电视金鹰奖评选活动于1983年在云南省昆明市举行。自2000年第18届开始，改称为“中国金鹰电视艺术节”，每年的第四季度固定在长沙举行。2006年第六届金鹰节创设剧本交易市场，共收到剧本309部，吸引了55家电视台和影视制作公司参会。组委会推荐的30部作品有90%以上确定了合作意象，有6个剧本当场签约。热播影视剧《十全九美》（原名《斗计》）《走过路过莫错过》《如果还有明天》等剧本就是当届交易会优秀剧本的“成活品”。

2. 电视节目贸易的品牌策略

在电视节目的销售中，人际关系是十分重要的，买卖双方需要经常接触、及时沟通。在各种博览会上，由于买卖商双方人员庞杂，数量众多，层次各异，经济实力悬殊，从而使相关关系变得极其复杂。有效的关系网络管理显得尤其重要，如销售大厅布置、展柜展示设计、安保措施、分区限入等等，这套机制可以帮助参展商之间建立有效的联系。但是，除了依托关系营销建立自己的有效协作网络之外，更应当积极采取品牌策略，在电视界展示自己的品牌。

第一，以节目风格类型作为品牌。在国际市场上，节目风格类型构成主要的产品市场，许多发行商由此形成了自己的公司品牌。例如，Real People公司的园艺节目和Ken Tucker公司的探险家节目，或教人进行园林修剪造型，或引导户外运动，使自己的产品在销售大厅中与其他参展产品区别开来。随着全球范围越来越多频道的专业化取向和采取分众化策略，这种立足适应窄化市场的节目和公司开始兴旺。甚至一些世界级的媒介集团也采取了这种策略来营造自己的品牌。例如 Carsey – Werner International 的情景喜剧、King World International 的游戏节目、Playboy TV International 的色情节目。即便随着频道数量的增加，各个博览会上的电视节目销售显得更加多样，但最赚钱的节目还是那些类型化的品牌。

第二，以民族身份作为品牌。在国际市场上，最具吸引力的品牌，总是那些在某一风格的电视节目制作销售上不仅有实力而且又具有清晰的民族形象的公司所拥有。好莱坞壮观的影片、德国的犯罪连续剧、拉丁美洲的情感剧、澳大利亚的纪录片、加拿大的合拍片以及日本的动画片，都为这一成功的策略提供了极好的例证。在一些买家的心目中，这些国家的名字就是这类节目的代名词，而那些专门生产这些类型节目的公司也享有更多的品牌资产。

四、动漫品牌国际贸易

所谓“动漫”是指动画（Animation）和漫画（Comic）这两个相关的文化产业门类。有些国家又将另一个相关产业游戏（Game）纳入，并称为 ACG 产业。

动画和漫画产业本来就密不可分，虽然它们并非产生于同一时期，当它们单独出现的时候，还未能显现出巨大的对时代文化的改写力量，但它们内在的本质有着高度的统一，即都有着对虚拟角色和虚拟环境的创造，都能建立让受众瞬间直达理想国的精神通道。随着电子游戏产业的快速崛起，在日本，1990 年此三项产业已紧密结合，许多作品企划都是跨三项平台以期达到最大收益。ACG 从文本出发，却不再复归于文本，其衍生产品超越了娱乐本身，遍及了生活的每一个具体层面：服饰、工具、电影、旅游、家庭装饰、文化用品等等，因此，它也就超越了 ACG 文本的大部分低龄受众，从而完成了对成人世界的全面征服。由 ACG 创作所诞生的一系列视觉符码，或者说视觉符码类型，深刻地影响了当下时代的审美意趣，比如日本从漫画、动画等改编而成的各种日剧成就了一批青春偶像。而在其看不见的背后，是经营者的巨大利润。相比较而言，中国的今天，还远不够 ACG 化，带着强烈动漫叙事方式的言行还只闪见于都市少年人群，从动漫衍生出的

“第三娱乐”在更大程度上还停留在非经营的自娱自乐的境地，而相关产业，则刚刚跨过门槛处于启蒙时期。

2007 年，全球的动漫产值约 2800 亿美元，中国的动漫市场 2006 年的产值约 350 亿元。在中国，动漫供需的缺口至少在一千亿元以上。当前，我国动漫企业大概是 5400 多家，有 447 所大学设立了动漫专业，在校学生学动漫专业的有 46 万人，数字相当可观。

（一）当代国际动漫市场

世界有三个主要的动漫市场，即美国、日本和韩国。美国有八大动漫公司，每年产值逾一千亿美元，是世界最大的动漫国家。日本是最近十年快速崛起的动漫产业国，时至今日，动漫已成为了日本的第三大产业，占其 GDP 的十多个百分点。日本动漫在全世界拥有大批爱好者。仅以美国为例，2003 年日本销往美国的动画片以及相关产品的总收入多达 43.59 亿美元。韩国在亚洲金融风暴以后，提出“文化立国”战略，动漫产业方得到迅速发展，并成功超越法国，成为世界第三大动漫国家。

1. 美国

作为世界头号文化产业强国，美国也是动漫产品及其衍生品年产值最高的国家，达 2000 多亿美元，产业规模效应明显。

世界上第一部动画片是美国人 J · 斯图亚特 · 勃拉克顿于 1900 年制作的《迷人的图画》。在美国，由于勃拉克顿和温瑟麦凯的成功，动画片厂也如同卡通动画角色般逐渐兴起。1913 年，第一家动画公司在纽约设立，拉乌巴瑞（Raoul Barre）为他的动画片《钉子》（*Pegs*），发展了第一套固定绘画的系统。J · R · 布莱随后跟进，改编泰迪罗斯福（Teddy Rosevel）的漫画卡通，制作一系列《说谎上校》（*Colonel Heeza Liar*）的冒险故事。早期有许多卡通是由流行连环漫画搬上荧幕，譬如《马特和杰夫》《疯狂的猫》，原本就是观众喜爱的人物，现在动了起来，宛如真人，更增添其魅力。

1915 年，易尔赫德发明了赛璐珞胶片，取代了以往的动画纸，画家不用每一格的背景都重画，可将人物单独画在赛璐珞上而把衬底背景垫在下面相叠拍摄，建立了动画片的基本拍摄方法。这一年，在巴瑞公司工作的麦克斯佛莱雪（Max Fleischer）发明了“转描机”（Rotoscope），可将真人电影中的动作，一五一十地转描在赛璐珞胶片或纸上。他在 1916—1929 年创作的《墨水瓶人》（*Out of the Inkwell*）和《小丑可可》（*Koko the Clown*），也就是利用转描机和动画技巧大显身手的成绩。1919 年，菲力猫在派特苏利文（Pat Suliivan）公司的奥图梅斯麦（Otto Messmer）的孕育下在《猫的闹剧》（*Feline Follies*）中首次登台。菲力猫受欢迎的程度足可和后来的迪斯尼公司的卡通人物媲美，特别是在知识分子的观众群中也广为流传。

同步声音的发明带给美国的动画发展显著的影响。美国动画片首先使用声音来改进角色的特征和个性，从早期动画在性格塑造和技巧的实验开花结果，而进入所谓的“美国卡通的黄金时代”。1989 年，迪斯尼公司推出了《小美人鱼》，获得了极大成功，标志着美国动画片又一次进入繁荣时期，并一直持续至 2002 年。这个时期的代表作品很多，如创造了票房奇迹的《狮子王》、第一部全电脑制作的动画片《玩具总动员》以及可以乱真的《恐龙》等。20 世纪 90 年代末期，各个大制片公司（如 disney、DreamWorks SKG、Warner Brothers（WB）、Sony Picture Entertainment、Fox Entertainment Group、Paramount Pictures、Lucasfilm、Universal Studio、MGM/UA 等）纷纷涉足动画业，使这一时期的美国动画异彩纷呈。

美国动画片经过长期的发展，到今天形成了鲜明的特点。它以剧情片为主，情节曲折，生动有趣，人物性格鲜明，音乐优美动听，引人入胜，特别注重细节的刻画，做到了雅俗共赏，适合绝大多数观众的审美口味。多以大团圆结局，悲剧性的影片很少，努力迎合广大观众的心理需求。人物造型设计规范，与生活中的原型差别不大，大多不大变形，形象优美；动物形象大都做大幅度夸张：大头、大眼、大手、大脚，成为被世界各国广泛借鉴的卡通模式。目前，随着动画制作与电脑科技的结合，利用 3D 影像软件增加了华丽炫目的画面效果。此外，电脑动画制作还应用于真人的电影拍摄当中，成为电影工业中重要的一环，在整个电影市场上始终占有一席之地。

如今，美国动漫产业具有一套高度市场化机制，所有动漫产品的开发都以市场需求为基础。美国动漫产业具有完备的市场调研体系、制作体系、宣传体系和播出体系，发达的衍生产品，授权业和强大的终端销售能力。梦工厂在拍摄《怪物史瑞克》前花了 5 年时间进行市场调研，包括如何让产品人物受欢迎，怎样安排在全美 3000 家电影院的上映档期，特别是如何搭售速食品、玩具、文具、服装等衍生产品。该片大获成功后，公司立刻组织制作的《史瑞克 2》，又以 4.4 亿美元位列 2004 年全美票房首位。

与好莱坞电影一样，美国动漫产业的发展也充分考虑了全球市场。在形成完善的市场体系后，美国将动漫制作过程中一些较低附加值的环节转移到海外，以合作的方式既进行了有效的资源配置，又便于打入国际市场。在资源方面，也充分吸纳一切人类优秀的文化内容，经过美国科技、市场等规则的整合之后，创作了拓展国际市场的良品。经过多年的努力，美国动漫产业形成了强大的品牌优势：一方面体现在企业品牌方面，迪斯尼、皮克斯、梦工厂几乎成为全球动漫的代名词；一方面体现在产品品牌方面，米老鼠、唐老鸭、啄木鸟等动漫形象得到全球漫迷的高度认同，从而带动与品牌相关的产品畅销天下。

例如，以迪斯尼、梦工场为代表的美国动画电影已经逐步形成了高投入、高风险、高产出的产业发展模式，形成了以动画电影、电视、主题公园、商品业务为主要节点的产业链。特别是迪斯尼，包括兼顾电影、电视、主题公园和玩偶商品四大经营业务的模式，值得特别关注。

图 7－4　迪斯尼主题公园

第一，电影制作是迪斯尼公司的核心业务。迪斯尼在相当长的一段时间内，坚持每年出品一部动画片，而且每部都堪称经典。这些电影为迪斯尼赢得了良好的票房收益。在电影经营方面，迪斯尼公司探索出新的经营策略：以 7 年为周期重放迪斯尼经典动画。新策略为公司带来巨额收入，如《白雪公主》的每次重放都带来几百万美元的收入，同时也深化了迪斯尼动画人物在人们心目中的印象。更重要的是，这些影片让迪斯尼的各种动画形象深入人心，也让迪斯尼的品牌走入千家万户，为其衍生业务的扩展打下了坚实的基础。

第二，电视是迪斯尼公司的重要衍生业务。电视业务建立在迪斯尼电影业务的基础上。与电影业务相比，电视节目制作虽然不是迪斯尼公司的传统强项，但它毕竟为公司带来了收入，而且是迪斯尼公司宣传的重要途径，因此，电视业务在公司内部具有较高的战略地位。1995 年，迪斯尼公司以 190 亿美元巨资收购美国广播公司（ABC），合并后的迪斯尼公司有 85000 位员工，拥有沃尔特迪斯尼制片厂、试金石电影公司、美国广播公司等著名企业，拥有 11 家电视台及 228 家附属电视台，拥有分布在世界各地的 400 家迪斯尼零售店，成为世界上规模最大、经营范围最广的综合性文化娱乐和媒体公司之一。对美国广播公司的成功收购使迪斯尼公司不仅收获了 ESPN 和 ABC 有线电视网等优良资产，使公司从广播网中获利，它还突破了大型电视台的封锁，让迪斯尼电视节目适时地与电视观众见面；另外，它还成为迪斯尼公司营销电影和主题公园的重要平台。

第三，主题公园是迪斯尼公司“二战”后重点开发的新业务。艾斯纳执掌迪斯尼期间，通过提价、强大的广告攻势、更新游乐项目等措施让主题公园业务得到了迅速发展。目前，主题公园已经成为迪斯尼重要的收入来源。

第四，商品业务。随着迪斯尼公司产品，尤其是动画人物的知名而发展起来的业务量巨大。迪斯尼商品非常丰富，给公司带来了丰厚利润。与以前的操作相似，迪斯尼公司只是出售动画人物的肖像权，不直接参与相关商品的生产。通过形象授权，动画形象的潜在价值以及战略协同为迪斯尼带来了巨大的商业利益。授权主要通过特许经营方式出售动画形象的使用权，通过收取版权费用增加经营收入。动画人物的商品化一方面让迪斯尼公司取得了稳定的收入来源，另一方面对公司形象的宣传也起到了很大的推动作用。影片的成功放映和角色的商品交易使迪斯尼的动画角色不仅在美国本土广受欢迎，而且还名扬海外，成为国际巨星。

值得特别指出的还有，由于美国动画企业把动画电影作为动画产业链的第一个环节，因此大多是精工细作，强调质量。也正是这种出发点，使得美国动画片产生了为数众多的动画明星。这些动画明星成为动画产业重要的收入来源，而且地位越来越重要。也只有当动画明星积累到一定程度时，才有可能出现像迪斯尼乐园这样的主题公园。

2. 日本

从阿童木、圣斗士、七龙珠到 Hunter × Hunter、海贼王……这些影响了整整一两代中国人的动漫作品，无一不出自日本。同样的文化背景，甚至是相同的起跑线，在许多中国人还以为动漫只是“少儿读物”的今天，是什么使动漫成为日本的第二大支柱产业，年产值高达 230 万亿日元？日本动漫的产业链优势到底在何处？

图 7－5　日本漫画《海贼王》选图

日本素有“动漫王国”之称，是世界上最大的动漫制作和输出国。日本国民十分喜爱漫画，漫画文化非常发达。据日本三菱研究所的调查，日本有 87% 的人喜欢漫画，有 84% 的人拥有与漫画人物相关的物品。日本现有动漫制作公司 430 多家，拥有一批国际顶级漫画大师和动漫导演，以及大量兢兢业业的动画绘制技师。随着电视和网络的发展与普及，日本动漫市场越做越大，并风靡全球。

在日本，不论政府抑或商家，都没有仅仅将“动漫”当作简单的休闲文化，而是扎扎实实将其当作一个产业来加以扶持和发展。日本动漫成功的一个重要启示便是：文化产业的创新与发展必须面向全体民众，让全民来参与。

日本动漫在商业设计上面向全民，广泛的覆盖面成为产业成功的基础。从漫画分类来看，日本漫画按读者群可分为儿童漫画、少女漫画、少年漫画、女性漫画、青年漫画和成人漫画；从动画分类来看，日本动画又可分为电视动画、录像带动画、动画电影和非主流动画。而且面向不同人群的动画播出时间也各不相同。在日本，各种动漫杂志多达350种，其电视台每周播放动漫节目80多集，一年播放的动漫节目接近4000集。精细的分类使得多种动漫产品“总有一款适合你”，这种“狂轰滥炸”式的攻势使日本人处于动漫的包围之中，为动漫产业的发展提供了广泛的受众群。

除了广泛的受众群，日本动漫产业还有一套完整的产业链。日本动漫的产业化过程主要分为四步：第一，漫画原作在杂志刊载；第二，刊载两个月之后，将内容整合成单行本出版；第三，刊载一年至一年半以后，将作品动画化；第四，如果作品受欢迎，在动画化的同时，商家会马上生产玩具等周边产品，而这些动漫的周边产品几乎覆盖了生活的各个领域，可以说只有你想不到的，没有你买不到的。如此的产业链使动漫生产得以程序化，迅速满足了市场受众的需要，达到了大量赢利的目的。

日本动漫工作者认为：好的动漫作品不仅要注重社会效益，更应该重视商业效益。日本的动漫制作者在创作之前，通常会对市场进行考察，不仅要把握观众的口味，还要考虑这部作品在推向市场后能带来多大的利益回报。因此，日本动漫作品在内容上会考虑趣味性和娱乐性，毕竟这更能为观众所喜爱，更易有好的市场反应。同时，在创作上会考虑观众群的划分，哪些是给小孩子看的，哪些是给成年人看的，针对观众不同年龄层，创作出不同题材的作品。甚至有哪些作品是给小孩和大人都可以观看的，对这些，动漫制作者都会考虑进去。日本动漫产业也非常重视新技术的应用，例如把一套应用于医学、航天领域的三维软件技术，也同时应用在动漫游戏中，使作品表现形式更为丰富，给观众带来全新的视觉体验和感受。

另外，日本政府的大力扶持也是动漫产业发达的原因之一。日本自民党前干事长麻生太郎是狂热的动漫爱好者，他的专用车后备箱每天都装着刚出版的漫画，他每周不论多忙都要精读几十本漫画杂志。2006 年，麻生曾提议设立“动画文化大使”，意在将日本动漫的魅力推广到全世界。为了扩大日本动漫在国外的影响力，日本外务省还曾拨款 24 亿日元从动漫制作商手中购买动画片播放版权，将这些动画片免费提供给发展中国家的电视台播放。这样做既向海外推广了日本的动漫产业，又增大了日本在外国青少年中的影响，可谓一举多得。

3. 韩国

1998 年，经历了亚洲金融风暴的韩国明确提出“文化立国”的方针，将包括动漫产业在内的文化产业作为 21 世纪发展国家经济的战略性支柱产业。为此，韩国政府出台了《21 世纪文化产业的设想》，制定了《文化产业发展五年计划》和《文化产业发展推进计划》，具体目标是，计划用五年时间，把韩国文化产业的产值在世界市场的份额由 2001 年的 1% 扩张到 5%（710 亿美元），海外出口额增加到 100 亿美元。在动漫产业方面，2003 年，韩国文化观光部制定了《漫画产业发展中长期计划（2003—2007 年）》。该计划提出：至 2007 年韩国漫画制作规模要达到 5000 亿韩元，消费市场达 1 兆韩元，使国产漫画市场占有率提高到 70%，销售市场与借阅市场各占 40% 和 60%，出口占 10%。

2006 年 1 月 4 日，韩国的文化观光部又发表了《动画产业中期增长战略》，提出了新的目标：将现在每年只有 3000 亿韩元的韩国动画市场规模在 2010 年之前提高到 1 兆韩元。为此，韩国政府将在 2006—2010 年间投资 764 亿韩元（约 7.36 亿元人民币）。

此外，韩国政府还出台了《国民政府的新文化政策》《文化产业振兴基本法》《文化产业促进法》等法律法规。其中，《文化产业振兴基本法》是韩国政府第一部有关文化产业的综合性法规，这里面有很多条文与动漫产业相关，比如，它首次正式把漫画列入文化产业范畴，为政府对漫画产业的支持提供了法律依据。此外，韩国还修订了《广播法》《影像振兴基本法》《著作权法》《电影振兴法》等相关法律条文，其中被废止或修改的内容达 70% 左右。这些法律条文一方面明确了动漫产业的产业性质，为其健康发展提供了有力的法律保障；另一方面，也对其产业运行中的某些容易出现的问题进行了规范约束。

韩国人普遍认为动漫产业包含两层含义：一为动画，二为传统意义上的漫画。从产业角度则界定传统漫画为著作权保护范畴，而动画为著作邻接权保护范畴。

韩国的漫画产业始于20世纪60年代中后期，起初主要以儿童为对象创作、出版和发行漫画图书、杂志等，发展比较缓慢。从80年代后期起，随着经济的快速发展以及消费结构的变化，漫画产业的发展呈现出新的特点：传统的漫画图书、杂志等出版业在经历了80—90年代的全盛期后开始萎缩，而由漫画衍生的动画和游戏业则迅猛发展，一跃成为主导动漫产业发展的基干产业。出现这种结构性变化的主要原因是：政府对传统漫画图书、杂志出版业的重视和支持力度不够；公众也普遍认为漫画是“小儿科”，缺乏品位和档次，导致漫画家学会难以进入艺术团体联合会和元老画家不能成为艺术院会员；消费群体仅限于儿童，消费形式大部分为借阅而非购买，因而利润不高。而更重要的原因是IT产业的飞速发展直接带来的冲击，青少年热衷于用手机发短信、玩游戏或进网络社区，传统漫画自然受到了冷落，以往的漫画图书和杂志已很少有人问津。这种情况导致韩国传统漫画出版发行量锐减，漫画家连最低收入都难以保障，故许多漫画家就此搁笔转行，传统漫画产业进入危机期。但近几年在政府的支持下，传统漫画产业又有了新的起色。据统计，漫画出版社由2001年的50余家增加到2003年的162家，其中，前列三大出版社出版的漫画占45%。2003年与上年比较，漫画制作市场规模由1610亿韩元增至2575亿韩元；消费市场规模由6033亿韩元增至7451亿韩元，其中国产漫画和进口漫画各占37.4%和62.6%；出版漫画9081种，其中翻译3600种。

IT产业的腾飞是动画产业发展的大背景，而政府支持和市场拉动则成为其发展的动力和条件。20世纪60年代以广告片制作为序幕，韩国的动画产业开始启动，1967年独立制作出第一部影院动画片《洪吉东》投放市场，其后直到20世纪70年代连续推出不少较好作品。从80年代起，随着动画制作水平的不断提高，韩国开始以OEM方式（启用订货方商标的制作方式）承接国外动画片制作，逐步发展成为世界动画片制作基地。1987年韩国又推出自己制作的电视动画片，开始进入动画片自我创作时期。进入90年代，韩国动画片制作技术更加成熟，其动画产业步入高速增长期。据统计，90年代后，韩国动画片出口增长率年均超过10%，2002年出口额达8387万美元，是当年电影出口额1501万美元的5.5倍；同年动画片进口761.3万美元，顺差7625.7万美元。2003年动画产业产值由1998年的3200亿韩元增至4050亿韩元，当年动画片销售额由上一年度的2149亿韩元增至2699亿韩元。韩国成为继美国和日本之后世界第三大动画片制作和出口国。

经多年实践，韩国培养出不少专业人才，也积累了丰富的制作经验和技术。目前，韩国在动画制作者协会注册的动画制作企业有62家，从事动画片制作的达2万多人，制作技术和能力远远超过中国、东南亚和台湾等国家和地区，达到发达国家80%的水平。其动画片制作数量仅次于美国和日本，世界动画片80%的背景画源于韩国，其中包括美国迪斯尼公司创作的《美女与野兽》等名作。从韩国动漫业产品结构看，DVD居首位，其次是电视动画片。2003年总计放映动画片61部，其中DVD和电视动画片分别为27部和23部，而VHS和影院动画片分别为8部和3部。2002年动画片销售1915亿韩元，外销为999亿韩元，占52.2%；内销为916亿韩元，占47.8%。

归纳韩国政府促进动漫产业发展的举措，主要有五条：第一，强化对动漫产业发展的宏观指导和协调。如前述，1999年2月政府颁布施行《文化产业振兴基本法》，正式把动漫产业列入文化产业范畴，从资金、人才和技术等方面为动漫产业的发展提供了法律依据。文化观光部下设韩国文化产业振兴委员会，负责审议和调整文化产业发展政策和计划。由文化观光部牵头，组织韩国文化产业振兴院、韩国漫画家协会、富川漫画信息中心、汉城动漫中心、动画片学会、漫画出版协会、韩国漫画发展联盟等12家政府和民间机构成立了“韩国漫画产业发展协议会”，定期召开协商会议，共商动漫产业发展大计。第二，大力支持研发和创作。政府动用电影发展储备资金，支持大学和相关企业从事动画片创作、剧本编写和长篇动画片拍摄；定期征集、评选和奖励优秀作品，从中发现新人和新作。建有漫画产业综合支援中心，以低廉价格出租场地和设施，扶植企业创作。建立漫画影像产业园区、汉城动画片中心等机构，从漫画创作直至销售全程给予综合支持。第三，扩大资金支持和人才培养。在政府文化产业预算中，2005年漫画产业预算比2002年增加了6倍，由8.8亿韩元增至62亿韩元，所占份额也由0.5%上升至3.3%。设有文化产业发展基金，用于文化产品开发；建有大型数字音像产业投资组合，筹资500亿韩元重点支持动画制作；根据业绩评选优秀漫画出版社并给予资金奖励；对漫画产业给予减免20%所得税和法人税优惠。另外，建立漫画创作、策划、制作、营销和流通等各个环节的人才培养体系，在16所大学设立漫画学科，以强化正规人才培养。第四，建立、健全专门机构。建立了漫画形象信息中心、漫画之家、动画片中心、漫画博物馆、动画片制作者协会、电影广场、动画片艺术人协会等机构，以从信息收集、研究开发、人才培训、策划创作、资金运作、产业衔接、市场营销等多方面给予业界及时而有效的支持。计划投资80亿韩元建立韩国动画制片厂，完成动画界多年的夙愿，进而完善对国产动画片策划、创作等支援体制。第五，构筑内外流通网络，扩大漫画市场营销。政府大力支持本国企业举办或出国参加国际漫画节、博览会、研讨会，多方构筑海外营销系统和网络，在语言翻译、广告宣传、法律咨询、招商引资等方面提供便利，同时广泛开展促销活动，扩大内需并推动韩国漫画走向国际市场。建立漫画流通管理系统，改善流通结构，减少流通费用。为扩大本国产品销售比重，修订了《放送法》，从2009年7月起采用本国动画片义务播放制，规定各电视台要保证用1%～1.5%的时间播放本国动画片，使国产动画片有了稳定的国内市场。

4. 国际动漫产业特点及发展政策分析

美国并没有组建特别的机构来专管动漫产业。这一方面是由于美国经济的市场化、法制化程度较高，另一方面也是由于其动漫产业起点高，领先优势明显。再一个方面就是美国的电教结合了动漫作品，极大地普及了动漫产业。韩国政府1998年在文化观光部下面建立了文化产业局作为动漫产业专管机构。在日本，经济产业省传媒与内容产业局是管理动漫产业的重要机构。日本经贸部于2003年专门成立了内容产业全球策略委员会，促进和协调包括动漫产业在内的数字内容产业的健康发展。2003年，日本模仿韩国的首尔动画中心，在东京设立了东京动画中心（Tokyo Animation Center），致力于推行国家在动漫产业方面的方针政策，推广实施重点产业项目，对动漫企业尤其是中小企业进行扶助。在英国，布莱尔1997年上台后首先成立“创意产业特别工作组”（布莱尔亲自担任工作组主席），设立创意产业局，负责包括动漫产业在内的产业扶持和产业规划。8年时间，创意产业局就在英国培育了12万家创意企业，每年产值高达600～700亿英镑。创意产业相关从业人员，占全英国就业人口的一半。

在市场化和国际化条件下，动漫产业发展的战略模式主要指动漫产业的发展结构，包括技术结构、生产结构、市场结构、组织结构等在较长时期内形成的较为稳定状态。在动漫产业发展模式中，生产结构和市场结构发挥着主导作用。动漫发达国家正是采用了较为科学的产业发展模式，才使动漫产业得以健康快速发展。目前，国际动漫产业发展模式主要有以下四种：

美国模式——大而全的集团垄断原创发展模式。美国是动画产业的发源地。20 世纪初，动画电影在美国面世并形成产业，至 50—60 年代进入繁荣时期，这一时期正是美国经济进入工业化后期。美国动漫产业在 80 多年的发展中，依托发达的经济力量、雄厚的创作和技术力量、完备的市场化组织力量，始终处于世界领先地位。美国动漫产业的出口仅次于计算机产业，产值达 2000 多亿美元。

日本模式——销售集团垄断，创作和制作企业小、散、多，原创为主、外包为辅的产业结构，国际化和市场化并举的市场结构。20 世纪 70 年代，日本承接了美国的动画制作加工转移。80 年代日本经济开始腾飞，动漫原创也得到迅速发展，并逐渐成为动漫大国、强国。世界市场的 65%、欧洲动漫产品的 80% 来自于日本；日本销往美国的动漫产品是其钢铁出口的 4 倍，广义的动漫产业实际上已超过了汽车产业。但日本仍然是高水平动画外包的承包国。

韩国模式——原创为重点、服务外包为主的产业结构，国际市场为主要目标的市场结构。20 世纪 80 年代，韩国承接了日本的动画制作加工转移，从简单的上色到后来承接整套工程，在外包中积累了动漫制作的理念、管理和技术，成为世界上最大的动画加工厂。90 年代后期至今，韩国经济崛起，韩国动漫原创迅速发展。2006 年，其国内市场动漫产业销售额为 116 亿美元，而出口竟达到 294 亿美元，占国际市场近 10% 的份额，成为第二动漫产业大国。同时，承接外包仍然是其产业发展的主要支撑。

加拿大模式——原创与外包相结合、国际国内市场并举的结构。加拿大从 20 世纪 80 年代开始承接美国动画加工，90 年代开始发展动漫原创，采取了原创和外包同时发展的模式，其方式灵活，不拘泥于原创和外包的形式。一是合作制片。主要是国际合作，产权大部分由加方控制。这样做既有利于分享更丰厚的市场回报，又能通过合作方有效地拓展国际市场。二是本土原创。这样做市场回报高，但市场销售由自己独立完成。三是承接外包。加拿大拥有世界上一流的动画制作技术和企业管理，拥有多个著名企业，承接美、日、欧外包项目。

从国际动漫产业发展模式可以看出，国际动漫产业发展呈现出以下特点：一是动漫大国强国引导动漫产业发展。美国、日本居于国际动漫产业发展的领先地位，对国际动漫产业的创作、制作、生产和市场起着主导作用。二是外包为动漫产业的发展提供了机遇。四个动漫大国强国，除了美国是动漫产业的发源国、原创占主导地位外，其他三个国家都是从外包做起，基本上都有大约10年的大规模承接外包经历。三是原创崛起与经济崛起基本同步。经济基础在动漫产业发展中起着决定作用。动漫产业不仅是高投入、高产出、高技术的产业，而且需要较大的市场购买力支撑其发展，而购买力是由具有购买力的人口构成的。同时，动漫人才培养也需要经济的支撑。日、韩、加等国动漫产业大发展尤其是原创崛起的年代，正是其经济崛起的年代，动漫产业的崛起与经济的发展程度基本上同步。四是外包在国际动漫产业的发展中占有重要位置。为追求利润最大化，动漫产业发达国家将动漫产品的许多中低档次制作和衍生品设计生产等项目外包出去。外包不仅为发包国带来了利润，也为接包国传授了技术和管理以及市场运作经验，使接包国积累了资金、培养了人才，为其原创的大发展奠定了基础，有力地推动了接包国动漫产业的快速发展。

国外政府资本支持动漫产业的几种做法：①政府直接拨款。这是最常见的一种资金支持方式，即政府直接拨出大量款项用于支持动漫产业的发展。②设立产业基金。产业基金是另一种官方或半官方的资金支持形式。例如韩国设有文化产业发展基金和游戏产业发展基金。③为企业贷款提供担保。④为企业提供长期低息贷款。帮助动漫企业顺利解决贷款问题是政府扶持动漫产业的重要举措。⑤为企业减免税收。⑥通过投资组合或投资联盟向动漫企业提供资金支持。⑦通过政府代理机构间接资助动漫企业。

国外政府利用行政手段支持动漫产业的几种做法：①购买本国动漫版权。从动漫制作商手中购买动漫片播放版权，并将这些购来的动漫片无偿地提供给发展中国家的电视台播放，使不能花巨资购买播放权的发展中国家也能够播放日本的动漫片。等到其对日本动漫产品形成依赖后，从免费到低价位再到正常价位，这一营销策略便会逐步实施。②保护知识产权。③颁布修订法律法规，为其健康发展提供有力的法律保障的同时，也对其产业运行中的某些容易出现的问题进行了规范约束。④进行产业辅导。⑤派遣“职业学生”到海外留学。培养大量原创企划、提案、行销、管理等方面的人才，完善动漫产业人才结构，还可以与国外建立很好的人脉关系，对进一步进军国际市场不无好处。⑥建立产业信息服务体系。⑦加强基础设施建设。⑧搭建孵化和交流合作平台。动漫企业被“孵化”出来以后还需“经风雨、见世面”，在实践中成长，这就需要政府为他们搭建交流合作平台。⑨设立研究培养机构。

（二）中国动漫品牌发展的问题与策略

我国动漫曾有过辉煌的历史，但那是计划经济时代下创造出来的美丽精致的玲珑宝塔，并未形成真正意义上的产业，只能称之为动漫事业。20 世纪 80 年代末 90 年代初以后，中国动漫一方面失去了曾经有过的体制保障，毫无准备地被扔进市场自生自灭，另一方面美国、日本的动漫如潮水般涌入。巨大的市场和薄弱的产业竞争力导致国内相关市场 80% 的盈利流向了日本和美国。中国动漫企业以加工制作为主，在全球产业分工中无奈地处于产业链下游。这些制作公司、玩具加工厂等从事的是接单式的劳动密集型工作，不产生版权价值，也就难以获得高额经济回报。我国游戏业的起步更晚，几年前几乎没有自主开发的产品，相关市场几乎被日韩占据，国内企业的主营业务就是代理日韩游戏。创建自主的产业品牌，绝不仅是从业者的民族情结驱使，更是经济利润的驱使，若不如此，我国的动漫产业就无法良性发展，更毋庸说在全球竞争中占据相对优势的位置。

近几年来，我国动漫业的政策环境持续走好，相关产业发展比较迅速。国内动漫企业看到了致力于原创、打造自主品牌的必要性和大好时机，它们利用自己的资源优势努力创建自己的品牌，并探索着各种可能的商业模式。宏梦公司选择了“迪斯尼 + Hello Kitty”商业模式，希望能成为“中国迪斯尼”；今日动画从开拓海外市场做起，并已经取得了一定的成功；曾名噪一时的盛大正在更沉稳地探索自己的转向与定位。当然，打造品牌是一个系统工程，我国动漫产业在这方面还有很长的路要走。

1. 我国动漫品牌的发展环境分析

首先，是政府规制。自 2004 年以来，动漫产业的政策环境持续走好。国家陆续对国产动画的制播、动漫产业链的建立、产业发展规划进行政策上的扶持和管理，内容涉及产业存在的体制管理、市场经营和创作研究等各方面，从根本上支持了原创作品与自主品牌。随着2006年国务院转发了财政部等十部委《关于推动我国动漫产业发展的若干意见》，北京、湖南、上海、广东、江苏、浙江、四川、重庆等各省市，相应出台扶持动漫产业发展的地方性法规，营造了有利于原创动漫产业发展的政策环境，国内动漫产业进入高速培育发展期。到2010年，中国政府有关部门将组织出版1万种动漫图书、30种动漫期刊和100款动漫网络游戏。同时加大对个人原创作品的资助力度，积极打造各种交流平台，积极开展版权贸易，切实完善动漫产业版权保护，增强动漫形象版权保护意识，严厉打击各种侵权行为，保护动漫成果，营造有利于动漫产业发展的良好环境。

整体而言，我国动漫游戏产业还处于初级阶段，相关政策法规仍亟待健全。例如针对动画制作和经营单位的税收优惠政策、动画制作单位资质优惠政策、动画片分级制度以及针对动画片知识产权保护的法律法规等等。这些政策法规的逐步出台，将使得我国动画产业进一步呈现法制化的发展趋势。

其次，是市场结构。当前，国际动漫市场竞争激烈。在动漫业最发达的美国、日本、韩国，其产品及其衍生产品的产值早已超过钢铁、汽车等传统工业，成为重要的支柱产业。我国动漫市场却几乎被进口产品所占据，进口产品占据了大量的中国市场份额。国内的从业企业被迫与国外成功企业同台竞技，稚嫩的新生原创品牌不得不在国际成熟品牌的强大压力下成长。同时，国内市场机会不平等。这一问题在动画业中表现得尤为突出。制订规章、实施管理的部门与接受管理的企业没有脱钩，造成市场的不公平竞争。那些既没有播出渠道，又没有政策关照的公司，哪怕剧本、技术再好也未必能够挤入机会不均等的市场。管理方与企业不真正脱钩，制播分离不能真正实现，不能面向全国以真正合理的价位择优购买动画片，真正有实力的企业就无法胜出。

再次，是市场行为。代工代理形式较多，少有原创品牌。盈利模式和原创人才的匮乏导致我国动漫产业发展过程中出现怪现象：一方面我国中期制作领域进步明显，特别是一些长期为国外动漫企业服务的制作公司，其绘画、定型、二维、三维等业务能力早已经达到国际领先水平；另一方面前期市场调研与策划、内容剧情的开发相对较弱，“只有技术，缺少灵魂”的现状严重削弱了国产动漫的核心竞争力。另外，缺少专业的产业运营和管理团队也制约了动漫产业化的发展速度。原创品牌缺乏系统的强有力的品牌营销，根本原因在于观念问题和资金限制。首先，我国动漫企业的掌门人很多是专业技术人才出身，在动漫品牌传播与建设方面意识较为薄弱，较片面地强调创作生产，把却未能对其项目进行有效的、有针对性的传播。其次，虽然早传播意味着宣传周期拉长，费用也会随之增加。事实上，一部动漫产品的品牌营销应当贯穿从立项到完成制作的全过程，这个过程能使爱好者蓄足对产品的热切期望，一旦作品完整呈现，就能激起巨大的市场消费潜力，并可以利用作品的影响力带动衍生产品的开发。如果没有做好系统的品牌宣传和市场推广，不进行市场测试就盲目启动衍生产品市场，很可能会导致作品无人知、产品无人买的尴尬局面。

最后，是市场绩效。我国动漫业供需缺口大，市场需求广阔，市场潜力巨大。我国3亿多未成年人和巨大的人口优势使得我国拥有全世界最大的动漫潜在消费市场，这是国产动漫游戏业立足中国、走向国际的最大市场。在未来移动媒体时代，动画变成直接对内容付费的赢利模式时，全球最大的用户数量也决定了我们拥有最大的市场出口。经过近几年的磨砺，一些国产动漫企业和原创品牌在市场上有了不俗的表现：2008 年，SMG 与深圳方块动漫画文化发展有限公司共同出品的动画电影《风云诀》创下 3300 万元的国产动画电影票房纪录，为国内的动画产业注入了信心。2009 年首部贺岁档国产动画电影《喜羊羊与灰太狼之牛气冲天》自 1 月 16 日上映后，首日票房以 800 万元高开，首周末一举突破 3000 万元，不仅刷新了国产动画电影的票房纪录，也远远超过了《功夫熊猫》。

2. 我国动漫品牌的运营状况

国产影视动画生产实现了跨越式发展。国家广电总局公布的相关数据显示，到 2008 年底，国产动画片产量已超过 12 万分钟，创历史最高水平。全国 34 个少儿频道和 4 个动画频道成为推动国产动画产业健康发展的主力平台。中央电视台 7 个频道每天播出国产动画片约 11. 4 小时。全国 4 家动画专业频道，每个频道每天播出国产动画片约 10. 8 小时。全国共有 300 多家电视台在固定时段播放国产动画片，是四年前的三倍。动漫教育的发展更加迅猛，全国开设动漫专业的大专院校从 2005 年的 237 所增加到 2007 年的 447 所。

企业与政府相关部门对于动漫游戏产业品牌的生产与投资已有了比较积

极的行动。各级政府相关部门相继出台财税优惠、培训支持、人才奖励、创新补贴等政策，扶持开发具有自主知识产权的动漫游戏产品，为本产业原创品牌提供良好的政策环境。2008 年 1 月，世华财讯总投资 3.5 亿美元的“锡山鹅湖数码动漫产业基地”在无锡开建，这是目前中国动漫产业最大的投资项目，在未来三年建成中国乃至亚洲最大的动漫产业基地，努力成为原创动漫研发和高端人才培养的“梦工厂”。宏梦卡通掌门人因成功引入红杉资本，于2008 年4 月24 日与其他项目的招商引资功臣分享了长沙高新区颁发的逾百万元大奖。三辰、宏梦投资2 亿元成立“蓝猫卡通传媒”，将湖南数字动漫产业链从传统的设计、制作向品牌营销全面延伸。网游巨头盛大目前30 亿元规模的产业投资基金已经成为行业最大的种子基金，而且有望进一步扩容。目前盛大通过该基金已经谈定投资近 20 个项目，平均投资约800 ~1000 万元。在整体投资环境变冷的情况下，盛大仍将是行业内最坚定的投资者。

闭门造车对于产业发展无疑是不利的，政府相关部门积极搭建国际交流合作的平台，以取长补短，充分挖掘国内外市场。2008 年，由中国文化部、韩国文化体育观光部、日本经济产业省三国政府联合主办“中韩日文化产业论坛”，以“加强沟通，在交流与合作中追求双赢”为主题，并在动漫、游戏等四个专题分论坛中交流经验。同年，首届中国国际漫画节在广州上演，大会现场举行了中国漫画国际产业平台项目签约仪式，日本角川控股集团与漫友文化传播机构签订了产业平台的首份战略合作协议。中国漫画国际产业平台的实施是我国原创动漫真正“走出去”的重要开端，它将加快动漫业的改革步伐，促进中国与发达国家动漫产业的互动融合。同时，中国的一些知名动漫企业也在国外市场上取得了一定的成功。在第35 届法国昂古莱姆国际漫画节上，我国动漫代表团签订了 11 份海外合约，总额达1100 万欧元，合人民币1.15 亿元。其中，上海今日动画公司的两部动画片共计金额1.05 亿元。动画新片《斯皮鲁历险记》得到了法国杜皮依（Dupuis）出版影视集团公司价值6000 多万元的动画片合拍订单，居签约金额之首。

当前，我国动漫从业人员仅有 8000 多人，平均学历为大专，远远低于影视动画人才需求 15 万人、游戏动画人才需求 10 万人左右的总量。随着国家对动漫产业越来越重视，动漫教育培训的市场前景也越来越广阔。据业内人士估算，由于动漫产业的兴起，其相关培训教育已形成数十亿元的产业需求。以规模较大的动漫培训公司为例，如果在3个以上的城市设立培训招生办，平均每年有1500人报名入学，按平均每位学员1.5万元计算，仅动漫培训这一块，每年的收入就高达2250万元。2008年，国际风险投资基金凯鹏华盈正式向北京汇众益智科技有限公司注入第一笔风险投资1000万美元，汇众益智动漫学院成为我国第一个获得国际风险投资注入的数字娱乐职业教育企业，此举为中国数字娱乐职业教育产业和风险资本之间的对接建立了范本。

3. 我国动漫品牌发展趋势与对策

第一，提升产品质量，加大利润空间，打造优质品牌。

伴随数字娱乐时代的到来，我国动漫业正处在一个战略机遇期。面对残酷的市场竞争，国产动画企业想要与洋品牌抗衡、博取市场认同、提高播映收购价格、创造品牌价值，一个前提就是得拿出令人拍案叫绝的产品来，而这一直是个致命的软肋。遭受资金匮乏困扰的国内动画企业严重缺乏创新资源，固有其苦衷，但观念上的不够重视、创新投入的严重不足也是造成这一局面的重要原因。创新投入能力反映的是企业投入创新资源的数量和质量。研发（R&D）投入跟企业总体投入的比值是衡量一个企业创新投入的主要指标。在国外动漫业发达国家，其产业研发投入比值约占20%～30%。但在中国平均不到5%，市场、产品、技术研发和衍生产品设计与开发等方面投入明显不足，有的企业主营业务仍是以加工代工为主，其创新投入几乎为零。

据著名的好莱坞“火车头”理论，创意是动画产业的“火车头”，好的创意能给动漫产业带来80%的产值，而动漫生产制作仅占20%左右。中国动漫企业应努力提高自身的创意能力，学会有效运用动画语言，商业化地讲故事，塑造鲜活的人物，把握住动漫成人化、国际化的趋势。因为只有产品质量得到提高，动漫作品能够吸引人，才可能加大利润空间，打造优质品牌。

针对目前国内动漫业的现状，可以适当采取国际化战略，或者联合海外发行公司，用人家的渠道发行，或者跟国外公司进行合拍，既适合打造有中国特色的品牌，又能够具备国际口味。从发行渠道上讲，可以借助比较成熟的发行网络；从融资角度讲，还可以吸纳更多的国际资金。海外的资金和管理经验是我国动漫业急需的。

第二，认识和强化品牌营销策略，注重新媒体对动漫品牌的作用。

优秀的动漫作品是打造优质品牌的前提基础，但这并不意味着可以自动占有市场，要想锻造一个叫得响、活得久、能盈利的品牌就应当从战略高度来认识并贯彻品牌营销。动漫企业从项目的前期策划与创意开始就要对品牌策划与定位、品质控制、品牌传播、品牌保护等进行系统规划，要调拨相应的资源确保品牌战略得到有效的执行。动漫形象是品牌形成的基础，如果不借助有效的传播来推动，卡通形象的感染力则难以在市场上转化成品牌影响力。从近期目标看，传播为销售服务，目的在于卖出更多的产品，扩大市场占有量和影响力。从长远目标看，传播是借有形的、有价格的产品来逐步树立无形的、有价值的品牌，进而探索相应的盈利模式。

就动漫的品牌传播而言，除了传统的营销手段之外，要特别重视新媒体对动漫品牌的特殊作用。新媒体的精准传播可以更成功地进行前期市场调研与推广、拓展发行渠道、即时阐释与引导目标客户群，这对于动漫品牌的塑造起着难以替代的作用。新媒体在一定程度上可以弥补动漫产业链前端缺失和利益分配失衡的问题，并可成为动漫产业的测试平台、交易平台和营销平台。

第三，大力提升动漫企业集团创新能力，为锻造国产品牌奠定基础。

我国动漫业板块之间业务缺乏紧密有效的开发联动，产业链上各个环节各自为战，互不协调；多数企业受规模和资源限制，只能主攻一块，不及其余，回收渠道单一，仅靠播出无利可得；产业内部缺乏合理分工合作，缺乏成熟可信的代理业务，不少企业只好自己包揽产业链全线开发经营，造成单方面战线长、工程大、成本高，对于擅长制作的企业来说，其制作专长及资源受到很大钳制，降低了资源利用效能。

要扶持和发展龙头企业。骨干龙头企业是产业发展到一定阶段的产物，它能带动优势产业的形成以及示范作用，并能充分发挥专业化分工的效益。对具有较强核心竞争力的骨干企业来讲，它的优势主要在于：一是有明显的资源优势，能投巨资做大项目，有较强的实力；二是专业化分工程度高、内部协作紧密，能最大限度降低内部交易成本；三是多元化的投资与经营，可以规避企业风险，增强企业抗风险能力。从动画产业发达国家来看，动画产业的主体都是以几家大的骨干或龙头企业为核心，周围聚集许多如策划、制作、发行交易、版权代理公司等中小企业，从而形成一个从策划、制作、外包加工到出版发行等一个完整的协作链。针对我国动漫业“小、散、弱”的局面，目前有必要强调“做大做强做优”，通过政府推动、市场运作的方式形成一批有国际竞争力的动漫企业集团，为原创动漫品牌化提供良好的基础。

根据产业发展的历史经验，动漫业的快速发展是建立在内容创新、科技创新和新的赢利模式三者的结合上。我国的动漫业则是在中国经济、文化复兴的特殊历史时期，幸运地着落于文化创新、信息网络传播、文化消费市场爆炸式发展的交汇口上。我们一方面要补课，另一方面要利用一切有利条件，后来居上，促进和加快动漫产业化发展和结构升级。在这个过程中，各动漫企业要打造自己的品牌，不能一哄而上，简单拷贝他人的成功模式，应运用好自身独特的资源，走出自己的道路，努力探索自身发展的方向。

【思考题】

1. 中国文化品牌“走出去”的突破口何在?

2. 在确立文化贸易政策时，中国更应当向哪个国家学习?

【延展阅读】

1. 李怀亮. 国际文化贸易概论. 北京：高等教育出版社，2006.

该书是国内第一部国际文化贸易方面的系统性教材，对当代国际文化贸易的特点、规律进行了深入研究。作者是我国最早研究国际文化贸易的学者之一，在本领域的研究位居全国首位、国际前列，在推动国际文化贸易学科建设方面也有卓越贡献。

2. ［美］迈克尔·波特. 国家竞争优势. 北京：华夏出版社，2002.

该书经过了11次印刷和翻译成12种语言版本之后，完全改变了我们原来对财富在现代全球经济中是如何形成和保持的观念。迈克尔·波特对于国家竞争力原创性的研究影响了世界各国的国家政策，同时也改变了各州、各城市、各企业，乃至世界最不发达地区的思想和行为。

附录　实施国家文化品牌战略的观念和策略[①]

一

随着人类文化的日益发展，人类依靠自己创造的文化进行再创新的特点越来越明显，文化在人类的生存与发展中所具有的决定性意义越来越大，人们对于文化国力也越来越予以高度关注。20 世纪以来，人们关于文化国力的关注和探讨较之以往的时代更加集中和深刻。1929 年英国著名军事理论家利德尔·哈特（Liddell Hart）提出“国家的精神力量”在内的“大战略”（Grand Strategy）概念；1948 年美国德裔学者汉斯·摩根索（Hands J. Morgenthar）提出包括“民族性、国民士气、外交质量、政府质量”等在内的“国力”的关注；1973 年美国国防大学战略研究所所长约翰·M·柯林斯（John M. Collins）有关于“国家力量……包括影响国内外人民思想和行动的政治力量……人民，包括人数、分布情况、性格、精神面貌和教育程度；科学和技术基础……”等论述；20 世纪 90 年代哈佛大学科学和国际事务中心主任兼行政管理学教授小约瑟夫·奈（Joseph S. Nye）提出“软实力”理论。这些都表明了世人对文化国力关注和探讨的日益集中与深入。

近年来，文化与政治经济深层交融，文化国力的竞争愈演愈烈。在 21 世纪开局之初，面对“9·11”事件后世人对美国国力状况的猜测和各种评价，美国学者克拉克·贾吉（Clark S. Judge）发表文章详细论述了美国实力中第四项内容即文化实力的不断显现，声称“按照 50 年前的传统标准，即使用衡量国家实力的传统尺度（一个国家相对的经济、人口和军事地位）

① 本文节选自文化部 2009 年度文化产业课题《文化品牌战略研究》结题报告，标题为临时添加的。此课题负责人是柏定国，其他研究人员还有何蔚萍、罗昌智、周琴。

来检验，美国在21世纪的实力和支配世界的能力都比不上它在20世纪中叶的水平”，但“各国并非仅仅依靠物质实力来生存。从政治家的声明、反全球化的示威者和恐怖分子的宣言当中，美国实力的第四项内容不断显现。它得到许多美国人的认可，却极少被认真地审视过。但这项内容可能成为21世纪发展方向的关键所在。这项令人捉摸不定的内容，就是美国的文化实力”。

2004年6月，温家宝总理在视察青岛时说：“拥有名牌的多少，是一个国家经济实力的象征。名牌就是质量，就是效益，就是竞争力，就是生命力。希望全国有更多的名牌走向世界，加快培育更多世界级企业和世界级品牌。”2005年10月，十六届五中全会审议通过了《中共中央关于制定国民经济和社会发展第十一个五年计划的建议》，提出“十一五”时期要“形成一批拥有自主知识产权和知名品牌、国际竞争力较强的优秀企业”。2006年春节期间中央电视台《焦点访谈》推出5集特别节目“品牌中国”，标志着媒体也开始对品牌加以特别关注。学术界对品牌的研究在原有的基础上进一步细化和深入，“城市品牌”、“国家品牌”、“文化品牌”等概念成为年度学术关键词。2009年9月，国务院发布《文化产业振兴规划》，提出“加快振兴文化产业，充分发挥文化产业在调整结构、扩大内需、增加就业、推动发展中的重要作用”，培养“一批外向型骨干文化企业和国际知名品牌”。面对日趋激烈的市场竞争和经济全球化的需要，实施品牌战略，充分重视自主品牌的培育和保护，增强企业的核心竞争力，已经成为国家的重大战略决策和部署。

文化品牌，是文化产业所提供的产品和服务品牌化的结果。作为品牌的一个类型，文化品牌是相关文化、艺术、影视、动漫、游戏、设计、娱乐、休闲、新闻、出版、传播、会展、收藏、信息、培训等行业的品牌。文化品牌与普通商业品牌具有同质性，即具有普通商业品牌所具备的一切要素。但文化品牌也具备自己独特的个性：首先，它的出发点和普通的商业品牌不同。普通商业品牌注重如何发掘和构建品牌的文化内蕴，而文化品牌则要进一步实现文化创新，并设法使创新文化与原生文化融合，以推动文化产品、文化服务的完美发展。其次，文化品牌不仅具有商业属性，更具有意识形态属性，因此它的管理难度更大。一般而言，意识形态往往在发展上带有一定的滞后性和规定性，当社会已经前行，而文化完全可能还在按照它既有的惯性运作一段时间。如何在运作中协调这两者的步伐，使之与时代、社会同步，最大可能地满足消费者的文化需求，是文化品牌运营管理过程中的最大难题。这也是文化体制改革总体上滞后于经济体制改革的主要原因。第三，文化品牌的缘起与普通商业品牌也有所区别。普通商业品牌往往是从追求利益的最大化出发，为了实现这种目的，需要为消费者提供更优良的服务，从而构建品牌乃至品牌文化。文化品牌的发生则有两种途径：一种和普通商业品牌的途径相一致；另外一种是先有了一个文化概念，然后再将之品牌化、产业化、市场化。这个文化概念的内核，有可能来自于以艺术创作、学术研究、对外交流等为主线的文化活动，也就是在学术研究、艺术创作以及对外交流中创造出文化产品，衍生出文化品牌；或者来自于文化名人、名校、名社、名院的影响力；或者是民族文化、地域文化、特色文化等文化资源的历史传承，等等。因此，文化品牌更多地源自一种丰厚的文化底蕴，是这种文化的张扬与发展。第四，文化品牌更注重创意，是创造与梦想的产物。它比普通商业品牌更加注重性格与个性色彩，强调感情的投入，同时激发出更多的联想与想象，借助于人们的想象力，创造出一个与现实世界迥然不同的、如梦如幻的世界。这也就是迪斯尼、梦工厂、哈利·波特之所以让人们如醉如痴的原因，也是他们最终获得成功的保障。

近年来，由于我国城乡居民家庭收入持续增长，文化产业发展的市场空间越来越大。但是，我们必须清醒地认识到，人民的文化需要创造的市场空间，并不等于我国文化产业发展的必然水平。这里有一个世界文化市场一体化的问题。如果我们能够生产足够多的文化产品，拥有足够多的文化品牌，特别是具有影响世界文化市场的文化品牌，那么我们的文化产业总量将大于国内城乡居民实际的文化需求空间；反之，将连我们自己的文化市场份额都会被世界其他文化产业大国占领。并且，这还不是单纯的市场竞争的问题，更严重的是还关系到国家文化安全和民族文化传统的承继问题。

目前，我国文化产业的发展面临种种困难，矛盾很多也很尖锐。其中，自主文化品牌缺失是最关键的问题，它直接制约了我国文化产业的健康、快速发展。因此，研究和制定国家文化品牌战略，推动中国气派的文化品牌的快速、健康成长，已经成为我国文化产业乃至社会全方位可持续发展的当务之急。

二

世界金融危机爆发以来，国际社会发展各领域都发生了深刻的变化。当前，我国宏观经济环境得到持续改善，文化消费对产业发展的影响程度逐步提高。特别是2009年5月以来，出现了文化消费领域不断扩展、消费结构升级优化、消费热点变换更迭的喜人态势。随着新兴文化消费形式不断涌现，新的产业空间之门次第打开，势必引发文化消费从形式到内容的深刻变革。文化品牌发展和消费，呈现出五大特点：①文化品牌意识增强；②文化品牌保护与开发水平提升；③数字文化品牌发展迅猛；④区域自主文化品牌创建走向自觉；⑤文化品牌拓疆战略初显成效。

但问题也很多，主要表现在如下几个方面：

第一，文化消费总量过低，文化品牌缺乏纵深发展。从横向比较的意义上说，特别是将目前消费的总体水平和人均GDP相比，我国目前文化消费相对比重下降、总量过低的状况还是比较突出，增长速度也远不能令人满意。[①] 就文化消费的基本面而言，多年来所预测的巨大的、带有结构升级特征的增长还没有出现，消费热点还仅仅是局部的现象。

我们认为，造成我国目前文化消费过低的主要原因有二：一是我国基本消费群体文化消费能力严重不足，文化消费主体素质不高，从而抑制了文化消费需求的快速增长。首先是我国城乡之间特别是不同阶层居民之间收入差距过大。目前我国中低收入阶层人数达到11.5亿人左右，是基本的消费群体，居民收入扣除衣食住行、住房、医疗、养老和教育准备等支出后，可用于文化消费的收入其实很少，消费能力严重不足。其次是目前我国处于向市场经济体制过渡的转型时期，原来由国家统包的医疗、教育、养老、住房等一系列社会福利制度，逐步改革为由国家与个人共同负担，导致居民收入预期越来越不确定，居民谨慎消费，消费倾向不断下降。最后是目前文化消费主体素质不高、消费意识淡薄、消费观念落后，抑制了文化消费需求的快速

---

① 按国际惯例来计算，当我国人均GDP达到1000美元，恩格尔系数应该是44%，文化消费应该在个人消费中占到18%，总量应该是10900亿元；如果人均GDP达到1600美元，恩格尔系数应为33%，文化消费在个人消费中应占20%，实际消费总量应为20100亿元。如此算法，2006年我国人均GDP超过了2000美元，文化消费总量却只有4685亿元左右，与同等发展水平国家平均值的差距至少在20000亿元以上。这无论如何也不是一个合理的数字。换句话说，我国居民的文化需求的满足程度仅仅不到1/4。

增长。二是缺乏优质的、真正适销对路的文化品牌，即文化品牌有效供给不足。我国文化市场开放程度过低，法律法规建设滞后，管理不规范，文化产品和服务的供给尚未形成有效的市场机制，最终导致有效供给短缺，真正适销对路的文化品牌产品和服务尤其缺乏，使得潜在需求得不到开发，甚至连已形成的有效需求也不能满足。

第二，文化品牌“有牌无市”，市场适应度不强。长期以来，我国文化体制改革试点与文化市场开放的步骤不协调，市场开放不足使改革后的文化机构缺乏伸展的空间，无法在规范的市场环境中迅速成熟，因而令改革的效果打了折扣。

2003 年以来的文化体制改革试点，提出了“新文化发展观”，文化机构开始向市场主体转变，但是现在看来，令其真正成为市场主体还有待时日。目前我国的文化市场还没有建立起规范的准入和退出机制，也没有形成公平的市场竞争关系，参与改革的国有文化机构难以在真正的市场环境中学会生存之道，因而也就难以通过市场检验改革的成效。与其他经济领域的发展相比，文化的市场化和产业化程度还是太低，行政干预色彩还是过浓，尤其是国有文化企业无法按照规范的现代企业方式运作。

根据国家统计局的数据，我国文化产业领域公有资本与非公有资本已经形成平分天下的局面，国有控股文化企业在数量上已经不占优势，投资主体多元化局面已经基本形成。从监管角度看，必须考虑市场主体间的“公平竞争”问题。如果已经“企业化”了的国有文化机构仍然要求特殊的产业政策保护，甚至攫取市场垄断利益，将对整个产业的发展产生不利影响。

迅速打造一批既能够影响大局又能适应市场的“国”字号的文化品牌，已成为推动我国文化产业良性发展的当务之急。

第三，区域文化品牌同质化竞争严重。近年来，我国经济发展东、中、西部不平衡现象备受关注。同样地，我国文化产业发展也存在着较大的区域不平衡发展态势。在整体发展不足的形势下，同时还存在文化资本的局部过剩和区域文化品牌同质竞争等问题。

区域发展不平衡本身是正常现象，关键问题在于是否有合适的发展战略，以实现良性的发展。目前，综观各省市“十一五”文化产业发展规划，尽管都是基于盘点地方文化资源而制定的发展战略，但是发展思路单一，产业结构雷同，区域特色不够明显。例如，一些地方出现了盲目发展动漫游戏产业的趋势，超出了自身的技术和人力资源条件，结果使大量的跟进企业陷入经营困境；某些电视台选秀栏目运作成功，于是各省级电视台纷纷“选秀”；“印象刘三姐”之后，各地也不惜成本地斥巨资“印象”一把。甚至连最有条件做到特色鲜明的区域文化产业博览会，其同质化程度都到了令人无法容忍的地步。能否实事求是、因地制宜地制定差异化的区域发展战略，脚踏实地打造各自的文化品牌，已经成为文化产业可持续发展的关键。

第四，文化品牌发展政策支撑乏力。尽管我国经济发展状况较好，财政收入增长速度较快，文化产业的供给和需求之间又存在“战略性短缺”，于是各方面发展文化产业的热情空前高涨。但是，由于全国统一市场还没有形成，行业、区域壁垒所导致的条块分割问题依然严重，发展环境依然不顺。为了追求发展的短期利益而重新启动传统体制和机制的情况，以及因改革滞后、政策供给不足而拖发展后腿的情况依然严重。

比如说，在政府部门的支持下，各种“产业基地”、“产业园区”不断涌现；从中央到地方，各种文化节庆活动不断举办，动辄就投入大笔资金，开展大规模的招商引资活动，以行政命令指挥企业上阵，令一些企业疲于奔命。热闹过后，企业却发现，一些亟须解决的问题仍然存在，产业发展环境并无改善，于是继续向政府要政策、要资源。而政府也发现，在财政资金支持下营造出来的发展氛围，还需要财政资金的后续投入才能维系。企业与政府之间的这种持续博弈的过程抑制了市场机制的形成（这个问题，在国产动漫产业发展中表现得尤为典型）。

对新兴文化业态实施有效监管也亟须政策创新。数字技术的迅猛发展正在开辟出新的产业发展空间，但也凸显了新的监管难题。“网络博客”的超常增长如疾风迅雨般袭来，在法制不健全的情况下难免泥沙俱下，良莠不齐；“全民 DIY”在落实了平等文化权利的同时，缺乏个人自律、道德责任缺失的状况也颇为明显；基于 BT 技术的网络传播所形成的所谓“地下文化产业”链，正在肆无忌惮地挑战各种文化品牌的知识产权，大量专有资源被低价值地浪费。如此等等。

第五，文化品牌理论研究落后。文化品牌的创新与维护须借助于现代科技的推动，并以知识产权的开发和利用为基础，是一个特别依赖于人力资源的现代知识产业领域。但是，我国文化产业研究机构对文化品牌的相关研究极为落后，学科建设和人才培养机制远远落后于现实需要。本应是主角的经济学家们由于研究文化产业机会成本过高而无暇顾及，文化学家则局限于文本研究的学科传统而难以进行规范的产业分析，传媒学对于文化产业的核心领域的研究比较专业，但是仍然有视野狭窄的问题。而有关部门举办的一些与“文化产业”有关的论坛，大多具有浓重的“造势”与“作秀”的色彩；成立了大量以“文化产业”为名的研究机构，但实际研究能力有限；撰写了无数“专著”和“论文”，但篇幅的浩大往往不能掩饰内容的贫乏；一些高校开设的与文化产业相关的专业，在师资力量、教材准备、学科建设方面都明显不足，所培养的人才质量可想而知。在对文化产业理论和文化品牌创新研究的巨大需求与建设性成果的有限供给之间，依然存在巨大的落差。

三

2009 年 9 月，我国第一部文化产业专项规划——《文化产业振兴规划》由国务院常务会议审议通过，并向社会公开发布。与以往的相关文本相比，《文化产业振兴规划》特别阐明了两个道理：一是必须深化文化体制改革，以体制机制的创新，促进文化产业发展。要大力推进国有经营性文化单位转制，完善法人治理结构，培育新型文化市场主体。要积极推进结构调整和资源整合，推动文化资源向优势企业集中。鼓励有实力的文化企业跨地区、跨行业经营和重组，培育骨干文化企业，打造文化领域的战略投资者。要建立健全文化市场。要推动文化与科技的融合，积极运用高新技术改造传统产业，大力发展新兴文化业态，推动文化产业升级，形成一批有影响力的文化品牌。要加快政府职能转变，为文化产业发展营造良好环境。二是要靠政策的大力推动。要积极吸收社会资本和外资进入政策允许的文化产业领域，参与国有文化企业的股份制改造，形成以公有制为主体、多种所有制共同发展的文化产业格局。要加大对文化产业的投入，支持国家级文化产业基地建设，支持文化产业重点项目及跨地区整合，支持国有控股文化企业股份制改造，支持文化领域新产品、新技术的研发，支持大宗文化产品和服务的出口。

基于我国文化品牌的现有基础，特别是在文化产业发展中的地位，必须强调发展策略上的“四个突破”、发展观念上的“五大原则”，并坚持以塑造核心价值观为重点。

文化品牌发展策略上实现“四个突破”，指的是：

一是突破均衡发展心理阈限。发展文化产业，尤其是创建文化品牌，是一个限定性很强的社会活动，不是任何地方、任何企业、任何个人都可以投身其中并有所作为的。我们提倡发展文化产业，说文化产业是朝阳产业，这是从国家战略的高度而言的，并不是指任何地方都可以把文化产业做成支柱产业、任何企业都可以创建自己的文化品牌。文化品牌，是文化产业进入高级发展阶段的表达形式。因此，制定国家文化品牌战略，要在政策编制、资金分配、舆论引导等方面，大胆贯彻非均衡精神。具体而言，国家文化品牌战略，要立足寻求在市场占有率高、核心竞争力优势明显、关联效应突出的文化产业业态领域率先突破；要倾向引导经济基础好、文化资本集聚度高、龙头企业和领军人物密度大的重点区域率先发展；要优先扶持能够敏锐洞悉世界文化发展趋势，深刻理解并擅长传播中国当代核心价值观，善于引导文化消费潮流的文化企业率先做大。以非均衡的局部突破，拓展中国文化品牌的国际市场空间，塑造中国文化形象；以非均衡的产业发展格局，推动文化事业均衡发展，实现公民文化共享愿景。

二是突破文化资源生态束缚，创新文化品牌衍生机制。长期以来，无论是学界、政界还是产业界，对文化资源与文化产业发展的关系问题一直没太理清楚。尤其是在推动文化产业发展成为一种国家策略的时代背景下，各级行政机构几乎都有文件或其他行为方式参与到文化产业中来，这种参与的广度不可谓不高。然而，这种广度多半源于一个虚假的命题，即：有“文化资源”就有“文化产业”，从而有“文化品牌”。发展文化产业固然离不开文化存量集聚，但更离不开对文化存量的创意性组合。这里的文化存量，不是一般的文化资源，而是可以转化为文化资本的文化资源。中国功夫、熊猫意象等都是中国属性的文化存量，但却成了美国好莱坞电影机器中的文化资本，进入到文化产业运作程序之中。《功夫熊猫》首先突破了文化资源生态束缚，并在大量其他电影元素的共同支撑下，成功地将美国价值观植入了一个精致的故事之中。以更加开放的心态容纳世界文化并为我所用，而不局限于本土文化资源状况，是我们发展文化产业、创新文化品牌衍生机制的重要策略。

三是突破实体经济时代产业品牌的商业模式和价值结构，以文化品牌推动价值要素创新。传统的经济学理论认为，不能对象化于物质之上的劳动是非生产性劳动，它是不能创造价值也不能成为商品的。例如演员的表演等。可是今天却完全变了，明星的作秀，或者克林顿的演讲，门票都可以卖出好价钱。随着一个旧时代的结束，我们的经济活动正迎来一个全新的局面。那种纯物质产品的生产，正在让位于品位、时尚和创意等社会文化所包含的虚拟价值的创造。也就是说，虚拟价值可以远离劳动和生产过程，只与人们的生活娱乐消费紧密相连。即使在和劳动生产过程相关联的经济活动中，一些过去时的劳动，一旦转化为一种标准文化时，也会产生巨大的虚拟价值。也就是说，在我们这个时代，价值要素大大地增加了，满足人们心理需求的品牌虚拟价值和满足人们的生理需求的产品使用价值同时成为交换价值。从而市场上几乎绝少有单纯满足生理需求的产品，而是更多的既满足生理需求、又满足心理需求的兼有型产品。文化品牌，在某种意义上说就是细分的产品，满足细分的市场；细分的市场，体现在心理需求与生理需求各自不同的侧重点。随着时代的进步，人们的社会生活活动中，越来越多的价值要素是满足人们的心理需求的，并且这种满足因为细分而实现广泛的差异化，文化品牌财富积累的空间也因此远比以往大许多。

四是突破“两效益”悖理假说，大胆谋求文化品牌效益最大化。那种将文化品牌分为经营性文化品牌和非经营性文化品牌的做法是值得商榷的，更不能简单地将文化品牌的社会效益与经济效益诉求对立。文化品牌是文化产业化的产物，是一个高度规范的、成熟的、文明的时代文化发展的高级形态，需要大量的、可持续的文化消费支撑的优秀文化产品和服务。因此，文化品牌的社会效益是先在的、与生俱来的，谋求其经济效益的最大化，就是谋求整体效益最大化。从某种层面来说，所有的文化品牌都是经营性的，都要遵守经济法则和价值规律，采取规模化生产和市场化运作的方式，以利于文化生产与文化消费。文化产业发展必须依托一个完善的文化产品经营和文化资本运营相统一的运行机制，努力开发多层次、健康向上的文化产品，持续发展精品名牌；不断创新经营、服务的手段和方式，充分运用现代科技、现代理念和现代运作模式，打造适应市场需要的文化品牌。同时要以文化资本为纽带，优化文化资源配置，实现文化资产的保值增值和文化产业的升级换代。要充分发挥文化品牌的关联带动效应，延伸文化品牌产业链，在专业化的基础上形成规模化的发展格局，以谋求文化品牌整体效益最大化。

文化品牌发展观念上坚持“五大原则”指的是：

一是资源整合原则。就规模业态及现有文化品牌而言，我国成规模的文化品牌主要集中在广播影视、新闻出版、动漫游戏、文化旅游、会展、网络音像、文艺演出、文化娱乐、艺术培训等方面。但是，同时也存在同业重复、恶性竞争等问题。政府应在文化资源配置、文化产业引导资金、投融资政策等方面对规模业态及文化品牌予以倾斜，以便更好地推动文化品牌战略，塑造和传播中国的核心价值观。

二是国际视野原则。用国际视野推进文化品牌的发展，就是要把我国的文化品牌拿到国际大背景下去比照、去审视，使我国文化产业在一个更高的起点上加速前进，加速发展。这既要求文化品牌的发展目标要有国际视野，市场运作要有国际视野，产业格局的建立要有国际视野，人才的培养要有国际视野，价值诉求也要有国际视野。

三是数字化原则。我们身处信息革命的浪潮之中，文化和经济领域已随着数字时代技术的发展而发生了彻底、深入的变化。数字革命彻底颠覆了传统的商业模式，跨越了地域、行业和产品的边界，在世界各地形成了物质社会财富的新来源。但是数字只是一个手段，而非目的，可以改变人们的生活，可以让人们以空前的规模获取新闻、信息、教育和娱乐。文化品牌战略应适应这种变化，及时做出调整，找到应对挑战的突破点。文化品牌不能仅仅凭借旧的传播方式，通过以往的创意构建和营销内容生存。未来几年，所有文化企业必然面临一个共同的任务，即从模拟文化品牌（文化产品）到数字文化品牌（产品）的转变，其他别无退路。

四是优势品牌优先原则。扶强不扶弱，是规范文化品牌生态的基本法则。

五是基于多样性的市场化原则。我国文化产业的开放是必然的，而开放的基础只能是市场化。但是，文化品牌的市场化也要坚持多样性保护的前提，适度提高外来文化品牌的准入门槛。文化发展的可持续性与经济发展的可持续性是既互相联系又互相区别、互相制约的两个方面，不可偏废。文化是一种社会资源。文化所具有的教化、激励和导向功能，在振奋民族精神、增强民族的凝聚力方面有着极为重要的作用，从这个意义上说，文化既是民族精神的结晶，也是其动力的源泉所在。民族文化品牌承载着文化精神和文化传统，产生了巨大的精神财富，从而增进了社会财富总量积累。多样性的文化具有无限丰富性和可发展性，但它也是需要加以保护的、在某些方面和某种意义上是不可再生的资源。文化对于人类创造性的培养具有不可替代的作用，要保护和培养人类创造性，就需要加强对文化多样性的保护。

国家文化品牌战略的重点是塑造中国核心价值观。十七大报告提出要通过文化“建设社会主义核心价值体系，增强社会主义意识形态的吸引力和凝聚力”，其中蕴含执政党的文化领导权诉求。“文化领导权”概念由意大利政治活动家、马克思主义理论家安东尼奥·葛兰西提出，其实质是通过非暴力的手段把统治阶级的利益合法化。它是一种特殊的权力，用来塑造“普遍共识”或赢得大众的积极赞同。这种赞同不是被迫无奈的消极服从，而是具有积极意义的响应和合作，因为文化领导权不是赤裸裸的暴力，而是思想、文化、舆论领域的引导力。也就是说，能够赢得社会绝大多数成员积极赞同的价值和理念，只能是一种具有包容性和凝聚力的价值和理念，是能够把人民利益、国家利益和政党利益有机整合在一起的价值和理念。建立并实施国家文化品牌战略，就是要更好地推动文化产业发展，以实现国家利益、人民利益、政党利益的统一，最终确立执政党的文化领导权，乃至中国在世界的文化领导权诉求。西方一些发达国家，特别是美国，从来就是这么做的。好莱坞代表的大众文化所宣扬的那套价值观，跟美国的国家利益完全是一致的。

中国文化产业的发展背景，不是国内资本过剩，而恰恰是国内文化投资非常缺乏；不是本土文化企业非常强悍，而是本土文化企业相对弱小，所以政府的引导和扶持就更为重要。目前，我国在文化品牌“走出去”的管理体制方面，既未建立统一、权威的专门管理机构，也未制定系统、稳定的促进文化生产和文化投资的法律法规体系，在总体上缺乏统一规划和合理布局，政策上也没有形成成熟的导向机制。由于宏观信息系统不完备，现有文化产业的国内外投资项目多数是根据多种渠道得到的非系统化信息而确定的，无法在行业和地区布局上形成主攻方向和目标，显得零散且效益不高，在投资行为上也表现出一种无序性和随机性。国家文化品牌战略的编制和实施，就是要加强文化品牌的制度建设、法律建设和政策导向性建设，建立国家文化品牌创新指导中心，向文化企业提供一切与文化品牌相关的政策、经济、市场等信息。特别应该邀集有关部门进行配套的制度设计和政策设计，包括金融政策、投资政策、人才政策、管理政策、税收政策等，鼓励和支持文化企业快速打造具有鲜明中国气派的文化品牌。

四

文化品牌的形成和发展，突出地表现了市场经济条件下人性和人的需求的发展，体现了人在满足了物质需求后对心理需求的培养和满足。在产业发展上，文化品牌以创意和审美提升文化产品和服务的品质，从而引领产业发展。在文化产业系统中，文化品牌以人性和人的精神文化需求为基点，以产业化为手段，通过市场关系中的理念创意、形象造型、品牌塑造、价值磨合、大众娱乐、传媒传播、接触欣赏、消费体验等一系列文化过程所实现的文化意蕴交流、评价和自我赋予等，在推进产业发展和满足人的心理需求的同时，推进人的自由全面发展与社会的全面进步。文化品牌跟随文化产业发展并获得比较优势，从而使自身获取资源最优配置的空间不断扩大，最后必然跨越其衍生背景，参与世界范围内的文化产业分工，并谋求世界文化领导权。

以上是对我们建构国家文化品牌战略框架的逻辑基础的简单描述。

国家文化品牌战略由文化品牌国内发展战略和文化品牌“走出去”战略两部分构成。前者立足国民文化消费，以文化品牌引领文化产业在量和质上的发展，从而更好地解决社会发展过程中不断派生出来的各种心理需求，提高社会文化创新、生产和供给水平；后者立足国家形象塑造和传播，以国际文化贸易为主要战场，大力拓展文化品牌在世界主流文化形式中的认知度、和谐度和美誉度，以谋求中国文化领导权的有效扩张。

为了更加清晰地勾画文化品牌战略的实施路径，我们将文化品牌国内发展战略和文化品牌“走出去”战略两部分进一步具体划分成文化品牌生成、文化品牌管理、文化品牌保护、文化品牌传播和文化品牌国际贸易五个层面。

第一，文化品牌生成战略。在知识经济时代，创意是市场竞争第一利器，“智本”正在成为市场经营中的第一资本和最有效的资源，在任何时候我们的目标都是以正合、以奇胜。创意是决定一个企业生死存亡的重要因素，是使文化产业活起来的灵魂。“文化”是一种生活形态，“产业”是一种生产行销模式，而“创意”正是两者的连接点；文化是创意的基础与平台，是文化产业价值链的上游，文化提供创意所需素材，而创意是激发想象创造的能力或力量。因而文化产业的核心价值，在于文化创意的生成，而其发展关键在于具有国际竞争力的创造性与文化特殊性。

国家文化品牌生成战略，首先应当立足培育文化产业链，最终推动文化品牌生成。一个企业，或者一个地区拥有一个文化品牌，不只是因为企业和地区在某个环节上表现优秀，而是因为这些企业和地区全方位地切入了文化产业链之中，文化品牌实际上已经成为他们展示企业、产品、文化经营模式、文化核心理念及其人文精神的系统工程。其次，应当突出文化创意，在融汇文化消费者心理机制的前提下，调动品牌意识、品牌策划、品牌定位、品质控制、品牌传播、品牌保护等运作流程协调配合。在具体环节上，要把握文化品牌调研、文化品牌定位、文化品牌的命名和文化品牌 CIS 设计四个步骤，突出国家文化品牌战略的影响力。

第二，文化品牌管理战略。文化品牌一旦形成，因为消费者的忠诚以及品牌自身的发展定势，会形成相对稳定的安全期。但是，比较而言，文化品牌更是易碎品，在复杂多变的文化消费情境之中，稍有不慎，其品牌资产就会化为乌有。因此，良好的文化品牌管理是文化产业获得可持续发展的保证，也是文化市场主体应尽的社会责任。政府应当鼓励和支持文化企业牢牢把握自有文化品牌的专有技术，维护文化品牌的生态环境，巩固和壮大文化品牌领导人才群落，畅通文化品牌市场渠道，并以政策和资金等方式，及时推动文化品牌合理延伸。

国家文化品牌管理战略，主要体现为以下几个方面：一是制定文化品牌分级制度，督导各级文化产业主管部门以此推动文化品牌分级定位；二是制订文化品牌识别标准，把文化产业的品牌化流程具体化；三是推动各级立法机构加强文化品牌保护的法制化力度，把对文化资源和文化品牌保护与国家文化安全紧密地联系在一起。

第三，文化品牌保护战略。文化品牌是用以识别生产或销售者的文化产品或服务的，属于知识产权范畴。知识产权是知识产权人对知识产品特别是智力成果享有的专有权利。知识产权是社会发展到一定的阶段后，在法律上作为一种财产权出现的，是人类文明和社会生产力发展的结果。知识产权作为一种私权，除了具有时间性、地域性的特征外，还具有专有性的特征。同时，文化品牌既是文化的“凝结”，也是文化的产业化和文化产业品牌化的结果。因此，文化品牌既有一般产业品牌的特征，更因为文化作为一种特殊元素的介入而具有不同于一般产业品牌的特征。文化品牌因文化的人类共享性而天生地比一般物质品牌具有更多的社会责任，在可以坚持自己的经济利益独享的同时，也要考虑人类共享的问题。

国家文化品牌保护战略，应以巩固并提高各级文化品牌的竞争力与市场影响为着眼点，延长文化品牌市场寿命，鼓励和支持文化品牌与消费者建立长期忠诚联系，容许文化品牌通过市场手段实现资产不断增值。

同时，中国是一个负责任的大国，国家文化品牌保护战略也应当体现对国际文化品牌的保护，以有利于促进对外文化贸易，引进外商和外资投资。

第四，文化品牌传播战略。文化品牌传播是诉求文化品牌个性的手段，也是形成文化品牌价值观和影响力的重要组成部分。通过品牌的有效传播，可以使文化品牌为广大消费者和社会公众所认知，使文化品牌得以迅速发展。同时，品牌的有效传播，还可以实现文化品牌与目标市场的有效对接，为品牌及产品进占市场、拓展市场奠定宣传基础。

国际化是文化品牌传播的最高目标。因此，国家文化品牌传播战略，应当立足国际传播，在国家文化全球战略的框架内思考问题。要依托广告和公共关系等手段，塑造中国文化品牌的国际形象，为全球文化市场推介特色鲜明的国际化产品和服务。

在传播策略上，我们要坚持差异化。中国文化品牌坚持国际传播准则，并不意味着品牌自身的文化丧失。相反，文化品牌的文化内涵从来都是民族性的，否则，文化品牌存在的基础也不存在了。文化品牌的本质是文化产业持续发展的一种保证。因此，民族性（文化）既规约着文化品牌的行为方式，同时也规约着某一社会系统认可文化品牌的行为（选择）方式。一个文化品牌总是其民族文化的对象化。一旦品牌思想确立后，同时也构筑起了其他文化品牌进入的壁垒，这个文化的壁垒是比技术、营销策略等更加难以超越的。

第五，文化品牌国际贸易战略。当国际竞争由专注经济和军事力量的“硬实力”竞争，转型包括政治、科学、文化和国民素质在内的综合国力竞争时，文化品牌国际贸易便不可避免地成为了一场没有硝烟的战争。因为，在综合国力中，文化的功能在于通过对人的塑造来增强或涣散一个民族的凝聚力，从而最终影响综合国力的实现。当前，国际文化贸易总体上呈现不平衡、大型跨国媒介集团垄断国际市场、WTO 条款成为规范国际文化贸易的主要法律文件等特点。任何一个国家都会对本国文化品牌的对外贸易制定一系列指导性政策，在保护自有文化品牌免受外来文化侵害的同时，努力推动本国文化品牌"走出去"。随着世界经济全球化浪潮的不断展开，全球化语境成为制约国际文化贸易的重要因素。全球化与传播技术的发展有着密不可分的联系。当代传播技术的发展丰富了文化品牌的表现形式，刺激了文化市场需求，推动了国际文化贸易的发展，并在相当程度上催生了适应这种国际环境的大型媒介集团。同时，世界各国之间的文化冲突也变得更加地激烈，文化贸易的不平衡激化了国与国之间的竞争。以美国为代表的文化贸易自由化主张与以法国、加拿大为代表的强调文化例外和保护文化多样性主张之间的冲突，构成了国际文化贸易历史与现实的主旋律。

国家文化品牌国际贸易战略，应当在支持文化多样性主张的前提下，积极谋求市场化路径。具体而言，要坚持"内外有别"、"走出去"的基本诉求；在文化多样性主张中寻求贸易保护，在自由市场机制中谋求国家文化品牌全球领导权。

五

大众文化的兴起以及其世俗化和市场化趋势，弱化了人们对文化的意识形态崇拜，丰富和改善了人的生存方式和内涵，提高了人的生活质量，使人们从神圣的政治和宗教的世界中解放出来。人类对生存的物质需求是有限的，而对精神文化的需求是无限的，大众对精神文化的广泛需求，为文化的发展提供超越国界的市场空间和市场活力。在现代社会里，一切关于思想文化的有效传播、意识形态建设和文化经济的实现，都只有通过和借助于文化生产的规模和手段才能实现。文化品牌席卷整个世界的速度和经济扩张能力是任何产品所不能比拟的。

发达国家的文化优势并非是文化资源的优势。当代科技的发展改变了社会主导传媒形式，高新技术、现代工业、市场运作和文化的结合，不仅创造了大量崭新的文化形态、文化需求和文化经济，还促使所有文化形态、民族的价值理念、政治和宗教的信仰等升级换代或面临淘汰。封闭的、落后的、狭隘的文化和缺乏竞争力的文化，都将在文化市场中被文化消费者遗忘。

在较长时期内，我们更强调文化作为思想道德教育手段和国家意识形态的属性，忽视乃至排斥文化品牌在发展国家意识形态中的积极作用。我们一直担心文化品牌的大众化趋势会对主流文化造成冲击，以至于消极地设法封闭大众文化的传播通道，抑制大众文化的创作。其结果是基层文化市场中主流文化产品由于主流文化内容创新滞后、传播手段落后、表现形式的单一，面孔陈旧呆板，影响力大大减退。

今天这个世界，各种文化形态正在以丰富多彩的产品形式、耐人寻味的内容、便捷的方式，无限地刺激和放大着人们的文化消费欲望，发生在各种文化品牌之间的竞争，其激烈的程度，以及给国际关系所带来的影响，已经不亚于历史上的任何一场战争。因此，支撑国家文化品牌战略的各种宏观政策和具体规划，必须从产业规律着手，但立意只能是国家文化安全。

（一）建立国家文化品牌分级制度，厘定各级文化品牌的基本诉求。

把全国文化品牌划分为国家级文化品牌和区域级文化品牌两个级别。各级文化品牌的基本衡量标准是对文化创新的贡献以及突出的产业价值，而决定其级别的主要因素是影响力诉求。

国家级文化品牌以拓展中国文化的世界影响维度、塑造和改善中国形象、扩大国际文化贸易中的市场份额、寻求在世界文化的领导权为基本诉求。区域级文化品牌以提高国内文化产业品质、维护和改善社会公序良俗、引领中国文化产业发展方向为基本诉求。

区域级文化品牌由各省文化厅在各县（市、区）文化局推荐的基础上予以评价和确认。国家级文化品牌由国家文化部在各省（市、自治区）文化厅推荐的基础上予以评价和确认。

（二）以引导资金和特许经营的方式，落实国家文化品牌战略构想。

建立国家文化品牌引导基金。由文化部文化产业司每年发布国家文化品牌建设规划项目，以招投标方式遴选实施单位，以现金资助或特许经营的方式，扶持国家级文化品牌建设。所有具有法人资格的文化市场主体，以及科研院所，均可参与投标。鼓励各省、市、自治区建立同级文化品牌引导基金，扶持区域文化品牌建设。

为加强落实国家文化品牌战略力度，在政策和舆论上，不再支持建立一般形式的文化产业引导基金。

区域级文化品牌特许经营权由各省文化厅认证，审核期为3年；国家级文化品牌特许经营权由文化部认证，审核期为5年。

（三）创建国家文化品牌评估标准，推动文化品牌产权交易。

在文化部具体指导下，与高校合作创建“国家文化产业品牌研究中心”。该中心的核心任务，就是针对文化品牌市场价值评估以及文化品牌产权变更实践的需要，创建“中国文化品牌产权市场价值评估方法与指标体系”，具体指导文化企业以自有文化品牌抵押融资，以及为文化品牌产权交易提供技术支持。当文化品牌本身成为一种可以市场交易的商品的时候，我国文化产业的发展将步入一个新的境界。

（四）加快国家文化安全立法步伐，建立国际文化品牌传播与贸易新秩序。

国际文化品牌传播与贸易规则的建立，一直遵循“先入为主”的行为逻辑。即最先行为者制定的行为规则最有可能成为国际通则。因此，创新国际文化品牌传播与贸易规则，是推动我国文化品牌“走出去”最有效的途径。

可以利用国家文化品牌引导基金，支持国家级文化品牌产权人以及相关研究机构和个人，在国际文化品牌传播与贸易的观念、格局、制度、政策、构成、工具等方面开展创新研究，积极主动地参与建立国际文化品牌传播与贸易新秩序。

后 记

这个“后记”，写了差不多一个月，但最终还是决定把那些写下的、一次次修改的话语统统地删掉了。之所以如此纠结，无非是奢望太过。一个后记，既想告诉读者这本书的“发生学”故事，还想跟“读者”之外的“读者”讲讲近些年来文化产业圈子里的种种“八卦”——实在是“六根未净”啊。好在最后没写下去；拖一拖，心境就变了。潇水入湘清为浊，鱼虾溺水或自乐。呵呵。

自 2002 年戏剧性地转行做文化产业之后，在很长一段时间，几乎失去了写作的语感；整个不知道从哪里来，到哪里去。在博士学位论文《基于项目管理的县域文化产业研究》数易其稿的过程中，“被写作”的违拗曾经逼得我连续 13 个日夜未能上床休息。然后又是长时间的放任和逃离，不想读书，不想写作。后来是文化品牌报告的组编、改稿以及总报告的撰稿（至今已持续 5 年），都是在春节前后的日子里被卷入几近绝望的境地。而结果都是一样：咬牙苦撑。直到 2008 年的某天，谭南冬女士建议我写一本教材，她来当责任编辑，许诺给我最优厚的稿酬，并且绝对不催促我赶进度。我答应试试看。就这样，这个笑起来像菩萨的好人让我找回了主动写作的感觉。

后来，左晓雯、江玉兰、孔祥双、谭志会诸君协助我搜集资料，并分别撰写了第二至第五章的初稿。他们的勤奋和认真，唤醒了我的责任感。尽管他们交给我的只是一颗颗大小不一的“土豆”，离擀出面来还有好多道工序，但我情愿把这种合作视为“教学相长”。这应当不是什么客套话。同时，在写作其他各章以及处理那些“土豆”的时候，李怀亮、余明阳、陈放等学者的研究成果令我受益匪浅。

在写作本书时，我的父亲因病去世了；然后，我相继遭遇了两次车祸。期间，是爱人和儿子帮助我燃化心结。称念名号人，未入三摩境，殷勤洗心而已。

是为记。

柏定国

于不三不四屋

2010年6月1日